RECHERCHES

SUR LA

THÉORIE DU PRIX

PAR

Rudolf AUSPITZ et Richard LIEBEN

TRADUIT DE L'ALLEMAND

PAR

LOUIS SURET

DOCTEUR EN DROIT
ATTACHÉ AU MINISTÈRE DES AFFAIRES ÉTRANGÈRES

TEXTE

PARIS (5ᵉ)

M. GIARD & É. BRIÈRE

LIBRAIRES-ÉDITEURS

16, RUE SOUFFLOT ET 12, RUE TOULLIER

1914

RECHERCHES

SUR LA

THÉORIE DU PRIX

BIBLIOTHÈQUE INTERNATIONALE D'ÉCONOMIE POLITIQUE
publiée sous la direction de Alfred Bonnet

RECHERCHES

SUR LA

THÉORIE DU PRIX

PAR

Rudolf AUSPITZ et Richard LIEBEN

TRADUIT DE L'ALLEMAND

PAR

LOUIS SURET

DOCTEUR EN DROIT
ATTACHÉ AU MINISTÈRE DES AFFAIRES ÉTRANGÈRES

TEXTE

PARIS (5e)
M. GIARD & É. BRIÈRE
LIBRAIRES-ÉDITEURS
16, RUE SOUFFLOT ET 12, RUE TOULLIER
1914

PRÉFACE A L'ÉDITION FRANÇAISE

Nos recherches sur la théorie du prix sont présentées par la Bibliothèque internationale d'économie politique au public français sous leur forme primitive. Dans la préface, qui précise notre position par rapport à nos prédécesseurs, ainsi que [dans l'Appendice II, quelques changements (imprimés en italiques) ont été apportés pour les raisons et dans la mesure expliquées dans un article que j'ai publié après la mort prématurée de M. Auspitz.

La théorie de l'économie politique pure a fait des progrès importants au cours de ces vingt dernières années grâce aux travaux de MM. Edgeworth, Marshall, Irving Fisher, Pareto, Barone et d'autres. Je crois cependant que, sans qu'il soit nécessaire de passer en revue les contributions nouvelles, nos recherches gardent leur intérêt. M. Pareto a traité sans doute le problème du prix d'une manière beaucoup plus générale. Mais nous avons tâché autant que possible d'isoler les relations entre deux variables en faisant les suppositions nécessaires, et nous pensons ainsi que la démonstration qui résulte de nos diagrammes peut dans sa simplicité avoir encore son utilité surtout comme introduction à l'étude scientifique de l'économie politique.

Vienne 1912.

RICHARD LIEBEN.

PRÉFACE

Le degré de développement auquel est parvenue de nos jours la théorie de l'économie politique est caractérisé par le fait que des manières de voir contradictoires se partagent le domaine presque tout entier de cette science, si bien que l'on n'y trouve guère de principe qui ne soit pas contesté. C'est à ce point, — et c'est là sans doute une des causes de ces errements, — qu'il n'est presque pas d'auteur qui, tout d'abord, ne juge nécessaire de donner une définition nouvelle des concepts fondamentaux [de cette science et qui n'attache aux termes de « richesses et de valeur », « d'utilité et de prix de revient », « de bénéfice de l'entrepreneur », etc., une portée particulière. C'est ainsi que s'accumulent de regrettables malentendus et que mainte vérité trouvée depuis longtemps se voit pourtant toujours remise en discussion. Le vif intérêt que l'on porte de toutes parts aux problèmes économiques a aussi beaucoup contribué sans doute à cette confusion. Volontiers les partis politiques et les groupements d'intérêts économiques font étalage, dans leur lutte, de principes scientifiques, et, lorsqu'ils n'en trouvent point qui répondent à leur but, lequel n'a d'ordinaire rien à voir avec la science, ils ont vite fait d'en fabriquer. Souvent aussi tel entre dans la lice, dont l'expérience n'a été acquise que dans un domaine très limité : il n'hésite point cependant à révoquer en doute l'exactitude de la théorie, pour peu qu'elle ne confirme point sa manière de voir. Dans tous ces cas on a eu le tort de perdre de vue la différence pourtant souvent relevée qui sépare la théorie pure de ses applications. Il se présente chaque jour, sur le terrain de l'économie politique appliquée, de nouvelles questions et de nouveaux problèmes, dont l'économiste praticien, qu'il appartienne au Gouvernement, au Parlement ou à la Presse, doit forcément prendre son parti, comme l'ingénieur le fait dans son domaine ou le médecin dans le sien. Mais, dès que, dans ces cas nouveaux et compliqués, l'expérience individuelle, aussi bien que les solutions ou médicamentations traditionnelles, se trouve insuffisante, le praticien lui-même n'a plus d'autre appui que la base théorique des doctrines qu'il applique. La parabole que le calcul théorique assigne au boulet de canon se trouve modifiée par la résistance de l'air ; un remède, éprouvé dans certaines formes de maladies, se trouve inefficace en présence de certaines complications : l'ingénieur ou le médecin iront-ils pour cela révoquer en doute les théories physiques, chimiques ou physiologiques ? Non ; ils savent qu'ils ne peuvent se rendre maîtres de toute l'énergie contenue dans la houille ou triompher du choléra, mais tout ce qui est résultat de recherches scientifiques n'en sera pas moins utilisé une fois ou l'autre. Par contre, l'homme de science se rend parfaitement compte qu'il ne saurait prendre comme point de départ de ses recherches l'enchevêtrement des phénomènes, tel qu'il résulte de mille influences qui se croisent et se heurtent ; il cherchera plutôt à les isoler pour tâcher d'établir quel effet entraîne chaque cause, lorsqu'elle est dégagée de toute influence étrangère. C'est lorsque la science va droit son chemin, sans se laisser détourner par des influences éphémères, c'est lorsqu'elle observe les phénomènes sous leur forme la plus simple, lorsqu'elle éclaire les effets et les causes et établit les lois qui régissent les phénomènes, c'est alors qu'elle fait les progrès les plus rapides et que ses efforts donnent au point de vue pratique les résultats les plus féconds.

Il en est de même des recherches relatives aux phénomènes économiques ; à vrai dire les expériences sont interdites au théoricien de l'économie politique et il est contraint de se réfugier, avec ses idées, dans le monde de l'abstraction qui permet un coup d'œil plus général que la réalité ; mais ensuite il doit par des modifications successives de ses hypothèses tâcher de reprendre contact avec le monde réel. L'économie politique, de même que toutes les sciences exactes, ne s'occupe que des rapports entre des quantités toujours mesurables ; elle jouit même du privilège d'avoir de prime abord à sa disposition un arsenal énorme, encore que très incomplet, de données statistiques. Comme le fait remarquer Jevons, les astronomes et physiciens qui entreprirent les premiers d'établir des formules permettant de soumettre à des calculs les phénomènes du monde réel, ne disposaient pour accomplir leur tâche que de données très peu précises et ce n'est que peu à peu, par des observations et des mesures ardues et fastidieuses, qu'ils arrivèrent à des évaluations assez précises et assez sûres. Tout au contraire, c'est par milliers que d'innombrables mercuriales contiennent les termes auxquels s'est arrêtée la volonté humaine dans toutes les transactions, ventes ou achats, prêts, fermages ou commandes, tarifications ou stipulations de salaires. Mais, pour suivre la pensée de Jevons, les décisions de la volonté humaine sont déterminées par des sentiments de plaisir ou de déplaisir. Assurément les sentiments de l'individu ne sont pas susceptibles de mesure ; encore moins saurait-on comparer les sentiments de deux individus. Mais, s'il s'agit de sentiments qui s'équilibrent à peu de chose près, si bien que c'est un tout petit excédent qui fera pencher le plateau de la balance et portera la volonté à se déterminer dans un sens ou dans l'autre, il y a là le point de départ d'une mesure. Nous voyons en effet que le chiffre d'une somme d'argent peut porter les individus à se priver d'une jouissance ou au contraire à faire un effort plus considérable ; nous croyons donc avoir trouvé une mesure, non pas à vrai dire pour les sentiments individuels dans leur ensemble, mais pour leurs petites modifications qui entraînent la décision. Nous savons parfaitement que l'appréciation subjective de la valeur de l'argent varie d'époque à époque, d'individu à individu et même que pour chaque individu elle est loin d'être constante. Mais, bien que le florin et même le kreuzer aient pour le riche et pour le pauvre une valeur très inégale, la dernière fraction d'un article quelconque, que telle ou telle personne vienne encore l'acheter pour la même somme d'argent, a pour chacune d'elles exactement la valeur de cette somme d'argent. Or la crainte des fluctuations de la valeur de l'argent semble avoir détourné la plupart de nos prédécesseurs d'étudier la théorie du prix et les avoir portés à s'occuper de préférence du problème de l'échange, qui élimine la question de la valeur de l'argent. On sait, il est vrai, que toute mesure est relative, que tout étalon est sujet à des variations, et la source de l'erreur réside précisément dans le fait que l'on perd de vue cette possibilité de variation.

Dans les recherches purement théoriques qui vont suivre, nous nous sommes bornés à un champ d'exploration étroitement délimité ; mais la théorie du prix nous a paru particulièrement importante, parce que, dans la fixation de la rente foncière, 'du taux de l'intérêt et du montant des salaires, il n'est jamais question que de prix et qu'il en résulte par conséquent des rapprochements dans toutes les directions. L'axiome qui sert de base à tout notre travail, axiome aux termes duquel le prix est égal aussi bien à l'utilité de la dernière parcelle qui vient d'être achetée qu'aux frais de production de la dernière parcelle qui vient d'être vendue, se ramène aux principes bien connus établis par ANDERSON, MALTHUS et RICARDO au sujet de la rente foncière. La substance de ces doctrines est la suivante : « C'est le rapport du dernier terrain, du terrain le plus mauvais, le plus éloigné que l'on ait cultivé, terrain dont le rapport couvre tout juste les frais d'exploitation, qui détermine la rente foncière de tous les terrains ». RICARDO dit encore : « C'est le blé dont la production a coûté le plus de travail qui règle le prix du blé ». THÜNEN déjà généralise cette idée en disant (¹) : « Le revenu que donne l'ensemble du capital est déterminé par le rapport de la dernière unité placée de capital », et encore : « La valeur du travail du dernier ouvrier engagé détermine le salaire de tous les autres ». C'est GOSSEN (²) qui a reconnu le premier et c'est JEVONS qui a exprimé de la façon la plus claire la conception suivant laquelle ces séries d'idées offraient une base pour la fixation du prix en général. GOSSEN dit (p. 45) : « Pour obtenir un maximum de satisfaction de ses besoins, l'homme doit, pour se procurer les différentes jouissances, répartir son temps et ses forces de telle sorte que la valeur du dernier atome créé dans

---

(¹) *Der isolirte Staat*, par HEINRICH VON THÜNEN, Rostock, 1842 et 1863, Partie I, Section II, p. 100, et Partie II, Section I, p. 69.

(²) *Entwicklung der Gesetze des menschlichen Verkehrs und der daraus fliessenden Regeln für menschliches Handeln*, par HERMANN HEINRICH GOSSEN, Braunschweig, Friederich Vieweg & Sohn, 1854.

chaque mode de satisfaction soit équivalent à l'effort qu'il ferait s'il produisait cet atome au dernier moment de la mise en œuvre de ses forces ». Jevons [1] dit (p. 209) : « Les quantités de marchandises données ou reçues en échange sont dans le même rapport que les degrés de productivité du travail consacré à leur fabrication ou dans un rapport inverse aux valeurs et prix de ces marchandises, de même qu'aux frais de leur production par unité et finalement à leur degré final d'utilité (*final degree of utility*) ». De même Walras [2] : « Deux marchandises étant données sur un marché, la satisfaction maximum des besoins ou le maximum d'utilité effective a lieu pour chaque porteur lorsque le rapport des intensités des derniers besoins satisfaits, ou le rapport des raretés est égal au prix ». Le même auteur définit la rareté (p. 102) : « la dérivée de l'utilité effective par rapport à la quantité possédée ». De même encore Karl Menger [3] : « La valeur d'un bien concret ou d'une quantité partielle déterminée parmi la quantité totale de ce bien dont peut disposer l'individu est, pour cet individu, exactement équivalente à l'intérêt qu'ont pour lui les satisfactions de besoins les moins importantes parmi celles que peut assurer la quantité totale disponible et qu'effectue pour l'individu la quantité partielle déterminée ».

Wieser [4], qui rend « *final degree of utility* » par l'expression d'utilité-limite (*Grenznutzen*) dit : « La valeur éco-

---

[1] *The Theory of political Economy*, par W. Stanley Jevons, Londres, Macmillan and C°, 1871, seconde édition augmentée, 1879.

[2] *Eléments d'Economie pure ou Théorie de la richesse sociale*, par Léon Walras, Lausanne, L. Corbaz et Cie, 1874, p. 86.

[3] *Grundsätze der Volkswirtschaftslehre*, par le Dr. Karl Menger, Vienne, Wilhelm Braumüller, 1871, p. 107.

[4] *Über den Ursprung und die Hauptgesetze des wirthschaftlichen Werthes*, par D. Friedrich von Wieser, Vienne, A. Hölder, 1884.

nomique est une valeur-limite » et il ajoute (p. 127) : « La valeur d'une unité de marchandise prise dans un stock est déterminée par l'intérêt éveillé par celui des effets utiles qui est le moins important parmi les effets utiles du stock (l'unité en question y comprise) ; en un mot, la valeur de l'unité de marchandise est déterminée par celui des effets utiles de l'unité qui est le plus petit parmi ses effets utiles économiques ».

Böhm-Bawerk [1] dit (p. 537) : « La valeur et le prix dérivent de l'appréciation individuelle des produits achevés par des consommateurs. Ce sont eux qui déterminent la demande au sujet de ce produit, demande à laquelle s'oppose l'offre constituée tout d'abord par les stocks de marchandises achevées que détiennent les producteurs. Le point d'intersection des deux appréciations de valeur réciproques, l'évaluation des couples-limites, détermine, comme on le sait, le prix, séparément bien entendu pour chaque sorte de produits ». Et encore (page 539) : « De même que la valeur subjective des matières premières dépend du degré de leur moindre utilité, de leur utilité-limite, de même le prix des matières premières et intermédiaires est régi par le prix de celles de ces choses qui sont à la limite ». C'est de principes analogues que partent Launhardt [2] et d'autres économistes.

Dans nos recherches nous nous sommes servis de la méthode analytique et particulièrement de figures, non seulement parce que cette façon de procéder a fait ses preuves partout où elle était applicable et particulièrement

[1] *Grundzüge der Theorie des wirthschaftlichen Güterwerkes*, par E. v. Böhm-Bawerk, Iéna, *Conrad's Jahrbücher*, XIII, 1886.

[2] *Mathematische Begründung der Volkswirthschaftslehre*, par Wilhelm Launhardt, Leipzig, Wilhelm Engelmann, 1885.

dans les sciences naturelles, mais encore parce qu'elle comporte une précision qui rend impossibles les malentendus provenant des multiples définitions de mots. Lorsque, par exemple, nous représentons la demande par une courbe et que, comme dans toutes les courbes que nous établissons, les quantités d'un article donné sont représentées par des abscisses, c'est-à-dire par l'éloignement horizontal par rapport au zéro, tandis que nous exprimons les sommes d'argent par les ordonnées, c'est-à-dire par la distance verticale qui sépare de l'horizontale chaque point de la courbe, nous donnons par la forme de la courbe une définition de la demande beaucoup plus précise qu'on ne saurait la formuler par des paroles. Chaque point de la courbe a son abscisse et son ordonnée, et l'on voit aussitôt que la somme dépensée se modifie avec la quantité de marchandises et par conséquent dépend d'elle ; que la somme augmente tout d'abord avec la quantité elle-même, pour diminuer ensuite, etc. Nous représentons ainsi graphiquement toute une série de rapports de telle sorte que l'on peut toujours les retrouver d'un coup d'œil et les vérifier.

Que chacune de nos courbes ne trouve d'application que dans les conditions rigoureusement déterminées où elle est établie, c'est ce que nous ne nous lassons pas de rappeler pour éviter de les voir appliquer à des cas qui ne les comportent pas ou qui ne les comportent tout au moins qu'avec de notables modifications. De même nous nous contentons d'établir le caractère du tracé de nos courbes, nous abstenant d'en donner une équation approximative, comme on pourrait l'essayer dans certains cas à l'aide de la statistique. Les données empruntées à l'expérience ont en effet une valeur historique, mais offrent des éléments imparfaits de comparaison, car d'une époque à l'autre ce ne sont pas seulement les prix qui peuvent avoir varié, mais aussi d'autres circonstances essentielles : ces indications ne sauraient donc rentrer dans nos prémisses. Au demeurant, une formule qui viserait à embrasser toute la réalité serait nécessairement aussi compliquée et aussi obscure que la réalité elle-même.

Nous avons donc tout d'abord, dans notre premier chapitre, représenté les frais de production et l'utilité, chacun par une courbe et cherché à éclairer le rapport qui règne, dans des conditions nettement déterminées, entre l'utilité et la demande, de même qu'entre les frais de production et l'offre. Il est facile alors d'en déduire le rapport de dépendance où se trouve le prix relativement à l'offre et à la demande.

Nos courbes se distinguent tout d'abord par les coordonnées sur lesquelles elles sont établies de celles de nos prédécesseurs : par suite tout ce qui est relatif à leur forme et à leur construction ne s'appuie pas sur les œuvres qui ont précédé. Seul LAUNHARDT a une courbe d'utilité établie sur les mêmes coordonnées que la nôtre, — l'utilité elle-même avait déjà reçu de DUPUIT (¹) une définition conforme à celle que nous en donnons nous-mêmes —; mais, en maintenant pour cette courbe une approximation parabolique, il aboutit à des résultats que l'on ne saurait adopter, car un examen plus attentif montre que la parabole ne possède pas les qualités essentielles d'une courbe d'utilité. *De même le professeur* MARSHALL (²), *dans son ouvrage publié à un nombre d'exem-*

(¹) *De la mesure de l'utilité des travaux publics*, par M. DUPUIT, *Annales des Ponts et Chaussées*, 1844.

(²) Prof. A. MARSHALL. *The pure Theory of domestic value* et *The pure Theory of foreign Trade. Privately printed*, 1879. Une analyse de cet ouvrage, qui n'a jamais été dans le commerce, se trouve dans *Pure Economics*, par le Prof. MAFFEO PANTALEONI, Macmillan et Cⁱᵉ, 1898.

plaires limité en 1879, fait usage de courbes où les abscisses représentent les quantités des marchandises et les ordonnées les sommes d'argent : il en résulte naturellement, surtout dans la figure représentant l'échange international, des courbes qui ont une grande analogie avec les nôtres, si l'on considère l'argent comme un des objets d'échange. Malheureusement nous n'avons eu connaissance de cet ouvrage que longtemps après la publication allemande, et il nous a été impossible de nous en servir et de le citer.

La deuxième partie est consacrée surtout à l'étude détaillée et à la démonstration des propositions relatives au caractère du tracé des courbes établies. Dans les parties III et IV, nous traitons de ce qui est le but de tout effort économique, la façon d'atteindre le maximum de satisfaction des besoins de l'individu, tant du consommateur que du producteur. Nous traitons encore le rapport de dépendance où se trouve la satisfaction du besoin relativement aux quantités d'un article quelconque achetées ou vendues, et nous recherchons quelles sont les autres influences qui se font sentir et en quel sens elles s'exercent. Il apparaît alors que la courbe des frais de revient et la courbe d'utilité, dont la complète analogie paraît surprenante au début, ne sont en réalité que les deux parties d'une seule et même courbe.

Dans la cinquième partie, un peu plus difficile, on voit que nos considérations s'appliquent aussi à des cas se trouvant en dehors des conditions posées au début dans un but de simplification. Au contraire, dans la sixième partie, l'étude du monopole et des transactions internationales devient, grâce aux figures, très simple et très claire.

Les formules analytiques simples qui servent de base à nos courbes et à leurs rapports sont réunies dans l'Appendice I. L'Appendice II contient une étude purement analy-

tique des variations de la satisfaction des besoins en raison
des diverses variables possibles ; cette étude conduit à l'examen et à la preuve de nos hypothèses et permet enfin par
une figure à trois dimensions de traiter aussi le cas où l'appréciation de la valeur de l'argent est variable. L'influence
d'une variation de la valeur de l'argent sur la satisfaction
des besoins correspond en principe à ce qu'a dit BERNOUILLI [1]
et à ce que LAPLACE [2] établit quant aux rapports de la « fortune morale » et de la « fortune physique ». L'Appendice III
traite sous une forme un peu différente de la manière suivie
jusqu'alors un problème spécial qui est intéressant pour
l'étude des articles d'usage durable. L'Appendice IV, enfin,
montre que, pour peu que nous puissions admettre que tout
individu aspire à la satisfaction la plus large possible de ses
besoins et qu'il sait choisir les moyens les plus appropriés
à ce but, les diverses quantités de tous les articles, de
même que les quantités totales et aussi les prix, peuvent être
déterminées par un nombre suffisant d'équations. Comme
tel est encore le cas lorsque la quantité des moyens de circulation des richesses est soumise à des variations, il en
résulte quelques aperçus sur la théorie de l'argent.

Nous avons préféré présenter nos considérations d'une
façon suivie que de les appuyer sans cesse par des citations
ou de les interrompre par la réfutation des manières de voir
différentes. Nous n'aurions par là rien appris au spécialiste :
il reconnaîtra facilement les passages où nous suivons
FAUCHER (12), MICHAELIS (63) ou d'autres autorités reconnues.
Et, quant au lecteur non versé dans ces matières, des citations
ne lui auraient jamais appris que ce qu'il peut trouver dans

---

[1] DANIEL BERNOUILLI, *Specimen theoriæ novæ de mensura sortis.*
Comment. Acad. scient. Imp. Petropolit. 1738.

[2] LAPLACE P. S., *Théorie analytique des probabilités*, Paris, 1812.

tous les manuels un peu détaillés. Ceux-là seuls de nos prédécesseurs qui se sont également servis de la méthode analytique demandent peut-être encore que nous leur consacrions quelques mots, car les travaux spéciaux ne sont pas suffisamment appréciés. Nous renvoyons avant tout à la bibliographie considérable que JEVONS a publiée dans la deuxième édition (1879) de sa *Theory of Political Economy* et nous nous bornerons ici à parler des ouvrages les plus importants parmi ceux que nous connaissons.

A. COURNOT qui est connu comme un excellent mathématicien a publié dès 1838 ses *Recherches sur les principes mathématiques de la théorie des richesses*; mais même dans sa propre patrie il ne réussit pas, comme il s'en plaint dans ses écrits ultérieurs, à attirer l'attention sur ses ouvrages. Il établit une courbe de la demande où les abscisses représentent le prix et les ordonnées les quantités d'un article. Il trouve qu'il y a un certain prix où le chiffre des transactions atteint son maximum, et il divise les marchandises en deux catégories, suivant que leur prix courant est d'ordinaire supérieur ou inférieur à cette limite. Il établit ce prix tout d'abord dans le cas du monopole et aboutit à ce principe que la production ne doit jamais dépasser la quantité à partir de laquelle l'augmentation des frais de revient est égale à l'augmentation du produit de la vente. Il étudie l'influence sur son cas de diverses formes d'impôt, traite de l'influence de la concurrence et passe ensuite à des recherches sur les transactions internationales et la fortune nationale.

GOSSEN n'établit pas de courbes, mais se contente la plupart du temps d'un procédé d'approximation qui consiste à considérer des lignes droites ascendantes ou descendantes. Comme abscisse il prend le temps consacré à la satisfaction

Auspitz et Lieben   **

du besoin ou au travail, comme ordonnée, la satisfaction
éprouvée dans l'unité de temps ou l'effort correspondant à
cette unité ; la surface comprise entre ses lignes représente
donc la satisfaction obtenue dans un certain temps ou l'effort
à faire ; à l'occasion seulement il prend comme abscisse la
quantité. C'est avec ces moyens imparfaits qu'il traite
l'échange et toute une série d'autres problèmes, mais, penseur
original, il aboutit à toute une série d'intéressants résultats.
C'est ainsi qu'il formule (p. 22) cette proposition que « la valeur
du monde extérieur est exactement mesurée par la somme
de jouissance qu'il nous procure ». Et il dit (p. 33) : « De
tout ce qui pourrait obtenir de la valeur, une certaine quantité plus ou moins grande a seule de la valeur ; une augmentation de cette quantité au delà de ce point en est dépourvue.
A mesure que sa quantité augmente, la chose s'approche de
la non-valeur ; ainsi, la première partie d'une chose qui
obtient de la valeur est celle qui a la valeur la plus grande ;
toute autre quantité égale qui s'ajoute à la première a une
valeur moindre jusqu'au moment où se produit la non-valeur ». Et encore (même passage) : « Si ses forces ne suffisent
pas à lui procurer la satisfaction complète de tous ses
besoins, l'homme doit pourvoir à la satisfaction de chacun
d'entre eux en une mesure telle que pour chacun les derniers atomes aient pour lui la même valeur ». Cette proposition ne peut pas se retrouver chez nous, car nous traitons
la transaction commerciale, et non l'échange. Comme,
d'après notre exposé, l'utilité du dernier élément de tout
article acheté est égale à son prix commercial, mais que les
prix commerciaux sont différents, les utilités ne sont pas
égales. Mais l'utilité de la dernière parcelle d'argent consacrée à l'achat d'un article est la même pour tous les articles :
car elle est égale à l'utilité de l'élément de marchandise

divisé par son prix, et est donc par hypothèse égal à un, puisque, comme nous l'avons dit, l'utilité du dernier élément de marchandise est égale au prix de cet élément. Gossen dit en outre (p. 85) : « Afin que l'échange produise le maximum de valeur, il faut qu'il ait pour résultat de répartir entre les hommes chaque article de telle sorte que le dernier atome de chaque article assigné à chaque individu crée chez lui la même jouissance que le dernier atome du même article chez tout autre individu ». Cette proposition elle aussi n'est d'après notre exposé qu'une chose évidente, car, si l'utilité pour tout individu du dernier élément acheté est égale au prix de l'article en question, comme le prix est le même pour tous, l'utilité du dernier élément doit être la même pour tous les individus qui achètent.

Mangoldt ([1]) établit une figure où les abscisses représentent les quantités et les ordonnées les prix, détermine le prix et le débit par l'intersection d'une courbe descendante de demande et d'une courbe ascendante d'offre et établit la marche asymptotique de cette dernière ; il distingue aussi l'influence des articles qui se complètent et des articles qui se font concurrence.

Jevons, à l'exposé duquel nous revenons toujours de préférence pour la clarté et la richesse d'idées qu'il offre dans son ensemble, a en outre le mérite d'avoir tiré les ouvrages de Gossen de l'oubli où ils étaient tombés. Il est arrivé spontanément à des résultats analogues dans leur ensemble, en prenant comme point de départ un système de coordonnées dans lequel c'est aussi le temps qui est représenté par les abscisses d'une courbe et l'intensité de

([1]) *Grundriss der Volkswirtschaftslehre*, par H. von Mangoldt, Stuttgart, Engelhorn, 1863.

sentiment par ses ordonnées. Plus loin il prend comme abscisses des quantités pour représenter l'utilité au moyen d'une surface limitée par une courbe descendante; le degré d'utilité est représenté par la dérivée de la surface, c'est-à-dire par les ordonnées de la courbe. Dans une deuxième courbe, il se sert de l'effort de travail comme ordonnée. Les propositions à citer sont trop nombreuses pour que nous puissions les reproduire ici. C'est ainsi qu'il dit par exemple que, en raison du temps et par suite de la quantité produite, le travail exige un effort plus grand; que par suite le travail n'est continué que jusqu'au point où l'utilité est égale à l'effort; en outre, que l'effort doit être réparti dans différentes productions de telle sorte que le dernier degré d'utilité soit le même pour tous les produits. Plus loin il exprime la rente foncière par la formule $P(l) - lP'(l)$, dans laquelle l représente le travail employé et $P(l)$ le produit du travail; il établit la figure en prenant les quantités de travail comme abscisses et en exprimant le produit par la quadrature de la courbe.

WALRAS qui, sur les points essentiels, est d'accord avec JEVONS prend le prix d'échange, le rapport d'échange comme abscisse et la quantité comme ordonnée pour construire ses courbes particulières et sa courbe totale de demande d'échange. Il établit pour chacun des deux objets de l'échange une de ces courbes de demande et transforme ensuite la courbe de demande de l'un des articles en courbe d'offre de l'autre article. L'intersection du couple des courbes d'offre et de demande pour un même article donne alors la quantité et le prix; mais il peut se présenter trois points d'intersection. *Nous avons tout d'abord révoqué en doute l'exactitude de ce résultat; plus tard toutefois nous nous sommes convaincus que WALRAS n'a pas commis d'erreur dans ses exposés, dont* Marshall *s'est aussi occupé* (¹). Plus loin Walras représente l'utilité par la quadrature d'une courbe dont les abscisses sont le degré d'utilité et les ordonnées de nouveau des quantités; la dérivée de l'utilité doit représenter la rareté.

Launhardt qui, comme nous l'avons dit, établit une courbe d'utilité avec les mêmes coordonnées que nous-mêmes, insiste sur l'importance de la dérivée de cette courbe et aboutit à cette proposition que le prix d'une marchandise doit être égal à son degré d'utilité; en outre il formule aussi ce principe que pour toutes les richesses entrant dans la consommation le rapport de l'utilité au prix doit nécessairement être le même.

Launhardt traite l'offre et la demande de la même manière que Walras lui-même. Il trouve que le bénéfice commun économique atteint son maximum lorsque la transaction se fait au prix d'équilibre déterminé par l'intersection de la courbe de demande et de la courbe d'offre. Après avoir établi que tout monopole réduit le bénéfice commun, il aboutit à ce résultat surprenant que, par le soi-disant « échange répété », le bénéfice commun peut être porté au delà de son propre maximum. C'est ce qu'il montre par les chiffres suivants, où un individu I, qui possède d'une marchandise A 400 unités et ne possède encore rien d'une marchandise B, entre en échange avec un autre individu II,

(¹) *L'intersection multiple de la courbe d'offre et de la courbe de demande,* par Richard Lieben, *Zeitschrift für Volkswirtchschaft, Social-politik und Verwaltung,* vol. 17, p. 607, W. Braumüller, Vienne. *Dans cette étude, non seulement je concède la possibilité de plusieurs inter-sections, mais j'ai encore essayé d'étudier les circonstances dans lesquelles elles se produisent,*   R. L.

qui possède 480 unités de B, mais rien de A ; B est pourtant la marchandise qui a le plus de valeur, car au prix d'équilibre on en donne une unité contre deux unités de A. D'après la formule de LAUNHARDT l'intérêt public exige que l'établissement des prix soit influencé autant que possible en faveur de l'individu I, et c'est cet individu qu'il appelle le plus pauvre, sans se préoccuper de ce qu'il peut encore posséder. Si par exemple un riche propriétaire, qui sur sa récolte dispose encore de 400 kilogrammes de sarrasin et désire les échanger contre du sucre, entre en échange avec un petit débitant, qui possède 480 kilogrammes de sucre, et guère autre chose, c'est le propriétaire qu'il faudrait considérer comme le plus pauvre et comme celui qui a le plus besoin de protection. Malgré cela LAUNHARDT n'hésite pas à demander l'intervention d'une « sage » politique économique, qui consisterait à poursuivre le fractionnement le plus grand possible des échanges et l'attribution d'avantages monopolistiques à celui des deux échangeurs qui dans chaque cas est considéré comme le plus pauvre. Au reste LAUNHARDT n'indique pas la manière de s'y prendre.

LAUNHARDT représente la peine comme fonction du temps ; il trouve aussi que c'est l'entrepreneur le plus faible qui règle le prix et fait ressortir l'analogie entre le bénéfice de l'entrepreneur et la rente foncière ; puis il passe à d'autres problèmes.

Enfin il faut encore mentionner tout spécialement BÖHM-BAWERK ; il ne se sert pas à vrai dire de l'exposition analytique, mais, dans ceux de ses écrits que nous avons mentionnés plus haut, il se rapproche à tel point de notre manière de voir que nous avons été amenés par là à faire paraître isolément en janvier 1887 à la même librairie sous le titre de *Zur Theorie der Preises*, le chapitre I, depuis longtemps terminé, des présentes recherches qui sont depuis près de dix ans l'objet de notre étude.

Vienne, Juin 1888.

Note. — Les diagrammes ont été réunis en un album séparé.

Note de l'éditeur.)

PREMIÈRE PARTIE

Les courbes du coût de production et de l'utilité, de l'offre et de la demande

---

CHAPITRE PREMIER

LES COURBES TOTALES

1. Hypothèses générales. — Les prix ne cessent d'osciller et les facteurs qui provoquent leurs oscillations sont innombrables. C'est pourquoi, si l'on veut se rendre un compte exact des relations des diverses causes et des divers effets, il est bon de prendre comme point de départ un grand marché en état d'équilibre parfaitement stable. Cet état d'équilibre sera réalisé si, pendant une période déterminée, un an par exemple, les prix de tous les articles restent identiques. Pour cela, il est nécessaire que les quantités de chaque article produites pendant cet espace de temps et offertes sur le marché soient égales aux quantités vendues sur ce marché et consommées, de telle sorte que tous les stocks et réserves ne subissent aucune variation.

Nous devons supposer, en outre, que tout individu qui se présente sur le marché dirige à tous égards sa production et sa consommation en pleine connaissance des prix de tous les articles imaginables et de la façon la plus opportune, c'est-à-dire de manière qu'elles lui procurent le maximum de satisfaction. D'ailleurs, selon les inclinations et les passions de l'individu, il trouvera ce maximum de satisfaction dans

Auspitz et Lieben.   1

la poursuite exclusive de l'intérêt pécuniaire ou dans le bien-être matériel, dans les jouissances intellectuelles ou dans la pratique de l'amour du prochain ou de la solidarité ; nous devons seulement ne pas nous écarter de l'hypothèse suivante : les qualités individuelles de chaque personne restent les mêmes pendant l'époque considérée.

Il nous faut, en prenant comme point de départ l'état d'équilibre qui vient d'être dépeint, choisir un article isolé, afin de découvrir les facteurs qui en déterminent le prix. Nous supposons toujours que, pendant la période considérée, quel que puisse être le prix de ce seul article, les prix de tous les autres objets ne subissent aucun changement, et que l'estimation individuelle de la monnaie par les personnes en présence ne varie pas non plus, bien qu'elle dépende de leur situation de fortune.

Nous supposons, d'autre part, pour le moment, que la concurrence est complètement libre entre les vendeurs et entre les acheteurs de chaque article, et que le marché est assez important pour que chaque individu puisse compter sur des prix fixes pour tous les articles et se comporte, par conséquent, dans sa production et sa consommation, comme si ses ventes et ses achats restaient sans aucune influence sur les prix. Nous excluons ensuite avant tout ces objets dont il n'y a même pas deux exemplaires identiques (maisons, œuvres d'art, etc.), et nous nous en tenons aux articles vendus au poids, au volume ou au nombre ; nous nous occupons surtout de ceux qui, comme la farine, le pétrole, etc., sont divisibles à volonté, et auxquels leur division ne fait rien perdre de leurs qualités essentielles.

2. La courbe des coûts. — Si nous possédions toutes les données nécessaires, nous pourrions évaluer le coût de la production totale annuelle d'un article quelconque A, dans l'hypothèse d'équilibre stable dont nous avons parlé plus haut. Par *coût de production* ou de revient d'une quantité annuelle déterminée d'un article, nous entendons la somme minimum d'argent que doit recevoir la totalité des producteurs de cet article pour pouvoir produire cette quantité sans aucune perte ; dans ce cas, les producteurs ne tirent aucun avantage de leurs efforts, de sorte qu'il leur est indifférent de produire cette quantité de l'article en question ou de ne pas le produire. Nous pourrions de même évaluer le coût de production de toute autre quantité annuelle, plus élevée ou plus faible, de ce même article, en supposant toujours, conformément à nos hypothèses, que, d'une part, les prix de tous les autres articles et, d'autre part, les qualités individuelles des producteurs de A restent tout à fait constants.

Construisons un système de coordonnées (fig. 1) dont les abscisses représentent les quantités de A et les ordonnées des sommes d'argent. Si les diverses quantités qui peuvent être produites annuellement sont représentées par des horizontales et si les coûts de production correspondant sont représentés par des verticales, les points d'intersection de ces horizontales et de ces verticales donnent, si on les réunit, une courbe OA que nous appelons la courbe de tous les coûts de production ou courbe totale du coût (*Gesammtkostenkurve*). Nous déterminerons plus loin la nature exacte de cette courbe ; nous pouvons dès maintenant en dire ce qui suit :

1) La courbe commence au point O d'intersection des coordonnées. Cela signifie que, si l'article A, auquel se rapporte la courbe, n'est pas produit du tout, il n'en peut résulter aucun coût de production.

2) La courbe est ascendante, parce que, — en général, — plus la quantité annuellement produite est grande, plus le coût total est élevé.

3) La courbe doit tendre, en fin de compte, vers une asymptote verticale MM, car il ne serait pas possible, même en augmentant indéfiniment le coût de production et les

efforts du producteur, d'accroître la production annuelle au delà d'une limite déterminée, bien que cette limite puisse dépasser de beaucoup la quantité ordinairement produite.

4) La courbe OA est convexe dans toutes les parties, c'est-à-dire que toute tangente suivante fait avec la verticale un angle plus aigu que toute tangente précédente. Tout accroissement de quantité cause une augmentation de coût d'autant plus forte que la production annuelle à laquelle cette augmentation de quantité doit s'ajouter est plus importante. Aussi longtemps que, dans une industrie quelconque, on s'en tient à un certain mode de production et que, avec le même outillage et le même personnel, on doit fabriquer une quantité plus grande pendant une durée déterminée, cela n'est possible que par une marche plus rapide des machines, et il en résulte forcément une augmentation de dépenses plus que proportionnelle en graissage et en frais d'entretien et, notamment pour les machines à vapeur, en combustible. De même, les animaux employés et les personnes occupées à cette production, par leur travail physique ou intellectuel, devront augmenter leurs efforts. Mais ces productions sont également plus coûteuses du fait qu'elles sont plus fatigantes ; c'est en effet une loi physiologique que toute prestation supplémentaire nécessite un effort supplémentaire d'autant plus considérable que la prestation à laquelle elle s'ajoute était déjà importante. De plus, quand il s'agit d'un travail accéléré, l'exploitation des matières premières et des produits auxiliaires ne cesse de devenir plus défectueuse. Toutes ces influences, il est vrai, peuvent être diminuées grâce à des changements opportuns dans l'organisation de la production, changements qui selon nos hypothèses doivent être effectués en temps utile ; mais elles ne peuvent être tout à fait écartées. Nous aurons la preuve de tout ceci, ainsi que de notre affirmation d'un tracé complètement

convexe de la courbe des coûts OA, lorsque nous étudierons cette courbe de façon plus approfondie.

3. La courbe de l'utilité. — La production annuelle de l'article considéré A sera achetée par les consommateurs si elle leur offre quelque utilité pour leur consommation ou pour un emploi industriel quelconque. On mesure cette utilité d'après l'effort le plus élevé ou la somme d'argent la plus considérable que les consommateurs pourraient, sans désavantage, consacrer à cette quantité de l'objet A ; s'ils faisaient cette dépense, la consommation ne leur serait d'aucun avantage ; aussi leur serait-il indifférent ou bien d'acheter ladite quantité ou bien de ne rien consommer de l'article. L'*utilité* de la consommation annuelle d'un objet quelconque équivaut donc à la *valeur d'usage* de sa quantité. Mais, de même que pour l'utilité de ce *quantum*, nous pourrions, en embrassant dans leur intégralité toutes les circonstances, imaginer l'utilité de tout autre *quantum* annuel plus ou moins important : il nous suffirait d'admettre, comme plus haut, conformément à nos hypothèses, que, d'une part, les prix de tous les autres articles et, d'autre part, les qualités individuelles des consommateurs de l'article A n'ont subi aucun changement.

Portons (fig. 2) dans le sens horizontal les diverses quantités annuelles possibles et dans le sens vertical les utilités correspondantes, et relions les points ainsi obtenus : nous avons la courbe ON, que nous appelons la courbe de la valeur d'usage ou courbe totale de l'utilité (*Gesammtsnütz-lichkeitskurve*). Nous n'approfondirons que plus tard l'étude de cette courbe, mais nous pouvons déjà en dire ce qui suit :

1) La courbe a son origine au point O, car l'utilité du *quantum* annuel zéro ne peut être qu'égale à zéro.

2) La courbe est d'abord ascendante, elle atteint un point culminant, puis elle devient descendante ; en effet, si l'article est demandé en général, une quantité annuelle plus

considérable doit avoir pour résultat une utilité plus grande, mais seulement jusqu'à une certaine limite, indiquée par l'abscisse du point le plus élevé de la courbe. Cette abscisse indique le *quantum* annuel qui satisfait complètement aux besoins des consommateurs, de telle sorte qu'un accroissement quelconque de ce *quantum* n'est pas désirable. Il arrive en fait que cette quantité, *la quantité de pleine satisfaction*, est consommée. On peut prendre comme exemples l'air et l'eau dans des conditions normales. Si la consommation augmentait, il en résulterait une sensation non plus agréable, mais désagréable, ou bien encore il en résulterait, pour les personnes qui achètent l'article A en vue de lui donner un complément de fabrication, un inconvénient et non plus un avantage ; aussi la courbe ON est-elle descendante à partir de ce point.

3) La partie descendante de la courbe doit finir par se rapprocher de plus en plus d'une asymptote verticale MM. En effet, la consommation d'un article, — même si on faisait, pour des raisons quelconques, les plus grands efforts pour l'augmenter, — ne peut dépasser un *quantum* déterminé, parce que la satiété deviendrait trop grande ou que l'effort lié au complément de fabrication conduirait à l'épuisement.

4) La courbe ON ne cesse d'être concave, c'est-à-dire que toute tangente suivante est moins ascendante ou plus descendante que toutes les tangentes précédentes. De même l'accroissement d'utilité dû à l'accroissement de consommation est d'autant plus faible que la consommation annuelle à laquelle il s'ajoute était déjà considérable ; d'autre part, une fois dépassé le *quantum* de pleine satisfaction, l'utilité totale diminue dans une mesure toujours plus forte à chaque nouvel accroissement de consommation. Notre étude ultérieure et plus précise de la courbe ON nous donnera la preuve rigoureuse de la validité générale de cette affirmation ; ici, il nous suffit de dire que la forme concave que nous avons indiquée pour la courbe fig. 2 exprime la loi physiologique générale

aux termes de laquelle, 1° une petite excitation supplémentaire cause un effet d'autant plus faible qu'il s'est déjà produit plus d'excitations de même espèce, et 2°, une fois dépassée la limite de pleine satisfaction, toute nouvelle petite excitation provoque une impression de plus en plus désagréable.

4. Les courbes dérivées. — Les deux courbes que, jusqu'ici, nous avons appris à connaître, ne nous donnent aucun renseignement direct sur les sommes d'argent effectivement dépensées par les consommateurs pour des quantités déterminées de l'article considéré apportées sur le marché, et sur les sommes que toucheront, en réalité, les producteurs. En effet, les consommateurs s'efforceront de maintenir leur dépense au-dessous de la pleine valeur d'usage, tandis que les producteurs essaieront d'obtenir un prix supérieur au coût de production. Voyons maintenant d'après quelle loi se règle la rémunération effective des producteurs et la dépense réelle des consommateurs.

Considérons la courbe des coûts OA (fig. 3) et appelons OQ la quantité annuellement produite et vendue de l'article considéré A ; nous pouvons nous figurer OQ divisé en un certain nombre de fractions, toutes égales. Comme toute la production est vendue à un seul et même prix, chacune de ces parties donnera la même fraction du produit. Mais les coûts sont différents, car toute nouvelle fraction occasionne un coût de production supérieur à celui de la précédente. Quand on en arrive à produire toute la quantité OQ, le produit de la vente de cette dernière portion, que nous désignons par ST, doit être au moins aussi grand que les frais supplémentaires occasionnés par sa production, sinon on cesserait de la produire. Mais, si le produit de la vente de cette portion était supérieur aux dépenses qu'elle nécessite, les producteurs seraient amenés, par l'effet de la libre concurrence qui existe entre eux, à augmenter leur production. Comme nous avons supposé.

que la situation était stable et que *OQ* représentait la production annuelle appropriée, le coût *TR* nécessaire à la production effective de la dernière portion *ST* doit être exactement égal au montant de sa vente. La longueur *TR* représente ainsi la somme rapportée par la dernière portion produite *ST*. Mais, comme il n'y a qu'un prix, aussi bien pour toute la production de l'année, *OQ*, que pour la dernière portion, *ST*, *le rapport de la quantité annuellement produite qui er. dérive au produit total de la vente doit être égal à ST : TR.*

Menons par le point *O* une parallèle au fragment de courbe *SR*, que nous pouvons considérer comme rectiligne, si nous avons divisé la production annuelle en parties suffisamment petites. Nous obtenons ainsi la direction tangentielle de la courbe des coûts au point *R*. Cette parallèle coupe le prolongement de l'ordonnée du point *R* en *R'*, et la longueur *QR'* nous donne le produit brut total qui correspond à la proportion ci-dessus et que les producteurs doivent obtenir pour se sentir portés à produire la quantité *OQ*. Faisons la même construction pour tous les autres *quantum* produits dans l'année, des plus petits aux plus considérables ; nous obtiendrons ainsi une série de points qui représentent une nouvelle courbe *OA'*. Chaque ordonnée de cette courbe nous donne immédiatement le montant effectif que doivent toucher tous les producteurs s'ils se trouvent amenés à produire pendant l'année la quantité de l'article *A* désignée par l'abscisse correspondante ; ou bien encore, les ordonnées de cette courbe indiquent les sommes d'argent contre lesquelles sont offertes, en réalité, les quantités annuellement produites désignées par les abscisses. En conséquence nous appelons cette courbe la courbe totale de l'offre (*Gesammtangebotskurve*).

Occupons-nous maintenant de la courbe de l'utilité *ON* (fig. 4), et considérons d'une manière tout à fait analogue la quantité annuelle effectivement consommée OQ; nous trouvons que, sous l'influence de leur concurrence libre et réciproque, les consommateurs, eux aussi, se voient amenés à pousser leur consommation assez loin, — mais pas plus, — pour que la dépense TR faite pour la dernière petite portion réellement consommée ST soit absolument égale à l'utilité de cette petite portion. Faisons pour l'évaluation de la dépense totale effective des consommateurs le même raisonnement et la même construction que précédemment pour l'évaluation de la somme touchée effectivement par les producteurs : menons par le point O une parallèle à SR, c'est-à-dire à la tangente de la courbe de l'utilité au point R; nous obtenons le point R', et la distance QR' nous représente la dépense totale cherchée. Faisons ensuite toutes les hypothèses possibles au sujet du *quantum* consommé dans l'année, nous aurons la nouvelle courbe ON'. Toute ordonnée de cette courbe figure immédiatement la somme d'argent que dépensera en réalité la masse des consommateurs, si elle est amenée à consommer dans l'année juste la quantité de l'article désignée par l'abscisse correspondante ; ou bien encore, les ordonnées de cette courbe indiquent les sommes d'argent contre lesquelles les consommateurs demandent les quantités annuelles en question ; aussi nommons-nous cette courbe la courbe totale de la demande *(Gesammtnachfragekurve)*.

La forme des courbes dérivées OA' et ON' est déterminée par la manière dont elles dérivent des courbes primitives OA et ON. Il en résulte que le rayon vecteur de tout point de la courbe dérivée doit être parallèle à la tangente du point de la courbe originaire placé sur la même abscisse. Aussi tout rayon vecteur de la courbe de l'offre OA' est-il plus rapproché de la verticale et tout rayon vecteur de la courbe de la demande ON' est-il plus rapproché de l'horizontale que tous les rayons vecteurs précédents. Chacune des deux courbes dérivées part du point O avec la même direction tangentielle que la courbe primitive correspondante, et elle est également limitée vers la droite par la même asymptote ; en outre, l'écart vertical de la courbe dérivée par rapport à la courbe originaire ne cesse de croître à mesure que l'abscisse augmente. La courbe de la demande ON' coupe l'axe des abscisses juste au-dessous du point culminant de la courbe de l'utilité ON, point où la tangente de cette dernière courbe est horizontale. Les ordonnées de la partie de la courbe de la demande qui se trouve au-dessous de l'axe des abscisses désignent les sommes d'argent que doivent recevoir les consommateurs, s'ils sont amenés à consommer des quantités annuelles dépassant le *quantum* qui leur donne pleine satisfaction.

5. Le prix. — Étant donné un article A, la fig. 5 représente les courbes du coût OA et de l'utilité ON et les courbes de l'offre OA' et de la demande ON'. Ces deux dernières courbes doivent nécessairement se couper. Le point d'intersection c est le point auquel l'offre et la demande sont égales ; son abscisse Oa est la *quantité annuelle* réellement débitée de l'article en question, et son ordonnée ac est la *somme d'argent annuelle* qui y correspond réellement. En effet, si une quantité moindre Oa_1 était produite, la dépense $a_1\zeta_1$ que les consommateurs sont disposés à faire serait supérieure à la somme a_1z_1 demandée par les producteurs ; il en résulterait une augmentation de la production. Au contraire, si la production annuelle s'élevait à Oa_2, la dépense $a_2\zeta_2$, à laquelle se résoudraient les consommateurs, serait inférieure à la somme a_2z_2 demandée par les producteurs ; il en résulterait une diminution de la production. En un mot, dans les deux cas, la production serait ramenée à Oa, c'est-à-dire à la quantité correspondant à l'équilibre stable supposé.

Faisons maintenant passer par le point O et le point c une droite OP et nommons θ l'angle d'inclinaison de cette droite ; nous aurons

$$tg\theta = \frac{ac}{Oa} = \frac{\text{Argent échangé}}{\text{Quantité débitée}} = \text{Prix} ;$$

nommons donc cette droite la *ligne du prix*, et prenons désormais la liberté de toujours désigner le prix de l'article considéré par une droite analogue provenant du point O. La ligne du prix, étant un rayon vecteur aussi bien de la courbe de l'offre que de la courbe de la demande, doit être en même temps parallèle à la tangente à la courbe du coût OA au point b et à la tangente à la courbe de l'utilité ON au point d. Ces deux courbes ont donc la même direction tangentielle aux points correspondant au point d'intersection c. Mais l'inclinaison des tangentes par rapport à l'horizontale ne cesse de croître le long de la courbe OA et de diminuer le long de la courbe ON. Il n'y a donc qu'une seule paire de points pris chacun sur l'une des deux courbes qui, se trouvant sur la même verticale, aient la même direction tangentielle. Grâce à ces deux courbes nous aurions donc pu, sans le secours des courbes dérivées, fixer la quantité débitée, l'argent échangé et le prix. Il suffirait de déterminer ces deux points sur les courbes originaires OA et ON : leur abscisse donne alors la quantité vendue Oa et la direction tangentielle commune des deux courbes donne le prix $tg\theta$; en d'autres termes : *le prix est déterminé par la direction des tangentes parallèles de la courbe du coût et de la courbe de l'utilité.*

En considérant séparément les producteurs d'une part et les consommateurs de l'autre, nous sommes déjà arrivés aux résultats suivants : le coût de production de la dernière petite portion produite doit être égal à son prix de vente et l'utilité de la dernière petite portion consommée doit être égale à la dépense qu'elle a nécessitée. Comme cette dépense et ce prix de vente relatifs à la dernière petite portion réellement échangée doivent aussi être égaux entre eux, il en résulte que, de même, l'utilité de la dernière petite portion consommée et le coût de production de la dernière petite portion produite doivent être égaux entre eux. Le parallélisme des tangentes des deux courbes OA et ON et de la ligne des prix OP nous en donne la preuve géométrique.

Nous voyons que le prix et la quantité débitée d'un article quelconque A sont représentés purement et simplement par le point d'intersection des courbes de l'offre et de la demande, tandis que tout le reste du tracé de ces courbes n'a aucune influence. Par contre, dès que l'une de ces courbes, ON' par exemple, se modifie, tandis que l'autre OA', ne varie pas, cette dernière donne tous les points où peut tomber le nouveau point d'intersection et détermine en même temps les variations que doivent subir le prix et la quantité débitée de l'article A. Il est d'ailleurs évident que ces modifications ne peuvent rester sans influence sur les prix de tous les autres articles, car la variation de la quantité A doit avoir pour résultat, d'une part, un autre usage des matières premières et auxiliaires nécessaires à sa production, d'autre part, un changement de la production des articles accessoires créés en même temps que l'article A. Ce fait, à son tour, ne peut pas rester sans influence sur les prix de ces articles, aussi de nouvelles répercussions s'attacheront-elles aux prix d'articles tout à fait différents. De plus, ces diverses variations de prix altèreront la situation pécuniaire des producteurs et des consommateurs de l'article A, d'où il résultera, chez ces personnes, une appréciation individuelle de l'argent tout à fait différente. Dès que le prix d'un article quelconque autre que A ou l'appréciation de l'argent par son producteur se modifie ainsi, le coût de production d'une quantité quelconque de A peut varier, de sorte que la courbe OA et, en conséquence, la courbe OA' changent de forme. Pour éviter ces répercussions, nous avons supposé d'une façon tout à fait générale que, même quand le prix d'un article donné varie, les prix de tous les autres articles et l'appréciation de l'argent par tous les intéressés restent entièrement invariables. Ce genre d'hypothèses est indispensable : un examen de la formation des prix serait en effet impossible si nous voulions en faire fluctuer tous les éléments en même temps ; mais tant que nous nous en tenons à nos hypothèses, la courbe des coûts OA et par conséquent aussi la courbe de l'offre OA' restent exactes d'un bout à l'autre de leur tracé, bien que la courbe de l'utilité ON et, avec elle, la courbe de la demande ON' subissent une modification, et réciproquement.

6. Le profit de la production, le profit de la consommation et le profit commun. — Si nous considérons les courbes dérivées dans tout leur tracé, nous remarquons ceci : de même que, pour la courbe de l'offre, tout rayon vecteur suivant est plus rapproché de la perpendiculaire que tous les rayons vecteurs précédents, de même, pour les quantités produites croissantes, le prix doit augmenter si les producteurs se voient amenés à produire réellement ces quantités croissantes. De cette augmentation simultanée de la quantité produite et du prix résulte un accroissement d'autant plus grand du bénéfice brut. En même temps augmente aussi l'excédent du bénéfice brut sur le coût de production, c'est-à-dire le *profit* qui découle, pour l'ensemble des producteurs de l'article A, de la production de cet article pris à part. Il en est de même pour toute quantité produite donnée par l'écart, dans le sens vertical, des courbes OA et OA'.

D'après la forme opposée de la courbe de la demande ON', le prix doit baisser avec l'augmentation de la quantité consommée, si les consommateurs se voient amenés à acheter réellement cette quantité croissante. Les changements en sens contraire de la quantité et du prix présentent ce résultat que la dépense des consommateurs suit la courbe de la demande, allant d'abord en augmentant, atteignant son maximum au plus haut point de cette courbe, et s'abaissant ensuite. Il y a ainsi pour tout article une quantité pour laquelle on peut faire la dépense maximum, tandis que toutes les quantités excédentes ne peuvent être consommées que si la dépense qu'elles nécessitent est plus petite. Si le prix est égal à zéro, prix qui amène les consommateurs à employer le *quantum* de pleine satisfaction désigné par l'abscisse du point d'intersection de la courbe ON' avec l'axe des abscisses, la dépense sera, elle aussi, égale à zéro. L'excédent de l'utilité de la quantité achetée sur la dépense faite pour elle, c'est-à-dire le profit qui résulte, pour tous les consommateurs de l'article A, de l'emploi de cet article pris à part, est représenté pour toute quantité consommée par la distance correspondante, dans le sens vertical, des courbes ON et ON', et il ne cesse d'augmenter avec elle. Si cette quantité donne pleine satisfaction, ce profit est égal à l'utilité totale de la quantité. Des quantités plus considérables ne peuvent être employées que moyennant paiement à l'acheteur, c'est-à-dire pour des prix négatifs de l'article A ; ce paiement se joint à l'utilité de la masse en question, le gain résultant de la consommation est ainsi mesuré, après comme avant, par l'écart, dans le sens vertical, des courbes ON et ON', et il ne cesse donc pas d'augmenter avec l'accroissement de la quantité consommée.

Si nous considérons aussi la distance des deux courbes originaires OA et ON dans le sens vertical, elle mesure sur chaque abscisse l'excédent de l'utilité sur le coût de production. Cet excédent constamment mesuré en argent est représenté par la longueur bd pour une quantité annuelle Oa : la partie bc va aux producteurs et la partie cd aux consommateurs. Certes, il est conforme à l'intérêt général que l'excédent résultant de la somme de ces deux parties soit le plus grand possible ; c'est cet excédent que nous dénommons le *gain commun*. Or, nous savons que, si l'abscisse croît, les tangentes de la courbe OA ne cessent de se rapprocher de la verticale, tandis que les tangentes de la courbe ON ne cessent de s'en éloigner ; il en résulte que l'écart dans le sens vertical, dont il est question, est à son maximum là où ces tangentes sont parallèles, et que le profit commun maximum est atteint précisément par la quantité annuelle *Oa*, qui doit être produite en réalité si la concurrence est libre. Quand les producteurs et les consommateurs, conduits par leur seul intérêt, d'une part, étendent leur production juste assez pour que le prix de vente de la dernière petite partie du produit soit égale à son coût de production, et, d'autre part, règlent leur consommation de manière que, pour la dernière petite partie employée, il y ait égalité entre la dépense et l'utilité, on atteint le profit commun le plus élevé qui puisse être obtenu, en somme, dans les conditions données et supposées invariables. Cette même quantité *Oa* qui, dans le commerce libre, se montre comme la plus appropriée, resterait aussi la plus avantageuse si, *ceteris paribus*, les producteurs et les consommateurs voulaient se grouper en association, dans un but commun.

CHAPITRE II

7. Propriétés générales des courbes individuelles. — Jusqu'ici nous ne nous sommes occupés que de la totalité des producteurs et des consommateurs d'un article, c'est-à-dire de groupes d'individus ; mais nous pouvons tout aussi bien appliquer aux individus les idées que nous avons dégagées, à condition de nous en tenir à nos hypothèses. On peut également établir pour chaque producteur individuel d'un article une courbe des coûts, comme par exemple Oa (fig. 6), et pour tout consommateur individuel du même objet une courbe de l'utilité On (fig. 7) ; de chacune de ces courbes, on peut dériver une courbe individuelle de l'offre Oa' ou une courbe individuelle de la demande On'. Ces courbes individuelles auront la même forme générale que les courbes collectives : Oa sera donc convexe d'un bout à l'autre et On tout à fait concave ; nous le démontrerons plus loin de façon approfondie. En conséquence, avec l'accroissement de l'abscisse, le rayon vecteur doit se rapprocher toujours plus de la verticale dans Oa' et de l'horizontale dans On', et, dans les deux cas, la distance, dans le sens vertical, des dérivées des courbes originaires doit augmenter sans cesse. Mais cela n'exclut pas du tout la possibilité d'une diversité infinie dans la forme des différentes courbes individuelles relatives au même article.

Le tracé complet de toute *courbe individuelle du coût* se rapproche d'autant moins vite de la verticale que l'habileté et l'activité du producteur sont plus grandes et que les conditions de production dans lesquelles il travaille sont plus favorables; pour n'importe quelle abscisse, la courbe se rapproche d'autant moins vite de la verticale que l'organisation, dans sa totalité, est précisément plus appropriée à la quantité dont il s'agit. Par contre, la courbe se rapproche d'autant plus vite de la verticale que l'effort nécessaire à une augmentation de la production croît avec plus de rapidité. Les habitudes et les goûts individuels des consommateurs, dans la mesure où il s'agit de ceux qui achètent l'article pour leur propre usage, et, d'autre part, tout ce qui influe sur la branche de production des personnes qui emploient l'article comme matière première ou comme matière auxiliaire en vue d'une autre production, déterminent les formes des diverses *courbes individuelles de l'utilité*. Ici, pour n'importe laquelle des abscisses, les courbes tendront plus vite vers la verticale à l'égard des acheteurs chez lesquels est plus vif le besoin ou le goût de la quantité en question de l'article. La courbe de l'utilité afférente au même individu ne se diversifiera pas moins suivant la nature de l'article considéré, et il en est de même de la courbe des coûts d'un producteur quand elle est tracée tantôt pour l'objet principal de l'industrie, tantôt pour quelqu'un des produits secondaires. La situation de fortune présente aussi une influence prépondérante sur toutes les courbes individuelles; plus elle est favorable, et, par conséquent, plus l'appréciation de l'argent est faible chez un individu déterminé, plus le même individu exigera un prix élevé pour un même effort personnel, et plus il pourra dépenser pour la même satisfaction. Donc, plus une personne est riche, plus les ordonnées seront hautes en général par rapport aux abscisses, en ce qui concerne la courbe des coûts ou de l'utilité et, par conséquent, le cours des courbes des coûts et de l'offre, d'un bout à l'autre, sera plus escarpé, et les courbes de l'utilité et de la demande seront d'abord plus escarpées, mais décroîtront avec d'autant plus de rapidité une fois le point culminant dépassé. Enfin il ne faut pas perdre de vue que, comme les courbes totales exposées plus haut, toutes les courbes individuelles du coût et de l'utilité relatives à n'importe quel article reposent sur l'hypothèse de la stabilité des prix de tous les autres objets et subiront ainsi une modification plus ou moins sensible dès que variera l'un de ces prix.

8. Combinaison des courbes individuelles en courbes totales. — Puisque les courbes totales représentent la somme des courbes individuelles et ne peuvent provenir que de celles-ci, la façon de combiner les courbes individuelles en courbes totales doit en résulter. L'abscisse (quantité totale de l'article) ou l'ordonnée (somme d'argent qui en découle) de tout point de la courbe totale ne peut être que la somme respective des abscisses ou des ordonnées des points, relatifs au même prix, de toutes les courbes individuelles. Les *points relatifs au même prix* sont les points de même direction tangentielle des courbes originaires ; ce sont aussi les points des courbes dérivées situés sur le même rayon vecteur.

Observons cette règle et combinons les courbes totales OA et OA' au moyen de trois courbes individuelles du coût et trois courbes individuelles de l'offre que, pour simplifier, nous supposons identiques et qui sont représentées respectivement par Oa et Oa' (fig. 6). Nous voyons que OA et OA, sont beaucoup moins incurvées et que, par suite, elles s'éloignent beaucoup moins vite de leur tangente originaire, qui coïncide avec celle des courbes individuelles ; elles sont donc moins élevées que les courbes Oa et Oa' à égalité d'abscisse. Il en sera d'autant plus ainsi que le nombre des courbes individuelles combinées sera plus considérable. Si, d'autre part, nous combinons selon le même principe trois courbes individuelles identiques d'utilité et trois courbes individuelles identiques de demande On et On' en les courbes totales ON et ON' (fig. 7), nous voyons qu'ici encore les courbes totales sont beaucoup moins incurvées et s'éloignent aussi bien moins vite de leur tangente originaire; elles sont donc plus élevées que les courbes individuelles, à égalité d'abscisses. Il en sera d'autant plus ainsi que le nombre des courbes individuelles sera plus grand.

Ce cas de courbes individuelles identiques ne se présentera pour ainsi dire jamais. En raison de la diversité infinie des dispositions individuelles et des dispositions extérieures par rapport aux circonstances qui déterminent la production et la consommation, il ne faut pas du tout s'attendre à une grande ressemblance des courbes relatives aux différents vendeurs ou aux différents acheteurs du même article. Soit, par exemple, dans la figure 8, Oa_1 et Oa_2, Oa'_1 et Oa'_2 les courbes du coût et de l'offre de deux producteurs du même article, la courbe totale du coût OA suit la courbe la plus basse Oa_1 jusqu'à ce point i dont la tangente est parallèle à la tangente initiale de la courbe Oa_2; en effet, pour tous les prix inférieurs à celui donné par la direction de cette tangente, seule la courbe Oa_1 est valable. A partir de ce point, l'influence de la seconde courbe individuelle se fait sentir. Au point i, la courbure de la courbe totale OA diminue tout d'un coup et, dans son tracé subséquent, elle est toujours plus faible que celle des courbes individuelles dans les points correspondant aux mêmes prix. De même la courbe totale de l'offre OA' suit d'abord la courbe individuelle Oa'_1 jusqu'en un point i' situé sur la même verticale que i; en même temps, le rayon vecteur du point i' est le rayon vecteur de la courbe Oa'_2 qui a le plus petit coefficient d'inclinaison. A partir de i', l'influence de cette dernière courbe doit se faire sentir par un accroissement corrélatif à chaque rayon vecteur de la courbe Oa'_1. Au point i', la courbe totale OA' forme un angle; sa tangente et son rayon vecteur coïncident en effet en cet endroit, tandis qu'immédiatement avant, là où la courbe individuelle Oa'_1 se confond encore avec la courbe totale OA', sa tangente a un coefficient d'inclinaison de beaucoup supérieur à celui du rayon vecteur. De plus, alors qu'au point i de la courbe totale de coût OA on peut remarquer seulement la décroissance de la courbure, sans que les coefficients d'inclinaison des tangentes ne cessent d'augmenter, la courbe totale de l'offre présente en i' un point angulaire, mais ses rayons vecteurs ont un coefficient d'inclinaison de plus en plus grand et l'écart des deux courbes dans le sens vertical augmente de façon continue.

On arrive à des résultats tout à fait analogues si l'on combine (fig. 9 a et 9 b) deux courbes individuelles différentes d'utilité et de demande On_1 et On_2, On'_1 et On'_2, en une courbe totale d'utilité ON et une courbe totale de demande ON'. Le point angulaire i' de la seconde courbe peut ici (fig. 9 b) constituer un point bas que suit un second point culminant ; mais cela n'empêche pas qu'ici encore tout rayon vecteur doit avoir un coefficient d'inclinaison moindre que tous les rayons vecteurs précédents.

Nous voyons aussi qu'en général tout nouveau vendeur ou tout nouvel acheteur de l'article considéré occasionne un nouveau point angulaire dans la courbe totale de l'offre ou dans la courbe totale de la demande, respectivement; en outre, tout nouvel acheteur produit dans cette dernière courbe un nouveau point maximum, dès que le rayon vecteur de la nouvelle courbe individuelle de demande, qui lui correspond et qui a le coefficient d'inclinaison le plus considérable, atteint dans son tracé descendant la courbe totale de demande résultant des autres courbes individuelles. Toutefois, afin de simplifier, nos figures ne représentent pas dans tous les cas ces points maxima et minima, et nous avons ainsi une courbe totale de demande n'ayant qu'un seul culmen. S'il s'agissait d'articles destinés à la consommation immédiate, les points maxima nombreux suscités par les individus ne seraient que peu mis en relief, car le besoin de l'individu disparaît dans l'ensemble. Mais, s'il s'agissait d'articles qui, comme le charbon par exemple, servent non seulement à un usage d'économie domestique, mais encore, pour une forte part, à des emplois industriels, la courbe totale de demande, qui embrasse des consommations si différentes, présenterait comme dans la figure 9 *b* deux ou peut-être même plusieurs points maxima se distinguant tellement les uns des autres qu'il serait impossible de ne pas les remarquer. Il en est de même à l'égard des articles d'exportation, comme le blé en Amérique ou en Russie, car la courbe totale de demande contient, outre la demande des consommateurs indigènes, celle des exportateurs qui se fait jour si le prix est relativement bas.

9. Les quantités individuelles et le gain commun. — Si nous voulons maintenant déterminer la quantité annuelle de notre article que les producteurs isolés préparent et vendent et que les consommateurs isolés achètent et emploient, il n'est pas possible de s'en tenir à l'intersection d'une courbe individuelle d'offre et d'une courbe individuelle de demande, car, sur un marché important, un individu ne se trouve pas en face d'un individu ; il trouve plutôt le prix déjà déterminé, conformément à nos hypothèses. Lorsque le prix est représenté par OP dans la figure 10 et que Oa est la courbe du coût d'un producteur isolé, le gain net dont bénéficie ce producteur pour chaque quantité annuelle de l'article est mesuré par l'écart vertical de la ligne du prix et de la courbe du coût, pour l'abscisse qui y correspond. Cet écart atteindra évidemment un maximum pour cette quantité Oq à l'égard de laquelle la tangente de la courbe de coût au point r est parallèle à la ligne de prix ; et, comme le producteur s'efforce naturellement d'obtenir le maximum de profit qu'il peut avoir au prix pratiqué sur le marché, il devra produire exactement cette quantité Oq. Comme la courbe d'offre Oa' de notre producteur est coupée par la ligne de prix OP en un point r' qui doit se trouver sur la même verticale que r, on peut aussi déterminer immédiatement, au moyen de cette intersection, la quantité individuelle produite la plus avantageuse. L'écart rr' mesure le gain de production le plus élevé que puisse atteindre l'individu considéré si le prix est OP. Le même gain est exprimé non plus en argent, mais en quantité de l'article A dans la distance $O\rho$, obtenue en prolongeant la tangente à la courbe de coût au point r jusqu'à l'axe des abscisses. Si, par exemple, l'article A était une sorte de céréale, rr' représenterait la rente en argent, et $O\rho$ la rente en céréale du producteur envisagé.

L'effort en vue de l'obtention du gain maximum pousse également tous les autres producteurs de l'article considéré à produire juste ces quantités annuelles qui sont représentées, dans leurs courbes individuelles de coût, par la direction tangentielle OP, ou, dans leurs courbes individuelles d'offre, par l'intersection de celles-ci avec la ligne de prix OP. La somme de ces quantités produites individuellement donne nécessairement l'abscisse du point d'intersection de la courbe totale d'offre avec la ligne de prix OP; mais, en ce point, la courbe totale d'offre est aussi coupée par la courbe totale de demande, car le prix est également déterminé par cette rencontre. Or, nous savons que l'abscisse de ce point d'intersection désigne en même temps la quantité dont la vente amène le plus grand gain commun ; nous trouvons ainsi que l'intérêt privé de chacun des producteurs isolés le pousse à la production des quantités individuelles et, par conséquent, à la production de la quantité totale qui est aussi la plus avantageuse pour l'intérêt général.

De même, la figure 11 donne la quantité annuellement consommée par un individu déterminé. Il est poussé, par le désir de tirer de sa consommation le gain maximum, à consommer juste le montant Oq, qui correspond au point d'intersection de sa courbe de demande On' avec la ligne de prix du marché OP et, par suite, à l'écart maximum dans le sens vertical rr' entre cette ligne et la courbe d'utilité On. Ici encore, on peut démontrer que l'intérêt privé de chaque individu pris à part amène à la consommation de cette quantité totale qui est déterminée par l'intersection des courbes d'offre totale et de demande totale et qui a pour résultat le maximum de gain commun.

10. Offre non effective et demande non effective. — Comparons maintenant (fig. 12) les courbes individuelles Oa_1 et Oa_2, Oa'_1 et Oa'_2, de deux producteurs I et II du même article. D'après ce qui a été dit plus haut, le producteur II est doué de moins de capacité : il travaille dans des conditions plus défavorables ou encore il désire moins faire des bénéfices; son zèle moins ardent peut être basé sur une meilleure situation de fortune ou sur d'autres raisons. La fig. 12 montre que, pour un prix OP, le producteur I produira chaque année une quantité Oq_1 supérieure à celle Oq_2, produite par II. Aussi le gain de production du premier, $r_1r'_1$, est-il beaucoup plus élevé que celui du second, $r_2r'_2$. Considérons maintenant tout un ensemble de courbes individuelles d'offre que l'on peut synthétiser en une seule courbe totale d'offre. Aux courbes déjà décrites, peuvent dès lors s'en ajouter de nouvelles, telles que Oa_3, dont la dérivée Oa'_3 ne rencontre pas la ligne de prix, parce que ses tangentes initiales ont déjà un coëfficient d'inclinaison supérieur à OP. La courbe d'offre individuelle Oa'_3, à coefficient d'inclinaison plus grand, ne peut ainsi avoir une influence déterminante sur la forme de la courbe d'offre totale OA' que de l'autre côté du point d'intersection c de cette dernière courbe avec la courbe de demande totale ON'. L'offre de tous les producteurs dont les courbes individuelles se comportent comme Oa'_3 peut être qualifiée d'*offre*

non effective. Les producteurs en question ne sont pas en
mesure, tant que le prix du marché envisagé se maintient,
d'amener sur ce marché une quantité quelconque de l'article considéré ; ils sont obligés d'en délaisser la production, sans avoir toutefois à cesser en totalité leur industrie
qui, d'habitude, comprend la production des articles simi-
laires. Ainsi, il se peut qu'un laminoir établi pour la production des rails soit forcé par un prix peu élevé de produire de la tôle au lieu de rails ; ce n'est que par une
augmentation du prix des rails que l'usine se remettrait à
participer à leur fabrication, et alors seulement son offre
redeviendrait effective.

Nous pouvons représenter d'une façon tout à fait analogue, dans la figure 13, les courbes d'utilité individuelle
On_1 et On_2 de deux consommateurs I et II. Le consommateur I est amené, soit par sa situation pécuniaire plus favorable, soit par ses goûts et ses habitudes, à attribuer aux si
mêmes quantités plus d'utilité que le consommateur II ;
l'article considéré n'est pas consommé directement, s'il subit
un complément de fabrication, l'acheteur I est celui qui
travaille dans des conditions plus favorables. La figure 13
montre que, si I achète la quantité plus grande Oq_1, le
prix étant OP, II achètera seulement la quantité plus
faible Oq_2. Aussi le gain de consommation est-il beaucoup
plus élevé chez l'un, $r_1r'_1$, et beaucoup moins chez l'autre,
$r_2r'_2$. Ici encore, nous pouvons tracer un groupe de courbes
individuelles de demande dont quelques-unes, On'_3 par
exemple, ont un tracé si peu élevé au-dessus de la ligne
des abscisses qu'elles ne coupent pas la ligne de prix OP.
Si nous ajoutons de telles courbes individuelles de demande
à celles déjà examinées, elles n'influencent le cours de la
courbe de demande ON' qu'au delà du point d'intersection c
de son tracé avec la courbe générale d'offre OA'. Elles
représentent la *demande non effective* de ces consommateurs
qui, en raison du prix existant, renoncent à l'acquisition de

l'article en question et peuvent se contenter d'un succédané, mais qui, pour un prix moins élevé, se présenteraient sur le marché comme demandeurs effectifs.

Nous voyons donc que nos courbes totales contiennent aussi les courbes individuelles dont il n'est pas tenu compte pour la quantité réellement vendue, courbes individuelles des personnes dont l'offre ou la demande n'est pas effective. De plus, ces courbes renseignent au sujet des modifications résultant de ce qu'un renchérissement de l'article augmente le nombre de ses vendeurs effectifs et a, en même temps, pour effet de rendre non effective la demande de maints acheteurs antérieurs, tandis que, par contre, la baisse du prix diminue le nombre des vendeurs effectifs et augmente celui des acheteurs.

11. Augmentation et diminution de l'offre ou de la demande. — Avant d'arriver à l'étude plus approfondie des courbes que nous avons appris à connaître, il convient de nous familiariser avec leur emploi au moyen d'exemples, et de nous en servir pour examiner quelques notions, généralement reconnues, basées sur l'expérience. Tout d'abord, nous nous proposons de montrer comment s'y manifestent l'augmentation et la diminution de l'offre ou de la demande.

Considérons (fig. 14 a et b) les quatre courbes totales ON, ON', OA et OA', c'est-à-dire, respectivement, les courbes d'utilité, de demande, de coût et d'offre d'un certain article A sur un marché déterminé; nous pouvons ainsi nous rendre compte de toutes les variations de l'offre et de la demande. Si (fig. 14 a) la courbe ON croît avec plus de rapidité et si, par suite, la courbe ON', étant plus élevée, se trouve avoir la forme représentée par exemple par le tracé pointillé, on dit que la demande augmente, parce que, dans ce cas, à des abscisses égales correspondent des ordonnées plus longues et qu'alors les mêmes quantités annuellement consommées de l'article A sont demandées pour des sommes plus élevées. Le point d'intersection c se déplace à droite vers le point c_1, le débit Oa s'accroît et le prix OP devient le prix supérieur OP_1. Par contre, la courbe OA et, avec elle, la courbe OA' doivent s'abaisser, c'est à-dire prendre les formes désignées en pointillé dans la fig. 14b, pour exprimer que l'offre augmente, car, dans ce cas, à des ordonnées égales correspondent des abscisses plus longues et, pour des paiements identiques, on offre annuellement une production plus forte de notre article. D'autre part, le point d'intersection c se déplace, lui aussi, à droite vers le point c_2, le débit Oa augmente également, mais le prix OP devient le prix inférieur OP_2. Il ne faut pas perdre de vue qu'ici la représentation graphique n'est pas d'accord avec la manière de s'exprimer établie par l'usage, car la courbe de l'offre est plus basse quand l'offre augmente.

La diminution de l'offre ou de la demande se caractérise naturellement de façon toujours opposée. Mais il faut bien observer, à ce sujet, qu'une variation de la demande n'est pas du tout la même chose qu'une variation opposée de l'offre ; en effet, si par exemple la demande augmente, le prix croît comme si l'offre diminuait, mais le débit et en même temps la production sont plus élevés, tandis qu'ils auraient baissé si l'offre avait décru ; on peut observer une différence analogue entre la demande décroissante et l'offre qui augmente.

Comme nous le voyons ensuite, le prix est d'autant plus stable que l'angle d'intersection des courbes de l'offre et de la demande est plus petit et que, d'autre part, une faible variation de l'une des deux courbes provoque un changement de prix d'autant plus sensible que cet angle d'intersection est plus grand.

Enfin le chiffre d'affaires exprimé en argent, qui est figuré par la longueur ac, subit, pour toute modification de la demande, une variation analogue à celle du débit et même supérieure, parce que, dans ce cas, le prix, lui aussi, change dans le même sens. Il en est autrement des variations de l'offre ; le débit et le prix se modifient ici en sens opposé, et, selon que l'importance de ce changement l'emporte pour le premier ou pour le second de ces facteurs, le chiffre d'affaires se modifie dans le même sens que le débit ou dans le sens contraire. Ce résultat apparaît avec clarté dans notre représentation graphique, suivant que la courbe ON', lors de sa rencontre avec la courbe OA', présente un tracé descendant, comme dans les figures 14, ou ascendant, comme dans la figure 15. A mesure que l'offre croît, le chiffre d'affaires est moins élevé dans le premier cas, mais plus grand dans le second, bien que le débit augmente dans les deux. En conséquence, si nous observons, à l'égard des différents articles, dans quel sens et avec quelle force relative le débit et, d'autre part, le chiffre d'affaires sont influencés par les changements de l'offre, nous pouvons en induire dans quelle partie de la courbe totale de demande se trouve le point d'intersection c, et quel est à cet endroit le degré d'inclinaison de cette courbe. A cet égard, on peut répartir en *trois groupes* les articles dont nous pouvons admettre que la courbe totale de demande ne comporte qu'un maximum, comme il est mentionné plus haut (§ 8). Pour le *premier groupe*, le point d'intersection c est situé dans la partie croissante, peu arquée, au commencement de la courbe ON', à peu près jusqu'au point L (fig. 14 et 15); si l'offre croît, le débit augmente ici considérablement, mais le prix baisse peu, de sorte que le chiffre d'affaires augmente à peu près en raison directe du débit. A l'égard des articles du *second groupe*, le point d'intersection c se trouve dans la partie culminante LM la plus courbée; en ce cas, l'augmentation de l'offre accroîtra moins le débit, mais elle exercera sur le prix une dépression plus profonde. Certes le chiffre d'affaires augmente encore jusqu'au point maximum, mais il n'est plus — et de beaucoup — proportionnel au débit et, de l'autre côté du point culminant, il diminue déjà. Si le maximum se trouve dans une partie où la courbe est peu prononcée, les variations du chiffre d'affaires n'auront pas d'importance aux environs du point maximum, car, si l'espace laissé aux variations du débit est considérable, ces variations sont presque compensées par les variations du prix en sens contraire. Enfin, pour les articles du *troisième groupe*, le point d'intersection c se trouve dans la partie de la courbe ON' qui baisse de façon très nette, et qui est la moins incurvée ; c'est pourquoi, étant donné une augmentation de l'offre, le débit croît, mais seulement de moins en moins ; par contre le prix s'affaisse avec rapidité ; aussi le chiffre d'affaires diminue-t-il d'une manière décidée et à peu près en raison directe du prix, et d'autant plus que la courbe ON' baisse plus vite.

12. Classement des divers articles en trois groupes. — Commençons par le groupe des articles mentionnés en dernier lieu, c'est-à-dire de ceux pour lesquels le point d'intersection c (fig. 14) est peu éloigné, en direction horizontale, de la traversée de la courbe de la demande par la ligne des abscisses. La quantité réellement débitée n'est pas de beaucoup inférieure, dans ce cas, au montant maximum qui serait consommé s'il s'agissait d'articles comme l'air ou l'eau, susceptibles d'être obtenus gratuitement. On peut en induire que tel est le cas pour un article déterminé, quand la consommation individuelle des riches et des pauvres est à peu près la même. A l'égard des articles que l'on peut se procurer sans aucun débours, la différence entre le riche et le pauvre disparaît en effet ; car l'homme le plus riche ne consommera pas plus d'air ou d'eau potable que le mendiant, abstraction faite des particularités individuelles qui n'ont rien à faire avec la situation pécuniaire. De même, si, pour un article, la consommation du riche et celle du pauvre ne sont pas très différentes, on peut admettre avec certitude qu'une nouvelle baisse de prix et même la gratuité n'augmenteraient pas le débit d'une façon considérable. Le point d'intersection c est donc ici près de la fin de la courbe de la demande, et l'article appartient sans aucun doute au troisième groupe.

L'article pour lequel ce critérium apparaît avec le plus d'évidence est le sel de cuisine ; cet article se trouve donc à la tête du troisième groupe, si l'on suppose que, dans le commerce, il soit tout à fait distingué du sel employé dans l'industrie ou destiné à l'alimentation du bétail. Le riche n'emploie pas beaucoup plus de sel que le pauvre. La différence de consommation ne diffère guère qu'en ceci : c'est que le second est obligé de ménager le sel et n'est pas en mesure de remplir la salière à sa moindre salissure. Le prix baisse-t-il, le débit ne s'accroît donc que dans une faible proportion ; augmente-t-il, la vente ne peut diminuer que dans une mesure insignifiante. Ici donc le point d'intersection se trouve sans doute dans la partie décroissante de la courbe totale de la demande, qui, à cet endroit, doit être très inclinée. Les diverses épices se comportent tout à fait comme le sel de cuisine. Ainsi le poivre, la cannelle, le clou de girofle, etc., sont d'un emploi très variable suivant les usages du pays et les goûts de chacun, mais, étant donné le peu d'importance de la quantité consommée et, par conséquent, de la dépense qui en résulte, la situation de fortune n'a que peu d'importance. On pourrait en dire autant de l'encre et des produits analogues ; une diminution de prix considérable n'en augmenterait pas beaucoup le débit.

La question est déjà plus discutable s'il s'agit d'incorporer dans le même groupe les principaux articles qui servent à alimenter la population. Le pain et la farine et, avec eux, leurs matières premières, le seigle et le froment, sont consommés dans les pays civilisés en telle quantité qu'une baisse de prix pourrait seulement amener une partie de la classe la plus pauvre à augmenter notablement sa consommation ; il en est de même du riz et du maïs dans les pays où ils servent de base à l'alimentation populaire. Mais, si la consommation indigène ne montre pas une grande capacité d'expansion, une baisse sérieuse des prix fait croître le débit de ces matières premières même dans une très forte mesure, parce qu'alors la demande devient effective pour l'exportation ou pour la fabrication de l'eau-de-vie de grain. Ainsi, tant que cette demande ne se produit pas, le point d'intersection *c* est situé dans une partie descendante de la courbe totale de la demande ; il ne faut cependant pas supposer qu'il se trouve dans la partie qui arrive, en descendant, à l'axe des abscisses. Il en est bien de même de l'usage industriel des pommes de terre et aussi du bois et du charbon. Au surplus, bien qu'on ne veuille considérer l'emploi des combustibles qu'au point de vue du chauffage des appartements, on ne doit pas les mettre sur le même pied que la farine, car il est beaucoup plus aisé à chaque personne de limiter sa dépense de combustible que son usage de farine. Cette compressibilité plus forte du besoin indique que, pour ces articles, le point d'intersection doit être cherché dans le voisinage du point culminant de la courbe de demande totale.

On pourra de préférence classer ici les produits d'éclairage les plus répandus, le pétrole, par exemple, mais seulement dans ces pays où le prix n'en est pas maintenu haut par une imposition élevée. Il pourrait en être de même avec le tabac ordinaire ; en Allemagne et, peut-être, en Autriche, ce produit sera mis dans le troisième groupe ; par contre il appartiendra au second groupe en France et en Angleterre, en raison du montant excessif de l'impôt. On pourrait ranger aussi l'eau-de-vie ordinaire dans le troisième groupe ; en effet, tout au moins dans le nord et l'est de l'Europe, où la consommation est déjà importante, la baisse du prix augmenterait certainement le débit pendant quelque temps, mais le montant annuel consommé d'une façon constante pourrait ne pas être beaucoup plus grand que la quantité consommée avant cette baisse. Dans les pays viticoles fort riches dont le vin n'est pas transportable, cette boisson appartient peut-être aussi au troisième groupe ; en Bavière il en est probablement de même pour la bière. Le troisième groupe est susceptible de comprendre encore la viande, en Angleterre peut-être, mais non sur le Continent, même dans les grandes villes; le lait, au contraire, ne doit pas être classé dans ce groupe, si ce n'est à la campagne et dans les villes de peu d'importance.

Au *deuxième groupe* appartiennent tous les articles qui sont consommés en grande quantité, c'est-à-dire par la plus grande partie de la population, mais que seules les classes riches et les classes dites moyennes achètent en quantité approchant du maximum de consommation individuelle, tandis que les classes les moins aisées n'en emploient pas du tout, ou ne les emploient que par quantités de beaucoup inférieures à celle de pleine satisfaction. Peuvent rentrer dans ce groupe, parmi les aliments et les moyens de jouissance : la viande, sauf les cas exceptionnels déjà mentionnés, puis le sucre, le café ou le thé, la bière et le vin ordinaire, pour ce dernier, dans les régions où il ne fait pas déjà partie, comme dans le nord et l'est de l'Europe, des articles de grand luxe, et enfin les cigares communs, tandis que les espèces supérieures sont incontestablement des articles somptuaires. Viennent ensuite les objets de consommation usités dans presque tous les ménages : le savon, les allumettes, le papier à écrire, la ficelle, etc.

Font également partie de cette catégorie les *articles d'usage commun*, par exemple les étoffes et les vêtements même, puis les ustensiles de ménage et les objets d'ameublement les plus répandus, — tous ces objets quand ils sont d'une qualité d'usage courant. Le fait que, malgré le caractère commun de leur emploi, ces articles n'appartiennent pas au troisième groupe résulte de ce que des soins et un certain effort sont nécessaires à leur nettoyage et à leur entretien. L'usage de ces mêmes articles ne se rapprocherait du *quantum* de satisfaction totale que si, par suite d'un prix extrêmement bas, ils revêtaient le caractère d'*articles de consommation*, c'est-à-dire s'ils n'avaient à servir qu'une seule fois et si l'on devait s'en procurer de nouveaux à chaque emploi. Comme on ne peut observer un tel changement du mode d'emploi même pour de fortes variations de prix, nous pouvons en conclure que la courbe de la demande afférente à un article de ce genre peut avoir une partie culminante étendue et une partie finale lentement décroissante. On peut d'ailleurs établir, suivant la durée et la détérioration plus forte par l'usage, une série d'objets intermédiaires formant la transition des articles d'usage aux articles de consommation. Les bijoux, les œuvres d'art, etc., ne souffrent pas du tout de l'usage ; les maisons et les meubles sont déjà sujets à l'usure, mais on peut encore faire abstraction de celle-ci et abandonner leur jouissance moyennant un loyer. A l'égard des machines, des outils et des animaux de rapport, il est difficile de tirer une ligne de démarcation précise entre leur emploi et leur usure ; enfin pour les habits et le linge une telle distinction n'est guère plus facile.

De pays à pays, on remarque dans la délimitation du deuxième groupe les dissemblances les plus surprenantes ; celles-ci se manifestent dans le costume et encore plus dans le genre de construction et dans l'installation des habitations. Tandis qu'en Amérique les tapis, les glaces, les salles de bains se trouvent dans presque toutes les demeures, les planchers sont encore regardés comme un luxe dans beaucoup de logements villageois de l'ancien continent. En Angleterre seuls les mendiants du dernier degré sortent nu-pieds ; dans les pays slaves, par contre, les femmes de la campagne marchent la plupart du temps sans chaussures et ne portent des bottes que lorsqu'elles s'endimanchent. Pour le paysan allemand, le parapluie est l'accessoire obligé d'une tenue convenable ; la possession d'une montre indique, selon les pays, des conditions de fortune très différentes. Nous rangeons dans notre second groupe les objets, si variés qu'ils soient, regardés comme indispensables d'après les coutumes du pays pour la grande masse de la population.

Enfin, dans le *premier groupe*, il faut classer les articles de luxe proprement dits. En général, les classes très aisées, seules, peuvent en user et, seuls, les gens les plus riches peuvent en consommer une quantité suffisante pour approcher de la pleine satisfaction individuelle. L'énumération des articles appartenant au premier groupe n'est guère possible, d'autant plus que l'on considère comme objets de luxe les articles mentionnés dans les autres groupes, dès qu'il est question d'espèces plus recherchées ou de meilleure qualité. S'il s'agit d'un objet de véritable luxe prononcé, le chiffre d'affaires croît à peu près en proportion directe du débit quand le prix baisse ; ainsi, pour le champagne, il est presque certain qu'une diminution de prix relativement faible suffirait pour doubler le débit et, par suite, pour parvenir au chiffre de ventes à peu près double. Si le prix du champagne s'abaissait de façon suffisante, son cercle de consommation s'élargirait dans une telle mesure qu'il serait facile d'en débiter cinq, dix fois plus. Quant au vin ordinaire, qui appartient au second groupe, une baisse de prix très considérable aurait comme conséquence le doublement de la vente indigène, mais n'arriverait pas, selon toute vraisemblance, à la décupler. Enfin, si nous avons affaire à la farine ou au sel, représentants du troisième groupe, le prix le meilleur marché peut même ne pas avoir pour conséquence de doubler la consommation. Nous voyons ainsi que la capacité d'expansion est énorme pour la consommation des articles appartenant au premier groupe.

13. Influence des variations de l'offre. — L'avantage résultant pour la masse de la consommation d'un article s'exprime, on le sait, au moyen de la distance verticale des courbes ON et ON' au point d'intersection c (fig. 14 ou 15) ; cette distance ne sera donc que faible, aussi longtemps que l'article en question appartiendra au premier groupe, et elle ne pourrait être considérable que si l'article passait dans le second ou même dans le troisième groupe par suite de l'augmentation de l'offre. Si ce dernier facteur croît, l'article, qui n'était auparavant accessible qu'aux riches, va devenir petit à petit un objet de consommation répandue et peut, en fin de compte, arriver à être de consommation presque générale. Les articles exotiques de consommation directe — sucre de canne, café, thé, tabac — sont devenus graduellement d'un emploi universel, surtout dans les dernières dizaines d'années. Il en est de même pour l'abonnement aux journaux, l'emploi de la poste et du télégraphe, et aussi l'usage de la photographie. Peu à peu, les objets s'avancent toujours plus haut sur l'échelle des trois groupes et tout progrès économique tend à rapprocher de plus en plus de la pleine satisfaction le plus grand nombre d'articles possible. Mais, plus on se rapproche de ce but, à l'égard d'un objet quelconque, plus il faut que la baisse de prix soit sérieuse pour augmenter à nouveau le débit dans de fortes proportions ; en effet, la capacité d'expansion de la consommation est d'autant plus faible que le point d'intersection est déplacé vers la partie résolument descendante de la courbe totale de la demande.

Par contre, si l'offre diminue, un article peut passer du troisième au second groupe et, enfin, au premier groupe ; toutefois, dans ce cas, les objets correspondant à un besoin vital ne se comportent pas de la même façon que les autres articles appartenant au troisième groupe. Ce fait peut être figuré ainsi au moyen d'un graphique : la courbe d'offre collective ON'_1 (fig. 16) tirée pour représenter un besoin indispensable de la vie aura un point maximum situé beaucoup plus haut que le point d'intersection c de ON'_1 avec la courbe totale d'offre OA' ; c'est pourquoi une réduction considérable de l'offre, c'est-à-dire une forte augmentation du prix, sera nécessaire pour amener le point d'intersection c dans le voisinage du culmen. Par contre, si nous considérons un article moins important, la courbe totale de demande prendra à peu près la forme ON'_2. Pour plus de clarté, nous indiquons cette deuxième courbe de demande dans la même figure 16 malgré la différence de ses abscisses avec la courbe ON'_1, et nous admettons, pour le même motif, que la courbe d'offre de ce nouvel objet est identique à la courbe OA'. Comme nous le voyons, une variation beaucoup plus faible de la courbe de l'offre et, par conséquent, une moindre augmentation du prix suffiront pour amener le point d'intersection c dans le voisinage du point culminant de la courbe ON'_2, c'est-à-dire pour repousser l'article en question du troisième groupe dans le deuxième. Aussi existe-t-il beaucoup d'articles qui, sans répondre jamais à un besoin vital, sont pourtant consommés par la masse de la population, quand leur prix est peu élevé : c'est par exemple le cas des fruits d'espèces communes ; ils appartiennent au troisième groupe dans les bonnes années, mais, si la récolte est mauvaise, ils reviennent dans le deuxième groupe et peuvent même, c'est possible, devenir objets de luxe. Les mêmes variations dans le classement pourront aussi se présenter pour les articles susceptibles d'être facilement remplacés par des succédanés, par exemple par des espèces inférieures.

A l'égard de toutes les matières premières, les conditions naturelles de chaque cas commandent avant tout la solution de la question suivante : comment l'offre se présente-t-elle si le même effort permet d'obtenir une production plus ou moins importante? En ce qui concerne les produits du sol, tout dépend de la qualité, bonne ou mauvaise, de la récolte; ainsi, les influences élémentaires sont prédominantes. Les produits de la pêche et de la chasse se trouvent tout à fait dans les mêmes conditions. L'offre des produits miniers de toutes sortes est dominée par les surprises extraordinaires qui peuvent résulter de la découverte ou de l'épuisement des couches, veines ou filons. A côté de ces influences variables, il faut toutefois, pour toutes les matières premières, faire entrer en ligne de compte l'immigration des peuples civilisés dans les pays neufs et le progrès

technique en vue d'une augmentation constante de l'offre.
Dans l'offre des produits de l'industrie, les variations
sont beaucoup moins bornées par des facteurs naturels,
et les influences élémentaires ne s'exercent que de façon
indirecte. Aussi un accroissement de la production se
manifeste-t-il avec clarté dans l'extension des entreprises
existantes et la création de nouveaux établissements, d'autant plus que la concurrence, plus âpre, force chaque producteur à appliquer de suite tout progrès technique et à
faire sans cesse de nouvelles améliorations. Abstraction
faite des crises et des conjonctures défavorables, l'offre
croît donc sans interruption, avec plus ou moins de rapidité,
selon que les inventions et les perfectionnements se succèdent plus ou moins vite et que les circonstances du
marché monétaire exercent un effet favorable ou contraire.
D'autre part, il peut se faire que des circonstances exté-
térieures viennent momentanément resserrer l'offre, que
des guerres et des révolutions fassent obstacle à la production ou aux communications, qu'un blocus (le blocus
continental, par exemple) supprime ces dernières en totalité ; on verra se produire ainsi des hausses de prix du genre
de celles qui se manifestent surtout dans une ville assiégée.

14. Influence des variations de la demande. — Pour nous
rendre compte des effets d'une augmentation de la demande,
nous opposons à nouveau dans la figure 17, pour faciliter la
comparaison, à la courbe de l'offre OA', que nous supposons
identique dans les deux cas, d'une part la courbe de la demande ON'_1 d'un article du premier groupe, de l'autre la
courbe ON'_2 d'un objet du troisième groupe. Admettons
maintenant que, pour une raison quelconque, les ordonnées
de la courbe ON'_1 croissent également, par exemple de
10 %, de sorte que la courbe prenne la forme pointillée ;
comme nous le voyons, le débit, le prix et le chiffre de
vente augmentent bien plus que si la courbe ON'_2 subissait

le même changement. Il ne faut pas s'attendre à ce qu'une
amélioration générale du bien-être exerce une influence
aussi uniforme sur la demande des divers articles ; si cette
amélioration se produisait, la demande des objets de luxe
pourrait augmenter beaucoup plus que celle des articles
d'usage commun. Mais, même si la hausse de la demande
est identique pour tous les articles, son influence sur le
débit et sur le prix doit cependant se faire sentir avec beaucoup plus de force pour les objets de luxe que pour ceux
d'usage commun.

Par contre, si, dans telle ou telle circonstance, la demande
subit une baisse et si les ordonnées de la courbe de la demande diminuent de 10 % dans les deux cas, de sorte que
la courbe, et pour ON'_1, et pour ON'_2, soit représentée en
pointillé et en rouge, le débit et le chiffre de vente s'affais-
seront de toutes façons. Mais il est facile de voir, d'après la
figure 17, que cette régression est relativement bien moins
importante pour les articles d'usage commun que pour les
objets de luxe : à l'égard de ceux-ci une conjoncture défavorable exerce le maximum d'effet. — La demande n'est
pas non plus affranchie des influences élémentaires ; un
hiver très rigoureux fait hausser la demande de combustibles et de vêtements chauds, un été fort chaud augmente
la demande de la glace, des habits légers et de certains
comestibles. Mais, en première ligne, la demande dépendra
des inclinations, des habitudes et des goûts individuels ;
souvent ceux-ci se modifient tout simplement par suite du
besoin de changement ; la preuve en est dans l'incessante
variation de la mode, qui dirige la demande tantôt vers tel
article, tantôt vers tel autre. Les inventions et la plus grande
facilité des communications provoquent des demandes nouvelles pour des objets que l'on ne connaissait ou que l'on
ne désirait pas auparavant ; par contre, la demande d'articles
autrefois usuels disparaît. Ainsi le pétrole est devenu un
article de consommation générale et la demande de bougies

et d'huile a encore plus baissé de son fait que du fait de l'installation de l'éclairage au gaz. Ce dernier mode d'éclairage est menacé par la concurrence de la lumière électrique, tandis que la bougie de cire, jadis si répandue, est maintenant un article de luxe peu recherché. Enfin tous ces progrès ont fait à peu près disparaître la chandelle et les mouchettes, que l'on trouvait autrefois dans tous les ménages.

Tout besoin extraordinaire, souvent même la simple prévision de ce besoin, c'est-à-dire la spéculation, amène un accroissement de la demande ; ainsi chez les entreposeurs, le désir de l'accaparement s'ajoute à la nécessité de satisfaire à la consommation présente, de sorte que les courbes individuelles de la demande et aussi, par conséquent, la courbe totale de la demande s'élèvent sensiblement. Tel est, par exemple, le cas des prix de l'avoine et de l'alcool quand il y a menace de guerre.

L'augmentation de la population est une cause lente, mais continue, de l'accroissement de la demande. Elle exerce, il est vrai, la même action sur l'offre, mais il appartient surtout à la demande du surcroît de population de déterminer les articles auxquels doit s'appliquer l'augmentation croissante de l'offre.

15. Influence des conditions de fortune. — La classification des articles dans les trois groupes indiqués plus haut est encore plus exacte s'il s'agit de courbes individuelles de demande que si l'on s'occupe de courbes totales de demande. La combinaison de différentes courbes en une courbe totale ne fournit qu'un résultat moyen, et celui-ci ne donne aucun renseignement au sujet de chaque individu pris à part ; il en est ainsi, d'un objet notamment, lorsqu'il est encore un article de luxe pour l'une des classes de la population et qu'il est déjà considéré comme indispensable par l'autre. De même qu'en général les mœurs et le bien-être nationaux sont des facteurs prédominants pour le classement en groupes, de même la position sociale et, surtout, la situation pécuniaire de chacun ont une grande importance à l'égard des divers individus.

Comparons, dans la figure 18, les courbes individuelles de la demande On'_1, On'_2, On'_3 et On'_4, relatives au même article, concernant quatre personnes qui trouvent leur pleine satisfaction dans une même quantité du produit en question. Supposons en outre que les consommateurs II, III et IV aient l'intention d'obtenir une certaine jouissance et soient en mesure d'y consacrer, suivant leur situation différente de fortune, une somme respective deux, trois et quatre fois plus considérable que le consommateur I. Dans ces conditions, si OP est la ligne du prix, elle coupe la courbe de demande On'_4 dans sa partie descendante, On'_3 dans sa partie culminante, On'_2 dans sa partie ascendante ; par contre, On'_1 et la ligne du prix ne se rencontrent point. Ainsi, pour la personne riche IV, l'article recherché appartient au troisième groupe ; sa consommation restera à peu près la même malgré les variations du prix, et ses débours pour cet objet varieront dans le même sens que le prix et lui seront à peu près proportionnels. A l'égard de l'individu aisé III, l'article appartient au deuxième groupe, si le prix est le même ; sa consommation sera fort influencée par les changements de prix, mais la dépense ne variera pas beaucoup. Le consommateur II, qui vit dans des conditions modestes, ne fait qu'un usage peu important de cet article de luxe ; une modification même légère du prix influe dans une mesure relativement forte sur sa consommation (le double ou la moitié), ainsi que sur sa dépense, à peu près proportionnelle à sa consommation. Enfin le consommateur I, peu aisé, ne peut avoir recours à cet article : sa demande peut être considérée comme négligeable.

Comme nous l'avons signalé dans notre classement des articles en trois groupes, les exemples qui précèdent nous montrent que, seuls, les articles indispensables à la classe la plus pauvre appartiennent à ce troisième groupe en tout état de cause, et que, seuls, les articles qui restent objets de luxe pour les gens riches appartiennent toujours au premier groupe ; par contre, pour tous les autres articles, l'endroit de la courbe de la demande totale, où se trouvera son point d'intersection avec la courbe de l'offre totale, dépendra de la situation de fortune respective des consommateurs.

16. Variations de la valeur de l'argent. — On ne peut, en principe, se rendre compte des modifications subies par une courbe individuelle lorsque varie la situation de fortune de l'individu observé. Bien qu'en général les ordonnées des courbes soient plus longues lorsque l'individu est plus riche, il n'en sera jamais de même d'une manière uniforme, si nous considérons des articles différents. Tout changement d'une courbe individuelle doit aussi influencer les parties de la courbe totale dans lesquelles cette courbe individuelle se fait valoir.

Par contre, on peut constater une modification simple et régulière des courbes individuelle et totale tirées à propos d'un article quelconque, quand varient les conditions monétaires d'un pays : en effet, dans ce cas, l'unité de mesure change seule pour les ordonnées de la courbe. Si le changement est purement nominal, comme le cas se produisit en Autriche quand on substitua *la couronne, monnaie actuelle, à l'ancien florin ÖW, le changement se réduit, en définitive, à ceci : on appelle aujourd'hui 20 couronnes ce que l'on dénommait auparavant 10 florins. L'ensemble des ordonnées de toutes les courbes d'offre et de demande double de longueur,* mais les distances ne changent pas dans le sens horizontal. Pour tous les articles, le débit reste le même, tandis qu'augmentent le prix et le chiffre d'affaires.

Mais, si la valeur de l'argent varie en réalité, si, par exemple, les moyens de circulation augmentent, comme on peut le remarquer de la façon la plus claire lorsqu'on émet du papier-monnaie pour couvrir les dépenses d'une guerre, les ordonnées de toutes les courbes deviennent aussi plus longues et, ici encore, un nouvel équilibre tendra à s'établir, mais sans simultanéité ni uniformité, et un long délai sera nécessaire jusque-là. Supposons que l'émission de papier-monnaie se continue de manière à remplacer toute la monnaie métallique et soit encore poussée plus loin, jusqu'à ce qu'il y ait un agio de 10 %. Ainsi 100 unités monétaires métalliques auraient la même valeur que 110 unités monétaires en papier et, de même, la valeur de toute unité en cours ne représenterait plus que les 10/11 de l'ancienne unité Les ordonnées de toutes les courbes, tous les prix et tous les chiffres d'affaires devraient être ainsi, pour tous les articles, 11/10 de fois aussi grands qu'avant l'introduction du papier-monnaie ; par contre, le débit de tous les objets resterait le même. Mais une répartition aussi uniforme ne peut avoir lieu que si l'agio de 10 % a duré un certain temps ; toutefois, pendant l'émission des billets, les producteurs et les fournisseurs du matériel et des munitions de guerre, ne composant en somme qu'une petite fraction de la population, concentreront entre leurs mains le surplus des moyens de circulation. Par suite croîtront la demande de ces personnes, relative aux divers articles, et, en même temps, le prix et le débit de ceux-ci et surtout des articles de luxe. Les producteurs de tous ces articles verront leur situation s'améliorer ; en conséquence, leur demande d'autres marchandises augmentera ; le prix et le débit subiront ainsi une progression toujours nouvelle, pour un nombre d'articles toujours plus considérable, puis pour tous les articles. Nous avons ainsi un exemple évident de ce que peut produire en général une conjoncture favorable et de la manière dont la consommation et la production sont stimulées par l'accroissement des moyens de circulation.

Mais les faits ne s'arrêtent pas là. L'augmentation du prix et du débit de tous les articles, ainsi que des matières premières, et la hausse des salaires, qui étaient restés en arrière au détriment des classes laborieuses, entraînent une répartition proportionnelle de l'accroissement de la circulation sur toutes les classes de la société ; il s'ensuit que les courbes d'offre des divers articles deviennent aussi de plus en plus escarpées. Par conséquent les prix continueront de croître, mais le débit diminuera ; nous entrons alors dans une conjoncture défavorable : la consommation et la production reculent, non parce que les moyens de circulation se restreignent, mais simplement parce que l'inflation est suspendue.

La figure 19 nous représente comment la courbe de l'offre totale OA' d'un article prend la forme OA'_1, s'il existe un agio constant de 10 %; de son côté, ON' devient ON'_1 ; enfin le débit Oa ne varie pas si, dans la circonstance, on ne procède pas à de nouvelles installations ; d'autre part, le prix croît de 10 %, passant ainsi de la direction OP à la direction OP_1. Mais considérons maintenant une situation intermédiaire et supposons, pour plus de clarté, que l'offre ne s'est pas encore modifiée en quoi que ce soit, mais que la demande a déjà atteint toute son ampleur ; nous aurons ainsi le point où la production et la consommation sont le plus stimulées ; le débit sera alors Oa_2 et le prix OP_2.

Nous pourrions nous occuper également du cas opposé, où les moyens de circulation diminuent. La demande baisse au détriment du producteur, la production est limitée, tous les prix rétrogradent, enfin les salaires sont réduits. Mais l'ancien état de choses n'est pas tout à fait rétabli, parce que les installations effectuées et les habitudes changées pendant la période intermédiaire ne le permettent pas.

L'accroissement de la monnaie métallique produit le même effet qu'une émission de papier-monnaie, quand il est provoqué, non par les besoins du trafic, mais par d'autres causes, par exemple le fait de recevoir une contribution de guerre. Mais les conséquences ne peuvent être aussi importantes dans ce cas, parce qu'un excédent de monnaie métallique s'écoule à l'étranger, et qu'un manque est complété par l'étranger. Avec la production incessante des métaux précieux le commerce s'est habitué à l'augmentation constante des moyens de circulation : c'est pourquoi un amoindrissement de la production, qui correspond au ralentissement de l'augmentation ordinaire, provoque le même résultat qu'une suspension de l'inflation.

De même qu'une modification nominale de la valeur monétaire, le passage à tout nouveau système de mesure ou de poids changerait proportionnellement, non plus les ordonnées, mais les abscisses de l'article auquel se réfère la courbe.

17. Les effets de l'impôt. -- Si l'on établit un impôt, les divers articles montrent, d'après le groupe auquel ils appartiennent, des différences fondamentales. Si cet impôt est calculé d'après la quantité du produit terminé et s'il est mis à la charge du producteur, l'article renchérit de la quote-part d'impôt y relative, et alors toutes les ordonnées, aussi bien de la courbe du coût que de la courbe de l'offre, augmentent exactement dans la même proportion que les abscisses.

Considérons deux articles appartenant respectivement à notre troisième (fig. 20 a) et à notre premier groupes (fig. 20 b), et dont la production est frappée d'un impôt $tg\ \sigma$; les ordonnées des droites OS qui font avec l'axe des abscisses l'angle σ représentent la quote-part d'impôt prélevée sur chaque quantité de l'objet en question. Par suite de l'impôt, les ordonnées des courbes OA et OA' s'accroissent des ordonnées correspondantes de cette droite OS, et nous obtenons ainsi les courbes OA_1 et OA'_1 ; le débit baisse de Oa à Oa_1, et le prix s'élève de OP à OP_1. Le gain des producteurs diminue, naturellement, avec le débit : il est représenté par la distance dans le sens vertical des nouvelles courbes OA_1 et OA'_1, au point d'intersection c_1 de cette dernière courbe a.ec la ligne ON', qui n'a pas changé. Mais, comme l'impôt ne modifie pas la distance dans le sens vertical de la courbe du coût et de la courbe de l'offre, ce gain est mesuré maintenant par la longueur $b_1 b'_1$, plus petite que la longueur bc, qui représentait auparavant le bénéfice du producteur. Il en est de même du gain du consommateur : il rétrograde de cd à $c_1 d_1$, tandis que la longueur $b'_1 c_1$ qui est égale à l'ordonnée $a_1 s_1$ représente le montant de l'impôt.

Comme nous le voyons (fig. 20 a), s'il s'agit d'articles du troisième groupe, le débit baisse de façon relativement faible, mais le prix augmente presque du montant total de l'impôt ; aussi les producteurs ne perdent-ils pas beaucoup dans ce cas et l'impôt est-il à peu près en entier à la charge des consommateurs. Au contraire, s'il s'agit des articles de luxe de la figure 20 b, le débit décroît relativement fort et le prix n'augmente que de peu ; aussi les producteurs sont-ils atteints, avec les consommateurs, d'une manière sensible. Il est même des circonstances dans lesquelles le prélèvement de l'impôt peut provoquer la cessation intégrale de la production. S'il n'en est pas ainsi, la répercussion de l'impôt — des producteurs sur les consommateurs — s'accomplira toutefois peu à peu et plus ou moins complètement, mais seulement au bout d'un certain nombre d'années. En effet, abstraction faite des crises et des catastrophes, l'accroissement de la population et du bien-être a pour conséquence l'augmentation graduelle de la demande. Or, tandis qu'en face de cet accroissement, effectué dans des conditions normales, il existe aussi une augmentation graduelle de l'offre ayant pour cause la création de nouvelles manufactures et l'extension des anciennes, l'offre reste stationnaire tant que la production envisagée souffre d'une conjoncture défavorable due à l'existence de l'impôt. La concurrence ne redeviendra active que quand l'augmentation de la demande aura écarté la conjoncture défavorable et eu pour résultat la répercussion de la plus grande partie de l'impôt.

Des phénomènes analogues se produisent quand l'impôt est prélevé sur les consommateurs et non plus sur les producteurs. Reprenons les courbes des figures 20 a et 20 b, valables avant l'établissement de l'impôt, et raccourcissons les ordonnées des courbes ON et ON' des longueurs correspondant au même taux d'impôt $ig\sigma$; nous obtenons ainsi (fig. 21 a et 21 b) les nouvelles courbes ON_1 et ON'_1; cette dernière coupe la courbe OA' en un point c_1, identique au point b'_1 des figures 20, tandis que le point d'intersection c_1 de ces mêmes figures correspond au point d'_1 des figures 21. En outre, bien que le nouveau prix du marché OP_1 soit maintenant inférieur du taux de l'impôt au prix OP_1 de la figure 20, cependant le débit, le rendement de l'impôt et le gain des producteurs et des consommateurs seront les mêmes que s'il s'agissait d'un impôt sur la production.

On peut faire des considérations analogues quand l'impôt est mesuré, non plus d'après le produit final obtenu d'une matière brute ou d'une matière auxiliaire (impôts sur la betterave, sur le malt), mais d'après le chiffre d'affaires ou le montant de la production en nature ou les bénéfices nets de l'entreprise envisagée; il n'en est pas de même pour les impôts tout à fait indépendants de la quantité produite, ceux, par exemple, sur les immeubles bâtis ou non bâtis ou sur les revenus industriels. Enfin l'impôt sur le revenu, qui atteint non seulement les producteurs d'un article déterminé, mais tous les citoyens, ne peut avoir aucune influence spéciale sur le débit et le prix de cet article; il a pour seul résultat de déprimer plus ou moins la demande de tous les articles. Par contre, les commissions de vente ou d'achat, les taxes perçues dans les marchés, les frais de transport, etc., produisent les mêmes effets qu'un impôt sur la production ou la consommation.

DEUXIÈME PARTIE

Les éléments constitutifs des courbes

CHAPITRE PREMIER

MODE D'EXPLOITATION ET GENRE DE VIE

18. Distinction des modes d'exploitation et des genres de vie d'après les différents articles. — Dans l'établissement de nos courbes, nous sommes partis de cette hypothèse que toute individualité économique produit et consomme toujours avec le maximum d'opportunité. Si nous voulions nous écarter de cette supposition, nous pourrions essayer de décrire des courbes basées sur l'hypothèse qu'un individu reste fidèle à son mode d'exploitation et à son genre de vie. D'ailleurs — on le constate bientôt — ce qui caractérise un mode d'exploitation ou un genre de vie varie dans une grande mesure suivant l'appréciation des individus.

En premier lieu, chaque mode d'exploitation et chaque genre de vie sont caractérisés, d'un côté, par la nature des articles que demandent la consommation (nourriture, habillement, logement, etc...) et la production, et, de l'autre, par les articles qui proviennent de cette dernière. Il faut considérer comme moyens de production les matières premières et auxiliaires, et aussi tous les outils, machines, constructions industrielles, bâtiments d'exploitation, etc...; par contre, doivent être regardés comme produits, non seulement les produits principaux des différentes branches que peut exploiter le même individu, mais encore. les produits accessoires et les déchets.

On regarde toujours comme une modification du genre de vie le fait de remplacer la nourriture exclusivement végétale par l'alimentation carnée, ou bien, comme boisson, l'eau-de-vie par la bière ou le vin; de même, nous trouvons un changement indubitable du mode d'exploitation quand un fabricant met en vente, au lieu de sucre brut, du sucre raffiné, au lieu de mélasse, l'alcool qui en provient, comme lorsqu'il substitue la houille au bois de chauffage. D'autre part, il dépend de l'appréciation individuelle que le passage d'une sorte de viande, de vin, de sucre ou de charbon à une autre soit considérée comme un changement du genre de vie ou du mode d'exploitation ou comme une différence négligeable au point de vue qui nous occupe. De même on regarde comme une modification sérieuse un changement dans l'installation des chaudières en vue d'économiser le charbon, et souvent l'on ne fait pas attention aux mesures prises pour empêcher dans le même but que le charbon soit dégradé ou gaspillé et que les chaudières et les prises de vapeur se refroidissent.

Vaudront également comme changement indubitable du mode d'exploitation l'acquisition d'une machine à vapeur ou d'une machine-outil supplémentaire, la substitution d'une machine plus forte à une plus petite, et, comme modification du genre de vie, le remplacement d'un mobilier modeste et usagé par un mobilier neuf, plus élégant et plus complet. L'achat d'un nouvel étau, même d'une simple lime, peut déjà représenter pour le petit artisan une modification du mode d'exploitation, mais, dans une entreprise importante, la même mesure peut être prise par des agents subalternes sans nécessiter un examen ou une décision particulière du propriétaire ou du directeur. De même, dans une famille modeste, l'augmentation ou le renouvellement d'un ustensile de ménage ou de cuisine ne peut avoir lieu sans l'autorisation du père de famille ; dans une maison opulente, ces acquisitions se font à l'insu de la maîtresse de maison ou même de la femme de charge, et le père de famille ne peut éprouver de ce chef un changement dans son train de vie.

19. Personnel et distribution du temps. — Pour tout individu indépendant au point de vue économique, le genre de vie et le mode d'exploitation sont influencés par le nombre et les qualités physiques, intellectuelles et morales de toutes les personnes qui font partie de sa maison ou qui coopèrent à son activité productrice. Ainsi, non seulement la nomination d'un directeur responsable de l'administration ou d'un employé chargé d'une tâche plus limitée, mais encore l'admission ou le remplacement d'un journalier ainsi que toute modification du personnel, est considéré comme un nouveau mode d'exploitation pour l'entrepreneur, dès que ces changements incombent à celui-ci en personne et non à des agents délégués à cette fin. Nous devons tenir compte ici d'une variation du nombre des personnes et même d'une simple mutation entre celles-ci ; en effet, deux individus ne sont jamais identiques à tous points de vue, de sorte qu'une modification du personnel produit à peu près le même effet que la substitution d'une matière première ou d'un outil à une matière première ou à un outil légèrement dissemblable.

De plus, la répartition de la production et de la consommation suivant le temps employé est d'une importance essentielle pour le mode d'exploitation. Dans les grandes entreprises, si la journée de travail passe de douze à dix-huit heures, et même si l'on introduit le travail ininterrompu de jour et de nuit, il s'ensuit une modification sérieuse de l'exploitation ; bien mieux une légère prolongation dans la durée ordinaire du travail exigera déjà un accord particulier avec un personnel nombreux ; au contraire, chez le petit artisan qui travaille seul ou emploie peu d'ouvriers, un supplément de travail analogue ne peut guère être considéré comme un changement du mode d'exploitation. Pour les productions temporaires aussi, la durée du travail fait pendant l'année a une influence prépondérante sur le mode d'exploitation ; il en est de même de la saison et même souvent du jour consacrés au travail. Pour le mode d'exploitation d'une fabrique de sucre ou d'autres industries agricoles, il faut faire entrer en ligne de compte, avec la durée de la campagne, l'époque de son début et les interruptions qui peuvent être nécessaires. Pour l'agriculture elle-même on observe encore avec plus de netteté l'influence des saisons et en particulier des changements de température ; en effet, les journées sont très différemment appropriées aux diverses sortes de travaux, de sorte que l'on est forcé de changer souvent d'occupation ; toutefois, s'il s'agit de circonstances anormales, il est indispensable de recourir à des mesures particulières modifiant le mode d'exploitation. On trouve des changements d'occupation analogues dans presque toutes les productions, car il faut toujours affecter une partie de la journée, et souvent plus, à des travaux de préparation et d'installation. Enfin, chez les personnes qui cumulent des occupations fort dissemblables, par exemple les petits cultivateurs qui joignent aux travaux agricoles une industrie à domicile, le mode d'exploitation est influencé par le temps employé à ces deux genres d'activité.

En ce qui concerne la répartition du temps en heures de travail et de récréation, il est bien évident que le genre de vie et le mode d'exploitation forment un tout indivisible, bien que l'on n'ait pas l'habitude de parler d'un mode d'exploitation pour les rentiers, les pensionnés, etc., dont l'activité productrice est nulle, ni pour les employés, les professeurs, les officiers, etc., dont les services échappent à toute mesure matérielle. Aussi la distribution du temps a-t-elle une très grande importance, en général, pour le genre de vie et le mode d'exploitation, aussi bien quand elle fixe les heures de repos que quand elle règle les diverses sortes d'activité. Il n'est pas indifférent de déterminer le temps consacré, non seulement aux délassements corporels qui peuvent être partagés entre les repas, le sommeil, la promenade, la gymnastique, l'équitation, la chasse, les voyages, mais encore aux plaisirs de l'esprit : lecture, musique, théâtre et relations sociales.

20. Les parts de consommation. — La question de la durée consacrée au travail et aux délassements a une influence marquée sur le mode d'exploitation. Cette influence n'est pas moindre lorsqu'il s'agit de la consommation, c'est-à-dire du genre de vie. Pour le chauffage et l'éclairage la quantité employée est surtout déterminée, étant donné le nombre et l'importance des fourneaux ou des becs, par la durée de la combustion, chez beaucoup de gens l'emploi des spiritueux dépend à peu près du temps passé à l'auberge ou au café. Pour la plupart des autres objets la quantité consommée correspond moins à la durée de la consomma tion qu'à sa fréquence. Évidemment le genre de vie diffère beaucoup suivant que l'on mange de la viande soit à quelques grandes fêtes seulement ou tous les dimanches, soit plusieurs fois par semaine, tous les jours ou même plusieurs fois par jour ; on peut ainsi admettre que la consommation annuelle de viande est fractionnée en un certain nombre de parts de consommation, nombre qui constitue un élément caractéristique du genre de vie. Si le nombre de ces parts est faible pour un article déterminé, l'addition d'une part supplémentaire a pour effet, la plupart du temps, une modification du genre de vie, mais, si le nombre de parts consommées chaque année est considérable, cette addition ne produira un tel changement qu'à l'égard d'une personne attachée à un genre de vie réglé avec minutie. En général une conception aussi stricte du genre de vie ne se rencontrera guère ; aussi le passage de 300 parts annuelles à 301, 302, 303, ne sera-t-il pas considéré comme un changement du mode d'existence. Le fait que diverses personnes peuvent — ou non — regarder comme une modification de leur genre de vie, soit le remplacement de quelques parts de consommation, par exemple de vin, par d'autres de qualités différentes, soit l'emploi un peu plus fréquent de certains objets de ménage, tels qu'un moule à gâteau ou une lampe, ou bien encore l'usage d'ustensiles plus confortables, ce fait met en évidence combien peut varier l'idée que ces diverses personnes se font de ce qui constitue leur genre de vie. Il y a dans tous les cas augmentation des parts de consommation et non changement du genre de vie pour le père de famille qui, consommant tous les jours telle quantité et telle sorte de vin, y fait participer, à l'occasion un hôte ou les autres membres de sa famille, ou bien pour le chef de maison plus riche qui donne du vin de temps en temps à ses domestiques, en sus de ses commensaux ; par contre, on estimerait, en général, qu'il y aurait modification du genre de vie s'il y avait changement du nombre des personnes qui consomment régulièrement du vin.

La quantité et la qualité des parts de consommation d'un article dépendent essentiellement de la question de savoir si cet article, bière ou tabac par exemple, fait seulement l'objet d'une consommation directe, ou s'il sert en même temps ou de façon exclusive de matière première ou auxiliaire pour la fabrication des divers objets d'usage immédiat demandant seulement une préparation domestique. Il y a des genres de vie bien différents : par exemple, on peut prendre ses repas au restaurant ou au café et se borner à commander les plats tout préparés ; on peut aussi apprêter son déjeuner au moyen de vivres que l'on achète ; on peut enfin tenir ménage et se procurer sur le marché les provisions destinées à sa nourriture. Dans le premier cas, l'on n'achètera pas du tout de sucre, dans le second, on n'en demandera que pour sucrer son café ou son thé, tandis que dans le dernier cas on emploiera cette denrée pour les mets les plus différents, pour les fruits crus ou préparés, etc. ; ainsi peut-on, sans se préoccuper du nombre des parts d'une même consommation, établir des subdivisions d'après leurs diverses destinations. Prenons un autre exemple : il se produit une différence caractéristique pour le mode d'exploitation et le genre de vie, au sujet de l'emploi du charbon, selon qu'il sert non pas seulement à la cuisson des aliments, mais aussi au chauffage d'une ou plusieurs pièces d'habitation ou locaux d'affaires et ateliers ou même de chaudières plus ou moins fortes ou plus ou moins nombreuses, ou bien suivant que, dans une fabrique de sucre, la même sorte de charbon est utilisée à la fois dans le local des chaudières et dans les fours à calciner les os ou que ceux-ci sont chauffés au bois.

Ces exemples montrent de quels éléments divers dépendent la quantité et la qualité des parts de consommation, c'est-à-dire le *mode d'emploi* d'un article pour n'importe quel genre de vie ou n'importe quel mode d'exploitation. L'exemple du charbon nous fait voir qu'un article peut être en même temps un moyen de production et un objet de consommation. De même il arrive souvent qu'une voiture soit utilisée tantôt dans un but de récréation, tantôt en vue des affaires, ou que les mêmes locaux servent, à la fois, à l'habitation et au travail, etc. Les diverses espèces d'emplois que peut trouver un article comme objet de consommation ou moyen de production ou à ces deux points de vue réunis ne manquent pas d'être nombreuses, qu'il s'agisse d'un article durable ou de consommation immédiate ; on peut en dire autant des genres de fabrication auxquels il est possible de recourir dans la production d'un objet : non seulement une modification fondamentale, mais aussi, dans une conception rigoureuse, toute modification même insignifiante du procédé technique, dans la distribution du temps par rapport à la production, ou dans le personnel employé, entraîne forcément un *mode de fabrication* différent. Ainsi tout mode d'exploitation et tout genre de vie s'expriment, à l'égard de tout article consommé, d'après son mode d'emploi, et de façon identique, à l'égard de tout article produit, d'après son mode de fabrication; on qualifie la consommation d'un objet comme étant plus ou moins large, de même qu'au sujet de la production on parle d'une exploitation plus ou moins intensive. Toute modification du genre de vie et du mode d'exploitation demande également un changement dans l'emploi ou le procédé de fabrication d'un ou plusieurs articles, et le mode d'exploitation et le genre de vie sont complètement caractérisés par les modes d'emploi et de production de tous les articles.

21. Limites du maintien d'un certain genre de vie et d'exploitation. — Il résulte de ces considérations que toute individualité économique qui, suivant notre hypothèse primitive, tâche de procéder toujours avec le maximum d'opportunité est amenée à modifier sans cesse son genre de vie ou son mode d'exploitation dès qu'il s'agit de changer dans une mesure de quelque importance la quantité annuelle de l'un de ses produits, de ses moyens de production ou de consommation. Mais, si quelqu'un voulait conserver avec opiniâtreté un certain genre de vie et un certain mode d'exploitation au delà des limites de leur utilité, il s'ensuivrait bientôt des difficultés qui s'opposeraient à la trop forte augmentation ou diminution de la quantité produite ou consommée. Par exemple, dans toute usine faisant usage de la vapeur, étant donné une certaine installation et une certaine durée du travail, l'augmentation de la production et, par suite, de la quantité de charbon et de l'emploi de toutes les autres matières nécessaires à la fabrication ne peut jamais être poussée plus loin que ne le permet la capacité des appareils de chauffage. D'autre part, si l'on veut s'entêter à diminuer la consommation de la houille et la quantité du produit, en s'abstenant de diminuer la durée du travail, le nombre des chaudières chauffées, le personnel, etc., cette réduction trouvera dans tous les cas sa limite au point où la masse de charbon employée est trop faible pour maintenir en marche sans interruption les appareils à vapeur. Il va de soi que l'on trouve beaucoup plus tôt une limite supérieure et une limite inférieure quand, — et c'est le cas pour l'industrie textile, — on ne peut pas trop accélérer la marche des machines à filer ou des métiers mécaniques sans sacrifier la qualité du produit, et quand on ne peut pas trop la ralentir sans que la résistance n'arrête les machines. Il en est de même pour toutes les machines-outils, tandis qu'il y a une limitation dans les deux sens pour les industries où les procédés d'évaporation, de fermentation, et les autres procédés chimiques supposent un degré exact de remplissage des tuyaux et des récipients. Les ustensiles de cuisine et divers autres objets jouent le même rôle dans la vie domestique : ainsi, il serait difficile d'entretenir le feu d'un poêle pendant un temps donné avec trop ou trop peu de combustible.

Quand un certain mode d'exploitation ou quand un certain genre de vie peut être maintenu malgré les empêchements techniques de cette nature, d'autres difficultés peuvent encore se faire sentir. L'entrepreneur qui prend part lui-même au travail manuel ne peut dépasser les limites de ses forces et, s'il ne fait que surveiller et diriger l'exploitation, malgré tous ses efforts et toute son énergie, il ne pourra augmenter les prestations de ses ouvriers à salaire fixe beaucoup au-dessus de leur *quantum* habituel ; enfin, il en sera de même s'il emploie des travailleurs aux pièces : il ne réussira pas à accroître leur production au delà des bornes d'une certaine fatigue. Il existe donc une limite supérieure que ne peut franchir l'augmentation des quantités produites, ni, par suite, l'usage des moyens de production. Il ne sera pas moins difficile à l'entrepreneur de fabriquer beaucoup au-dessous de la normale, tant qu'il maintiendra avec opiniâtreté la durée de travail, le nombre d'ouvriers et l'installation antérieurs. En premier lieu l'on pourrait constater le mécontentement des salariés à la tâche qui ne pourraient plus subsister si la quantité de travail était réduite. De plus les ouvriers à la journée ne seront pas satisfaits si l'on exige d'eux qu'ils consacrent leur temps de travail, avec lenteur et précaution, à une certaine quantité dont il leur serait facile de venir à bout en moins de temps. Enfin l'entrepreneur lui-même devra apporter plus d'attention, de circonspection et de peine pour persévérer dans le maintien d'une production réduite.

De même la consommation annuelle d'un article ne se laisse pas augmenter ou diminuer au delà de certaines limites lorsqu'on maintient son genre d'emploi ou lorsque la quantité et la qualité des parts de consommation ne varient pas ; en effet, dès qu'une part dépasse ce qui procure pleine satisfaction, elle commence à provoquer le dégoût. Pareillement la diminution des parts, tant qu'elle ne s'est pas heurtée à des difficultés techniques, trouve son point d'arrêt là où la part isolée ne suffit plus à causer une jouissance appréciable. Mettons qu'un chef de famille ne veuille distribuer par jour, à ses commensaux, qu'un petit verre ou même une cuillerée de bière, il exciterait sans doute le mécontentement de ces gens qui préféreraient recevoir la même quantité de bière chaque année en parts suffisantes, bien que moins fréquentes, et cette délimitation minutieuse ne causerait à ce chef de famille que de l'ennui et du souci.

CHAPITRE II

22. Tracé de ces courbes. — Malgré les difficultés que présente le maintien d'un certain genre de vie ou d'un certain mode d'occupation, dès qu'il s'agit d'augmenter ou de diminuer dans une mesure considérable la consommation ou la production annuelle d'un article quelconque, nous voulons cependant essayer de persévérer dans l'hypothèse de ce maintien. Nous pouvons alors construire une courbe du coût et une courbe de l'utilité pour tous les objets dont la quantité peut varier sans modifier le mode d'exploitation ou le genre de vie, — c'est-à-dire en laissant de côté les articles dont une simple unité suffit pour provoquer le changement inévitable de ce mode d'exploitation ou de ce genre de vie. Etant donné un mode fixé d'occupation ou un genre fixé de vie, on obtient une courbe du coût, lorsque l'objet dont il s'agit est vendu comme produit, et une courbe de l'utilité, quand il est acheté comme matière nécessaire à la production ou à la consommation ou, en même temps, à toutes deux.

Nous ne pouvons bien entendu tracer ces courbes que dans l'hypothèse, mentionnée au début de cet ouvrage (§ 1), que l'estimation individuelle de la valeur de l'argent ne change point et que les prix de toutes les autres marchandises sont données comme invariables. Il est évident que les courbes seraient bien différentes si les autres articles avaient d'autres prix. Le prix de revient de toute quantité annuelle d'un objet dépend naturellement des prix des moyens auxiliaires de production et des produits secondaires ; en outre, jouent un certain rôle en la circonstance les prix des articles de consommation et même de ces articles qui n'ont en apparence qu'un rapport assez lointain avec celui envisagé. De même l'utilité d'un moyen de production ou d'un objet de consommation est fonction des prix des produits et de tous les autres articles qui peuvent le compléter ou le remplacer.

Les courbes d'un genre donné de vie et d'exploitation relatives à un article quelconque, qu'il s'agisse d'une courbe du coût $\varkappa x$ (fig. 22) ou d'une courbe de l'utilité λv (fig. 23), se distinguent essentiellement des courbes dont nous avons parlé plus haut, — et qui reposaient sur l'hypothèse du genre de vie et du mode d'exploitation toujours le plus avantageux, — par ce fait qu'elles n'ont pas leur origine au point O du système des coordonnées. Il en résulte donc l'impossibilité de diminuer *usque ad infinitum* la quantité annuelle d'un article, étant donné la fixité du genre de vie ou du mode d'exploitation. On vérifie aussi l'impossibilité, déjà signalée, d'accroître le *quantum* annuel d'un objet quelconque au delà d'une certaine limite ; en effet, les courbes $\varkappa x$ et λv, comme les courbes étudiées plus haut, sont du côté droit asymptotes à une verticale. Ne nous arrêtons pas sur ce fait que, le plus souvent, aussi bien à droite qu'à gauche, les courbes sont interrompues, quand on arrive à des quantités qui, pour des motifs techniques, ne peuvent être dépassées.

La courbe du coût $\varkappa x$ est en général convexe : car, étant donné un genre fixe de vie et un mode fixe d'exploitation, la loi physiologique, ci-dessus relatée — d'après laquelle le déplaisir provoqué par une prestation supplémentaire est d'autant mieux ressenti qu'il y a déjà plus de prestations antérieures du même genre — joue avec plus de netteté encore que dans l'hypothèse du genre de vie et du mode d'exploitation toujours le plus avantageux. En outre, il en est de même pour la quantité produite que pour l'effort de l'entrepreneur et de ses ouvriers : si la quantité croît, le coût des autres matières employées à la fabrication augmente plus vite que la quantité produite ; en effet, si le genre d'occupation ne varie pas, cette dernière ne peut être accrue que par l'accélération et le forcement de l'exploitation, ce qui rend sans cesse plus défectueuse l'utilisation des matières premières et auxiliaires. Elle reste de plus en plus inférieure au rendement théorique intégral ; seules les dépenses de transport et, dans une certaine mesure, celles d'emballage sont en proportion exacte de la quantité produite.

Le fait que cette quantité produite croît plus lentement que la quantité consommée d'une matière première ou auxiliaire a cette conséquence que le bénéfice brut et aussi l'utilité de toute matière employée à la fabrication augmenteront moins que proportionnellement et que, par cela même, la courbe λ_v qui s'y réfère sera en général concave. Cette courbe présente un point maximum, puis une partie descendante, car, un genre d'occupation étant donné, chaque entrepreneur ne peut employer qu'une certaine quantité de telle matière première qui lui procure pleine satisfaction, même si elle ne lui coûtait rien ; il ne pourrait en utiliser plus sans dommage que moyennant une prime, c'est-à-dire un prix négatif de la matière première en question. Par contre, si la courbe λ_v se réfère à un simple objet de consommation, la loi physiologique ci-dessus mentionnée se fait sentir d'après laquelle, si la consommation augmente, ce qui rend seul possible l'accroissement des parts de consommation, le mode d'emploi de l'article restant le même, l'utilité de toute la production annuelle croît, mais de plus en plus lentement, jusqu'à ce que l'on atteigne le point de pleine satisfaction. A ce moment, toute part de consommation prise individuellement a atteint l'ampleur désirable : une augmentation des parts et, par suite, de la quantité annuelle ne serait plus agréable, mais déplaisante ; ainsi de plus fortes quantités ne seraient consommées, en maintenant le genre d'emploi supposé, que si l'on y poussait par des primes à la consommation, c'est-à-dire par des prix négatifs de l'article. L'inconvénient résultant de la consommation exagérée tendra enfin vers un dégoût insurmontable, c'est-à-dire vers l'infini : cela s'exprime graphiquement par la partie de la courbe d'utilité descendant à droite, asymptote à une verticale. Mais il est clair qu'une courbe, qui monte d'abord, atteint un point culminant, puis descend à l'infini sans dépasser à droite une abscisse déterminée, ne peut être que concave d'un bout à l'autre ; il en est ainsi de la courbe z_i, si elle se réfère à un article qui est moyen de production ou objet de consommation, ou qui présente à la fois ces deux caractères.

Enfin, en raison de l'analogie que l'on peut généralement observer entre la production et la consommation, il est naturel d'attribuer à chaque courbe du coût d'un genre de vie et d'un mode d'exploitation déterminés un minimum analogue au maximum de la courbe d'utilité, à la gauche duquel la courbe z_i monte à nouveau. Pour les travaux simples, les ouvrages à l'aiguille par exemple, il est manifeste que, s'il faut maintenir une durée quelconque de travail, il existe un certain *quantum* de production où ce travail est le plus agréable, car l'impatience qui s'empare de l'ouvrière quand elle doit passer le même temps à produire moins est ressentie avec autant de gêne que la fatigue causée par une production plus forte. Ce *quantum*, présentant le maximum d'agrément pour lequel la courbe du coût z_i se trouve en son point minimum, est en même temps celui qui existerait si le produit ne pouvait être livré qu'à titre gratuit, tandis qu'une nouvelle réduction de la production ne s'effectuerait que s'il fallait payer une prime à l'acheteur. On comprend que le point minimum et, en outre, la partie montant à gauche de la courbe du coût xx ne pourront être observés que par exception à l'égard de certains articles. En général la courbe du coût prend fin longtemps avant d'avoir atteint son point minimum, pour une quantité beaucoup plus grande ; pour le même motif la partie gauche de la courbe λv, quand elle se réfère à une matière nécessaire à la production, ne se poursuit pas très bas. Si la courbe λv concerne un article de consommation, lorsque la quantité annuelle diminue et que les portions de consommation deviennent trop petites, l'utilité finit par disparaître tout à fait.

23. Courbures en sens contraire. — Après avoir mis en lumière toutes les circonstances qui déterminent et accentuent la convexité de toute courbe xx et la concavité de toute courbe λv, il nous faut mentionner les causes qui agissent en sens contraire. Chaque production fournit, outre son produit principal, des produits accessoires ou tout au moins des déchets et des rognures, et, en règle générale, le montant annuel de chacun des produits accessoires croît plus vite que celui du produit principal ; il en résulte que le rendement en argent de ces produits complémentaires augmente dans une mesure plus rapide, si leur réalisation est possible. Ce bénéfice vient en déduction du prix de fabrication du produit principal, ce qui affaiblit la convexité de la courbe du coût relative à ce produit. La même influence diminue la concavité de toute courbe de l'utilité d'un genre fixé de vie et d'exploitation concernant une matière employée à la production ; en effet, par suite du gain afférent aux produits complémentaires et de son accroissement relativement plus rapide, l'utilité de chaque matière auxiliaire augmente et la diminution de l'utilité se trouve ralentie par toute quantité ultérieure employée. Cette influence s'accentue encore dans les industries où les produits complémentaires présentent une certaine importance par leur nombre ou leur quantité, et par leur valeur, comme dans une fabrique de produits chimiques ou dans une minoterie qui fournit depuis les farines les plus fines jusqu'aux sons les plus grossiers.

Etant donné un certain genre fixe de vie ou mode fixe d'exploitation, la courbe du coût peut être construite tout aussi bien pour l'un quelconque des produits secondaires que pour le produit principal, dès que sont connus les prix de tous les autres articles et en particulier de ce produit principal. Ceci s'applique à tous les produits, même à ceux de valeur infime ; ainsi, pour une fabrique de su re, la courbe du coût d'un certain genre de vie et d'exploitation peut se rapporter alternativement à l'une des qualités de sucre produites, comme à la mélasse, vendue à la distillerie, au noir animal, livré à la fabrique de produits chimiques, à la pulpe de betterave, en tant que nourriture du bétail, aux déchets, employés comme engrais, à la cendre de houille, qui ne fait qu'occasionner des dépenses d'enlèvement. La fabrication de l'article principal, en l'espèce le sucre, croît moins vite que celle du produit secondaire, et il en est naturellement de même du bénéfice brut fourni par la vente du sucre, bénéfice qu'il faut déduire lorsqu'on évalue le coût de fabrication du produit secondaire considéré ; ici encore, par suite, ce coût augmente avec plus de rapidité que la quantité produite, ce qui justifie le caractère général convexe de la courbe relative au produit en secondaire. Par contre, pour un produit principal de ce genre, on peut se demander si la dépense afférente aux matières auxiliaires servant à la fabrication augmentera plus vite que les quantités obtenues du produit principal. L'emploi de toute matière auxiliaire, il est vrai, croît, comme la production de tout article secondaire, plus rapidement que celle du produit principal, mais l'emploi d'une ou de plusieurs matières auxiliaires peut augmenter plus vite ou plus lentement que la quantité du produit secondaire auquel se réfère la courbe xx. Le coût de toute matière première, dont la quantité nécessaire croît plus vite, augmente la convexité de la courbe xx; par contre toutes les matières premières dont la quantité utilisée augmente plus lentement que la quantité du produit secondaire envisagé diminuent la convexité de la courbe xx.

Pour les produits de cette espèce, le cas mentionné plus haut d'une livraison gratuite se présente assez souvent; en effet, quand un article, la mélasse par exemple, est invendable ou nécessiterait même des frais d'enlèvement et de transport sans compensation possible, le mode d'exploitation de la fabrique de sucre n'exige aucun changement. Aussi la courbe du coût, xx, si elle se réfère à ce produit, descendra-t-elle au-dessous de l'axe des abscisses et y présentera-t-elle un minimum — comme dans la figure 24. La quantité de mélasse correspondant à ce minimum et indiquée par l'abscisse est juste telle que la production en aura lieu dans le seul cas où son enlèvement n'entraînera aucun débours. Si l'entrepreneur devait payer les frais de ce transport, il se bornerait à la production de plus faibles quantités; et des quantités de mélasse et en même temps de sucre encore plus fortes ne peuvent être produites que si la mélasse offre une valeur positive.

Enfin, il faut observer que, même si un certain genre de vie et mode d'exploitation se maintient rigoureusement, on pourra et, en conséquence, on s'efforcera de réagir contre une augmentation trop brusque de l'effort et aussi du coût de production en adaptant de façon convenable la consommation des différents articles aux quantités variables du produit. Ainsi un petit entrepreneur qui prend part au travail manuel tâchera, si son travail s'accroît, d'augmenter les parts de consommation de ses moyens de nourriture et de jouissance, pour rendre moins sensible le supplément d'effort; cette tendance diminue l'incurvation de la courbe de coût zz et de la courbe d'utilité λv relative à un moyen quelconque de production. En outre un producteur, par exemple un paysan qui consomme lui-même une partie du blé qu'il récolte, peut arriver, en limitant sa propre consommation, à augmenter la quantité mise en vente avec un effort moindre que celui nécessaire pour forcer sa production. De même, l'utilité des accroissements de consommation, par exemple du fonds principal de nourriture, décroîtra plus lentement, et par suite la concavité de la courbe y relative λv diminuera, parce que l'entrepreneur, par une consommation plus abondante, sera à même de fournir plus de travail et, par là, de faire des bénéfices plus élevés. Également la réaction contre l'augmentation des quantités consommées, du café par exemple, est amoindrie par la possibilité d'augmenter aussi celle du sucre dans la même proportion, mais de diminuer la consommation éventuelle du thé, etc.

Pour toutes ces raisons, en ce qui concerne les courbes d'un genre fixe de vie et d'un mode fixe d'exploitation, malgré leur forme indubitablement soit convexe soit concave dans leur ensemble, nous ne pouvons pas exclure de façon absolue la possibilité de courbures contraires çà et là ; d'autant plus que, vu le peu d'ampleur du domaine réel où sont en vigueur tout genre de vie et tout mode d'exploitation déterminés, il n'est pas possible de suivre longtemps une telle courbe en se basant sur l'expérience.

24. Le rayon vecteur tangent. — Les mêmes considérations et la même construction que plus haut (§ 4) nous conduisent aussi de la courbe du coût zz (fig. 22 ou 24) ou de la courbe de l'utilité λv (fig. 23) aux dérivées $z'z'$ et $\lambda'v'$, qui représentent respectivement, pour un genre de vie et un mode d'exploitation déterminés et pour n'importe quel produit, la courbe de l'offre et la courbe de la demande d'un moyen de production ou de consommation. Le fait que les courbes

zx et λv ne partent pas du point O occasionne, dans le tracé de leurs dérivées, quelques déviations marquées du tracé des courbes de l'offre et de la demande, relatives au genre de vie et au mode d'exploitation le plus avantageux, telles que ces courbes ont d'abord été étudiées. Naturellement les courbes $z'x'$ et $\lambda'v'$ ne commencent pas non plus au point O, mais verticalement au-dessus ou au-dessous de l'extrémité gauche des courbes originaires zx et λv. En outre, les courbes dérivées coupent les courbes originaires en un point σ, où coïncident, pour ces dernières, la tangente et le rayon vecteur ; pour la courbe de l'utilité λv, ce rayon vecteur tangent est celui de tous qui monte le plus, mais qui s'élève le moins pour la courbe du coût zx ; dans le cas de la figure 24, il va même jusqu'à descendre.

Le rayon vecteur le plus ascendant de la courbe de l'utilité indique le prix le plus élevé auquel l'achat de l'article considéré peut justement encore avoir lieu, étant donné un genre de vie fixé : si le prix était augmenté, la dépense serait supérieure à l'utilité, comme le démontre la figure 23. De même le rayon vecteur le moins ascendant de la courbe du coût zx (fig. 22) désigne le prix le plus bas auquel la production et la vente de l'objet considéré restent possibles, étant donné ce mode d'exploitation : en effet, pour tout prix inférieur, le bénéfice brut resterait au-dessous du prix de revient. Dans la figure 24 le rayon vecteur tangent indique le prix négatif le plus élevé, c'est-à-dire la prime la plus élevée qu'on puisse verser pour se débarrasser du produit en question. L'abscisse du point σ (fig. 22) figure la quantité de la production au prix le plus bas par unité et par conséquent au moindre coût moyen du produit auquel se réfère la courbe zx. Le coût moyen de toute quantité est donné par la direction des rayons vecteurs de la courbe du coût et, aussi bien à droite qu'à gauche du point σ, ces rayons sont toujours de plus en plus ascendants.

Auspitz et Lieben.   5

A droite de son point d'intersection avec la ligne de l'utilité λv, la courbe de la demande $\lambda'v'$ s'incline vers l'axe des abscisses, coupe cet axe juste au-dessous du point maximum de la courbe λv et, en fin de compte, ces deux courbes sont asymptotes à la même verticale. De même la courbe de l'offre $x'x'$ est limitée à droite par l'asymptote de la courbe du coût xx et ne peut couper la ligne des abscisses qu'à l'endroit précis où xx atteint son minimum. A gauche, les dérivées ont une direction et une courbure opposées à celles des courbes originaires.

25. Position relative des courbes de différents genres de vie et modes d'exploitation déterminés.

— Pour mieux faire connaître la relation entre les courbes d'un genre de vie ou mode d'exploitation déterminé et celles d'un genre de vie ou mode d'exploitation le plus avantageux, nous pouvons représenter tout genre de vie ou mode d'exploitation fixé possible concernant une individualité économique au moyen d'une courbe xx ou λv relative à un article A de qualité immuable. Ces courbes offriront une grande diversité de forme et de situation, mais on peut les figurer au moyen des mêmes abscisses. Cela n'est admissible, bien entendu, que si l'article est l'objet d'une détermination exacte, plus précise que ne l'exige le vocabulaire ordinaire. En effet, d'après celui-ci, la farine, le sucre, le fil, le charbon, etc., représentent chacun un seul article, alors que nous devons en regarder les diverses espèces et qualités comme des articles indépendants, quand elles provoquent des différences de prix.

Si, maintenant, nous comparons (fig. 25) deux courbes du coût x_1x_1 et x_3x_3, relatives au même produit A, d'un certain genre de vie et mode d'exploitation du même individu, courbes qui se coupent sur la verticale passant par le point Δ, la figure montre qu'il y a production à meilleur compte, selon le mode d'exploitation x_1x_1, pour les quantités inférieures à OA, et, selon le mode d'exploitation $x_3 x_3$, pour les quantités supérieures. Il y a donc lieu, suivant que les quantités sont plus ou moins considérables, de préférer le mode d'exploitation $x_1 x_1$ pour les quantités moins considérables ou celui $x_3 x_3$ pour les quantités plus importantes. Un mode d'exploitation dont la courbe de coût, $x_n x_n$ par exemple, offre un tracé constamment supérieur ne conviendrait à aucune quantité; ainsi, la position en hauteur de toute courbe est, en même temps que sa forme, d'une importance fondamentale.

Comme le montre l'expérience, parmi les divers éléments du coût de production, il en est qui augmentent et diminuent sans cesse avec la quantité produite, et d'autres qui restent constants et ne dépendent en rien de cette quantité, tant que le mode d'exploitation ne change pas. Aux dépenses du second genre appartiennent tous les traitements et salaires fixes, qu'il s'agisse du directeur et des contre-maîtres, et même du dernier des journaliers, mais non les salaires aux pièces, les loyers et fermages, les intérêts et amortissements. Parmi ces frais il faut aussi ranger les dépenses d'éclairage et de chauffage et cette partie de la consommation de charbon qui est indispensable pour maintenir les machines en marche pendant toute la durée du travail; il en est de même pour la nourriture des bêtes de somme ou des animaux de trait; par contre, il faut exclure le charbon et les aliments supplémentaires qui sont nécessités par l'accomplissement du travail et qui dépendent ainsi de la quantité produite. Les frais de régie et les dépenses préliminaires ci-dessus mentionnées ne peuvent exercer aucune influence sur la forme de la courbe d'un genre de vie et d'exploitation fixé, mais elles déterminent la position en hauteur de toute courbe de ce genre et, à la vérité, toute augmentation de ces frais produit ce résultat, qu'étant donné le genre de vie et le mode d'exploitation en question toute courbe du coût xx de l'article envisagé s'élève, tandis que toute courbe de l'utilité λv s'abaisse d'autant. Une simple modification dans la situation d'une courbe quant à sa hauteur, en admettant que la forme n'ait subi aucun autre changement, a toujours pour conséquence un déplacement dans le sens horizontal du point τ (fig. 22, 23, 24) du rayon vecteur tangent, tandis que la dérivée n'est nullement influencée par une modification de cette nature.

Un genre de vie, un mode d'exploitation qui nécessite des frais de régie et des dépenses préliminaires plus élevés qu'un autre — plus longue durée du travail, personnel plus nombreux, capitaux plus considérables — sera également rendu par une courbe du coût xx située plus haut; ce mode d'exploitation ne peut donc entrer en considération que si, dans cette courbe, le point du rayon vecteur tangent est placé plus à droite et si, par suite, l'élévation de la courbe ne devient rapide que pour des quantités plus considérables. De même que la création de nouveaux outils, en grand nombre et mieux appropriés à leur but, comporte une augmentation correspondante des dépenses préliminaires et diminue l'effort nécessité par une production plus considérable, de même exercent une action analogue, mais sur une plus grande échelle, le remplacement du roulage par les voies ferrées, la substitution de la machine au travail manuel, etc. Partout le progrès de l'industrie entraine une augmentation des capitaux fixes et des dépenses préliminaires, et, par contre, une diminution des frais d'exploitation, grâce à un emploi rationnel et à une meilleure utilisation des forces. Aussi la production de faibles quantités devient-elle plus coûteuse, mais la production annuelle augmente sans forcer l'exploitation de façon sensible. Il faut d'ailleurs remarquer que, parmi les immobilisations de capitaux, toutes ne concourent pas à élever la courbe du coût. Si, par exemple, dans une fabrique de sucre qui transforme la mélasse en eau-de-vie, on vient à perfectionner l'installation de la distillerie, le coût de production du sucre se trouve accru du fait de cette dépense, mais il est diminué dans une mesure encore plus forte grâce au bénéfice dû à l'accroissement de la production de l'alcool. Des immobilisations de capitaux peuvent également présenter un avantage, bien qu'elles aient pour effet une production moindre de l'article A. Si, par exemple, une fabrique de sucre se met à produire du sucre cassé et à vendre relativement moins de sucre en pain, la courbe du coût de ce nouveau mode d'exploitation afférent aux pains de sucre montera plus rapidement, pour de faibles quantités, que la courbe du mode d'exploitation antérieur.

La diversité n'est pas moins grande dans les courbes de l'utilité relatives à un seul et même moyen de production ou de consommation A et à la même individualité économique pour des genres de vie et des modes d'exploitation différents. L'emploi de A, un genre de vie ou mode d'exploitation fixé étant donné, est d'autant plus abondant que se trouve plus à droite le point maximum de la courbe de l'utilité pour le genre de vie et le mode d'exploitation relatifs à l'article envisagé, comme c'est le cas, dans la figure 26, pour la courbe $\lambda_2 \nu_2$ par rapport à la courbe $\lambda_1 \nu_1$. Avec une plus longue abscisse du point maximum, celui-ci peut être plus relevé ou bien l'être moins, comme dans la courbe $\lambda_m \nu_m$, suivant que l'usage plus abondant de A offre ou non, à l'individu, une plus grande utilité effective pour sa production ou pour sa consommation personnelle. De plus, il y a lieu de tenir compte des recettes brutes ou jouissances personnelles plus importantes que l'on peut obtenir par un emploi plus large de l'article et d'un autre côté par les dépenses plus grandes que nécessite l'accroissement des autres moyens corrélatifs de production ou de consommation. Même sans ces suppléments de dépense, un emploi exagéré d'un article déterminé peut être moins utile que s'il est plus modéré : en effet, pour prendre un exemple proverbial, personne n'aimerait manger tous les jours de la perdrix. Enfin un genre de vie ou un mode d'exploitation dont la courbe, $\lambda_n \nu_n$ par exemple, offre un tracé d'un bout à l'autre inférieur à celui des autres courbes ne peut convenir à aucune quantité.

CHAPITRE III

COMBINAISON DES COURBES DU GENRE DE VIE LE PLUS AVANTAGEUX ET DU MODE LE PLUS AVANTAGEUX D'EXPLOITATION

26. Le coût de production minimum et l'utilité maximum. — Prenons tous les genres de vie et tous les modes d'exploitation d'une individualité économique, qui seraient possibles pendant l'époque considérée, concernant l'article A, d'une qualité constante, et représentons ces genres et modes — dans un diagramme — par les courbes du coût et de l'utilité correspondant à ce même article : ces courbes seront extraordinairement nombreuses et se suivront très près l'une de l'autre. Souvent des modifications presque négligeables de la répartition du temps, du personnel, de la machinerie ou de l'outillage, de la qualité des autres articles, etc., ont pour résultat le passage à un genre de vie et d'exploitation nouveau, bien que peu différent ; aussi chacun pourra-t-il choisir entre de nombreux genres de vie et modes d'exploitation, même s'il s'agit des productions les plus simples et du train de maison le plus modeste. Bien que, dans les entreprises plus importantes, comme dans les plus riches maisons, un faible changement ne compte guère comme modification du genre de vie et du mode d'exploitation, le nombre des changements possibles n'y sera certainement pas moindre, si nous supposons, non plus que l'individu considéré est fermement attaché à un genre déterminé de vie et à un mode déterminé d'exploitation, mais que, comme nous le faisons depuis le début de cette étude, cet individu s'efforce de produire toute quantité annuelle de l'article A au meilleur marché possible; il n'y a à considérer, parmi toutes les courbes du coût imaginables d'un genre de vie et d'un mode d'exploitation déterminés, que celles qui se trouvent, au moins dans une partie de leur tracé, plus bas que toutes les autres, et seulement dans cette partie. Réunissons ces parties de courbes qui se trouvent dans ce cas : nous obtenons la ligne brisée irrégulière des moindres coûts de production $z_1\varepsilon_1\varepsilon_2\ldots a$ (fig. 27 a ou b). Si nous supposons de même que chaque individu tâche d'employer toute quantité devant être consommée de A, de façon à en tirer le maximum d'utilité, cela nous amène, par analogie, à rassembler seulement les parties les plus élevées, proéminentes, et à constituer ainsi la ligne brisée du maximum d'utilité $\lambda_1\varepsilon_1\varepsilon_2\ldots n$ (fig. 28). Toute ordonnée de l'une ou de l'autre de ces lignes brisées représente les frais minima que l'individu doit consacrer à la production de la quantité en question de l'article A, étant donné les prix de tous les autres articles ou l'utilité maximum que lui procurera la quantité envisagée. En outre, comme toute partie continue de ces lignes, qui se trouve entre deux points angulaires successifs, appartient à la courbe d'un genre de vie ou d'un mode d'exploitation déterminé, nous voyons aussi quel genre de vie ou quel mode d'exploitation est le plus approprié pour chaque quantité de l'article A, et dans quelles limites.

Les lignes $z_1\varepsilon_1\varepsilon_2\ldots a$ et $\lambda_1\varepsilon_1\varepsilon_2\ldots n$ ne sont composées que de courbes afférentes à des genres de vie et des modes d'occupation fixés; comme celles-ci, elles peuvent donc ne pas commencer au point O, et elles ont vers la droite un tracé asymptotique respectivement ascendant ou descendant, par rapport à la verticale. Cela montre que, si l'on choisit le genre de vie et le mode d'occupation les plus appropriés, des limites infranchissables se dressent devant la production et devant la consommation de n'importe quel article, étant donné une quantité finie quelconque. D'autre part, la ligne

$z_1 \varepsilon_1 \varepsilon_2 \ldots n$ (fig. 28) doit forcément s'élever au-dessus de l'axe des abscisses, si toutefois l'usage de l'article A ne doit pas être tout à fait écarté pour la personnalité économique considérée ; au contraire, la ligne $z_1 \varepsilon_1 \varepsilon_2 \ldots a$ aura son tracé, soit toujours au-dessus (fig. 27 a), soit en partie au-dessous de l'axe des abscisses (fig. 27 b) ; ce dernier cas se présentera dès qu'une seule des courbes envisagées d'un genre de vie et d'un mode d'exploitation déterminés tombera au-dessous de la ligne des abscisses, comme dans la figure 24.

27. Elimination des quantités impropres. — Lorsque nous avons décrit la courbe du coût et de l'utilité pour le genre le plus avantageux de vie et le mode le plus avantageux d'exploitation, nous avons supposé que toute individualité économique se comportait, sur un grand marché, en présence d'une concurrence absolument libre, comme si son offre et sa demande restaient sans influence sur le prix du marché.

Si, conformément à cette hypothèse, nous faisons abstraction du fait que l'entrée en ligne d'un individu peut peser sur le prix du produit envisagé et que le coût des moyens de production et de consommation peut s'accroître, nous avons la possibilité, étant donné un prix courant quelconque de l'article A, de fixer au moyen de notre graphique (fig. 27) la quantité annuelle dont la production et la vente sont le plus profitables pour notre individu. Par suite, si nous recherchons l'abscisse pour laquelle la distance de la ligne du prix considérée est la plus grande dans le sens vertical au-dessus de la ligne $z_1 \varepsilon_1 \varepsilon_2 \ldots a$, nous trouvons la quantité de l'article $\hat{A}$ qui, pour le prix courant existant, donne l'excédent maximum du bénéfice brut sur le coût de production le moins élevé. Il en résulte que la direction du rayon vecteur Oh_1, le moins incliné par rapport à l'horizontale, de la ligne brisée $z_1 \varepsilon_1 \varepsilon_2 \ldots a$ (fig. 27 a) donne le *prix minimum* auquel l'individu envisagé peut encore produire et vendre l'article A : pour tout prix moins élevé, le bénéfice brut resterait inférieur au coût de production le plus faible. L'abscisse correspondante Ok_1 donne la *quantité minimum* du produit A, et les quantités moindres sont complètement exclues. Il en est de même pour les cas représentés par la figure 27 *b*, avec la seule différence que le rayon vecteur Oh_1, qui prend ici une direction descendante, indique un prix minimum négatif, c'est-à-dire les plus forts frais d'enlèvement de l'objet A. Quand ces frais diminuent ou, pour revenir au cas plus simple de la figure 27 *a*, quand le prix de vente du produit A dépasse la limite minimum Oh_1, l'abscisse relative à la plus grande distance, dans le sens vertical, entre la ligne du prix envisagée et, au-dessous, la ligne brisée $x_1 e_1 e_2 \ldots a$ augmente et, en conséquence, une quantité plus considérable de A se trouve chaque année amenée sur le marché. En outre ce genre de vie et ce mode d'exploitation déterminés qui correspondent à la partie continue de la ligne brisée atteinte par le rayon vecteur Oh_1 se maintiendra jusqu'à la quantité Ol_1. Cette quantité est déterminée par le point i_1, dont on peut tirer la tangente $i_1 h_2$, la moins inclinée sur l'horizontale, reliant la partie de la courbe $h_1 i_1$ à une fraction d'une courbe quelconque. Si l'on se trouve juste en présence du prix du marché OP_1, de l'article A, indiqué par la direction de la tangente commune $i_1 h_2$, il s'ensuit que l'individu considéré profitera exactement du même excédent de bénéfices, qu'il produise la moindre quantité Ol_1 — en conservant le même genre de vie et le même mode d'exploitation — ou la quantité plus importante Ok_2 — avec un genre de vie et un mode d'exploitation plus intensifs. Cet excédent de recettes est en même temps le plus fort qui puisse être atteint, le prix étant OP_1. Si les prix sont plus faibles, les quantités inférieures à Ol_1 sont les plus avantageuses, tandis que, s'ils sont plus élevés, seules des quantités supérieures à Ok_2 donneront le maximum de bénéfice net. Comme nous le voyons, la production ou la vente des quantités supérieures à Ol_1 et Ok_2 ne peut donc être avantageus. à aucun prix ; aussi toute la partie de la ligne brisée comprise entre i_1 et h_2 n'a-t-elle aucune valeur. De même il faut exclure toutes ces parties de courbe qui sont laissées de côté par les tangentes communes, les moins inclinées par rapport à l'horizontale, i_2h_3, i_3h_4, etc., que ces tangentes aillent de la courbe d'un genre de vie et d'un mode d'exploitation déterminés à la suivante ou qu'elles en sautent plusieurs.

Enfin, pas à pas, des considérations analogues, appliquées à la ligne brisée $\lambda_1\epsilon_1\epsilon_2 \dots n$ (fig. 28) conduisent à éliminer comme n'étant pas avantageuses toutes les quantités de consommation de l'article considéré A, qui sont inférieures à la *quantité minimum* Ok_1 ou qui se trouvent entre Ol_1 et Ok_2, Ol_2 et Ok_3, etc.; ici la direction du rayon vecteur tangent Oh_1, le plus ascendant, donne le *prix maximum*, c'est-à-dire le prix au-dessus duquel il est rationnel que l'individu considéré n'achète plus l'article A, si l'on suppose toujours que les prix de tous les autres articles ne varient pas.

28. Convexité et concavité des courbes du genre de vie et d'exploitation le plus avantageux. — Si nous rassemblons les parties de courbe h_1i_1, h_2i_2, h_3i_3, etc., qui subsistent dans les fig. 27 *a*, 27 *b* et 28, après l'exclusion des restes de ces courbes, et les parties droites qui les relient et leur sont tangentes, Oh_1, i_1h_2, i_2h_3, etc., nous obtenons (fig. 29 *a*, 29 *b* et 30) la courbe Oa d'une part et de l'autre la courbe On, qui, toutes deux, partent de O. Dans la courbe Oa, toute tangente est plus rapprochée de la verticale que n'importe quelle tangente précédente. Dans la courbe On, par contre, toute tangente est plus rapprochée de l'horizontale que n'importe quelle tangente précédente. Ces courbes sont, exactement, les courbes individuelles, décrites plus haut

(§ 7), du coût et de l'utilité, relatives à un article A, nettement défini ; en effet, nous sommes revenus à notre hypothèse initiale selon laquelle l'individu considéré produit ou consomme, pour tout prix déterminé de l'article A, la quantité la plus avantageuse, étant donné les prix de tous les autres objets. Nous voyons aussi que les incurvations en sens contraire que l'on peut rencontrer dans les courbes de certains genres de vie et modes d'exploitation sont dépourvues de toute importance, car, si elles devaient apparaître dans la ligne brisée $x_1 \varepsilon_1 \varepsilon_2 \ldots a$ ou $\lambda_1 \varepsilon_1 \varepsilon_2 \ldots n$, elles seraient toujours surmontées par des parties tangentielles droites, de même que les angles compris dans cette ligne. Nous établissons ainsi la preuve, restée incomplète ci-dessus (§§ 2 et 3), surtout pour les courbes individuelles, que toute *courbe du coût est convexe* et que toute *courbe de l'utilité est concave* ; il doit en être de même pour les courbes totales : cela résulte de ce que la combinaison des courbes individuelles en courbes totales repose sur la mise en ordre des tangentes suivant leur direction et suivant leur succession, de sorte que cette combinaison ne fasse jamais ressortir d'incurvations en sens contraire. Nous remarquons encore que chacune des petites parties courbes $h_1 i_1$, $h_2 i_2$, $h_3 i_3$, etc., des courbes Oa et On correspond au genre de vie et au mode d'exploitation déterminés qui conviennent le mieux aux quantités annuelles de l'article A indiquées par les abscisses correspondantes. L'extension horizontale de ces parties courbes (1) est faible par rapport à celle des parties tangentielles ; cela fait ressortir le fait sur lequel nous insistons souvent, à savoir que, à l'égard de tout article, l'espace est fort limité pour les variations de la quantité annuelle pour laquelle un genre de vie et un mode d'exploitation déterminés peuvent être utilement maintenus. Les parties

---

(1) Ceci, dans notre figure, ne peut être rendu partout avec clarté.

droites intermédiaires, i_1h_2, i_2h_3, etc., montrent que, pour
les prix de l'article A donnés par leur direction, il y a dans
le genre de vie et le mode d'exploitation des modifications
par suite desquelles les frais de fabrication d'une plus forte
quantité augmentent ou, pour la courbe On, l'utilité d'une
quantité de consommation supplémentaire diminue, mais
ces variations sont beaucoup plus lentes que si l'on s'en
tenait au même genre de vie ou au même mode d'exploitation déterminé. On ne peut se résoudre qu'après un
examen plus ou moins approfondi à chacune de ces modifications, d'autant plus considérable qu'est plus grande
l'extension horizontale de la partie droite qui s'y réfère. La
ligne droite de début Oh_1 indique de même que, pour des
prix respectivement minimum et maximum, le passage à
un genre de vie et d'occupation s'effectue, passage pour
lequel respectivement soit la vente du produit A soit l'achat
de l'article considéré sont tout à fait exclus.

La succession, observée dans la courbe du coût Oa et la
courbe de l'utilité On, de lignes droites et de lignes courbes
doit naturellement se reproduire dans les dérivées, c'est-à-
dire dans la courbe de l'offre Oa' ou la courbe de la
demande On' de l'article A, relative au genre de vie et d'occupation le plus avantageux de l'individu considéré. La
partie initiale droite Oh_1 est commune aux courbes Oa et
Oa' dans les figures 29 a et 29 b ou aux courbes On et On'
dans la figure 30 ; à partir du point h_1, au contraire, la distance dans le sens vertical des dérivées à la courbe originaire ne cesse de s'accroître par suite de l'influence des
parties courbes. Les parties droites i_1h_2, i_2h_3, etc., des
courbes Oa et On se retrouvent dans les dérivées Oa' et On'
respectivement au-dessus et au-dessous des mêmes abscisses
dans une direction et une longueur exactement identiques,
comme parties de rayons vecteurs $i'_1h'_2$, $h'_2i'_2$, etc. ; tandis
que les parties courbes h_1i_1, h_2i_2, etc., se retrouvent également-
ment dans les intervalles, avec plus d'extension dans le

sens vertical et la même extension dans le sens horizontal. Les parties courbes qui en résultent, $h_1i'_1$, $i'_2h'_3$, etc., des courbes Oa' et On' sont en même temps les parties — dont il faut tenir compte — des courbes respectives de l'offre et de la demande d'un genre de vie et d'exploitation déterminé, et ces fractions de courbes sont bornées et reliées entre elles par les fractions de rayons vecteurs dont les directions désignent ces prix de l'article A qui entraînent des modifications du genre de vie et d'occupation. Bien que ces parties de courbes continues paraissent écartées par les fractions successives de rayons vecteurs qui les interrompent constamment et se rangent en éventail, les courbes de l'offre et de la demande ont pourtant le tracé indiqué plus haut (§ 4) et possèdent cette propriété caractéristique que les rayons vecteurs, pour la courbe de l'offre, se rapprochent de plus en plus de la verticale et, pour la courbe de la demande, de plus en plus de l'horizontale. Il en est tout à fait de même, par suite de leur genre d'origine, des courbes totales de l'offre et de la demande. Nous voyons donc déjà, dans chaque courbe de l'offre et de la demande, de nombreux points angulaires i'_1, i'_2, etc., de la même espèce, comme nous les avons rencontrés plus haut (§ 8) lors de la combinaison des courbes individuelles en courbes totales ; ainsi toute courbe de l'offre ou de la demande a-t-elle l'aspect d'une scie.

27. Unités minima en usage sur le marché. — Nous avons remarqué plus haut (§ 18) que l'appréciation de ce qui doit être encore considéré comme un genre de vie et d'occupation inchangé et de ce qu'il faut déjà tenir pour un changement dépend dans des limites assez larges de l'estimation subjective de l'individu envisagé. Si la conception d'un genre de vie et d'occupation devient de plus en plus étroite et stricte, des modifications de détail sans importance de la vie ménagère ou du métier exercé d'ordinaire abandonnées aux autres membres de la famille ou au personnel sont ressenties comme des changements du genre de vie et d'occupation *minutieusement* déterminé, qui sont en rapport avec les courbes dont nous nous sommes occupés jusqu'ici d'un genre de vie et d'occupation déterminé, comme celles-ci le sont avec les courbes du genre le plus avantageux de vie et d'occupation. Aussi, dans les lignes brisées du moindre coût de production $x_1 e_1 e_2 \dots a$ (fig. 27) ou de la plus grande utilité $\lambda_1 e_1 e_2 \dots n$ (fig. 28), les points angulaires sont-ils toujours plus nombreux et se suivent-ils à des intervalles horizontaux toujours moins considérables. Enfin, dans les grandes entreprises comme dans les petites, dans les riches ménages comme dans les pauvres, on ira jusqu'à attribuer l'importance d'un changement du genre de vie et d'occupation à toute portion en plus ou en moins d'un article indivisible si insignifiant qu'il soit, par exemple à toute lime ou à tout cigare, ou même à toute allumette et tout aussi bien à toute modification futile dans la quantité et la qualité des parts de consommation d'un article divisible. Finalement on voit disparaître en totalité le reste d'espace libre existant dans les limites d'un genre de vie et d'occupation inchangé pour les modifications de quantité d'un article divisible quelconque. En réalité les transactions ont lieu aussi en ce qui concerne les articles divisibles à l'infini, suivant certaines unités minima, en usage sur le marché, de sorte que nous avons affaire, en fin de compte, pour tout mode déterminé de vie et d'occupation, à un nombre déterminé de ces unités de l'article divisible, tout comme s'il s'agissait d'un certain nombre d'exemplaires de tout article indivisible.

Dans notre représentation graphique, les lignes brisées du moindre coût de production et de la plus grande utilité, formées auparavant de fractions de courbes continues, se dissolvent en une série de points. Les points consécutifs sont également distants les uns des autres dans le sens horizontal, et cet écart correspond à la plus petite unité en usage sur le marché. Leurs ordonnées donnent (fig. 31 a et b) le coût minimum de production ou (fig. 32) l'utilité maximum du nombre correspondant des dites unités. En répétant les considérations du § 28, dans les figures 31, nous pouvons, de tous ces points, distinguer ceux qui sont au-dessus de la ligne droite que l'on peut tirer entre n'importe lesquels de ces points et où le point O doit être regardé comme le premier de la série. Nous obtenons ainsi à nouveau une courbe Oa et, tout à fait de même, dans la figure 32, une courbe On ; ces deux courbes se composent exclusivement d'éléments droits ; mais ces lignes polygonales sont l'une convexe et l'autre concave. La courbe présente se distingue des courbes Oa et On des figures 29 et 30, en ce que, si on se livre à un examen plus précis, pour ainsi dire microscopique, chacune des petites portions considérées dans les figures 29 et 30 comme continues, h_1i_1, h_2i_2, etc., apparaît décomposée en une série d'éléments très courts et droits, d'où il peut résulter pour les parties droites Oh_1, i_1h_2, i_2h_3, etc., de faibles modifications de direction et de position. Par là, les dérivées — la courbe de l'offre Oa' et la courbe de la demande On' — montrent entre leurs parties de rayons vecteurs relatives tantôt seulement à une, tantôt à plusieurs unités quantitatives, des parties nettement verticales, tandis que les petites fractions courbes $h_1i'_1$, $h'_2i'_2$, etc., décrites dans les figures 29 et 30, se décomposent en une suite de dentelures de finesse proportionnée. Le fait que les deux courbes de l'offre et de la demande du genre de vie et du mode d'occupation le plus avantageux présentent, en même temps que des fractions de rayons vecteurs, des parties absolument verticales ne change pourtant rien à la propriété caractéristique de ces courbes, à savoir que chaque rayon vecteur suivant est toujours plus escarpé dans Oa' et moins escarpé dans On' que le rayon vecteur précédent. Comme nous le voyons dans la figure 32, les dentelures des

dérivées forment des angles aigus au-dessus et des angles
obtus au-dessous de l'axe des abscisses ; les courbes de la
figure 31 *b* comportent au contraire un tracé antithétique, et
la dérivée de la figure 31 *a* ne présente que des angles obtus.
Nous remarquons en outre que seules ces oscillations du
prix OP qui s'élèvent au-dessus de la limite indiquée par la
fraction de rayon vecteur avoisinante la plus escarpée ou qui
s'abaissent au-dessous de la limite fixée par la fraction de
rayon vecteur avoisinante la moins escarpée exerceront une
influence sur la quantité de l'article A que vendra ou achètera l'individu considéré. Tous les changements de prix de A
qui ne dépassent pas ces limites n'occasionneront donc aucune
variation de la quantité, mais seulement une variation exactement proportionnelle du bénéfice brut ou de la dépense.

Pour tous les objets dont l'unité quantitative minimum
en usage sur le marché a très peu d'importance, par rapport
à la quantité annuelle, les lignes polygonales Oa (fig. 31)
et On (fig. 32) ne peuvent guère être distinguées de courbes
continues ; de même les dérivées dentelées se rapprochent
de plus en plus d'une courbe continue qu'on tracerait par
les extrémités consécutives, situées à droite, des fractions
de rayons vecteurs des courbes Oa' et On' (fig. 31 et 32).
Mais, dans ces courbes, les petits angles et les petites dentelures des dérivées disparaissent, tandis que l'on distingue
certaines grosses dentelures, dont les parties de rayons
vecteurs donnent ces prix pour lesquels des modifications
importantes, avec omission de nombreuses quantités intermédiaires, s'accentuent dans le mode de fabrication ou
d'emploi de l'article A. Aussi la courbe On', reproduite
comme continue, peut-elle présenter deux ou plusieurs som-
mets se distinguant avec netteté, comme nous l'avons relevé
plus haut (§ 8) au sujet de la courbe totale de la demande.
Nous nous sommes permis, dans le chapitre 1er et ailleurs,
de tracer des dérivées tout à fait continues : il ne faut
pourtant y voir qu'une représentation schématique.

Au contraire, s'il s'agit d'un article dont la quantité annuelle n'embrasse que peu d'unités, les courbes nettement polygonales et grossièrement dentelées ne peuvent en aucune façon être remplacées pur des courbes continues. Il en est ainsi des articles tels que les chaussures, les chapeaux, les vêtements ou, dans les trains de maison modestes, du champagne et des autres vins de grand crû, car la consommation annuelle de l'individu se limite en général à un nombre peu considérable d'unités. La grande dimension verticale des diverses dentelures de la ligne courbe individuelle de la demande relative à un tel objet met en lumière le fait qu'ici la consommation annuelle reste constante entre des limites de prix assez larges et que seules de fortes modifications des prix exercent une influence sur la quantité annuelle. Il en sera de même, au point de vue de la courbe de l'offre, non pas pour ces articles, mais là où une unité forme déjà une partie importante de la production annuelle : tel est le cas des locomobiles, des machines agricoles, etc., qui sont faites d'avance d'après certains types. Nous ne nous occupons pas ici des objets isolés, c'est-à-dire des machines à vapeur, des voitures, et même des vêtements et des chaussures sur mesure, qui ne sont fabriqués que sur commande.

30. Les courbes totales comme lignes polygonales. — Revenons à la combinaison des courbes individuelles en courbes totales : cela n'est possible que si toutes les courbes individuelles à combiner se réfèrent exactement au même article, comme nous l'avons expliqué (§ 25), et si les mêmes prix déterminés de tous les autres articles leur servent de base à elles toutes. Tout cela doit aussi avoir lieu quand il s'agit d'opposer des courbes totales les unes aux autres.

Dans la combinaison des courbes individuelles du coût ou de l'utilité, chaque fraction droite se présentant chez l'une d'elles doit se retrouver dans la courbe totale correspondante avec une direction et une longueur absolument les mêmes. On peut en dire autant des fractions de rayons vecteurs des dérivées. Quand deux ou plusieurs courbes individuelles contiennent une partie quelconque ayant exactement la même direction, il y a dans la courbe totale une partie parallèle aussi longue que la somme des longueurs individuelles. Dans ce cas, la partie droite allongée de la courbe totale ne signifie pas du tout que toutes les quantités intermédiaires ne peuvent changer de main, de même qu'il peut arriver dans les courbes individuelles Oa et On (fig. 31 et 32) que plusieurs points de la série tombent juste sur la ligne droite de raccordement. Par contre, très souvent, dans la combinaison de deux fractions droites successives d'une courbe individuelle quelconque du coût ou de l'utilité, se glissera une ou plusieurs fractions d'autres courbes individuelles qui sont plus escarpées que le moins incliné ou moins incliné que le plus escarpé des deux éléments voisins. Il en résulte que la forme polygonale que nous devions attribuer en fin de compte à chaque courbe individuelle du coût ou de l'utilité se remarque encore beaucoup moins dans les courbes totales. Dans les courbes dérivées, l'insertion des fractions de rayons vecteurs se fait d'autant plus remarquer que, partout où une telle insertion se produit, une partie verticale doit être interrompue et par conséquent réduite. C'est ce que fait ressortir la figure 33 dans la combinaison de deux courbes individuelles de la demande On'_1 et On'_2, et elle montre que la dentelure de la courbe totale ON' serait encore beaucoup plus fine si un nombre plus élevé de courbes individuelles entraient en combinaison, car les parties verticales deviendraient plus courtes non seulement au point de vue relatif, mais aussi au point de vue absolu ; il en est naturellement de même de la courbe totale de l'offre. Toutefois ces prix de l'article A qui provoquent des modifications importantes du genre de vie et d'occupation chez quelques-uns des acheteurs ou des vendeurs, surtout les plus gros, se manifesteront dans la courbe totale par de longues fractions de rayons vecteurs. Cela est particulièrement évident pour ces parties des courbes totales qui proviennent des parties initiales des courbes individuelles et qui indiquent la cessation intégrale de l'achat ou de la vente de la part des individus considérés. En outre, la courbe totale du coût descend au-dessous de l'axe des abscisses dès que la partie initiale de l'une seulement des courbes individuelles du coût, comme dans les figures 29 *b* et 31 *b*, a une direction descendante.

Nous avons vu plus haut (§ 5) que le prix et le débit d'un article quelconque A sont déterminés par l'intersection des courbes totales OA' et ON' de l'offre et de la demande afférentes. Si maintenant nous considérons leur rencontre de plus près en nous référant à ce que nous venons d'apprendre des derniers éléments formels de ces courbes, il se présente des cas différents que nous faisons ressortir dans les figures qui suivent; dans un but de clarté, nous y représentons seulement, et à une échelle grossie, les parties verticales et les fractions de rayons vecteurs, voisines du point d'intersection, des courbes totales de l'offre et de la demande et, en vue de faciliter la distinction, nous figurons la première courbe en rouge et la seconde en noir. Dans les quatre cas de la figure 34, le débit est déterminé avec exactitude, tandis que le prix reste indéterminé entre les limites données par les points c_1 et c_2 et ne peut être établi qu'en marchandant; les directions des fractions de rayons vecteurs les plus rapprochés à droite désignent les prix auxquels on cherche à acheter et à vendre une quantité plus grande et ainsi la différence entre espèces et marchandise. Dans les figures 35, 36 et 37, les deux courbes ont en commun une fraction de rayon vecteur; de cette façon le prix est déterminé. Dans les quatre cas de la figure 35, les deux courbes ont aussi en commun une partie

verticale, la quantité y est donc également déterminée ; dans
la figure 36, par contre, deux parties verticales coïncident
et, par suite, deux quantités peuvent être vendues. Dans la
figure 37, les courbes n'ont aucune partie verticale en commun, aussi l'entente sur la quantité débitée semble-t-elle
impossible. Enfin, dans la figure 38, les deux courbes ont un
seul point commun ; il n'y a donc accord ni sur la quantité
ni sur le prix. Si toutefois se présente le cas mentionné ci-
dessus, suivant lequel peuvent être échangées ces quantités
qui paraissent être surpassées par une fraction de rayon
vecteur, le débit et le prix peuvent être déterminés avec
exactitude dans la figure 38 ; dans la figure 37, on peut arriver à une entente sur la quantité débitée au prix résultant
de la figure ; par contre, dans les figures 36 et 35, diverses
quantités pourraient être débitées. Comme nous le voyons,
l'influence de l'individu joue un rôle dans la fixation exacte
du prix et du débit. Dès que l'individu a conscience de son
influence sur la formation du prix, il cesse de se comporter
conformément à notre hypothèse, d'après laquelle il pouvait
calculer sur les prix donnés, non seulement des autres
articles, mais aussi de l'article *A*. Nous chercherons plus
loin de quelle manière et dans quelles limites l'individu
peut exercer une action sur le prix courant.

TROISIÈME PARTIE

L'individu considéré du point de vue de la consommation

CHAPITRE PREMIER

LA COURBE DE LA JOUISSANCE

31. L'utilité d'un article et la consommation totale. — La courbe du coût ou de l'utilité d'une individualité économique donnée et relative à un article déterminé repose, nous l'avons signalé à plusieurs reprises, sur l'hypothèse que cet individu dirige sa consommation annuelle totale en pleine connaissance des prix de tous les autres articles et sa propre production éventuelle constamment de la façon la plus avantageuse. Mais, si l'on veut se rendre compte de l'influence d'une modification d'un seul des éléments supposés donnés sur la forme de la courbe du coût ou de l'utilité, il est nécessaire de procéder à une étude plus complète. Nous commençons par la courbe de l'utilité, parce que tout producteur doit nécessairement consommer et que par conséquent la production ne peut être traitée sans égard à la consommation, tandis qu'une consommation sans production est tout à fait possible : tel est, par exemple, le cas des pensionnés et des rentiers. Chez de tels individus l'utilité attribuée à une quantité annuelle déterminée d'un article quelconque reste bien soustraite à l'influence de l'activité productrice, mais elle dépend de la consommation annuelle en général et ne peut être établie

qu'en relation avec celle-ci. Ainsi l'utilité attribuée par quelqu'un à une certaine quantité annuelle, de pain par exemple,
différera suivant qu'en même temps il consommera beaucoup ou peu ou pas du tout de viande, et de même l'utilité
de toute nourriture ne dépendra pas moins de ce que la
personne considérée est plus ou moins bien protégée par
le vêtement, l'habitation et le chauffage contre les inclé-
mences de la température. De plus, il faut tenir compte de
toutes les autres particularités de l'individu et de son genre
de vie; il n'est pas indifférent qu'il se donne du mouvement ou qu'il aime le repos; qu'il préfère une occupation
intellectuelle ou d'autres amusements; qu'il soit égoïste ou
généreux; qu'il s'efforce plus ou moins d'épargner quelque
chose pour l'avenir, etc. La consommation d'un article
déterminé ne constitue jamais un but en soi; elle ne se
présente qu'en rapport avec la consommation annuelle
totale de l'individu dans son importance réelle, et cette consommation annuelle totale forme un ensemble qui n'a
d'autre objet que de procurer à l'individu le maximum de
satisfaction par sa répartition la mieux appropriée.

Une quantité annuelle déterminée d'un article quelconque
A ne peut donc procurer de l'utilité qu'en permettant d'accroître la satisfaction de l'individu. L'utilité représente ainsi
non pas la satisfaction totale, mais bien l'augmentation de
satisfaction que l'on peut retirer de la consommation de
l'article *A* sans égard à la dépense qu'elle nécessite dans la
combinaison la mieux appropriée de la consommation totale. Si l'on devait payer pour la quantité consommée de *A*
sa pleine valeur d'usage, il ne resterait aucune augmentation de satisfaction, et la satisfaction serait exactement égale
à celle que l'on peut obtenir si l'article *A* est exclu de la
combinaison.

**32. La satisfaction dans une combinaison déterminée de con-
sommation.** — La détermination de l'utilité d'une quantité

annuelle quelconque d'un certain article A nécessite ainsi, nous le voyons, la comparaison entre, d'une part, la satisfaction que procure la consommation de la dite quantité dans la combinaison la plus avantageuse de la consommation annuelle totale, et, d'autre part, cette satisfaction qui peut être obtenue si l'on n'a pas recours à l'article A. Nous devons donc tout d'abord traiter de la satisfaction dans sa dépendance par rapport à chaque combinaison de la consommation annuelle totale, et, dans ce but, la *combinaison de consommation* doit être déterminée dans tous ses détails avec encore beaucoup plus de précision qu'on ne l'a fait (§ 29) à l'égard du genre de vie dans le sens le plus étroit. Avant tout il faut donc établir de la façon la plus exacte la qualité de tous les articles faisant partie de cette combinaison. Pour tout objet de consommation, il ne suffit pas de connaître sa quantité annuelle, mais il faut aussi connaître la répartition de celle-ci entre les diverses parts de consommation, exactement déterminées d'après leur quantité et leur qualité. De plus il faut ajouter aux articles de consommation les jouissances tirées de tous les objets d'usage dont on n'est que locataire, et les prestations des domestiques, des professeurs, des médecins, etc., et enfin toutes les satisfactions liées à une dépense d'argent, entre autres la manifestation de l'amour du prochain et de l'esprit public. Quant à tout objet d'usage, il faut connaître non seulement la quantité et la qualité des exemplaires nouveaux à acheter, mais aussi la quantité et l'état d'usure de ceux possédés au début de l'année considérée ; la combinaison de consommation n'est déterminée d'une façon parfaite que si le nombre des objets en usage en même temps ou successivement dans le cours de l'année et le mode de cet usage sont précisés avec assez d'exactitude pour que le nombre et l'état de conservation des articles restant à la fin de l'année en résultent par là même. Par exemple, pour les vêtements et le linge, outre le nombre et la qualité des pièces existant au début de l'année et de celles à acheter, il faut encore savoir combien de fois chaque article est employé, combien de temps dure chacun de ces emplois, quel degré de soin est consacré à son nettoyage et à son entretien, etc. Tous les objets faisant partie de l'installation, de même que la possession d'une maison ou d'un bien-fonds etc., doivent être comptés parmi les articles d'usage ; de plus il faut tenir compte de la possession de valeurs mobilières et d'autres capitaux, des droits à un traitement ou à une pension, etc., de sorte que, dans toute combinaison de consommation déterminée, le revenu de l'individu sera connu ; il va de soi, par contre, que le passif ne doit pas être négligé.

La détermination de la combinaison de consommation nécessite en outre que toute la répartition du temps de l'individu considéré soit fixée avec précision, car la satisfaction due à la consommation totale dépend aussi des agréments qui ne sont pas liés à un débours d'argent et d'autre part des désagréments qui peuvent se produire. Aucune combinaison de consommation n'est tout à fait exempte de désagréments, car, si nous faisons entièrement abstraction de l'effort inhérent à une activité productrice, chacun doit exécuter en personne certains travaux domestiques ou organiser et surveiller leur accomplissement par d'autres. De la fatigue et des soins sont nécessaires pour empêcher un abus dans la consommation et dans l'usage des divers objets ; sans ces soins, la quantité et la qualité du stock restant en fin d'année se modifieraient et la combinaison de consommation ne serait plus la même.

Les qualités physiques, intellectuelles et morales non seulement des membres de la famille de l'individu considéré, mais aussi de toutes les autres personnes faisant partie de sa maison influent aussi beaucoup sur la satisfaction, de sorte que la détermination d'une combinaison de consommation nécessite aussi, à ce point de vue, la plus

grande précision. Les revenus en nature des gens faisant
partie de la maison ont leur influence sur la combinaison de
consommation du chef de famille, de même que la répartition de leur temps, pour autant que le chef s'en occupe ; il
faut enfin tenir compte de la satisfaction de ces personnes,
car la mauvaise humeur et la bonne volonté ont pour effet
une différence dans la qualité de leur prestation. La libre
disposition, par les gens faisant partie de la maison,
des paiements en espèces qui forment leur salaire et de
leur temps libre n'a par contre rien à faire avec la combinaison de consommation du chef de la famille.

38. La combinaison de consommation la plus avantageuse.—
La satisfaction due à une combinaison quelconque de consommation dépend non seulement des agréments et des
désagréments qui s'y attachent, mais aussi, d'une façon
essentielle, de l'influence qu'elle exerce par la dépense
nécessaire à l'égard du revenu et par la détérioration des
articles d'usage sur la fortune restant à l'individu à la fin
de l'année considérée. S'il est difficile de mesurer en argent
la satisfaction totale ressentie par une individualité économique du fait d'une combinaison de consommation quelconque, il est évident que la satisfaction doit augmenter si
la fortune restant en fin d'année s'accroît d'une certaine
somme d'argent, par suite, par exemple, de la baisse du
prix d'un article compris dans cette combinaison. Cet
accroissement de la satisfaction correspond exactement à
cette somme d'argent, tant que nous pouvons supposer que
l'augmentation du montant de l'inventaire en fin d'année
n'exerce aucune influence sur l'appréciation subjective de
la valeur de l'argent de la part de l'individu déterminé,
avec précision, dans toutes ses qualités et dans sa propriété
au début de l'année. Mais, dans cette hypothèse à laquelle
il faut toujours se tenir, un tel individu sera en situation de
mesurer en argent la différence de la satisfaction résultan

des diverses combinaisons de consommation pour des prix
donnés de tous les articles. En effet, si le choix entre
deux combinaisons différentes de consommation, eu
égard à leurs agréments et à leurs désagréments ainsi
qu'au montant de l'inventaire restant en fin d'année dans
les deux cas, est tout à fait hors de doute, on pourra toujours fixer une somme d'argent dont le paiement par un
étranger pourrait améliorer l'un des inventaires de fin
d'année suffisamment pour que la satisfaction fût de
nouveau la même dans les deux cas. Cette distinction
de la différence entre les satisfactions dues à diverses
combinaisons de consommation est influencée par toutes
les qualités physiques, intellectuelles et morales de l'individu, ses besoins, ses inclinations et ses habitudes, et surtout par l'importance, le genre et la qualité de sa possession initiale. En même temps cette distinction fait ressortir
l'estimation individuelle de la valeur de l'argent qui dépend
des mêmes facteurs. Ainsi la possession initiale d'une certaine maison d'habitation par exemple aura cette conséquence que, en règle générale, seules ces combinaisons de consommation qui comprennent la possession de
cette maison entrent en ligne de compte, tandis qu'une
combinaison de consommation reposant sur la vente de
cette maison, la location d'une autre demeure, peut-être
même dans une autre ville, et l'achat éventuel de valeurs
mobilières ne sera prise en considération que dans des
circonstances tout à fait extraordinaires. De même, bien
qu'à un degré très différent, dans l'évaluation de la différence entre les satisfactions liées à diverses combinaisons de consommation, la possession initiale de tout genre,
même la possession de meubles, d'habits, de linge, etc.,
se fait sentir jusqu'au minimum. Pour chaque individualité économique de cette sorte, déterminée avec précision, non seulement dans ses qualités personnelles, mais
encore dans la quantité et la répartition de sa possession

initiale, si les prix de tous les articles sont donnés sans
exception, il n'y aura jamais, parmi les innombrables combinaisons de consommation possibles, qu'*une seule combinaison présentant le maximum d'avantages et procurant
le maximum de satisfaction*. Toute combinaison autre serait
ou bien désagréable ou bien agréable en soi, mais alors
l'avantage serait plus que contrebalancé par l'augmentation de dépenses nécessaires, d'où il résulterait une
diminution de fortune en fin d'année, ou par d'autres
inconvénients. Ainsi l'augmentation des parts de consommation d'un article ou le remplacement d'une part plus
petite par une part plus importante aurait pour conséquence ou bien un trop grand surplus de dépense ou
bien, si la quantité annuelle reste constante, l'obligation,
toujours ressentie d'une façon particulièrement désagréable,
de mesurer les diverses parts avec parcimonie. De même
toute multiplication du nombre des emplois d'un article quelconque d'usage ou toute augmentation de la durée d'un seul
de ces emplois porterait préjudice à la valeur de l'inventaire
en fin d'année ou, si l'usure annuelle de l'objet en question doit
ne pas varier, nécessiterait un soin pénible dans chaque emploi. Un accroissement des services de la domesticité, désirable en soi, a cet inconvénient qu'il faut y contraindre les
dites personnes et exciter leur mécontentement. Toute modification de la répartition du temps en faveur d'une occupation ou d'une jouissance quelconque ne peut être obtenue
qu'en limitant le temps disponible pour d'autres choses, etc.

34. La jouissance et la satisfaction initiale. — Pour pouvoir maintenant nous rendre compte de l'influence des
quantités changeantes d'un certain article A sur la satisfaction ressentie par une individualité économique donnée,
qui connaît le prix de tous les autres articles, imaginons qu'une quantité quelconque de A est mise gratuitement à sa disposition. Supposons en outre que cette

quantité n'est à sa disposition qu'en vue de la consommation de l'année courante et non en vue de la constitution d'un stock, et que l'individu en question ne possède au début de l'année aucune provision de A. Aussi nous limitons-nous d'abord aux objets de consommation, parce que, pour les objets d'usage, on ne peut guère faire abstraction du fait qu'il reste en général un stock d'articles, déjà utilisés, mais pas encore tout à fait usés, et du fait qu'au début de l'année il en est déjà de même. L'individu considéré a, pour toute quantité déterminée x de l'article de consommation A, ici encore, le choix entre de nombreuses combinaisons différentes de consommation, qui comportent des quantités fort différentes des autres articles et des modes différents d'emploi de la même quantité x de A ; mais, de toutes ces combinaisons, il n'y en aura jamais qu'une qui sera la plus avantageuse. Cette même combinaison qui convient le mieux à la consommation de la quantité x de A reste avantageuse, tant que l'appréciation individuelle de la valeur de l'argent peut être considérée comme invariable, si la quantité x peut être achetée à un prix quelconque $tg\theta$ au lieu d'être gratuite. Dans l'hypothèse que nous venons de mentionner, il y a diminution du montant de la fortune en fin d'année et de la satisfaction procurée par toutes les combinaisons comprenant la même quantité x de A, et cette diminution est égale à la dépense, c'est-à-dire à $x \cdot tg\theta$.

A la satisfaction offerte par la combinaison de consommation la plus appropriée à la quantité annuelle x de l'objet de consommation A, sans considération du coût d'acquisition de cette quantité, nous attribuerons le nom de *jouissance* procurée par cette même quantité. Nous pouvons également fixer la jouissance afférente à toute quantité annuelle de l'article de consommation considéré, et aussi la jouissance afférente à la quantité zéro : il s'agit alors de la satisfaction, déjà mentionnée plus haut, que l'on peut atteindre sans recourir à l'article A et qui provient de la combinaison la plus avantageuse de toutes les combinaison en général possibles au cas d'exclusion de A. Nous qualifions cette satisfaction de *satisfaction initiale*. Comme nous avons déjà vu que l'utilité d'une quantité annuelle quelconque d'un article déterminé A indique l'augmentation de satisfaction qu'occasionne la consommation de cette quantité sans égard au coût de l'acquisition, il est clair que nous obtenons la jouissance dépendant de la quantité en question en ajoutant la satisfaction initiale à l'utilité, de même qu'inversement l'utilité de la même quantité n'est rien d'autre que la jouissance diminuée de la satisfaction initiale.

35. Tracé de la courbe de la jouissance. — Représentons, dans la figure 39, comme ordonnées au-dessus du point O, la satisfaction initiale Ob, et au-dessus de chacune des autres abscisses la jouissance relative à la consommation de la quantité annuelle en question x de l'article A ; nous obtiendrons une série de points d'un tracé généralement irrégulier dont les ordonnées sont toutes plus longues de Ob que celles de la figure 32. Ne partant plus du point O, mais du point b, nous pouvons procéder tout à fait de la même manière que dans la figure 32, pour éliminer les quantités impropres, et nous obtenons ainsi une courbe concave bg, la *courbe de la jouissance* relative à l'article A. On obtient également cette courbe si l'on rehausse la courbe de l'utilité On, d'un bout à l'autre, d'une quantité Ob ; à l'inverse nous obtenons On en rabaissant la courbe bg d'une quantité Ob. Comme les courbes bg et On ne diffèrent que par leur situation en hauteur, la courbe de la demande On' peut être dérivée aussi bien de la courbe bg que de la courbe On. Chaque ordonnée de la courbe de la jouissance bg désigne en même temps la satisfaction due à la combinaison de consommation la mieux appropriée à la consommation de la quantité considérée de A, à condition que cette quantité soit offerte à titre gratuit. Par contre si l'article A ne peut être acquis qu'au prix courant $tg\theta$, de sorte que la satisfaction diminue de la dépense correspondante x. $tg\theta$, la satisfaction est représentée par l'écart vertical de la courbe de la jouissance bg et du point d'intersection de la courbe de la demande On' avec la ligne du prix OP. Comme nous le voyons, la satisfaction se compose de la satisfaction initiale Ob et de l'accroissement de satisfaction dû à la consommation d'une quantité x de A au prix $tg\theta$; cette augmentation qui est représentée par l'écart vertical des courbes On et On' n'est autre que l'utilité expliquée (§ 6), afférente à la consommation de cette quantité de l'article A. En outre, il ne faut pas perdre de vue que cet accroissement de satisfaction n'est pas obtenu par la simple entrée de la quantité x de A dans cette même combinaison de consommation qui est la plus avantageuse lorsque A en est exclu ; au contraire, la consommation de A a plutôt pour effet de rendre avantageuses de tout autres combinaisons et aussi des quantités différentes des autres articles.

Au début, c'est-à-dire en partant de b, la courbe de la jouissance bg est en ligne droite ; sa direction étant parallèle au commencement des courbes On et On', représente le prix maximum OP_μ. Si l'article A est plus cher, l'individu considéré ne consommera aucune quantité de A, étant donné les prix des autres articles ; il s'en tiendra à la combinaison qui lui procure la satisfaction initiale Ob. Au prix maximum, la quantité minimum O_μ peut être consommée, mais la satisfaction ne se distingue pas de la satisfaction initiale. Par contre, si le prix de A diminue encore, la satisfaction augmente constamment et sans interruption, bien que la quantité consommée de A n'augmente toujours que par unités complètes, c'est-à-dire par bonds. Pour la quantité de pleine satisfaction par l'article A dont la consommation suppose le prix zéro, la satisfaction atteint la jouissance totale, parce que la dépense est supprimée pour A ; avec l'utilité, la jouissance s'élève au maximum, et elle s'abaisserait si la consommation de *A* était poussée plus loin. Des consommations aussi exagérées ne seraient possibles que si le prix de *A* était négatif; au lieu de déduire le coût de *A* une prime s'ajoute à la jouissance et, malgré la diminution de cette jouissance, la satisfaction — c'est-à-dire l'écart vertical des courbes *bg* et *On'* — ne cesse d'augmenter.

Bien que la courbe de la jouissance ne se distingue de la courbe d'utilité que par sa situation en hauteur, elle a pour nous une grande importance, car elle fait ressortir la satisfaction initiale. Si une modification se produit dans l'un quelconque des éléments supposés donnés, — soit dans une des qualités de l'individu, soit dans le prix de l'un des autres articles, — la satisfaction initiale est plus ou moins influencée. Le changement de forme qui en résulte pour les deux courbes et que nous allons traiter tantôt ne ressortirait pas d'une manière aussi claire de la seule étude de la courbe de l'utilité.

36. Articles complémentaires et articles concurrents. — Le point d'intersection de la ligne du prix représentant le prix du marché *tg0* de *A* et de la courbe de la demande *On'* d'une individualité économique déterminée donne la quantité de cet article la plus avantageuse pour cette personne, et fixe en même temps la meilleure combinaison de consommation comprenant cette quantité et la quantité annuelle correspondante de tout autre article. Si, pour le prix de l'article *A*, nous faisons successivement diverses hypothèses, la quantité de consommation du dit objet variera, et il en résultera chaque fois d'autres combinaisons de consommation avantageuses comportant également des quantités différentes des autres articles. Pour beaucoup d'articles, il n'y aura aucune modification, pour quelques-uns le changement se fera dans le même sens que celui de l'article *A*, et pour les autres il se fera en sens opposé. En général, l'accroissement de consommation de l'article *A* aura pour effet une augmentation de la consommation de ces articles qui servent à *compléter* la jouissance voulue par la consommation de *A* ; ainsi la consommation du sucre croît avec celle du café, du thé, etc. Au contraire, s'il s'agit de ces articles qui sont en *concurrence* avec *A*, d'ordinaire leur consommation diminuera si celle de *A* augmente : c'est le cas du café et du thé, du vin ou de la bière et de l'eau-de-vie, etc. Il se peut toutefois que des manifestations tout à fait contraires se produisent par suite des influences réciproques des divers articles qui s'exercent en s'entrecroisant. Ainsi une augmentation de la consommation de café aura toujours pour résultat un accroissement de la quantité de sucre spécialement destinée à l'adoucir, mais, si le même individu a également recours au thé et réduit considérablement sa consommation de thé par suite de l'usage plus fort de café, il se peut qu'au lieu de s'accroître, sa consommation totale de sucre diminue. Voici de même une personne qui consomme à la fois du vin, de la bière et de l'eau-de-vie ; l'accroissement de sa consommation de vin entraînera une dépression de sa consommation de bière et d'eau-de-vie, mais, s'il en résulte que sa consommation d'eau-de-vie est amoindrie d'une façon particulièrement importante, il se peut que cet individu consomme plutôt plus de bière que moins.

D'ailleurs il ne faut pas oublier que notre hypothèse, selon laquelle les prix de tous les autres articles restent les mêmes, quel que soit le prix de l'article *A*, ne correspond à la réalité que dans d'étroites limites. Si, pour le prix de l'article *A*, nous faisons successivement des suppositions différentes, de sorte que les consommateurs de cette marchandise se voient amenés à consommer des quantités convenablement changées, qui comportent pour les individus des combinaisons de consommation autres et, en conséquence, des quantités appropriées des autres articles, les prix de ces articles ne peuvent rester inchangés. Un changement de prix de l'article A peut exercer une réaction plus lointaine, soit directement, soit par les prix des autres articles, sur la satisfaction des personnes faisant partie de la maison de l'individu considéré : en effet ces personnes ne trouvent plus leur suffisance avec leurs salaires, ce qui influe sur leur exigences de rémunération. Tous ces faits établissent une liaison intime entre les prix simultanément possibles des articles les plus divers, y compris les prestations personnelles. Cette connexion s'étend même encore plus loin, car le prix modifié de l'article A, abstraction faite de la réaction sur les prix des autres articles, influencera la dépense de chaque acheteur et la recette de chaque vendeur de A, et l'on ne peut méconnaître que, dès que cette modification se fait ressentir à tel individu par rapport à sa fortune, son appréciation de la valeur de l'argent se modifie. En supposant tout d'abord la fixité du prix de tous les autres articles et de l'appréciation de la valeur de l'argent de la part de toute individualité économique donnée, nous avons fait abstraction de toutes ces interdépendances et nous devons rester attachés à ces hypothèses, comme nous l'avons déjà mentionné, parce que, si tous les éléments variaient en même temps, il ne serait pas possible de se rendre compte de l'influence de l'un d'entre eux.

CHAPITRE II

37. Points correspondants. — Il est évident que la courbe
de la jouissance d'une individualité économique déterminée
peut toujours être représentée par rapport à un article
quelconque, si les prix de tous les autres articles sont donnés comme constants. Nous partons ainsi d'une hypothèse
quelconque pour les prix de tous les articles et de la combinaison de consommation alors la plus favorable, et nous
désignons comme effective la satisfaction liée à cette combinaison. Si ensuite nous laissons indéterminé tour à tour
le prix de l'un des articles faisant partie de la combinaison
en question, tandis que tous les autres prix restent invariables, nous obtenons la courbe de la jouissance de l'individu par rapport à chacun de ces articles. Dans chacune de
ces courbes la satisfaction effective doit être représentée par
la distance entre la courbe de la jouissance et sa dérivée, à
l'endroit où cette dernière est coupée par cette ligne du
prix qui donne le prix, supposé au début, de l'article en
question. L'abscisse de ce point d'intersection donne nécessairement la quantité du dit article appartenant à la combinaison de consommation que nous avons prise comme
point de départ. Il y a donc dans toutes les courbes de la
jouissance relatives chaque fois à un nouvel objet de consommation quelconque du même individu un point *corres-*

pondant dont l'abscisse donne la quantité de l'article en question faisant partie de la combinaison de consommation initiale et dont l'écart vertical par rapport à la ligne du prix du dit article, valable au début, donne toujours la même satisfaction, c'est-à-dire la satisfaction effective. La jouissance, dans ces points des différentes courbes, est chaque fois différente, car ce n'est pas la même satisfaction qui résulterait de la combinaison initiale, si chaque fois la quantité de l'article désigné par les abscisses de la courbe considérée pouvait être obtenue à titre gratuit. En dehors de ces points correspondants, il n'y a aucune espèce de rapport entre les courbes de la jouissance afférentes aux différents articles, car des combinaisons successives toujours autres sont avantageuses si le prix d'un article chaque fois différent varie et si les prix de tous les autres articles restent inchangés.

Enfin, quand les prix supposés au début sont précisément tels que la ligne du prix de A coïncide avec une partie de rayon vecteur comprise dans la courbe de la demande relative à cet article, il doit y avoir, en réalité, deux combinaisons de consommation qui présentent exactement le même avantage. La courbe en question comporte alors deux points qui correspondent chacun avec un point de toutes les autres courbes, quand les deux combinaisons de consommation ne se distinguent que par la quantité de l'article A. Mais la plupart du temps ces deux combinaisons concordent au point de vue des quantités de beaucoup de marchandises ; elles présentent toutefois de légères différences dans les quantités des articles complémentaires ou concurrents. Dans la courbe de ces derniers articles on doit retrouver une partie correspondante de rayon vecteur.

38. Influence de l'article sur la forme de la courbe de la jouissance. — Partons du point correspondant de la combinaison de consommation effective et comparons le tracé de la courbe de la jouissance du même individu, quand elle se réfère successivement à différents articles : nous y apercevons des diversités de forme provenant de la nature de l'article considéré ; mais, naturellement, les qualités individuelles du consommateur et les prix des autres articles exercent aussi leur influence. Il est évident que, pour tout article réellement consommé, l'ordonnée initiale de sa courbe de la jouissance, c'est-à-dire la satisfaction que l'on peut obtenir sans recourir à cet article, doit être inférieure à la satisfaction réelle, et cela d'autant plus que l'article en question est plus important pour l'individu ou lui semble tel, et que la privation du dit article porte plus de préjudice à la satisfaction. D'autre part, la satisfaction effective est nécessairement plus petite que celle que l'on pourrait se procurer si le prix de l'un quelconque des articles réellement consommés devenait nul, et, par conséquent, plus petite que l'ordonnée du point maximum de la courbe de la jouissance relative à ce même article. Ce n'est que pour ces articles effectivement consommés dont le prix est nul — l'air et l'eau, par exemple, dans les circonstances ordinaires — que l'ordonnée du point maximum de la courbe correspondante de la jouissance sera tout à fait égale à la satisfaction réelle. Considérons aussi ces articles dont l'individu s'abstient complètement, en raison des prix existants, c'est-à-dire ces articles dont la consommation est nulle : la satisfaction effective sera représentée par l'ordonnée initiale de chaque courbe de la jouissance relative à un tel article. Toutefois ces courbes n'ont un point maximum que quand il s'agit d'un article dont le prix trop élevé rend la consommation impossible. Mais il y a des articles qui ne sont pas demandés dans les circonstances données ; cela s'exprime dans notre graphique du fait que, comme dans la figure 40, la courbe de la jouissance bg et la courbe de l'utilité On ne cessent de s'abaisser et que par conséquent cette dernière, comme la courbe de la demande On', se trouve en entier au-dessous de l'axe des abscisses; l'individu considéré ne consommerait un article de ce genre que contre indemnité.

La différence entre l'ordonnée initiale et l'ordonnée du point maximum de la courbe de la jouissance et, par conséquent, dans la courbe de l'utilité, l'ordonnée même du point maximum deviennent les plus grandes pour ces articles dont la privation serait très sensible ou dont on désire vivement une quantité plus considérable ou surtout quand ces deux conditions se rencontrent juste en même temps. Ainsi la satisfaction d'un consommateur qui ne peut manger du bœuf que le dimanche serait fort lésée, s'il devait y renoncer, et, d'autre part, elle augmenterait dans des proportions importantes, s'il pouvait se procurer tous les jours cette jouissance. Par contre, la privation et surtout l'augmentation de satisfaction seraient beaucoup moindres s'il s'agissait non plus de viande de bœuf, mais, par exemple, de perdrix; tous les articles de nécessité se comportent de même quand on les compare aux articles de luxe.

Certains articles sont indispensables et ne peuvent être remplacés dans un certain emploi ; tant que ce genre d'emploi est seul pris en considération, la quantité minimum n'est pas de beaucoup inférieure à la quantité de pleine satisfaction ; si l'on peut avoir l'air pour respirer, l'eau pour boire, le sel pour son emploi culinaire en quantités suffisantes pour satisfaire aux exigences de la vie, on ne désire pas s'en procurer beaucoup plus. Mais la quantité de pleine satisfaction croit dès que l'on prend en considération d'autres emplois, par exemple, de l'eau, pour la cuisson, le lavage, les bains, et du sel, pour un train de maison qui supporte une restriction ou bien pour l'alimentation du bétail. S'il s'agit d'articles non indispensables et susceptibles de nombreux genres d'usage, la quantité minimum et celle de pleine satisfaction diffèrent beaucoup, comme nous l'avons déjà vu par les exemples cités à plusieurs reprises, de la viande ou du vin.

Le rapport de l'ordonnée initiale de la courbe de la jouissance à l'ordonnée de la quantité minimum exerce une influence, en même temps que la grandeur de la quantité minimum elle-même, sur l'inclinaison de la partie initiale droite, c'est-à-dire sur l'élévation du prix maximum. C'est pour ces articles dont la privation est sensible, mais dont de faibles quantités procurent déjà une grande jouissance, que le prix maximum est le plus élevé. En outre si l'ordonnée de la quantité minimum n'est pas beaucoup plus courte que celle du point culminant, tandis que la quantité de pleine satisfaction dépasse de beaucoup la quantité minimum, cela veut dire qu'il s'agit d'un article indispensable dans un emploi alors que d'autres genres d'emplois plus abondants ont beaucoup moins d'importance. Il en est de même des articles dont l'individu considéré ne croit pas pouvoir se passer et dont l'usage comme tel est l'objet de la passion, la vanité ou l'ambition sociale, tandis que l'on attribue peu de valeur à une forte consommation. Dans la courbe de la demande on constate alors au-dessus de l'abscisse de la quantité minimum une longue section verticale et en réalité l'on s'aperçoit qu'un tel article, quand il est consommé par faibles quantités, reste dans de larges limites indépendant des oscillations de ses prix. Ainsi celui qui croit que son honneur l'oblige à servir une fois par an du champagne à ses hôtes sera peu touché par des augmentations de prix, tandis qu'une consommation plus abondante, ne pouvant augmenter la jouissance d'une manière sensible, ne se produirait qu'à des prix très modiques.

39. Articles indispensables et demandés d'une façon illimitée. — L'ordonnée initiale de la jouissance est d'autant plus courte que la privation de l'article considéré est plus désagréable ; elle devrait donc être égale à zéro, et toute jouissance devrait disparaître s'il s'agissait d'un article tout à fait indispensable et qu'on ne peut remplacer. Mais, en dehors de l'air nécessaire à la respiration, il n'existe aucun article qui soit indispensable ou qui ne puisse être remplacé par des succédanés ; nous pouvons toutefois imaginer que, dans des circonstances extraordinaires, dans une ville assiégée par exemple, les substituts soient tous épuisés ou ne puissent être obtenus qu'à des prix exorbitants, de telle sorte que la conservation de la vie dépende en réalité d'un seul article. Dans ce cas, la courbe de la jouissance et la courbe de l'utilité coïncideraient. Si nous traçons une courbe de ce genre On (fig. 41), la quantité minimum $O\mu$ représente la plus petite quantité nécessaire à la conservation de la vie pendant une année, car nos abscisses désignent toujours des quantités annuelles. Mais pour des prix très élevés l'on achète encore naturellement des quantités moins considérables, car personne ne renoncera à se conserver aussi longtemps que possible, même s'il n'est pas garanti pour une année entière, puisqu'on a toujours l'espoir d'un changement. Ces achats ne peuvent pas, toutefois, être rendus dans nos courbes, relatives seulement à des quantités annuelles. Mais la courbe que nous avons établie a besoin d'un examen encore plus approfondi. Jusqu'à présent, en effet, nous avons comparé entre elles les ordonnées d'une courbe de la jouissance, et nous nous sommes abstenus de donner leur mesure absolue en argent ; car la différence de la jouissance procurée par deux combinaisons de consommation peut être exprimée par un montant en argent, mais chercher l'équivalent monétaire de la jouissance même offerte à un certain individu par une certaine combinaison, ce serait vouloir estimer la valeur de la vie. Ici il semble possible de comparer la jouissance égale à zéro avec n'importe quelle autre jouissance apparaissant dans la même courbe et d'établir ainsi une mesure absolue. La comparaison des jouissances dues aux diverses combinaisons de consommation représentées dans la courbe est possible jusqu'à cette combinaison qui repose sur la quantité minimum de l'article indispensable ; mais on ne peut comparer cette jouissance la plus faible dans laquelle la conservation de la vie est encore assurée pour un an avec la jouissance nulle. Ici la courbe est interrompue, car les combinaisons de consommation qui ne suffisent pas pour une année tout entière et ne peuvent par conséquent figurer dans notre graphique s'imposent nécessairement. De même il est impossible de maintenir notre hypothèse essentielle de l'invariabilité de l'estimation individuelle de la valeur de l'argent, dans un cas où l'existence est en jeu. De plus on ne peut déterminer si la jouissance zéro signifie la mort causée par la faim ou le suicide, ou bien si seulement notre hypothèse, d'après laquelle l'individu ne fait que consommer sans aucune activité productrice, n'est plus soutenable. Il dépendra de l'individualité que la possibilité s'offre et suffise d'exercer une industrie ou d'obtenir un secours privé ou public pour empêcher un acte de désespoir.

Tous les articles de consommation, indispensables ou non, excitent le dégoût du consommateur dès que la quantité de pleine satisfaction est dépassée ; il en résulte une diminution de le jouissance ; de même, pour les articles d'usage dont nous nous occuperons encore plus loin, nous remarquons tout d'abord que la peine causée par un changement continuel d'exemplaires toujours nouveaux, ainsi que la perte de temps, produisent de l'impatience et de la lassitude. Le changement de linge plusieurs fois par jour pour quiconque et un changement constant de toilette même pour la dame la plus élégante seront aussi insupportables qu'un changement incessant de logement ou de résidence. Le renouvellement constant, abstraction faite de la fatigue, abrège tellement la durée de l'emploi de chaque exemplaire que toute satisfaction finirait par disparaître ; il y a donc aussi un point culminant, puis un tracé descendant, pour la courbe de la jouissance relative à un article d'usage. C'est seulement pour ces articles dont l'utilisation se fait sans fatigue ou lassitude et sans dépense notable de temps, mais qui, comme les placements de fonds, permettent de se procurer les jouissances les plus diverses, qu'il n'existe pas du tout de pleine satisfaction et, en même temps, de limite pour la quantité désirable. Pour ces articles, la courbe de la jouissance bg (fig. 42) est asymptote à une horizontale placée à une certaine hauteur au-dessus de la ligne des abscisses, tandis que cette dernière sert d'asymptote à la courbe de la demande ; des dentelures de cette courbe sont toujours de plus en plus basses et finalement ne sont plus perceptibles. Aux articles aptes à assurer des jouissances futures et à diminuer le souci de l'avenir, s'apparentent ceux qui servent à secourir le prochain ; il n'y a aucune limite aux œuvres de bienfaisance quand elles peuvent être exercées sans dépense ni fatigue.

40. Diminution de prix et renchérissement d'un autre article. — Nous avons déjà dit à plusieurs reprises que la courbe de la jouissance relative à un article quelconque A et la courbe de l'utilité correspondante d'une individualité économique déterminée ne peuvent être imaginées que si tous les prix des autres articles sont donnés et qu'elles seraient exposées à des modifications dès que l'un de ces prix varie. Nous voulons maintenant essayer de nous rendre compte de ces relations dans une certaine mesure, mais nous devons, comme plus haut, négliger la réaction que peut exercer le changement de prix d'un article sur le prix des autres articles et sur l'estimation individuelle de la valeur de l'argent.

Soit un article faisant partie d'une ou plusieurs des combinaisons de consommation qui apparaissent dans la courbe de la jouissance relative à A ; si cet article baisse de prix, la jouissance attenant à ces combinaisons s'accroîtra de la somme épargnée à la suite de cette diminution de prix. Les ordonnées correspondantes de la courbe bg s'allongent exactement d'autant, ou même plus, si la baisse de l'autre article a pour effet de rendre de nouvelles combinaisons les plus avantageuses pour la consommation des quantités correspondantes de l'article A. Pour la même raison, la jouissance croîtra également pour ces quantités de A, dans la combinaison plus avantageuse desquelles l'autre article n'entre qu'à la suite de sa baisse de prix. De même une partie ou la totalité des ordonnées de la courbe de la jouissance peuvent devenir plus longues, si un article devient meilleur marché, qui auparavant n'entrait dans aucune des combinaisons de consommation représentées dans la courbe. Par contre, le renchérissement de l'autre marchandise ne peut influencer la courbe de la jouissance relative à A que si celui-ci fait partie d'une ou plusieurs des combinaisons apparaissant dans cette courbe. Les ordonnées correspondantes de la courbe de la jouissance se raccourcissent soit du montant total du supplément de dépense causé par le renchérissement, soit seulement dans une moindre mesure, quand le renchérissement a cet effet que des combinaisons auparavant moins bonnes deviennent les meilleures. L'influence de tout changement de prix d'un autre article peut naturellement s'étendre aussi à l'ordonnée initiale de la courbe de la jouissance et ne peut donc être suivie complètement que sur cette courbe et non sur la courbe de l'utilité, bien que celle-ci doive subir exactement tous les changements de forme de celle-là.

Ce que nous avons dit montre que, quand le changement de prix d'un article exerce une influence sur la courbe de la jouissance relative à A, il allonge ou raccourcit en règle générale d'une façon inégale les différentes ordonnées de cette courbe et en modifie la forme ainsi que celle de la courbe de l'utilité. Nous pouvons nous rendre compte à peu près du sens dans lequel a lieu une telle modification de la forme, quand il s'agit d'un changement de prix d'un article concurrent avec A ou complétant A, mais l'influence d'articles plus éloignés serait difficile à préciser.

41. Changements de prix d'articles concurrents et complémentaires. — Si un article concurrent baisse de prix, l'allongement des ordonnées de la courbe de la jouissance bg (fig. 43) sera plus considérable pour l'ordonnée initiale et les ordonnées suivantes les plus proches ; mais il sera moins sensible et finira même par disparaître si l'on fait de A un usage plus considérable et surtout si cet article est livré à titre gratuit. La courbe bg deviendra aussi moins inclinée et revêtira une forme dans le genre de la courbe b_1g, en partie tracée en rouge. Au contraire, si un article complémentaire baisse de prix, l'allongement des ordonnées de la courbe bg sera considérable au point maximum et dans les environs du dit point, et il se fera le moins sentir du côté de l'ordonnée initiale, car la diminution de prix d'un article complétant A a beaucoup plus d'importance si l'on se sert beaucoup de A que si l'on n'y a point recours ; la courbe bg devient ainsi plus raide, comme la courbe bg_1 partiellement tracée en pointillé. Le renchérissement d'un article complémentaire a, bien entendu, l'effet contraire ; la courbe devient moins raide, comme bg_2. Comme nous le voyons, la courbe originaire de l'utilité On devient On_1, donc plus raide, par suite de la baisse de prix d'un article complémentaire ; au contraire, elle s'aplatit si cet article enchérit ou si le prix d'un article concurrent diminue ; de cette façon, elle peut, dans les deux cas, revêtir la même forme On_2. On ne peut distinguer que dans la courbe de la jouissance, avec netteté, ces deux causes qui rendent moins raide, d'une façon identique, la courbe de l'utilité.

En cas de changements de prix considérables de ce genre, la quantité de pleine satisfaction peut aussi diminuer, car les combinaisons de consommation qui comportent un emploi important de A deviennent, par le renchérissement d'un article complémentaire, évidemment plus avantageuses, tandis que, si un article concurrent baisse de prix, elles deviennent plus avantageuses en soi, mais relativement plus défavorables si on les compare aux combinaisons de consommation comportant un usage limité de A. De même que ces changements de prix, en sens opposé, peuvent faire paraître avantageuses des combinaisons de consommation comportant un emploi encore plus important de A et augmenter la quantité de pleine satisfaction, de même des combinaisons basées sur un usage plus modéré de l'article en question procureront le maximum de jouissance, de sorte qu'il y aura pleine satisfaction pour des quantités plus petites. Si cet effet va plus loin et si les combinaisons de consommation tenant compte d'un emploi plus abondant deviennent toujours plus désavantageuses, la courbe de la jouissance peut revêtir peu à peu la forme de la figure 40, c'est-à-dire que la consommation de A peut, en fin de compte, cesser complètement par suite de la baisse de prix des succédanés ou du renchérissement des articles complémentaires. Ainsi une diminution du prix du vin restreindra, chez beaucoup de personnes, la demande de bière et finalement la réduira à rien. L'abaissement du prix de la bière peut exercer la même influence sur la demande d'eau-de-vie, et les diverses sortes de ces boissons peuvent se remplacer et se supplanter à la suite de légères fluctuations des prix. Il existe des relations réciproques du même genre dans tous les groupes d'articles qui satisfont des besoins analogues ; tel est le cas des différentes céréales qui servent à faire le pain ou des diverses espèces de viande, des diverses sortes de luminaire et de combustible, de nombreux stimulants, de produits innombrables de l'industrie textile, etc. ; en outre, ces groupes eux-mêmes, les divers aliments par exemple se concurrencent mutuellement. Mais, pour comprendre la connexion des prix qu'on pourrait suivre jusque dans le détail s'il s'agissait d'articles très différents l'un de l'autre, il faut aussi prendre en considération le complément de jouissance dû à des articles d'espèce tout à fait différente. Ainsi le renchérissement du sucre peut diminuer ou supprimer tout à fait la demande de café ou de thé de la part de beaucoup de personnes ; de même les boissons et les aliments solides se complètent, etc. Un rapport analogue à celui qui existe entre des articles complémentaires existe entre les trois grands besoins principaux : le logement, le vêtement et la nourriture ; mais le genre et la manière de cette interdépendance sont déterminés par la situation sociale et le goût de l'individu.

Naturellement, les changements de prix d'autres articles en question exerceront aussi leur influence sur le rapport de grandeur de l'ordonnée de la quantité minimum à l'ordonnée initiale et à l'ordonnée du point culminant et souvent aussi sur la quantité minimum elle-même. Les modifications de forme, qui en résultent pour la courbe de la jouissance bg (fig. 44), qui différera beaucoup selon les circonstances, se présentent avec plus de clarté quand nous laissons exemptes de ces changements la quantité de pleine satisfaction et son ordonnée. Si la satisfaction initiale augmente par suite de la baisse de prix d'un article concurrent dans une mesure plus forte que la jouissance liée aux combinaisons de consommation où l'emploi de A est peu considérable, de sorte que l'on ne tienne pas compte de telles combinaisons qui sont laissées de côté dans la nouvelle courbe $b_1 g$, la quantité minimum croît par exemple de $O\mu$ à $O\mu_1$, et le prix maximum s'affaisse. La consommation de A n'a lieu en général qu'aux bas prix, elle est ainsi rendue moins engageante, et seuls les modes d'emploi abondants entrent encore en considération ; une modification de ce genre peut se produire quand il y a baisse du prix d'une qualité meilleure. Si, au contraire, l'ordonnée de la quantité minimum croît autant que l'ordonnée initiale, la quantité minimum et aussi le prix maximum ne subissent aucune variation ; on peut seulement constater un aplatissement de la courbe dans son tracé ultérieur, comme dans b, g. La baisse du prix d'une qualité inférieure peut avoir pour conséquence une pareille modification, parce qu'alors l'emploi abondant de l'article A ne peut se faire qu'à des prix modérés, tandis que la jouissance attachée à de faibles quantités peut continuer à être recherchée, comme auparavant.

Mais il peut aussi arriver que la jouissance due aux petites quantités de A croisse plus vite que la satisfaction initiale, de sorte que la quantité minimum diminue, que le prix maximum augmente et que l'incurvation de la courbe s'accroît, comme celle représentée en rouge dans la figure 44. Ainsi la courbe de la jouissance afférente au café pourrait subir un changement de ce genre, si la chicorée devenait meilleur marché. L'ordonnée du point maximum et l'ordonnée initiale peuvent rester les mêmes si l'individu ne consomme pas de chicorée, que le prix du café soit nul ou qu'il ne consomme pas de café, tandis qu'il peut éprouver un vif désir d'ajouter de la chicorée à son café si le prix de ce dernier article est élevé. La courbe de la jouissance peut subir des modifications non moins variées par suite du renchérissement d'un article concurrent ou des fluctuations du prix d'un article complémentaire.

42. Changements de prix d'articles éloignés et nouveaux. — Si nous revenons à la construction de la courbe de l'utilité On au cas du genre de vie et d'occupation le plus avantageux, en partant des courbes d'un genre de vie et d'occupation déterminé (fig. 28 et 30), et si nous supposons toutes ces courbes relevées du montant de la satisfaction initiale Ob de l'individu considéré, nous retrouvons une courbe de la jouissance bg, telle que nous venons de la traiter. Mais en même temps nous obtenons tout un système de courbes de la jouissance d'un genre de vie et d'occupation déterminé, dont les ordonnées représentent la jouissance que l'on peut se procurer au moyen de quantités changeantes de A, si l'on choisit pour chacune de ces quantités la combinaison de consommation non pas la mieux appropriée au point de vue absolu, mais seulement la plus avantageuse de celles qui sont possibles quand on s'attache avec ténacité à un genre déterminé de vie et d'occupation. Chacune de ces courbes de la jouissance a une forme identique à celle de la courbe de l'utilité $\lambda\nu$ (fig. 28) relative au même genre de vie et d'occupation, et l'on obtient cette dernière courbe en abaissant la première de Ob, c'est-à-dire de la jouissance que l'on peut se procurer au cas d'exclusion totale de A. Si par exemple un article concurrent de A, qui ne fait pas partie du genre de vie et d'occupation considéré, baisse de prix, la courbe de la jouissance y relative n'en sera naturellement pas du tout affectée ; mais il se peut que s'accroisse la satisfaction initiale mentionnée, que l'on obtient dans un genre de vie et d'occupation tout à fait autre. La courbe de l'utilité $\lambda\nu$ (fig. 28) relative au genre de vie et d'occupation considéré conservera ainsi sa forme, mais elle aura une situation moins élevée par rapport au point O, car la courbe de la jouissance du genre de vie et d'occupation en question doit être abaissée du montant de la satisfaction initiale accrue. Ceci montre comment les changements de prix d'articles tout à fait éloignés influencent, — nous l'avons dit plus haut (§ 22) —, l'emplacement des courbes de l'utilité d'un genre de vie et d'occupation déterminé, et par conséquent la forme de la courbe On, influence dont on peut seulement se rendre compte au moyen de la courbe de la jouissance.

Un article, dont l'individu considéré ne se servait pas auparavant, peut être adopté par ce dernier, s'il baisse de prix, ou bien si un article concurrent, consommé jusqu'alors renchérit, ou bien si un article complémentaire devient meilleur marché. Dans ces deux derniers cas, en effet, d'une part la diminution de la satisfaction initiale, c'est-à-dire le raccourcissement de l'ordonnée initiale, d'autre part l'allongement des ordonnées suivantes de la courbe de la jouissance relative au nouvel article accroissent le prix maximum de cet article pour l'individu considéré et lui permettent d'y avoir recours.

S'il s'agit au contraire d'un article auparavant inconnu à l'individu, comme le tabac ou les pommes de terre il y a quelques siècles, ou le pétrole il y a quelques décades, certaines personnes prennent les devants, par curiosité ou par intérêt, à titre d'expérience. La courbe de la jouissance de ces personnes relative au nouvel article exprime leur espérance de pouvoir augmenter leur satisfaction actuelle représentée par l'ordonnée initiale de la nouvelle courbe. Si l'expérience est favorable, la satisfaction qui en résulte en fait est plus grande que l'écart vertical de la courbe imaginée et de la courbe de la demande correspondante, étant donné la quantité réellement consommée du nouvel article; le point en question de la courbe de la jouissance s'élèvera alors conformément à l'expérience, et la courbe prendra donc son tracé définitif, pour des emplois plus abondants et plus parcimonieux. Par l'exemple des premiers la nouvelle courbe de la jouissance se formera peu à peu chez les autres, tandis qu'auparavant elle manquait complètement et qu'elle reste encore maintenant indéterminée et instable en raison de la connaissance imparfaite des qualités du nouvel article.

CHAPITRE III

INFLUENCE DE L'INDIVIDUALITÉ SUR LA COURBE DE LA JOUISSANCE

43. Estimation individuelle de la valeur de l'argent. — Dans le chapitre précédent nous avons discuté nos présomptions relatives à l'influence exercée sur la courbe de la jouissance afférente à A par les changements de prix des autres articles ; ceci nous amène à essayer de rechercher l'influence de certaines modifications de l'individualité du consommateur considéré sur ses courbes de la jouissance concernant successivement divers articles. Naturellement nous devons supposer à nouveau que toujours les prix de tous les autres articles sont constants, et ici encore l'on verra que, bien que la courbe de l'utilité suive tout changement de forme de la courbe de la jouissance, on ne peut observer ces modifications que sur cette dernière courbe.

Supposons d'abord que le consommateur considéré soit devenu plus aisé et que par conséquent son estimation individuelle de la valeur de l'argent se soit affaiblie : la forme de la courbe de la jouissance et, en même temps, celle de la courbe de l'utilité se modifieront. D'ailleurs ces changements différeront — même si la diminution de l'appréciation individuelle de la valeur de l'argent est toujours la même — suivant l'espèce et le genre de distribution (§ 33) de l'augmentation de l'inventaire initial, mais nous ne pouvons nous rendre compte de ces différences. Il nous faut plutôt nous borner à ne traiter que cette influence qui, abstraction faite du nouveau genre et de la nouvelle répartition de la propriété initiale, s'exerce exclusivement par la moindre appréciation individuelle de la valeur de l'argent, tout comme si nous comparions les courbes de deux individus qui ne diffèrent, étant donné leurs qualités personnelles égales et une propriété initiale identique, qu'en ce que, néanmoins, leur estimation individuelle de la valeur de l'argent n'est pas la même. Sous cette réserve et en supposant que, pour toute quantité de l'article A, la même combinaison de consommation qu'auparavant reste la plus avantageuse, une diminution de l'appréciation de la valeur de l'argent, de 10 % par exemple, s'exprime dans ce fait que l'individu est disposé à dépenser — et qu'il est en état de le faire — une somme d'argent proportionnellement plus élevée pour la jouissance liée à chaque quantité de A. Aussi toutes les ordonnées de la courbe de la jouissance s'allongent-elles dans la proportion de 9 à 10 ; il en résulte que cette courbe, comme celle de l'utilité, est plus rapidement ascendante et que la courbe de la demande monte plus haut. Pour tout prix de A on achèterait donc des quantités qui, auparavant, n'auraient été achetées que pour un prix inférieur de 10 %. Aussi le prix de l'article A semble-t-il diminué de 10 % au consommateur devenu plus aisé. Mais, tout à fait de même, les prix de tous les autres articles, de même que toutes les recettes et obligations en espèces, paraissent réduits à l'individu, de sorte que (étant donné des quantités différentes de A) les combinaisons les plus avantageuses des autres articles ne peuvent plus rester les mêmes et que, par conséquent, la courbe de la jouissance doit encore subir de nouveaux changements de forme. En effet, tandis que, par suite de la baisse subjective de prix de ces articles qui complètent l'article A, la courbe de la jouisssance prend une forme encore plus escarpée, la baisse de prix des articles concurrents, qui en particulier allonge l'ordonnée initiale de la courbe de la jouissance et celles qui la suivent immédiatement agit dans le sens contraire. Il peut ainsi arriver que, tandis que la courbe de la jouissance de l'acheteur enrichi devient en règle générale plus escarpée et que, par conséquent, la consommation s'accroît, la courbe devienne aussi, par exception, moins bombée et même, comme dans la figure 40, qu'elle cesse complètement d'entrer en considération. Ceci peut se produire quand la courbe se réfère à l'un de ces articles qui, comme par exemple le lard ou l'eau-de-vie, n'ont d'importance que pour les gens moins aisés et leur sont peut-être même indispensables. Ces personnes s'imaginent qu'elles recourraient beaucoup plus à ces articles si les prix étaient moins élevés, tandis qu'en fait un recul important des prix et l'épargne qui en résulterait peuvent influencer l'estimation individuelle de la valeur de l'argent de façon à amoindrir la quantité de pleine satisfaction, parce que, comme les gens plus riches en général, elles se serviront d'une meilleure qualité d'aliments et de boissons. De même les meubles, les vêtements, etc., de qualité commune sont évincés par les espèces meilleures qui deviennent abordables, étant donné l'accroissement du bien-être. Si le bien-être diminue et si par là l'appréciation de la valeur de l'argent augmente, la courbe de la jouissance relative aux meilleures qualités et aux articles de luxe s'aplatit, de sorte que, finalement, leur demande cessera. Il peut en être de même des articles qui ont besoin d'être complétés par d'autres qui paraissent trop coûteux. Celui qui ne peut acheter des chevaux n'a aucun besoin de foin ou d'avoine ; celui qui recule devant les frais d'acquisition d'une lampe ne demande pas de pétrole, et sans la possession d'un poêle ou d'un foyer il n'y a aucune demande d'un combustible quelconque. La demande même de jouissances intellectuelles ou autres, qui ne causent pas de frais, doit disparaître quand le temps de loisir nécessaire, qu'il nous faut considérer comme un objet complémentaire, devient trop coûteux ; celui qui doit consacrer tout son temps à gagner son pain ne peut se permettre la fréquentation d'une bibliothèque publique ou même le plaisir d'une promenade.

44. Les exigences individuelles. — Les exigences des consommateurs augmentent d'ordinaire avec leur bien-être, mais nous pouvons imaginer que les exigences croissent même si les fortunes restent constantes ; en tout cas, des personnes différentes, possédant la même fortune, se comportent d'une manière très diverse à cet égard. Ainsi, dans la figure 45, nous avons représenté les courbes de la jouissance de trois personnes I, II et III, relatives au même article, le café par exemple ; ces trois individus ont la même satisfaction initiale et la même quantité de pleine satisfaction, mais tandis que I et II ont en outre le même prix maximum, II et III ont la même ordonnée du point maximum et I et III la même quantité minimum $O\mu_1$. L'acheteur II a pour l'article considéré les exigences les plus fortes, car il ne le consomme que s'il peut s'en permettre un usage très copieux, au moins journalier, par exemple. Les deux autres consommateurs sont beaucoup moins exigeants, car ils se contentent éventuellement d'une consommation de beaucoup inférieure, une fois par semaine par exemple, sans pour cela renoncer à l'article. En outre I n'attribue pas en général à la consommation du café plus de valeur que II, et un emploi plus abondant le laisse même beaucoup plus indifférent que II. Au contraire III achètera des quantités plus considérables de café à des prix un peu plus élevés, mais il sera prêt à payer des prix de beaucoup supérieurs pour s'en procurer au moins de petites quantités. Il ne manifeste aucune exigence au point de vue de la quantité, mais il tient beaucoup à consommer du café, peut-être, comme nous l'avons mentionné ci-dessus, pour des considérations de convenance et d'ambition sociale,

La courbe de la demande de III, figurée en rouge pour faciliter la distinction, comporte, pour la quantité minimum $O\mu_1$, une partie verticale plus grande ; il en est de même pour celle de *II* pour la quantité minimum beaucoup plus grande $O\mu_2$, qui permet une consommation journalière ; il en est enfin de même pour la quantité plus grande, nécessaire pour lui permettre de prendre du café deux fois par jour. Les grandes parties verticales qui expriment une faible sensibilité de l'individu à l'égard des oscillations du prix font apparaître, en combinaison avec de longues sections de rayons vecteurs qui omettent de nombreuses quantités intermédiaires, les exigences de l'individu, mais aussi, en même temps, sa répugnance à consacrer de la peine et des soins à la recherche des combinaisons de consommation les mieux appropriées à toutes les oscillations du prix. Au contraire *I* et *III*, dont les courbes de la demande n'offrent pas de grosses dentelures dans leur tracé ultérieur, sont non seulement plus modestes par rapport à la quantité consommée, mais encore plus attentifs à suivre même de faibles variations du prix. Cette adaptation minutieuse de la consommation se rencontre dans la sphère d'activité de la ménagère économe qui songe à utiliser de la façon la plus complète les quantités des divers articles dont elle a fait l'acquisition. Pour beaucoup d'articles une utilisation complète est absolument impossible, car on ne peut éviter un certain déchet : c'est par exemple le cas du charbon par suite du frottement et de la marche discontinue des foyers. Il en est de même du sucre, de la farine, du sel, etc. : nécessairement, il y a des pertes dues à l'éparpillement et à la pollution ; on peut également citer tous les mets et toutes les boissons, pour tout ce qui reste attaché aux ustensiles. L'utilisation totale des mets et des boissons est encore plus imparfaite dans tous ces ménages où les portions ne sont pas servies avec parcimonie, où on les prépare intentionnellement en quantités plus larges que celles qui sont prévues comme nécessaires à la pleine satisfaction des hôtes. Nous voyons ainsi qu'étant donné l'achat d'une certaine quantité d'un article, différentes combinaisons de consommation se distinguant dans son emploi sont toujours possibles, mais la combinaison qui comporte l'utilisation la plus complète n'est pas nécessairement la plus avantageuse. Ainsi il serait possible, avec un esprit d'économie sévère, d'obtenir des quantités achetées des portions plus nombreuses ou plus considérables, mais le consommateur plus exigeant ne voudra pas y mettre le temps, la peine et le soin nécessaires. Au contraire, ces individus qui s'efforcent toujours à utiliser les quantités achetées de la façon la plus complète feront attention aux variations minimes de la quantité achetée ; leurs courbes de la jouissance comporteront donc des parties droites moins longues et un tracé plus continu.

45. Les penchants individuels. — La différence des penchants des divers individus ou des modifications que subit le goût de la même personne joue un rôle dans les diverses impressions produites et le jugement évoqué par toutes les influences dont nous avons parlé. Par exemple les considérations de convenance diffèrent d'un individu à l'autre et varient facilement ; suivant les circonstances, dans le choix des combinaisons de consommation les plus opportunes, avec le penchant individuel, la portée attribuée au jugement de la société que l'on fréquente aura plus ou moins d'effet. Cela ne se borne nullement au soi-disant grand monde ; le paysan est opiniâtrement attaché à la tradition et fera les plus grands sacrifices pour ne renoncer à aucun de ces articles dont il considère la consommation comme exigée par son rang. De même les penchants individuels exercent une influence sur les articles au sujet desquels un individu manifeste des exigences plus ou moins prononcées et pour lesquels une situation plus aisée se fait mieux sentir sur la demande. Mais du goût et des penchants de l'individu dépendent d'une façon tout à fait particulière le choix des articles qui lui paraissent concurrents ou complémentaires. Ainsi, pour la plupart des consommateurs de boissons spiritueuses, l'eau-de-vie n'est qu'un succédané des boissons de meilleur goût, mais pour des buveurs d'habitude, qui cherchent non pas une excitation légère, mais l'ivresse, elle apparaîtra comme un article auquel le vin et la bière ne peuvent faire aucune concurrence. Le café, le thé et le chocolat peuvent être également estimés de beaucoup de gens, de sorte que leur prix seul en détermine le choix ; d'autres personnes peuvent avoir un penchant ou une aversion si prononcée qu'il n'y a pas de choix possible. Il en résulte donc que les changements de prix des qualités inférieures restent souvent sans influence sur la consommation des premières qualités, parce que les acheteurs aisés de ces dernières ne les considèrent pas du tout comme concurrents. En revanche, d'autres consommateurs habitués à boire deux sortes de vin, si l'une des deux espèces devient meilleur marché, boiront plus de celle-ci et tout autant ou moins de l'autre, ou bien augmenteront leur consommation des deux crûs. Mais la meilleure qualité paraît toujours faire une concurrence plus efficace à la moins bonne que celle-ci à celle-là.

Les penchants individuels jouent un rôle dans le choix des combinaisons de consommation les mieux appropriées particulièrement par l'ordre d'importance attribué à la satisfaction des différents besoins. L'un se contentera de la nourriture la plus modeste pour pouvoir obtenir du linge toujours propre et un habillement convenable. Chez d'autres ce désir ne vient qu'au second plan et ne reçoit satisfaction que quand les besoins d'alimentation et de boisson sont pourvus d'une façon suffisante. Dans tel ménage le boire et le manger jouent le rôle principal, dans tel autre l'éducation des enfants et les soins d'hygiène, dans celui-ci, les distractions ou les toilettes de la femme, dans celui-là le souci de l'avenir ; bref, si variés que puissent être les penchants humains et si innombrables que puissent être les goûts, ils trouvent toujours leur expression caractéristique dans la distribution du budget des dépenses de la maison. En outre le goût de chaque personne ne joue pas moins son rôle dans le jugement de ce qui s'accorde et se complète. C'est aussi bien une question de goût d'apprécier quelle garniture convient au vêtement, quelle sauce au roti, que de déterminer quel ameublement convient au logement, quel logement et quel nombre de domestiques paraissent indispensables au train de vie voulu.

Les penchants individuels peuvent même être tellement différents que les deux mêmes articles semblent à l'un se compléter, à l'autre se faire concurrence. Ainsi il y a des consommateurs de café qui trouvent du goût à une addition de chicorée et qui, si le prix change, ne modifient que peu la proportion du mélange qui leur est agréable ; d'autres au contraire, si le prix du café augmente, y ajoutent de plus en plus de chicorée et se contenteront finalement de la seule chicorée. Il y a un troisième cas : si le prix du café est élevé, on consomme de la chicorée, mais jamais à l'état pur ; nous l'avons déjà mentionné plus haut.

La situation respective des divers articles est influencée d'une façon remarquable par le besoin de changement plus ou moins accentué suivant les individus. Les mêmes articles qui, — comme les divers plats de viande ou de pâte, les diverses étoffes de vêtements et meubles, les habitations en ville et à la campagne, etc., — peuvent se remplacer mutuellement et d'ordinaire paraissent concurrents, sont consommés simultanément les uns et les autres par d'autres personnes désireuses de varier leurs jouissances et ont alors un caractère complémentaire. Quand les conditions de fortune déterminent dans quelle mesure on tient effectivement compte du besoin de changement, nous pouvons très bien imaginer deux clients également aisés dont l'un prend toujours comme petit déjeuner du café et dont l'autre, de temps en temps, a recours au thé, ou dont l'un porte toujours des cravates de mêmes forme et couleur, tandis que l'autre aime à les varier le plus possible. La tendance au changement peut aller beaucoup plus loin ; ainsi une dame élégante n'aura pas le moindre désir de posséder deux vêtements ou deux chapeaux identiques ; de même le collectionneur de livres, de monnaies, de gravures désire toujours un nombre plus grand de pièces, mais à la seule condition qu'elles ne se répètent pas.

49. L'habitude et l'actif initial. — L'entrée en ligne d'une habitude produit l'une des modifications les plus fréquentes et les plus caractéristiques des penchants individuels. Nous observons qu'un individu peut s'habituer à un article en général ou à un emploi plus ou moins abondant de cet article, souvent aussi à un groupe de combinaisons de consommation peu différentes l'une de l'autre qui lui paraissent appartenir à un certain genre de vie, ou enfin à un groupe de genres de vie peu dissemblables. L'habitude a toujours cet effet que les combinaisons de consommation ou les genres de vie auxquels elle s'attache procurent une jouissance relativement plus considérable que celles auxquelles elle ne s'étend pas.

Soit bg (fig. 46) la courbe de la jouissance relative à un article quelconque A, avant l'établissement d'une habitude ; supposons que l'accroissement de la jouissance par suite de l'habitude de cet article soit identique pour toutes ses quantités : cette augmentation ne peut cependant pas s'étendre à la satisfaction initiale Ob ; loin de là, celle-ci ne variera pas. Mais nous pouvons tout aussi bien imaginer que toutes les autres ordonnées de la courbe bg restent les mêmes et que seule l'ordonnée initiale se raccourcit, car il est plus douloureux de renoncer à un article, une fois que l'on s'y est habitué. Dans un cas de ce genre, on ne peut distinguer si la courbe bg prend la forme bg_1 ou b_1g, parce que ces courbes, identiques par leur forme, ne se distinguent que par leur situation au point de vue de la hauteur; comme nous le voyons, le prix maximum est devenu plus élevé mais la quantité minimum $O\mu$ plus petite, c'est-à-dire $O\mu_1$, parce qu'à présent des combinaisons de consommation auparavant omises seront prises en considération si l'on se contente de quantités restreintes de l'article A.

Si l'habitude tend à rechercher surtout les modes d'emploi plus abondants, la partie maximum de la courbe de la jouissance est rehaussée tandis que les combinaisons de consommation comportant un emploi plus restreint de A peuvent disparaître entièrement. La courbe bg peut alors revêtir une forme comme celle bg_1 (fig. 47), de sorte que le prix maximum croît ainsi que la quantité minimum, qui monte de $O\mu$ à $O\mu_1$. Au contraire, si l'habitude ne s'étend pas aux modes d'emploi plus abondants, mais seulement aux moins copieux, la courbe bg subira la courbure dessinée en rouge : le prix maximum augmente tandis que la quantité minimum $O\mu_2$ diminue ; mais comme la courbe, contrairement au cas indiqué dans la figure 46, est devenue moins bombée dans son tracé ultérieur, le passage à des quantités plus considérables ne peut se produire qu'à des prix plus bas qu'auparavant. Si le changement va très loin dans la même direction, le point maximum de la courbe de la jouissance peut se déplacer vers la gauche, et ainsi la quantité de pleine satisfaction diminue de telle sorte que les modes d'emploi les plus abondants n'entrent plus en considération.

Enfin, si l'habitude ne s'attache qu'à un genre de vie déterminé et si $\beta\gamma$ (fig. 48) est la courbe de la jouissance correspondante, cette dernière prendra, sous l'influence de l'habitude, l'emplacement plus élevé figuré par une ligne pointillée. La courbe de la jouissance bg du genre de vie et d'exploitation le plus avantageux reçoit donc la courbure également indiquée au moyen de points. Si l'augmentation de jouissance due à l'habitude est suffisamment importante, les genres de vie comportant un emploi restreint de l'article A peuvent être tout à fait omis et, comme dans le cas précédent, les genres de vie comportant un usage plus copieux peuvent également disparaître en totalité ou en partie.

Il est aisé à comprendre que l'habitude s'attache aux différents articles d'une façon très inégale ; c'est pour les excitants que son influence se manifeste de la façon la plus frappante : en général, les jeunes gens ne recourent pas à ces articles et, par conséquent, on peut voir, en les observant, quand ce goût devient une habitude. S'il s'agit d'articles dont la jouissance est liée à un effort, la chasse, l'équitation, etc., l'habitude a cet effet que la fatigue n'est ressentie que plus tard. Le dégoût suscité par une jouissance exagérée quelconque joue par contre dans un sens précisément opposé à l'habitude.

L'influence mentionnée ci-dessus (§ 33) de la qualité et du genre de l'actif initial sur le choix de la combinaison de consommation la plus avantageuse et sur la forme de la courbe de la jouissance montre la plus grande ressemblance avec celle de l'habitude. C'est ce qu'on voit quand la courbe se rapporte à un de ces articles dont la consommation suppose une possession correspondante de certains objets d'usage. Admettons que la courbe de la jouissance se réfère au pétrole : elle aura une forme différente suivant que l'individu sera pourvu d'un nombre de lampes suffisant pour tous les cas ou qu'il n'en possédera que peu ou point. Dans ce dernier cas, la jouissance liée à la consommation de pétrole est amoindrie par la nécessité de faire des dépenses pour l'acquisition de lampes ; par contre, si l'on en possède quelques-unes, cet effet n'est sensible que pour un usage plus abondant de pétrole. Ainsi la courbe de la jouissance décroîtra-t-elle dès une certaine quantité de pétrole, si l'on possède peu de lampes, mais, si l'on ne possède pas même ces lampes, elle montera plus lentement tout en étant moins bombée que dans le cas mentionné en premier lieu, où la possession abondante de lampes coïncide avec l'habitude du pétrole et a un effet tout pareil. Le passage à un emploi plus copieux d'un objet de consommation est donc rendu plus difficile quand il nécessite des avances de capitaux, et cela d'autant plus que l'individu a plus de raison de craindre le risque multiple lié à de tels débours. Non seulement l'habitude d'un article de consommation en général, mais l'habitude de quantités déterminées de cet objet, trouve son analogie dans le genre et la manière avec lesquels la possession de certains articles d'usage joue un rôle dans le choix de la combinaison de consommation la plus avantageuse. Ainsi celui qui a une paire de chevaux a une vive demande d'une quantité correspondante de foin et d'avoine, tandis que toutes les combinaisons de consommation contenant des quantités sensiblement plus ou moins fortes de ces articles n'ont pour lui aucune importance.

QUATRIÈME PARTIE

L'individu considéré comme producteur

CHAPITRE PREMIER

LA COURBE DE LA JOUISSANCE ENVISAGÉE PAR RAPPORT À UNE ACTIVITÉ PRODUCTRICE

47. La combinaison de consommation et de production la plus avantageuse. — Dans la partie précédente, nous nous sommes contentés de traiter le cas spécial d'un individu exclusivement consommateur, mais nous pouvons étendre d'emblée les résultats acquis au cas général d'un individu qui est en même temps producteur. Lui aussi s'efforce toujours d'atteindre le maximum de satisfaction ; il s'efforcera donc, étant donné les prix de tous les articles, de choisir dans tous les cas la combinaison la plus avantageuse parmi toutes les combinaisons imaginables de sa consommation annuelle totale et aussi de sa production annuelle totale. Aux articles de consommation s'ajoutent maintenant les moyens de production, ce qui accroît la dépense, et, d'autre part, l'on voit apparaître dans la combinaison les produits, dont la vente augmente le revenu et dont les quantités peuvent être par conséquent regardées comme des quantités négatives de consommation. Le revenu comprend ainsi, outre ses autres ressources, le bénéfice résultant, étant donné les prix de tous les articles, des produits,

déchets, outils détériorés par l'usage, etc., et la dépense
s'étend à tous les moyens de production, à l'acquisition des
matières premières, aux salaires, aux traitements, aux
intérêts servis aux créanciers, aux impôts, aux loyers et
fermages, etc. Au revenu accru par la production, qui
rend possible une consommation plus abondante ou a pour
résultat en fin d'année une meilleure situation de fortune,
il faut opposer, pour toute activité productrice, les désagréments qui résultent pour l'entrepreneur de son effort
propre, physique et moral, de l'attention et de la fatigue
qu'il lui faut dépenser, de ses soucis et de ses émotions
dans la direction et la surveillance de ses subordonnés et
de toute l'entreprise. La situation de fortune en fin d'année
dépend, ici comme plus haut, de la quantité et de la qualité
de l'actif initial, du revenu qui est déterminé avec précision pour chaque combinaison par la dépense et le bénéfice en résultant, de l'usure, liée à cette combinaison,
de tous les objets d'usage servant à la consommation ou à
la production.

Pour déterminer une certaine *combinaison de la production
et de la consommation annuelles totales*, il faut donc connaître
avec précision dans toutes leurs particularités tous les
moyens de production et de consommation à employer,
tous les produits dans leur qualité, leur quantité et leur
mode d'emploi ou de fabrication ; nous avons déjà vu que
ceci était nécessaire si l'on voulait déterminer une certaine
combinaison de consommation. De plus il faut fixer, outre
l'individualité et la répartition générale du temps de l'entrepreneur, les propriétés physiques, intellectuelles et
morales non seulement des personnes qui vivent avec lui,
mais aussi de tous les gens occupés dans son entreprise ; il
faut aussi régler avec précision la distribution du temps de
toutes ces personnes pour toutes leurs activités dépendant
de l'entrepreneur. Dans le choix des combinaisons possibles
les plus avantageuses de toutes, nous devons à nouveau

supposer que l'estimation individuelle de la valeur de l'argent par l'entrepreneur n'est pas influencée par sa situation de fortune, plus grande ou moindre, en fin d'année. Dans ce choix, à côté de la qualité de l'actif initial, notamment aussi de la qualité et de l'importance des installations déjà faites, en plus des besoins, des inclinations et des habitudes de l'entrepreneur, l'adaptation innée ou acquise de cet individu à chacune des diverses sortes d'activité productrice joue également un rôle prépondérant.

Il faut ensuite, parmi toutes les combinaisons imaginables, mettre de côté celles qui sont impossibles à réaliser; il y a en effet des quantités d'un article qui ne peuvent absolument pas être produites, pour des raisons techniques, avec des quantités données de tous les moyens de production. Le fait analogue de combinaisons de consommation impossibles est moins remarquable, bien qu'il soit évident que par exemple une certaine quantité de mets à préparer dans le ménage nécessite une quantité correspondante de combustibles. Parmi les combinaisons possibles au point de vue technique, ici encore ce n'est pas toujours celle qui approche le plus de l'exploitation théorique des diverses matières premières qui est la plus avantageuse, car souvent elle nécessiterait une fatigue disproportionnée ou des immobilisations coûteuses ou une usure trop forte des outils ou une trop grande exigence des services des ouvriers. En outre, le domaine ouvert à la recherche de la combinaison la plus convenable reste toujours extrêmement grand, car la même quantité peut être produite au moyen de quantités très différentes des diverses matières premières, si l'installation et les procédés subissent des modifications appropriées. Une influence analogue est exercée par les changements dans la durée journalière ou annuelle du travail ou de la répartition du montant des matières premières à travailler chaque année entre les diverses parties de l'année ou de la journée souvent inégalement appropriées. Ainsi, par exemple la production d'une distillerie, par suite de la détérioration progressive de la matière première pendant sa conservation ou par suite d'autres influences de la saison, sera moins importante, si l'on veut s'en tenir toute l'année à une même quantité de travail quotidien, que si l'on tient compte de ces circonstances de la façon la plus opportune.

48. Jouissance, utilité et coût de production. — Parmi les diverses combinaisons de consommation et de production qui se présentent à un producteur, considérons celles qui contiennent un objet de consommation déterminé A qui, dans aucune des combinaisons, ne se présente comme produit, mais qui se présente toujours comme un article nécessaire à la production ou à la consommation ou aux deux en même temps, et dont l'individu ne possède de stock, ni au début, ni à la fin de l'année. Supposons en outre que seuls les prix de tous les autres articles soient donnés : nous pouvons alors renouveler l'une après l'autre les considérations présentées ci-dessus (§ 34) pour un individu qui se contente de consommer. En nous en tenant fermement à notre hypothèse d'une appréciation individuelle invariable de la valeur de l'argent, nous sommes de nouveau amenés à ce qu'une jouissance déterminée — la satisfaction provenant de la disposition gratuite de la quantité en question — soit liée à chaque quantité annuelle de l'article A ; la jouissance que l'on peut atteindre pour la quantité 0, c'est-à-dire si l'article A est exclu, constitue ici encore la satisfaction initiale. Nous pourrions également établir une courbe de la jouissance d'un individu occupé à produire, relative à ce moyen de production ou de consommation A, et en tirer les courbes de l'utilité et de la demande ; ces courbes ont le genre de forme que nous avons indiqué plus haut.

Supposons, au contraire, que l'article A dont le prix

n'est pas déterminé, alors que tous les autres prix sont connus, se présente maintenant comme produit, et non plus comme moyen de production ou de consommation dans aucune des combinaisons considérées. Admettons en outre qu'il n'existe aucun stock de cet article ni au début, ni à la fin de l'année. Ici encore nous pouvons, parmi toutes les combinaisons de consommation et de production comprenant la même quantité annuelle x de A, en détacher une qui procure le maximum de satisfaction et qui reste donc la plus avantageuse pour chaque prix de A quand bien même la quantité en question devrait être fournie à titre gratuit. Naturellement cette constatation n'est valable ici, comme plus haut (§ 34), que dans l'hypothèse d'une appréciation individuelle invariable de la valeur de l'argent. Alors, étant donné un prix d'achat $tg\vartheta$, la satisfaction était diminuée de la même dépense $x \cdot tg\vartheta$ dans toutes les combinaisons contenant la même quantité de consommation x; ici, étant donné un prix de vente $tg\vartheta$, la satisfaction est augmentée de la même recette $x \cdot tg\vartheta$ dans toutes les combinaisons contenant la même quantité de production x. Comme dans le premier cas, nous qualifions de *jouissance* liée à cette quantité annuelle de production la satisfaction procurée par la combinaison la plus avantageuse, pour une quantité quelconque x, sans tenir compte de la recette afférente à l'article A. De même, ici encore, nous appelons *satisfaction initiale* cette satisfaction qui résulte de la combinaison la plus avantageuse, étant donné la quantité de production O, c'est-à-dire s'il n'y a pas production de A.

L'entrepreneur doit toujours atteindre tout au moins la satisfaction initiale, car, naturellement, il cesserait de produire A si de cette production résultait pour lui une diminution au lieu d'une augmentation de satisfaction. Comme l'effort et les frais croissent avec la quantité produite, la satisfaction diminue et reste de plus en plus en arrière de la satisfaction initiale si l'on doit se défaire en réalité gratuitement des quantités produites ; mais la satisfaction sans recette pour l'article *A* est précisément ce que nous entendons par jouissance. Ainsi, dès que la jouissance liée à une production quelconque de *A* est inférieure à la satisfaction initiale, l'entrepreneur ne peut produire cette quantité sans désavantage que s'il gagne sur cet article au moins la somme nécessaire pour compléter sa jouissance de telle façon que sa satisfaction redevienne égale à la satisfaction initiale. Ce minimum de bénéfice pour lequel l'entrepreneur ne tire encore aucun avantage de sa production, — et dans ce cas il lui reste tout à fait indifférent de produire ou non la quantité en question de *A*, — est ce que nous avons appelé plus haut (§ 2) le coût de production. Nous voyons donc que le coût de production d'une quantité annuelle quelconque a sa mesure dans l'excédent de la satisfaction initiale sur la jouissance liée à cette quantité ; nous avons vu, de même, que l'utilité d'une quantité annuelle de consommation est représentée par l'excédent de la jouissance sur la satisfaction initiale. Le coût d'une production annuelle à vendre, — et il doit comprendre avec les dépenses matérielles une compensation des efforts, des fatigues et des soucis de l'entrepreneur, — forme ainsi l'exact opposé de l'utilité ou de la valeur d'usage d'une quantité annuelle de consommation à acheter. La consommation n'augmenterait en rien la satisfaction et ne procurerait que la satisfaction initiale, si toute sa valeur d'usage devait être dépensée pour la quantité à acheter ; de même, la production n'entrave aucunement la satisfaction, c'est-à-dire donnerait toujours la satisfaction initiale si, pour la quantité produite, on avait une recette brute équivalente au coût de production. La satisfaction initiale forme ainsi toujours le point de départ, l'étiage avec lequel il faut comparer la jouissance que procure une quantité quelconque de consommation ou de production de l'article considéré, si l'on veut évaluer d'une part l'utilité et de l'autre le coût de production de la quantité en question.

49. La courbe de la jouissance relative à un article considéré comme produit. — Si nous représentons par une ordonnée la jouissance liée à toute quantité annuelle d'un article A considéré seulement comme produit, il nous faut regarder les quantités de production, puisqu'elles sont vendues, comme des quantités d'achat négatives et, en conséquence, les porter à gauche de l'axe des ordonnées, tandis que la satisfaction initiale Ob apparaît de nouveau au-dessus du point O. Nous obtenons ainsi (fig. 49) une suite de points d'un tracé irrégulier en général, et cette série nous donne la courbe complètement concave bg, dessinée en noir, si nous excluons les quantités inopportunes, c'est-à-dire ces points qui se trouvent au-dessous de la ligne de liaison de n'importe quels autres points. Nous obtenons ainsi la *courbe de la jouissance relative au produit* A de l'individualité économique considérée, étant donné les prix de tous les autres articles. Si nous faisons tourner cette courbe de 180° autour de O, nous obtenons la courbe convexe bg, tracée en rouge, dans laquelle on représente par des abscisses positives les quantités produites et par des ordonnées négatives la satisfaction initiale Ob et la jouissance. Cette courbe, représentée de deux façons différentes par rapport au point O, donne dans tous les cas la courbe du coût Oa, et la courbe rouge Oa s'accorde avec nos représentations antérieures de la courbe du coût. La courbe du coût et la courbe de la jouissance ne se distinguent que par leur élévation, différant de Ob, parce que, nous le savons, les coûts de production de toute quantité d'un produit A sont donnés par la différence existant entre la jouissance liée à cette quantité et la satisfaction initiale Ob. La courbe de l'offre Oa' peut être dérivée de l'une aussi bien que de l'autre de ces courbes ; de même que la courbe du coût tracée en noir, sa dérivée apparaît dans une situation renversée, aussi cette dernière doit-elle couper la ligne du prix *POP* de l'article *A* prolongée vers la gauche. Le point d'intersection de la ligne du prix et de la courbe *Oa'* désigne dans les deux modes de représentation par ses abscisses d'égale longueur la quantité annuelle de production x la plus avantageuse de *A*, par sa distance, dans le sens vertical, de la courbe de la jouissance la satisfaction, c'est-à-dire la somme de la jouissance et de la recette, et enfin, par sa distance de la courbe du coût, l'augmentation de la satisfaction, par rapport à la satisfaction initiale, obtenue grâce à la production de la quantité en question de *A* ; et cela constitue le profit, déjà étudié plus haut, afférent à la production de l'article *A*. La fin de la partie droite initiale de la courbe *bg* désigne ici encore par son abscisse la quantité minimum *Om* du produit *A*, et l'inclinaison de cette partie de *bg* donne ici le prix minimum P_mOP_m auquel la fabrication de ce produit est tout juste possible, mais ne procure que la satisfaction initiale *Ob*. A chaque nouvelle diminution de prix de l'article *A*, l'individu considéré cessera de produire, tandis qu'à tout renchérissement il fabriquera des quantités chaque fois plus considérables, et la satisfaction croîtra d'une façon continue. Plus la satisfaction initiale est élevée, plus le prix minimum est élevé et plus la quantité minimum est importante, tandis qu'un individu, qui ne pourrait arriver qu'à une faible satisfaction initiale en cessant la production spéciale de *A*, doit persévérer dans cette production bien que le prix de *A* et l'augmentation de satisfaction qu'il peut obtenir ne soient que faibles.

Le prix minimum est positif dans la figure 49 ; mais il existe des articles, comme la mélasse, la cendre de houille, etc., qui, à cause de leur liaison technique avec des produits de plus de valeur sont fabriqués quand bien même leurs frais d'enlèvement resteront à la charge du fabricant. La courbe de la jouissance apparaît alors comme dans la figure 50 (cette courbe, tournée de 180°, est tracée en rouge); elle débute par une partie droite dont la direction donne un prix minimum négatif, c'est-à-dire le maximum de coût de l'enlèvement. La courbe bg et la courbe de coût Oa ont dans la figure 50 un point maximum, comme c'est l'habitude pour les courbes de l'utilité; dans le tracé en rouge ce même point devient un point minimum et représente dans tous les cas la quantité la plus avantageuse quand on trouve à se débarrasser du produit, certes seulement à titre gratuit et sans frais d'évacuation. Jusqu'à cette quantité un produit pour lequel le fabricant doit prendre à sa charge le coût d'enlèvement se comporte précisément comme un moyen de production, en ce que la jouissance augmente jusqu'au maximum de la courbe bg. Dans la mesure où la jouissance dépasse la satisfaction initiale, la courbe du coût Oa dans son tracé noir est au-dessus et dans son tracé rouge au-dessous de l'axe des abscisses, ce qui signifie que la production des quantités en question non seulement ne coûte rien, mais fournit un excédent, étant donné les prix de tous les autres articles, en particulier des autres produits. Pour un produit comme la cendre de houille, l'on conçoit facilement que seule la partie de la courbe jusqu'au maximum (ou au minimum s'il s'agit du tracé rouge) peut être prise en considération.

La production ne peut être étendue au delà que si le produit en question est en réalité susceptible d'être vendu, et le tracé ultérieur de la courbe est tout à fait analogue à la partie descendante d'une courbe de la jouissance relative à un moyen de consommation ou de production, partie valable pour les quantités qui ne sont demandées que contre paiement d'une prime. La courbe (fig. 49) trouve par contre son analogie dans celle (fig. 40) d'un objet de consommation qui n'est pas désiré et qui, par conséquent, n'est utilisé en principe qu'à des prix négatifs, c'est-à-dire moyennant bonification.

50. La satisfaction initiale de l'entrepreneur. — Nous avons vu que l'utilité d'un moyen de production, comme celle d'un objet de consommation, et que le coût de production d'un article dépendent essentiellement, dans leur mesure, de la satisfaction initiale. La satisfaction initiale qui reste à un individu, qui produit effectivement, quand un article déterminé est exclu de la combinaison se montrera très différente suivant la nature du dit objet. Ainsi, quand un fabricant de sucre doit renoncer à un produit, comme le sucre en cube, ou à une matière première, comme une certaine sorte de charbon, il n'a qu'à modifier son exploitation d'une façon tout à fait insignifiante pour passer à d'autres espèces qu'il produisait ou utilisait peut-être déjà auparavant. De même, un agriculteur n'éprouvera aucune difficulté particulière, en modifiant simplement sa succession des cultures, à remplacer une espèce de plante par une autre ou même à passer de la production de la viande à la production laitière. Mais, si notre fabricant de sucre se voit poussé à ne plus travailler de betteraves ou, ce qui revient au même, à ne plus produire de tranches de betterave dont le jus a été extrait, la continuation de l'entreprise comme fabrique de sucre est impossible, et il y a lieu de se demander si, étant donné les conditions des prix, il est préférable de transformer la fabrique en raffinerie ou bien d'affecter le bâtiment et une partie de l'installation à une fabrication tout à fait différente ou bien de vendre le tout et de choisir une autre profession. Même dans une solution aussi extrême, une satisfaction initiale reste à l'entrepreneur pourvu qu'il soit en situation de soutenir son existence. Cette satisfaction sera d'autant plus grande que le passage à un autre genre d'activité lui sera plus facile, que sa crainte du changement et du risque y relatif sera plus faible, qu'il aura des aptitudes plus variées lui permettant de choisir un nouveau métier, que la perte à laquelle il s'expose en liquidant son entreprise sera moins considérable et que sa nouvelle installation nécessitera de moindres débours ou bien que son aisance le rendra moins sensible à cet égard. La pauvreté, le manque d'instruction, la maladresse pèsent sur la satisfaction initiale, et une inclination prononcée pour l'occupation antérieure n'aggrave pas moins le passage à une autre profession ; il en est de même de la prévention et de la considération de convenance, motifs pour lesquels, par exemple, une personne exerçant une profession libérale se laisse détourner de s'adonner à un travail physique et un artisan résiste à l'idée d'abandonner son indépendance, etc. Toute contrainte, toute limitation légale, toute autorité de corps de métier, toute restriction à la liberté d'établissement, etc., exercent une action dans le même sens. Enfin la satisfaction initiale pourrait disparaître en totalité si l'entrepreneur — et également tout ouvrier salarié aux pièces à l'égard de ses services particuliers — était entièrement dénué de ressources et si absolument aucune occasion de travail ne se présentait à lui dès qu'il renonce à son occupation habituelle.

Le gain de production afférent à un produit déterminé, comme le gain de consommation relatif à un article déterminé, n'est pas autre chose que l'accroissement de satisfaction, par rapport à la satisfaction initiale, obtenu au moyen de cette production ou de cette consommation ; il dépend donc de ces qualités individuelles du producteur qui jouent un rôle prépondérant dans l'évaluation subjective de la satisfaction initiale. Il en résulte que la pratique n'est pas arrivée à établir une règle ferme pour le calcul du profit aussi bien que du coût de production. En réalité il est arbitraire de déterminer si et quel salaire l'entrepreneur calculera pour ses efforts personnels, si et quels intérêts de ses propres capitaux il attribuera à une branche déterminée de son exploitation, quelle quote-part de son installation il amortira, c'est-à-dire à quels prix il inscrira dans son inventaire les objets en faisant partie. Ainsi le propriétaire foncier, dont les produits ont augmenté de prix de façon durable grâce à la construction d'une voie ferrée, par exemple, est libre de considérer sa rente de production comme accrue et la valeur de son fonds comme inchangée, ou, inversement, d'attribuer une valeur plus considérable à sa propriété, d'où il résulte que la rente de production semble à nouveau diminuée ; d'ailleurs, dans la possession du sol rural et urbain, il est d'usage de procéder de la seconde manière et de capitaliser ainsi toute augmentation du loyer ou du fermage. Toutes ces circonstances dépendant des conceptions individuelles s'expriment dans l'évaluation de la grandeur relative de la satisfaction initiale.

CHAPITRE II

51. La courbe de la jouissance relative à un article de consommation et de production domestiques combinées. — Nous voulons maintenant nous occuper du cas général d'un article produit et consommé tout à la fois par le même individu. Nous avons déjà donné plus haut (§ 23) l'exemple du paysan qui produit et consomme du blé. Il en est de même de la plupart des produits agricoles ; de même les houillières emploient une partie de leur production à la marche des machines d'extraction, et, dans une manufacture où se trouvent réunies la filature et le tissage, le fil produit dans la filature sert de matière première pour le tissage, etc. Mais maintenons-nous en à l'hypothèse selon laquelle il n'y a aucun stock initial du produit A en même temps consommé et qu'il ne reste à la fin de l'année aucune réserve. Si la consommation d'un individu pendant l'année est v et sa production e, il n'a à acheter que le surplus de sa consommation au delà de sa production $(v - e)$ ou à vendre que la différence entre la production et la consommation $(e - v)$, dans le cas contraire. Si donc nous désignons respectivement en général par $+ x$ et $- x$ les quantités achetées et vendues, nous avons toujours

$$x = v - e$$

et il n'y a ni achat ni vente quand

$$v = e, \quad \text{c'est-à-dire} \quad x = 0.$$

Pour toute quantité achetée ou vendue x et aussi pour $x = 0$, il existera toujours, parmi les nombreuses combinaisons possibles qui peuvent contenir les quantités différentes de consommation et de production v et e de A, une combinaison présentant le maximum d'avantages. Nous désignons à nouveau la satisfaction que cette combinaison procurerait s'il y avait acquisition ou livraison gratuite de la quantité en question achetée ou vendue x de A de jouissance liée à cette quantité. Si, dans les figures 51 a, b ou c, nous portons comme abscisses vers la droite les diverses quantités achetées et vers la gauche les diverses quantités vendues et que sur ces abscisses et sur le point O nous portions la jouissance correspondante comme ordonnée, nous obtenons ici encore une suite de points d'un tracé généralement irrégulier, mais qui traverse l'axe des ordonnées. Ici encore nous pouvons éliminer les quantités impropres auxquelles, dans la série de points imaginée, correspondent des points situés plus bas que les lignes directes de liaison des autres points ; nous obtenons ainsi la courbe concave $g_a g_n$, c'est-à-dire la *courbe de la jouissance* de l'individualité économique considérée, relative à l'article A qu'elle produit et consomme tout à la fois. Comme ordonnée initiale de cette courbe, nous prenons la hauteur de son point d'intersection b avec l'axe des ordonnées, et la courbe nous donne, déduction faite de cette ordonnée initiale, la courbe du coût et de l'utilité aOn ; les ordonnées de cette courbe représentent à droite de l'axe des ordonnées l'utilité de toute quantité achetée et à gauche le coût de toute quantité vendue. Nous pouvons en dériver comme précédemment la courbe de l'offre et de la demande $a'On'$ qui, bien que son tracé s'étende des deux côtés du point O, ne rencontre pas plus d'une fois n'importe laquelle des lignes du prix qui se trouvent également à droite et à gauche du dit point. L'abscisse du point d'intersection de toute ligne du prix, par exemple $P_1 O P_1'$ ou $P_2 O P_2'$ de l'article A avec la dérivée indique, suivant que ce point se trouve à droite ou à gauche, soit la quantité achetée la plus avantageuse, soit la quantité vendue la plus appropriée ; l'écart vertical entre ce point d'intersection et la courbe aOn représente, dans le premier cas, le profit attaché à une consommation supérieure de la quantité achetée à la propre production simultanée, et, dans le second cas, le profit lié à une production dépassant la propre consommation du montant de la quantité vendue. L'importance de la consommation propre v et celle de la production propre e n'apparaissent pas dans la figure, mais elles sont déterminées de la même façon que la quantité de tout autre article appartenant à la combinaison de consommation et de production la plus avantageuse pour les quantités achetées ou vendues x considérées de l'article A. Nous pouvons observer, en outre, qu'étant donné un prix croissant de l'article A l'entrepreneur non seulement augmentera sa production, mais encore restreindra sa consommation : le complément qu'il achetait diminue donc, puis disparaît et fait place à des ventes de plus en plus considérables. Les prix s'élèvent-ils encore plus haut : il cesse de consommer et met en vente tout ce qu'il produit ; de même, à partir d'un certain niveau, la baisse des prix suspend toute production de sa part et l'amène à acheter tout ce qu'il consomme. La satisfaction est toujours figurée par l'écart vertical entre la courbe de la jouissance et la dérivée, au point d'intersection de cette dernière avec la ligne du prix ; cet écart ne cesse de croître vers la droite et vers la gauche à mesure que l'on s'éloigne du point O, c'est-à-dire que la satisfaction est à son minimum quand la courbe $a'On'$ n'est pas du tout coupée par la ligne du prix, P_0OP_0 par exemple, mais n'est touchée par cette ligne qu'au point O, de sorte qu'il n'y a ni achat ni vente de l'article A. Cette satisfaction minimum Ob (fig. 51 a ou b) repose sur une combinaison de la consommation et de la production annuelles totales dans laquelle la quantité consommée de

A est égale à la quantité produite, et cette combinaison est la plus avantageuse, étant donné les prix de tous les autres articles, de toutes les combinaisons dans lesquelles $v = e$. Il faut aussi considérer cette satisfaction comme la satisfaction initiale, parce que, tant que la combinaison en question est maintenue, elle est indépendante du prix de l'article A, de même que la satisfaction initiale, étant donné l'exclusion d'un simple produit ou d'un simple article de consommation quelconque, est indépendante du prix de l'objet en question. La satisfaction restera donc toujours limitée à la satisfaction initiale si l'individu considéré ne veut produire que juste cette quantité de l'article A dont il a besoin, c'est-à-dire s'en tenir à l'économie naturelle. On rencontre souvent chez les paysans et chez les petits entrepreneurs une tendance à produire soi-même autant que possible les articles destinés à leur propre satisfaction et une certaine aversion pour la peine de chercher un marché, de déterminer le prix exact et de s'y adapter. Une aversion de ce genre pour l'économie monétaire, qui nécessite pour être surmontée des variations de prix si considérables que l'achat d'un supplément ou la vente de l'excédent offrent un avantage important, est exprimée dans notre graphique (fig. 51 *a* ou *b*); en effet, dans l'axe des ordonnées, les parties droites de la courbe de la jouissance g_ag_n consécutives montrent une forte différence d'inclinaison. Le prix d'achat maximum est représenté par la direction de la partie droite, le prix de vente minimum par la direction de la partie gauche. Il en est de même quand la courbe de la jouissance se réfère à un produit intermédiaire, comme le fil, dans l'exemple, mentionné plus haut, d'une filature et d'un tissage réunis. Plus deux branches d'entreprise de ce genre sont adaptées l'une à l'autre au point de vue quantitatif, plus il est difficile de se résoudre à acheter ou à vendre une partie du produit intermédiaire parce qu'il serait nécessaire d'avoir recours à une limitation extraordinaire de l'une et à un forcement de l'autre de ces productions. Cela est particulièrement vrai de ces produits intermédiaires qui, notamment dans la grande industrie, marquent les différents stades d'une fabrication complexe, mais qui d'habitude n'apparaissent pas sur le marché, parce que les outils et machines servant à leur fabrication et à leur traitement ultérieurs se correspondent de façon étroite. Les limites de prix entre lesquelles il n'y a ni achat ni vente sont encore élargies quand l'article A donne lieu à des frais de transport, des taxes de marché, des commissions, etc. : ces dépenses ont pour effet de raccourcir les ordonnées des deux parties de la courbe de la jouissance ou de l'une d'elles, tandis que l'ordonnée initiale Ob (fig. 51 a ou b) ne subit aucune modification : de même l'impôt à payer lors de l'achat ou de la vente raccourcit respectivement les ordonnées de la branche droite ou de la branche gauche de la courbe de la jouissance.

Le maximum de cette courbe qui, dans la figure 51 a, se trouve à droite de l'axe des ordonnées peut aussi se trouver sur cet axe, ou comme dans la fig. 51 b, à sa gauche. Si le maximum est sur l'axe des ordonnées, il ne peut y avoir une consommation supérieure à la production que moyennant une prime à la consommation, c'est-à-dire à un prix négatif. Il en est de même dans le cas de la figure 51 b. Mais ici, contrairement aux deux cas précédents, une production supérieure à la consommation du producteur peut avoir lieu si le prix est négatif, c'est-à-dire s'il existe des frais d'enlèvement.

Nous avons exclu plus haut les quantités non appropriées ; il peut alors se faire que, comme dans la figure 51 c, la partie de la série de points qui se trouve au-dessus du point O soit surmontée d'une partie droite qui coupe l'axe des ordonnées. Dans ce cas la combinaison de consommation et de production la plus avantageuse pour la quantité d'achat et de vente $x = 0$ ne fait jamais son apparition, mais elle est omise. Cela signifie qu'au prix représenté par la direction de la partie droite en question on passe de la quantité minimum achetée Om à la quantité minimum vendue $O\mu$, beaucoup plus petite dans notre figure. L'exploitation d'une grande entreprise, une fabrique de sucre par exemple, dont le produit A ne joue pas en même temps le rôle de moyen de production utilisé dans l'entreprise, n'est jamais réduite à la quantité nécessaire à la consommation de l'entrepreneur lui-même ; mais, dans une conjoncture défavorable, la fabrication sera plutôt tout à fait suspendue par suite de l'omission de quantités à produire si petites et l'entrepreneur se présentera aussitôt comme acheteur de l'article qu'il produisait auparavant. A l'inverse, un gros brasseur, qui ne possède qu'une étendue tout à fait insignifiante de champs, ne se bornera jamais à utiliser son orge propre, mais, si le prix de l'orge est trop élevé, il passera de l'achat d'une quantité minimum élevée à la fermeture de sa brasserie et à la vente de ses faibles récoltes d'orge. On obtient également la courbe du coût et l'utilité aOn dans les cas de la figure 51 c, en abaissant de Ob la courbe de la jouissance $g_a g_n$; le point de la série de points qui se trouve sur l'axe des ordonnées tombe ainsi au-dessous du point O. Mais ici l'ordonnée initiale ne désigne pas la satisfaction que l'on peut obtenir sans achat ni vente de l'article A, mais la satisfaction plus considérable que l'on peut atteindre en vendant la quantité Om ou en achetant la quantité $O\mu$ au prix de transition représenté par la direction de la partie droite mentionnée, satisfaction inférieure à la satisfaction que l'on pourrait se procurer à n'importe quel autre prix.

Enfin, dans les trois cas des figures 51, nous pourrions faire tourner de 180° la partie des courbes située à gauche de l'axe des ordonnées : la figure 51 a donne alors la figure 52 qui comporte deux branches séparées, $b_n g_n$ et $b_a g_a$, de la courbe de la jouissance ; ces deux parties commencent à égale distance au-dessus et au-dessous du point O et les courbes du coût et de l'offre Oa et Oa' apparaissent dans cette figure dans leur position habituelle indiquée au commencement.

52. Les asymptotes et le point maximum de la courbe de la jouissance traversant l'axe des ordonnées. — La courbe de la jouissance d'un article consommé aussi par son producteur présente pour nous une importance particulière ; elle constitue en effet le cas le plus général, tandis que les courbes, traitées antérieurement, qui ne s'étendaient que d'un côté de l'axe des ordonnées, n'apparaissent que comme des cas spéciaux. Tout individu peut, par le prix extraordinairement élevé d'un article qu'il se contente en général de consommer, être amené à le produire, de sorte que son offre, non effective dans des conditions normales, devient effective : de même, si le prix est extraordinairement peu élevé ou s'il y a une prime à la consommation, tout individu peut être amené à consommer un article qu'il se contentait auparavant de produire, de sorte que sa demande devient effective. Si le prix auquel commence la production est supérieur au prix maximum d'achat ou si le prix auquel débute la consommation est inférieur au prix minimum de vente, la satisfaction initiale Ob (fig. 51 a ou b) repose sur une combinaison dans laquelle l'article en question n'est ni consommé ni produit. Dans ce cas la courbe $g_a g_n$ représente dans sa partie droite la jouissance au cas de consommation exclusive et dans sa partie gauche la jouissance au cas de production exclusive.

Nous voyons ainsi que, dans tous les cas, la courbe de jouissance s'étend des deux côtés de l'axe des ordonnées et retombe des deux côtés en asymptote à une verticale dont l'abscisse désigne d'un côté la quantité qui ne peut être produite même au prix maximum, et de l'autre côté la quantité qui ne peut être consommée malgré la prime maximum. Entre ces deux asymptotes la courbe, concave d'un bout à l'autre, doit avoir quelque part un point culminant ; ce point désigne la quantité pour laquelle la jouissance atteint son maximum et devient, tout comme pour la quantité O, absolument égale à la satisfaction. C'est la quantité de pleine satisfaction jusqu'à laquelle, si le point maximum se trouve à droite, l'achat $(v - e)$ peut seulement être accru quand il ne coûte plus rien ou jusqu'à laquelle, si le point maximum se trouve à gauche, la quantité à vendre $(e - v)$ peut seulement être augmentée si elle n'occasionne plus de frais de production. On peut observer l'apparition du maximum à gauche de l'axe des ordonnées non seulement pour les produits secondaires, souvent mentionnés, de moindre valeur, mais encore pour les produits du travail d'amateur, travail effectué en vue du plaisir et sans intention de lucre, comme preuve d'habileté, comme exercice corporel, etc. ; l'abscisse du point maximum est alors en réalité la quantité la plus agréable de la pleine satisfaction produite par l'activité en question. Des quantités supérieures à la quantité de pleine satisfaction ne sont acceptées que moyennant une prime à la consommation ou livrées que moyennant un prix de vente positif.

Comme la courbe de la jouissance s'abaisse à l'infini des deux côtés comme asymptote, elle doit forcément couper deux fois la ligne des abscisses ; pour les quantités représentées par le point d'intersection, la jouissance disparaît et la satisfaction devient absolument égale à la recette ou à la prime respectivement. Il est donc clair que nous ne pouvons maintenir notre hypothèse d'une appréciation fixe de la valeur de l'argent jusqu'à la cessation de toute jouissance, cas où l'existence physique elle-même serait en jeu ; de même, quand il ne s'agit que de l'existence économique, si la banqueroute ou la saisie menace et si l'on recherche dans les conditions les plus mauvaises l'argent indispensable pour les éviter, on ne peut plus parler d'une appréciation invariable de la valeur de l'argent. A ce sujet nous l'avons déjà affirmé que nous ne pouvons mesurer en argent la valeur de la vie et par conséquent la satisfaction totale ou la jouissance totale due à une combinaison quelconque de consommation et de production ; nous ne pouvons jamais estimer que leurs différences pour des combinaisons différentes ou des prix différents. La situation absolue en hauteur de la courbe de la jouissance reste donc toujours entièrement indéterminée et, suivant que nous la plaçons plus haut ou plus bas, ses points d'intersection avec l'axe des abscisses seront plus éloignés ou plus rapprochés l'un de l'autre.

La dérivée $a'On'$ dans son complet développement est asymptote aux mêmes verticales que la courbe $g_a g_n$. Après qu'elle s'est élevée du point O à droite ou à gauche au-dessus de la ligne des abscisses, elle tombe verticalement au-dessous du point maximum de la courbe $g_a g_n$ au-dessous de la ligne des abscisses et a par conséquent son maximum au-dessous de la partie ascendante de la courbe de la jouissance commençant au point O. Dans cette partie située au-dessus de l'axe des abscisses, la dérivée a des dentelures aiguës ; au-dessous de cette ligne, par contre, ses dentelures sont obtuses des deux côtés.

Il faut enfin observer que les courbes totales de l'utilité et du coût, de la demande et de l'offre, résultent de ce que la partie droite, et d'autre part la branche gauche des courbes aOn et $a'On'$ (fig. 51) sont combinées avec les courbes analogues des autres individus ; les courbes totales du coût et de l'offre paraissent en outre retournées de 180° par rapport à leur position habituelle.

53. Rapports réciproques des divers articles. — L'intersection de la ligne du prix d'un article quelconque A avec la dérivée de la courbe de la jouissance corrélative donne non seulement la quantité soit d'achat soit de vente de cet article la plus appropriée pour l'individu considéré, mais encore en même temps la combinaison la plus avantageuse de la production et de la consommation annuelles totales et les quantités corrélatives, consommées et produites, de tous les autres articles. Un changement de prix de l'article A, qui a pour résultat une modification de la quantité annuelle du dit objet, occasionnera aussi d'autres combinaisons de consommation et de production et en même temps des quantités autres des autres articles. Le cercle des articles est élargi par l'entrée en ligne de compte des produits et des moyens de production et, si nous voulons encore distinguer les articles qui se complètent et les articles qui se concurrencent, nous remarquons aussitôt que les divers produits dus au même procédé technique et leurs moyens de production ont les uns par rapport aux autres une certaine relation quantitative et se complètent mutuellement. Mais il faut aussi considérer comme matières premières les moyens de consommation de l'entrepreneur, notamment quand il fournit en personne un travail physique : ils rendent en effet possible une prestation plus considérable et leur quantité augmente d'ordinaire avec la quantité produite. Par contre, des articles qui, soit comme moyens de consommation, soit comme moyens de production, peuvent se remplacer, comme par exemple les diverses sortes de charbon, se font une concurrence réciproque ; de même les différentes espèces ou des articles tout à fait différents qui, par des modifications appropriées du procédé ou de l'outillage, peuvent être produites par le même établissement se remplacent et se supplantent mutuellement. Il en est de même des produits de branches d'affaires différentes ou d'établissements tout à fait autonomes exploités par le même entrepreneur. Les produits et les moyens de production de toute branche d'affaires de ce genre forment les uns et les autres un groupe d'articles qui se complètent, mais ils sont en concurrence avec les groupes correspondants des autres exploitations, car l'effort accru que l'entrepreneur, qui travaille lui-même physiquement, l'augmentation d'attention et de temps, que l'entrepreneur qui se borne à un travail de surveillance, consacrent à une branche de production, doivent plus ou moins influencer les autres branches. Les articles de consommation qui se concurrencent en partie et se complètent en partie ne se relient à aucun de ces groupes ; leur consommation croît et décroît en général avec la prestation totale de l'entrepreneur et s'adaptera donc le plus souvent à son activité prépondérante. On constate un rôle analogue de la partie d'un article qui, comme le charbon, se présente en même temps comme moyen de production dans la plupart des branches d'occupations concurrentes.

En principe, les rapports mutuels des différents articles ne restent pas du tout les mêmes dans toutes les circonstances ; ils varient aussi avec les individus. Ainsi, pour beaucoup d'objets de consommation, notamment les boissons spiritueuses, on observe que, prises avec modération, elles augmentent la capacité productrice, tandis que leur excès rend incapable au travail, de sorte que ces articles ne se complètent plus mais deviennent concurrents. De même, par exemple dans une fabrique de sucre brut, la consommation de betteraves, de charbon, de chaux, de noir animal, etc., croît en même temps que la production du sucre, le produit principal, de la mélasse, des sirops et des produits secondaires ; mais, par un changement approprié de l'exploitation, l'usage de la chaux pour le lavage du jus de betterave peut être augmenté assez pour que l'on puisse restreindre l'emploi du noir animal. De même, si le prix du sucre est moins élevé, l'extraction du sucre de la mélasse sera poussée moins loin, de sorte qu'on enverra sur le marché moins de sucre et plus de mélasse. Si deux matières premières concurrentes, deux sortes de charbon, par exemple, sont employées en même temps, elles se compléteront si l'on s'en tient à un certain rapport de mélange. Il peut en être de même de sortes concurrentes de produits qui sont fabriquées en même

temps, quand pour un motif quelconque, par exemple
pour bien assortir le magasin de toutes les qualités, on observe un certain rapport approximatif entre leurs quantités.
Souvent aussi la concurrence de différents produits est limitée par certaines relations techniques. Ainsi, dans l'hypothèse d'une économie dite libre, les cultures du blé, des lé-
gumes et du trèfle sont en concurrence, mais seulement
jusqu'à un certain degré, car aucune de ces cultures ne peut
être trop restreinte sans dommage pour les deux autres.

Pour les matières premières concurrentes on peut faire la
même observation que pour les objets de consommation, à
savoir que la meilleure sorte fait une concurrence beaucoup
plus effective à la qualité la moins bonne que celle-ci à celle-là
Pour les produits concurrents, on peut remarquer précisément l'effet contraire ; certes, si la conjoncture est défavorable, le producteur cherchera à produire de meilleures espèces, parce qu'alors les consommateurs y auront recours,
mais cela exige des installations plus considérables et une
attention plus grande ; par conséquent ce n'est pas si facile
à accomplir que la production des qualités inférieures. Le
fait de multiplier la production aux dépens de la qualité
grâce à un travail accéléré ne nécessite en général pas de
dépenses préalables spéciales et permet de surveiller le personnel et son travail avec moins de minutie ; cette transition sera donc toujours facile dès que, la demande croissant,
les consommateurs deviennent moins exigeants. De même
il est beaucoup plus facile pour le cultivateur d'étendre la
culture du seigle, de l'orge et de l'avoine aux dépens de la culture du froment que d'opérer en sens contraire. On pourrait
faire des remarques du même genre au sujet du moyen de
production fondamental — l'activité humaine. Les travailleurs
occupés à la même tâche complètent leurs services, les
tâcherons autonomes se font concurrence. Là où le travail
humain concourt avec les prestations de moteurs mécaniques, il ne manquera pas de perdre pied à la longue ; par

contre, là où le travail humain s'ajoute au travail des machines pour le diriger, le contrôler et le compléter, il lui reste un domaine qui ne cesse de s'étendre à la faveur du progrès des inventions techniques.

Nous ne faisons que répéter ce qui a été dit bien des fois quand nous faisons ressortir que l'on ne peut se rendre compte des changements de quantité de l'article considéré provoqués par les changements de prix d'un produit ou d'un moyen de production quelconque que si les prix de tous les autres articles et l'appréciation individuelle de la valeur de l'argent restent constants, mais que cette hypothèse ne peut se réaliser que dans d'étroites limites. Une augmentation de production pèse sur le prix du produit, accroît le prix des matières auxiliaires et l'interdépendance des prix transmet souvent toute influence de cette nature aux articles qui semblent les plus lointains. Cette relation ne s'étend pas moins au prix du travail humain, aux traitements et aux salaires. Le prix du travail humain varie selon la qualité de la prestation et cette qualité se manifeste surtout dans le traitement attentif des produits, dans l'utilisation complète et soigneuse des matières premières, dans l'emploi des outils et des appareils avec ménagement ; aussi n'est-elle aucunement indépendante de la bonne ou de la mauvaise volonté du personnel, qu'il s'agisse des ouvriers comme des membres de la maison. Mais le contentement de chacun pris à part dépend non seulement du degré d'attention qui est exigé de lui et par conséquent de la qualité de sa prestation, mais il est aussi lié avec le genre de vie que permet le salaire et avec les prix des articles de consommation.

54. La courbe de la jouissance, relative à différents articles. — Si, partant d'une combinaison de consommation et de production la plus avantageuse, étant donné les prix de tous les articles, et de la satisfaction réelle qui y correspond, nous laissons indéterminé, l'un après l'autre, le prix de chacun des articles, tandis que tous les autres prix restent constants, nous pouvons représenter la courbe de la jouissance de l'individu considéré à tour de rôle pour chacun de ces divers articles — objets de consommation, moyens de production et produits. Dans chacune de ces courbes, la satisfaction réelle sera représentée par l'écart vertical de la courbe et de la dérivée correspondante, là où cette dernière est coupée par la ligne du prix, initiale, de l'article en question, et nous pourrions répéter ce que nous avons dit plus haut (§ 37) sur les points correspondants des courbes de jouissance du même individu rapportées l'une après l'autre à différents articles. Naturellement, pour les points correspondants, la distance des courbes dérivées de celles du coût et de l'utilité n'est pas du tout la même. Le gain de consommation afférent à la quantité à acheter nécessairement pour la combinaison réelle de consommation et de production, comme le gain de production de la quantité à vendre, diffère d'article à article, parce qu'il faut déduire de la satisfaction réelle toujours égale une satisfaction initiale chaque fois différente.

Si nous comparons la forme des courbes de jouissance du même individu relatives à divers articles successifs, elle différera naturellement chaque fois, et cela dans sa forme générale.

L'exemple du propriétaire d'une fabrique de sucre nous a déjà fait comprendre (§ 50) que la satisfaction initiale peut être très différente suivant la nature de l'article. Là où l'emploi du produit en question était exclu par le producteur lui-même, la satisfaction initiale résultait d'une combinaison dans laquelle l'article n'était ni produit ni consommé, tandis que, dans la courbe de la jouissance située des deux côtés de l'axe des ordonnées, le même article peut reposer sur une combinaison dans laquelle on consomme de l'article A exactement ce qui en est produit. Ainsi, si l'article A est tel que les coupures de betterave lavées, l'exploitation ne pourrait être continuée si cet article devait être exclu de la combi-

naison, et l'ordonnée initiale est par conséquent fort courte ;
ici, par contre, la courbe de la jouissance relative à ce même
article peut avoir malgré cela une longue ordonnée initiale,
c'est-à-dire que l'entrepreneur peut atteindre une grande satisfaction sans achat ni vente de A, s'il est en situation d'utiliser toute sa production de coupures du betteraves dans sa
propre exploitation rurale à la nourriture du bétail. Au contraire, la satisfaction initiale serait essentiellement plus petite que dans le cas précédent si A désignait le produit principal, c'est-à-dire le sucre, parce que la limitation de la
production au besoin propre, dans la mesure où celui-ci
n'est pas industriel, comme nous l'avons déjà mentionné,
ne se produira pas, mais que l'on observera la cessation
complète de la fabrication de l'article considéré.

La satisfaction initiale est très faible quand la courbe de
la jouissance se réfère à un produit dont on ne peut faire
qu'une consommation domestique sans importance et dans
la production duquel il n'est guère possible de passer à
d'autres qualités ; il se peut, par exemple, qu'une fabrique de
gaz d'éclairage soit fermée si pour la fourniture de ce produit on ne peut même pas atteindre le prix minimum ;
la quantité minimum de vente sera d'autant plus grande
que l'établissement en question est calculé en vue d'un débit plus considérable, et par là le prix minimum est diminué
ainsi que par une faible satisfaction initiale. L'on observe
dans ce cas précisément la même ordonnée initiale courte
et de nouveau une longue partie initiale droite allant vers
la droite sur la courbe de la jouissance relative au charbon,
si l'on n'avait à sa disposition qu'une seule sorte de charbon appropriée à la production du gaz et, dans ce cas, un
prix maximum élevé doit apparaître malgré la grande
quantité minimum d'achat.

S'il s'agit des produits d'artisans dont l'industrie n'exige
pas d'installations coûteuses, pas de frais généraux élevés, etc., et peut en conséquence être plus facilement res-

treinte, la quantité minimum est d'ordinaire plus petite, par rapport au quantum normal de travail, que dans la grande industrie.

Nous avons déjà mentionné la possibilité que la satisfaction initiale d'un individu tout à fait dénué de ressources, réduit à une seule espèce d'activité productrice, puisse disparaître entièrement si cette dernière lui fait défaut. La courbe de la jouissance coïncide alors avec la courbe du coût et de l'utilité, si elle se réfère au produit en question ou à une matière première indispensable à sa fabrication, comme nous l'avons observé dans le cas traité plus haut (fig. 41) d'un moyen de nourriture absolumént indispensable et impossible à remplacer. Mais en réalité, ici comme là, s'imposeront nécessairement des combinaisons de consommation et de production qui ne sont pas calculées sur une année tout entière et ne peuvent donc figurer dans notre représentation graphique.

En principe, on peut étendre aux moyens de production et aux produits les considérations relatives aux objets de consommation. La satisfaction effective obtenue, étant donné les prix de tous les articles, est représentée par l'ordonnée initiale de la jouissance, quand celle-ci se réfère à l'un quelconque de ces articles qui ne sont ni consommés ni produits et de même quand elle se réfère à ces articles dont la production reste limitée à la consommation propre. Dans toute courbe de la jouissance relative à un article quelconque qui est acheté ou vendu en réalité, par contre, l'ordonnée initiale est plus petite que la satisfaction effective. L'ordonnée du point maximum, quand le dit point est situé à droite de l'axe des ordonnées et que l'article est acheté, est supérieure à la satisfaction réelle sauf pour les articles qui, comme l'air ou l'eau, ont un prix nul ou ceux qui ont un prix négatif. Pour les articles qui ne sont pas du tout désirés par l'individu considéré, mais qui ne peuvent cependant être fabriqués que pour un prix de vente positif, l'ordonnée initiale est en même temps l'ordonnée du point maximum. Enfin, si le point maximum se trouve à gauche de la ligne des ordonnées, son ordonnée n'est supérieure à la satisfaction effective que s'il faut payer des frais d'enlèvement pour le produit en question. Si ces frais sont égaux à zéro, la satisfaction réelle est égale à l'ordonnée du point maximum tandis que, pour tous les produits qui ont un prix de vente positif, l'ordonnée du point maximum est plus petite que la satisfaction effective.

CHAPITRE III

MODIFICATIONS DE LA COURBE DE LA JOUISSANCE

55. Influence des changements de prix d'autres articles. — La courbe de la jouissance, relative à un article quelconque, d'un individu engagé dans la production, ne peut naturellement être tracée que si l'on connaît les prix de tous les autres articles ; elle est donc exposée à des changements de forme dès que varie le prix de l'un de ces articles. Nous avons observé le même fait pour la courbe d'un individu qui se contente de consommer, mais le renchérissement d'un article qui n'était contenu dans aucune des combinaisons apparaissant dans la courbe n'avait là aucune influence. Ici, au contraire, comme l'augmentation de prix d'un article quelconque peut amener l'individu à le produire, cette exception est écartée de sorte que le rapport de tous les prix se fait sentir pour tout individu.

Considérons d'abord la courbe de la jouissance relative seulement à ces articles qui ne sont pas produits et consommés en même temps, et en premier lieu à un article A que l'individu n'utilise que comme moyen de consommation ; tous les moyens de production apparaissent alors comme des articles complémentaires dont les changements de prix jouent de la façon indiquée ci-dessus (§ 41). Il faut aussi considérer les produits comme des articles complémentaires, mais leurs changements de prix ont naturellement l'influence exactement opposée, parce que l'augmentation de la recette brute provenant d'une production déterminée joue dans le même sens que la diminution de la dépense pour un moyen quelconque de production. La jouissance croît ainsi quand un produit enchérit juste comme quand un moyen de consommation ou de production devient meilleur marché. Si l'article est employé aussi comme moyen de production ou seulement comme tel, toute diminution de prix d'un produit qu'il sert à fabriquer ou toute augmentation de prix d'un autre moyen de production complétant le moyen de production A diminuent la jouissance. Mais le raccourcissement des ordonnées de la courbe de la jouisssance n'aura pas lieu dans l'ordonnée initiale ou bien il s'y fera moins sentir que dans les ordonnées situées à droite, et il sera beaucoup plus considérable pour l'ordonnée du point maximum. La partie droite de la courbe en question et, en même temps, la courbe de l'utilité deviennent moins bombées, et le prix maximum s'affaisse. Pour les variations de prix de ce genre très importantes, la quantité de pleine satisfaction peut aussi diminuer, du fait que les emplois les plus copieux du moyen de production A deviennent désavantageux ; enfin le point maximum peut se trouver sur l'axe des ordonnées : dans ce cas, la demande du moyen de production A disparaît en totalité, parce que l'entrepreneur doit entièrement abandonner, à cause de son prix trop peu élevé, le produit que A permettait d'obtenir, ou bien à cause du renchérissement d'un autre moyen de production indispensable à sa fabrication. Au contraire, si un moyen de production faisant concurrence au moyen de production A devient meilleur marché ou s'il y a renchérissement d'un produit qui pourrait être fabriqué à la place de celui que l'on obtient de A, la jouissance s'élève. De toutes les ordonnées de la partie droite de la courbe de la jouissance, c'est l'ordonnée initiale qui s'allonge le plus, tandis que l'ordonnée du point maximum est beaucoup moins influencée ; l'effet, opposé au cas précédent, exercé sur les ordonnées de la courbe de jouissance ramène ainsi la même changement de forme et en même temps une diminution de l'incurvation de la courbe de l'utilité, qui peut également aller jusqu'à la disparition de la demande.

Considérons maintenant la partie gauche de la courbe de la jouissance, relative à la seule production de l'article A, sous l'influence de changements de prix analogues. Le renchérissement d'un moyen de production, comme la diminution de prix d'un produit secondaire, affaiblit la jouissance, mais celle-ci croît quand un produit, qui pourrait être fabriqué à la place de l'article envisagé, augmente de prix ou qu'un moyen de production indispensable à sa fabrication devient meilleur marché. Mais comme, ici encore, l'ordonnée initiale subit le plus petit raccourcissement si la jouissance baisse et le plus grand allongement si la jouissance augmente, le côté gauche de la courbe de la jouissance et, avec lui, la courbe du coût deviennent plus escarpés dans les deux cas. Le prix minimum croîtra donc, de sorte que, pour des modifications considérables du prix de ce genre, la fabrication du produit considéré devrait être abandonnée. En réalité, de légères variations du prix suffisent pour amener les producteurs de sucre, de farine, etc., à passer d'une espèce ou d'une qualité à une autre. Nous avons déjà fait ressortir (§ 41) la même facilité de transition de la part des consommateurs : les deux causes jouent simultanément pour maintenir dans d'étroites limites les différences de prix des espèces d'un genre rapproché pour toutes les oscillations : c'est seulement de cette façon qu'il est possible que ces espèces soient en pratique regardées comme un seul article du marché.

De même, quand la courbe de la jouissance se réfère à un article qui est en même temps consommé et produit, on peut suivre, d'un cas à l'autre, l'influence des changements de prix d'autres articles. Considérons par exemple la courbe de la jouissance $g_a g_n$ (fig. 53), relative au fil, du propriétaire d'une filature et d'un tissage réunis : une diminution de prix du produit final, du tissu, comme un enchérissement de la matière première, du coton, diminuera la jouissance, de sorte que les ordonnées de la $g_a g_n$ se raccourcissent. Dans le premier cas cette courbe revêt la forme striée, elle se sépare, à gauche de l'axe des ordonnées, de la courbe originaire, ne cesse d'être moins escarpée et a un point maximum moins élevé. C'est-à-dire que la jouissance n'est pas restreinte par la baisse de prix du tissu quand le prix du fil est tellement élevé que le tissage cesse d'être exploité, tandis que la jouissance est d'autant plus lésée que la production de tissu et, en même temps, la consommation du fil est plus considérable. Au contraire, si le coton enchérit, la courbe prendra la forme indiquée en rouge dans notre figure et sera donc plus escarpée, parce que la jouissance, quand le prix du fil est assez bas pour que la filature soit abandonnée, sera à peine influencée par l'augmentation du prix du coton, tandis qu'elle doit être d'autant plus déprimée que l'on consomme plus de coton et que, par conséquent, l'achat de fil est moins considérable ou sa vente plus importante. La courbe du coût et de l'utilité subit chaque fois le même changement de forme que la courbe de la jouissance, et la courbe de l'offre et de la demande $a'On'$ est exposée aux modifications corrélatives, représentées clairement dans notre figure. En même temps, sous l'influence des changements de prix mentionnés, qui tous deux sont désavantageux, pour chaque quantité constante de fil achetée ou vendue, c'est-à-dire pour chaque abscisse déterminé de notre figure, la production de fil et la consommation de coton diminuent ; il en est de même pour l'abscisse zéro pour laquelle la consommation et la production de fil sont égales. Nous voyons en outre que cette même direction tangentielle que donne la courbe originaire $g_a g_n$ sur l'axe des ordonnées se retrouve, dans la courbe striée, plus loin à gauche et, dans la courbe tracée en rouge, plus loin à droite. Étant donné le même prix de l'article A, l'individu peut ainsi être amené par le simple changement de prix d'un autre article à passer de l'utilisation de l'intégralité de sa propre production de fil à la vente d'une partie du fil produit ou à l'achat d'une partie du fil qui lui est nécessaire. L'augmentation du prix du charbon influencerait la courbe de la jouissance $g_a g_n$ dans le même sens que le renchérissement du coton, dans la mesure où l'emploi de combustibles est prépondérant pour la filature, dans la marche normale de toute l'entreprise ; mais, si l'on se sert du charbon surtout pour le tissage, l'augmentation de son prix aurait le même effet qu'une baisse de prix du tissu.

Les variations de prix d'un objet de consommation influent sur la courbe de la jouissance relative à un produit, à un moyen de production ou à un article intermédiaire en général dans le même sens, bien que plus faiblement, que celle des moyens de production complémentaires. Chacun des changements de prix dans le sens opposé a naturellement l'effet contraire.

Si un individu a l'occasion d'employer un nouveau moyen de production ou de fabriquer un nouveau produit, dont il ne connaît pas encore bien les propriétés, la courbe de la jouissance relative à ce nouvel article ne revêt sa forme définitive que peu à peu et à mesure que l'expérience s'accroît, ainsi que nous l'avons déjà constaté (§ 42) pour les nouveaux objets de consommation. Comme nous l'avons fait pour un simple article de consommation, nous pourrions également pour un article quelconque tracer des courbes de la jouissance valables seulement pour un genre déterminé d'exploitation et de vie, et imaginer que leur combinaison donne la courbe de jouissance $g_a g_n$ pour le genre d'exploitation et de vie le plus avantageux. Chacune de ces courbes de la jouissance ne se distingue que par la position en hauteur différant de la satisfaction initiale Ob (fig. 49-52) de toute courbe du coût et de l'utilité d'un genre de vie et d'exploitation déterminé, pour le reste identique. Mais la satisfaction initiale Ob dépend aussi des variations de prix de ces articles qui ne sont ni consommés ni produits dans un genre de vie et d'exploitation déterminé. L'influence mentionnée plus haut (§ 22) de ces modifications du prix sur les courbes de l'utilité et du coût d'un certain genre de vie et d'exploitation s'exerce ainsi par ce fait que leur position en hauteur dépend de la satisfaction initiale.

56. Influence de l'appréciation individuelle de la valeur de l'argent. — Nous pouvons élargir nos remarques antérieures relatives aux variations de l'appréciation individuelle de la valeur de l'argent et les étendre à la forme générale de la courbe de la jouissance. Si un individu s'est enrichi, la baisse de l'appréciation qui en résulte par rapport à un article considéré A se traduira avant tout, comme plus haut (§ 43), par ce fait que la jouissance liée avec une quantité d'achat ou de vente quelconque x est mesurée par une somme d'argent plus considérable ; toutes les ordonnées de la courbe de la jouissance s'allongent dans une même proportion, la courbe devient ainsi plus escarpée des deux côtés du maximum. Toutes les ordonnées de la courbe du coût et de l'utilité et de la courbe de l'offre et de la demande s'allongent également dans une même proportion, puisque l'entrepreneur devenu plus riche évaluera proportionnellement plus son effort et, en même temps, le coût de production de toute quantité vendue et l'utilité de toute quantité achetée de l'article A. La quantité de pleine satisfaction n'en est pas touchée non plus que la quantité minimum de vente et d'achat, bien que le prix minimum de vente et le prix maximum d'achat croissent dans une même proportion. Mais la courbe de la jouissance et, avec elle, les autres courbes sont sujettes à d'autres changements de forme qui, nous l'avons vu, proviennent de ce que les prix inchangés de tous les autres articles paraissent réduits à cet individu. Cette baisse subjective du prix de tous les articles complémentaires et concurrents ou bien élèvera encore, ou bien abaissera, ou bien même transformera en son contraire

Auspitz et Lieben. 11

la modification de forme, décrite plus haut, de la courbe de la jouissance relative à l'article considéré, suivant son rapport avec les articles complémentaires ou concurrents. Que la courbe de la jouissance de l'entrepreneur devenu plus aisé, relative à maints articles, ne soit pas devenue plus raide, mais moins raide, cela résulte de ce que les prix de tous les articles restant les mêmes, il devrait produire et vendre moins de ses propres produits et acheter et utiliser une plus grande quantité de tous les moyens de production, ce qui est tout à fait impossible au point de vue technique. Pour un produit dont la fabrication astreint l'entrepreneur à une peine et à un effort particuliers, tandis que le coût des matières premières ne joue qu'un rôle peu considérable, la partie gauche de la courbe de la jouissance et la courbe du coût deviennent en tout cas plus escarpées, parce que l'homme plus aisé attribue plus de valeur à sa prestation ; pour le même motif le côté droit de la courbe de la jouissance afférent à la matière première en question et la courbe de l'utilité deviennent moins escarpés. Là où, par contre, il est nécessaire de faire des dépenses considérables pour les moyens de production et notamment de grandes installations fixes, inaccessibles au producteur moins riche, la plus grande facilité pour l'entrepreneur dont la richesse s'est accrue de se procurer tous les moyens de production l'emportera sur l'estimation plus haute de son propre effort. Sa courbe de la jouissance relative à un produit deviendra ainsi moins escarpée dans sa partie gauche ; il en sera de même de la courbe du coût, tandis que la courbe de l'utilité relative à un moyen de production sera plus escarpée.

57. Influence des qualités individuelles. — Les inclinations et les exigences de l'entrepreneur influent moins sur sa courbe de la jouissance relative à un produit ou à un moyen de production que si cette courbe concerne un article de sa consommation personnelle. Ces qualités sont déterminantes pour le choix d'une profession ou pour un changement de métier et par suite pour l'ordonnée initiale ; mais, tant qu'il n'est pas question de l'exploitation de l'entreprise, les goûts individuels et les inclinations et les exigences personnelles de l'entrepreneur ne peuvent apparaître d'aucune façon visible, là où il est nécessaire d'avoir des installations coûteuses et de nombreux collaborateurs. Un individu qui, par caprice ou par envie de changement, voudrait employer d'autres matières premières ou fabriquer d'autres produits que ceux qui sont les plus avantageux, étant donné les prix existants, ne correspond plus à nos hypothèses générales. Par contre, ici d'autres qualités personnelles de l'entrepreneur, ses connaissances, son activité, ses aptitudes particulières, et tout spécialement son talent d'organisation et sa capacité de trouver ou de former pour chaque poste l'homme le plus capable, influent sur la courbe de la jouissance par ce fait que ces qualités individuelles sont déterminantes si l'on veut porter un jugement sur le genre d'exploitation le plus avantageux dans chaque cas.

Il est d'une grande importance que l'entrepreneur limite son activité et son attention aux modifications importantes de l'exploitation (constructions, installation de nouvelles machines, engagement d'employés, introduction d'autres matières premières ou d'autres produits), sans se préoccuper par lui-même ou par l'intermédiaire de ses subordonnés des détails de l'entreprise. La courbe de la jouissance présentera alors, pour chaque produit ou moyen de production, de longues parties droites ; ce tracé polygonal, qui se répète naturellement dans la courbe du coût et de l'utilité, s'exprime au moyen d'une dentelure grossière dans la courbe de l'offre et de la demande. C'est ce qui montre que les faibles oscillations de prix restent inaperçues, et que l'on ne s'occupe que des changements d'exploitation importants, tandis que l'on néglige des combinaisons intermédiaires de consommation et de production en soi avantageuses. L'entrepreneur considéré trouve, comme le consommateur exigeant, que ce n'est pas la peine ou bien qu'il n'est pas avantageux de fractionner son temps et son attention pour obtenir l'utilisation la plus complète possible des matières premières et des moyens de production achetés, pour prévenir le plus possible toute perte sur les quantités produites et à vendre, pour réussir à employer avec le plus d'économie possible l'outillage et les installations, etc. Par contre, celui qui ne recule pas devant la peine de surveiller le travail de chaque journalier et de chaque machine, même dans les plus petits détails, celui qui fait dépendre toute disposition de sa décision, court le danger de ne se dépenser qu'en minuties, de perdre toute vue générale et de négliger d'entreprendre en temps voulu les modifications les plus considérables. Chez cette personne, la courbe de la jouissance aura un tracé beaucoup plus continu que la courbe dont nous avons parlé auparavant, mais, si elle se réfère à un produit, elle sera dans sa partie gauche plus escarpée pour les plus grandes quantités et moins pour les petites, et par là plus bombée dans son ensemble, par conséquent elle se rapprochera plus tôt de sa limite asymptotique ; le côté droit est plus escarpé au début et s'infléchit également plus vite, si la courbe se réfère à un moyen de production. Si l'on évite toute faute dans les deux directions et si, par conséquent, l'on obtient en fait la jouissance la plus élevée pour toutes les quantités achetées ou vendues, la courbe aura le tracé le plus continu possible et sera en même temps moins incurvée ; elle peut se rapprocher le plus possible de cette forme au moyen d'une répartition opportune et savante du travail de l'entrepreneur. L'initiative des grandes modifications de l'entreprise doit toujours appartenir au chef ou directeur tandis que, par une attribution judicieuse des emplois inférieurs à des contre-maîtres habiles, à des surveillants et à des travailleurs capables et par une instruction et un encouragement professionnel du personnel, par exemple par un système de primes sainement mesuré, les moindres modifications et améliorations ne resteront pas inaperçues.

Moins l'entreprise a d'importance, moins une division aussi complète du travail sera appropriée et possible ; l'entrepreneur doit prendre sur soi la tâche des directeurs, des contre-maîtres et finalement des ouvriers, et son aptitude personnelle à toutes ces occupations s'exprime d'une manière correspondante dans la courbe de la jouissance ; les limites dans lesquelles on peut choisir le mode d'exploitation le plus avantageux se rétrécissent toujours. L'artisan qui travaille sans employés ou l'ouvrier aux pièces et à domicile n'a guère, comme entrepreneur, qu'à déterminer la durée et à s'occuper de la répartition la plus appropriée de son travail, car, pour le reste, le meilleur mode d'exploitation est généralement prescrit par les circonstances. Enfin, s'il s'agit d'un ouvrier aux pièces en fabrique, d'ordinaire une durée de travail lui est imposée et souvent aussi une limitation supérieure et inférieure de sa production journalière résulte pour lui de la marche des machines, de telle sorte que ses propres considérations n'ont aucune influence sur le choix du genre d'exploitation auquel il doit se conformer et que ses qualités personnelles ne peuvent en général se manifester que dans la bonne utilisation de. matières premières et dans l'emploi économique de l'outillage et du matériel. Mais, en outre, l'aptitude spéciale de l'individu à tout genre particulier d'activité productrice aura un influence très nette. Une plus grande habileté, comme une plus grande force physique, permet à l'ouvrier d'accomplir le même travail avec un moindre effort ; il en résulte que le tracé entier et notamment le début de la courbe du coût d'un produit devient moins escarpé et celui de la courbe de l'utilité d'un moyen de production plus escarpé ; le prix minimum s'abaisse et le prix maximum s'élève. L'homme appliqué s'efforce de ne gaspiller ni son temps ni ses efforts, et il parvient de même à obtenir une prestation plus considérable avec le même effort. La courbe du coût de l'entrepreneur moins aisé a un tracé moins raide ; ceci repose, nous l'avons déjà mentionné, sur ce qu'il n'est pas en état d'attribuer autant de valeur en argent à son effort que son confrère plus aisé. Par une méthode appropriée et principalement par l'exercice, chacun acquiert enfin un plus haut degré d'habileté et il devient ainsi capable de reporter plus loin les limites de la fatigue, de sorte que la courbe du coût n'a son tracé escarpé que pour une production plus considérable.

Chez un producteur se livrant à un travail physique, le rapport entre les quantités consommées et les quantités produites adaptées de la façon la plus utile s'exprime mieux que chez le producteur qui se contente d'organiser et de surveiller. Non seulement la productivité peut être accrue et la limite d'épuisement peut être reculée par une nourriture appropriée, mais la nouriture et le genre de vie tout entier doivent être en harmonie avec l'activité professionnelle ; le forgeron a besoin d'une autre nourriture que le tailleur, le matelot que le mineur, etc.

Un individu plus productif mais aussi plus exigeant, qui s'est élevé à un genre de vie plus aisé, comme par exemple un ouvrier américain par rapport à un ouvrier de l'Europe Orientale, aura dans sa courbe de la jouissance relative à ses produits une ordonnée initiale plus longue et, vers la gauche, une tangente initiale plus escarpée, mais dont la direction ne s'éloigne que lentement de la courbe. Si le mode de vie est plus modeste, la courbe commence plus bas, a un tracé moins escarpé au début, puis s'incurve vivement, parce que même un haut salaire ne peut amener l'ouvrier mal nourri et sans besoins à de fortes prestations, tandis qu'il persévèrera à fournir un faible travail et à toucher un salaire mesquin, sans penser à un changement de profession.

58. Influence de l'habitude et de l'actif initial. — L'augmentation de jouissance due à l'intervention d'une habitude attachée à une certaine combinaison de consommation et de production ou, plus souvent, à un groupe de combinaisons rapprochées l'une de l'autre a plus d'influence auprès des petites entreprises qu'auprès des grandes; mais on peut maintenir complètement, surtout pour les premières, l'analogie avec l'habitude d'un objet de consommation à l'égard d'un produit ou d'un moyen de production. L'entrepreneur peut s'habituer à une certaine activité en général, ce qui augmente sa crainte de passer à une autre occupation, il peut s'habituer à une entreprise limitée et il en acquerra une plus grande aversion envers toute augmentation de l'exploitation, ou à une forte production, ce qui accroît sa crainte des réductions, des renvois de travailleurs, etc., ou, enfin, il devient insensible, dans des limites toujours plus larges, aux variations des prix et ne se résout qu'avec beaucoup de difficultés à changer essentiellement l'étendue habituelle de son entreprise. La courbe peut ainsi devenir moins escarpée, plus raide, plus bombée; mais naturellement cette habitude qui abaisse le prix minimum d'un produit a pour effet une augmentation du prix maximum de ses moyens de production. Le dégoût se faisant sentir peu à peu à l'égard d'une certaine sorte d'activité opère juste dans le sens contraire à celui d'une habitude qui s'ancre.

Nous avons déjà observé (§ 46) que la condition de la fortune initiale exerce une influence très analogue à celle de l'habitude sur la forme de la courbe de la jouissance, notamment quand cette courbe se réfère à un article dont la consommation suppose la possession de certains objets d'usage. Mais une relation de ce genre existe pour tout moyen de production et tout produit quant aux outils, machines, constructions, etc., exigés pour la production en question. C'est surtout dans les entreprises plus grandes que la quantité produite, que l'on ne diminue pas volontiers, n'est pas tant déterminée par une habitude éventuelle que par l'importance de l'outillage actuellement existant. Ici il ne sera que rarement possible et avantageux d'obtenir une augmentation sérieuse de la production sans nouvelles installations, c'est-à-dire au moyen seulement de modifications des procédés telles que l'augmentation de la durée de travail, l'accroissement du nombre des journaliers, le passage à d'autres qualités d'un moyen de production, etc. On peut d'ailleurs revenir sans perte sur ces changements apportés à l'entreprise toutes les fois que disparaît la variation de prix qui les avait provoqués, et le capital d'exploitation nécessité par la dite modification redevient disponible. Il n'en est pas de même si le changement nécessite des avances durables de capitaux, par exemple des reconstructions, l'édification de nouveaux bâtiments, des acquisitions de machines, etc. Il est clair, *a priori*, que, quand le changement de prix de l'article *A* n'appartient pas, comme on s'y attendait, à une conjoncture durable, mais que celle-ci se modifie à nouveau et que l'on veut revenir à l'ancien état de choses, le capital fixe dépensé ne pourrait être récupéré qu'en partie ou pas du tout. Au risque résultant d'une telle perte se joignent souvent encore l'inconvénient causé par l'interruption de l'exploitation et la crainte que le renouvellement partiel n'entraîne encore de nouvelles dépenses que l'on ne peut apprécier d'avance. Quand on prend en considération toutes ces circonstances, l'importance du risque est différemment évaluée par chaque individu ; il faut ici tenir compte de ses conditions de fortune et de crédit, c'est-à-dire de la facilité qu'il a à se procurer de l'argent, comme de ses inclinations et de ses habitudes, de son optimisme ou de son pessimisme. Plus le risque paraît grand, et plus on craint de nouvelles avances de fonds, plus est faible la jouissance que l'on peut attendre de cette quantité à acheter ou à vendre de *A* pour laquelle doit être fait le placement en question. Il en résulte que, s'il s'agit d'une installation en vue d'une fabrication plus considérable du produit ou bien d'une moindre consommation ou d'une production propre du moyen de production A, la courbe de jouissance décroîtra à gauche de la quantité antérieurement vendue ou achetée avec d'autant plus de rapidité que la crainte du placement en question est plus forte. Mais, si cette installation a pour objet l'accroissement de la fabrication d'un autre produit, de sorte qu'il en résulte une moindre production de A, ou bien un emploi augmenté d'une matière première ou d'un moyen de production, ou bien la mise en œuvre ultérieure du produit A fabriqué par l'entrepreneur, la courbe de la jouissance montera, à droite de l'ancienne quantité achetée ou vendue, avec d'autant plus de lenteur que l'on redoute plus le placement en question. Tout à fait comme l'habitude de certaines quantités, la crainte de plus grosses installations a cet effet que l'individu ne modifie rien à son établissement dans les limites des fluctuations de prix assez importantes et qu'il faut des modifications considérables pour l'amener à passer à ces quantités d'achat ou de vente qui requièrent de nouveaux placements.

Si, au contraire, la fixation nouvelle de capitaux est opérée, la possession effective de l'entrepreneur de notre point de départ s'est modifiée de façon durable. A la vérité, il a une installation manufacturière plus importante ou plus parfaite, mais il a ou bien moins de capitaux liquides, ou bien plus de dettes ; pour cela même sa jouissance sera moindre qu'auparavant pour toutes ces quantités d'achat ou de vente de A pour lesquelles l'application de capitaux en question n'est pas nécessaire ou opportune. Ainsi il y aura baisse de tous les points de la courbe de la jouissance à deux branches situés soit à droite, soit à gauche des nouvelles quantités d'achat ou de vente, suivant que la fixation de capitaux qui a été faite avait pour but soit une augmentation de la production, soit une diminution de la consommation de A, ou bien le contraire. Par contre, il n'y a pas variation des ordonnées de la courbe dont les abscisses donnent les nouvelles quantités, de sorte que la courbe devient dans le 1ᵉʳ cas moins et dans le 2ᵉ cas plus raide qu'auparavant, dans sa partie située entre l'ancienne et la nouvelle quantité ; le retour de la nouvelle à l'ancienne quantité ne peut ainsi avoir lieu que pour un prix de A qui est beaucoup plus bas dans le 1ᵉʳ cas et beaucoup plus élevé dans le second que celui auquel l'individu avait pris la résolution de faire l'installation en question. De même les ordonnées suivantes de la courbe de la jouissance, partant de la nouvelle quantité pour laquelle l'installation était avant tout nécessaire, restent inchangées seulement en tant que cette installation continue à être opportune pour des quantités encore plus considérables. Par exemple, si l'on faisait passer de quatre à cinq le nombre des chaudières, les ordonnées de la courbe de la jouissance resteront les mêmes pour les quantités de produits et de moyens de production pour lesquelles ces cinq appareils ne suffisent plus, si l'installation de la cinquième chaudière n'a pas rendu plus difficile ou plus chère l'extension ultérieure des appareils de chauffage ; ces ordonnées sont, par contre, raccourcies si cette installation empêche d'une manière quelconque l'extension ultérieure. L'augmentation dans la possession d'articles d'usage durable, par exemple de chaudières, a toujours le même effet qu'une habitude nouvellement prise et coïncide aussi avec elle. Le retour à l'ancien état de choses reste naturellement possible, mais il est lié à de nouvelles dépenses et à de nouveaux troubles dans l'exploitation. Bien que, pour une production de moindre importance, la coopération des nouveaux appareils ou leur simple utilisation comme réserve ou leur chômage total ou partiel permette des modes d'exploitation qui ne pouvaient entrer en ligne de compte avant l'organisation de la nouvelle installation, la production de quantités plus petites avec un outillage considérable reste toujours désavantageuse. Le retour à l'ancienne quantité est ainsi rendu difficile dans tous les cas par les installations faites dans l'intervalle.

Les changements de forme de la courbe de la jouissance, dont nous nous occupons en ce moment, qui se répètent naturellement d'une façon exacte dans le courbe du coût et de l'utilité et qui ont pour effets des variations correspondantes de la courbe de l'offre et de la demande, se présentent avec une netteté particulière quand il s'agit, pour l'individu considéré, non seulement de l'augmentation et de l'amélioration de l'outillage actuel, mais de la création d'un outillage tout nouveau, et ils se manifestent dans leur plénitude quand, en même temps, on passe à une nouvelle profession. Le changement de forme de la courbe de la jouissance indique alors comment, chez cet individu, l'offre du produit ou la demande du moyen de production, auparavant non effectives, deviennent réelles.

Souvent le bénéfice considérable que procure une conjoncture favorable contribue à amollir l'entrepreneur et à lui inspirer une crainte exagérée de tout changement et, par conséquent, de nouvelles installations. S'il se présente alors une conjoncture défavorable, l'entrepreneur, au lieu de limiter son exploitation, procède encore à de nouvelles installations pour pouvoir continuer à lutter contre ses concurrents par la production ou la transformation à meilleur marché de quantités plus importantes. Sous l'influence du revenu diminué, l'estimation individuelle de la valeur de l'argent augmente, de sorte que la forme de la courbe de la jouissance se modifie et, en conséquence, notamment pour des quantités plus grandes d'un produit ou d'un moyen de production, des combinaisons nouvelles de consommation et de production font leur apparition, combinaisons qui restaient inaperçues, auparavant, dans une conjoncture favorable. Il y a ainsi cette conséquence fréquente de la conjoncture favorable due à une protection douanière, que dans l'industrie considérée on néglige de procéder à de coûteuses améliorations et on ne les reprend que quand, par suite de l'abaissement du droit, une mauvaise conjoncture s'est manifestée.

Les causes opposées ont naturellement des effets opposés. Ainsi, quand un entrepreneur abandonne complètement son établissement consacré à la production de l'article A, la partie gauche de sa courbe de la jouissance et, en même temps, les courbes du coût et de l'offre, deviennent également plus escarpées dès le début, tout à fait comme elles ont un tracé moins escarpé si l'on établit ou si l'on accroît le dit établissement. Enfin les courbes totales, elles aussi, sont influencées par toutes les variations, envisagées ici, de chaque courbe individuelle du coût et de l'utilité.

CINQUIÈME PARTIE

L'individu pétenteur d'un stock

CHAPITRE PREMIER

LA SPÉCULATION

59. Influence d'un stock initial. — Jusqu'à présent, nous avons toujours supposé que l'individu n'était détenteur d'aucun stock ni à la fin ni au début de l'année; nous voulons maintenant abandonner cette dernière hypothèse et nous occuper de l'influence d'un stock initial.

Soit, dans la figure 54, la courbe tracée en noir $g_a g_n$, c'est-à-dire la courbe de la jouissance afférente à l'article A et conforme aux hypothèses antérieures; supposons en outre que la possession d'un stock initial a de A, que la personne considérée devrait, par exemple, à une libéralité, ne suscite aucun changement ni dans ses autres biens, ni dans ses qualités personnelles. Il est évident que la jouissance offerte à cet individu par une certaine combinaison de consommation et de production dans laquelle il utilise la quantité v et produit la quantité e de l'article A, ne peut aucunement être influencée par la possession du stock initial en question. Cette possession a, par contre, ce résultat que l'individu a à acheter non plus l'excédent total $(v - e)$ de sa consommation sur sa production, mais seulement la quantité moindre $(v - e - a)$, ou, à l'inverse, qu'il peut vendre non

plus l'excédent $(e - v)$ de sa production sur sa consommation, mais la quantité plus grande $(e - v + a)$. Il s'agit
ainsi de la quantité d'achat ou de vente

$$x = v - e - a,$$

tandis qu'auparavant il s'agissait de

$$x = (v - e).$$

Les abscisses de la courbe de la jouissance $g_a g_n$ représentent ces dernières quantités, et il nous faut donc reculer
toutes les ordonnées de cette courbe, vers la gauche, de la
longueur $O\alpha$ désignant le stock initial a, si nous voulons
obtenir la jouissance relative aux quantités d'achat ou de
vente, tout en tenant compte de ce stock initial. Il en résulte une nouvelle courbe de la jouissance, $g_{a_1} g_{n_1}$, dessinée
en rouge dans notre graphique. L'ordonnée $\alpha\beta$ — égale à
l'ancienne ordonnée initiale Ob — qui donne la jouissance
pour $v = e$, c'est-à-dire au cas d'une production et d'une
consommation équivalentes — se trouve sur l'abscisse négative $O\alpha$, et l'ordonnée Ob_1 située au-dessus du point O désigne la satisfaction initiale qu'il est possible d'atteindre
sans achat ni vente et que l'on n'obtient que par une consommation dépassant de a la production simultanée.

Si nous abaissons la courbe $g_{a_1} g_{n_1}$ de l'ordonnée Ob_1, nous
avons la courbe $a_1 O n_1$, également figurée en rouge, dont
les ordonnées représentent : à droite l'utilité de toute
quantité d'achat, et à gauche le coût de toute quantité de
vente ; on obtient ainsi la courbe du coût et de l'utilité de
la vente et de l'achat, et la courbe noire aOn figure, après
comme avant, le coût de la production et l'utilité de la consommation. La dérivée, en tracée rouge, $a'_1 O n'_1$, de la courbe
$g_{a_1} g_{n_1}$ ou de la courbe $a_1 O n_1$, est la courbe de l'offre et de la
demande de l'individu pourvu du stock initial a, et son
point d'intersection avec la ligne du prix, toujours valable,
POP, mesure la satisfaction par sa distance, en sens ver-

tical, de la courbe rouge de la jouissance. Par suite de la possession du stock initial a, cette satisfaction est, pour tout prix $tg\theta$, plus grande de $a.\ tg\theta$ qu'auparavant, alors qu'elle était représentée par l'écart vertical de la courbe noire de la jouissance et de sa dérivée $a'On'$ au point d'intersection de cette dernière et de la ligne du prix POP. En raison du déplacement qui s'est produit, les points de même direction tangentielle ont les mêmes ordonnées dans les courbes noire et rouge de la jouissance, mais ces points se trouvent de a plus à gauche dans la courbe rouge ; l'écart vertical de la courbe de la jouissance, au point d'intersection de sa dérivée et de la ligne du prix, doit donc, pour la courbe rouge, être supérieure de $a.\ tg\theta$, que pour la courbe noire. Le point d'intersection de la dérivée noire $a'On'$ avec la ligne du prix donne après comme avant la quantité exacte $(v - e)$, ou $(e - v)$, dont la consommation dépasse la production, ou inversement, et cette quantité reste tout à fait indépendante de la grandeur du stock initial ; l'écart vertical de ce point d'intersection et de la courbe aOn représente le profit de la consommation ou de la production de cette quantité. Ce profit n'est pas modifié par la possession d'un stock a, bien que, nous l'avons ʋu, la satisfaction effective en soit accrue de $a.\ tg\ 0$; en effet, pour évaluer ce profit, nous devons, dans les deux cas, comparer la satisfaction effective avec celle que l'on obtient pour $v = e$, c'est-à-dire quand la production est juste égale à la consommation. Mais, dans le premier cas, cette satisfaction est Ob et, dans le second (existence du stock a, susceptible d'être vendu au prix $tg\ 0$), elle n'est pas mesurée par $a\beta = Ob$, mais par l'écart vertical $p\beta$ du point β et de la ligne du prix, et cette distance est supépérieure de αp, c'est-à-dire du montant $a.\ tg\theta$. Enfin, l'écart vertical des courbes rouges a_1On_1 et $a'_1On'_1$ indique le *profit d'achat ou de vente* de la quantité représentée par les abscisses, car il figure toujours l'excédent de la satisfaction effective, c'est-à-dire de l'écart vertical des courbes $g_1g_{n_1}$ et $a'_1On'_1$

sur la satisfaction initiale Ob que l'on peut obtenir sans achat ni vente de A.

Plus le stock initial a est considérable, plus la courbe $g_a g_n$, dont nous sommes partis, recule vers la gauche, moins la nouvelle courbe de la jouissance $g_{a_1} g_{n_1}$ est escarpée à l'endroit où elle traverse l'axe des ordonnées, plus la demande de A par l'individu considéré décroît et plus son offre croît. On constaterait le contraire si la dite personne s'était engagée à livrer, pendant l'année courante, une certaine quantité a de A à d'autres personnes; il faut alors considérer a comme un stock négatif, et la courbe $g_a g_n$ serait à reporter d'autant à droite, au lieu de l'être à gauche.

60. Conservation d'un stock final. — La courbe de la jouissance tracée en rouge dans la figure 54 tient compte, il est vrai, de l'existence d'un stock initial a, mais elle repose toujours sur l'hypothèse, que nous avons maintenue jusqu'à présent, que tout achat de l'article A a pour seul objet de subvenir aux besoins courants, ou que toutes les quantités provenant de la production de l'année ou du stock initial de l'individu considéré sont amenées sur le marché, à moins qu'il ne les consomme en personne. Mais ordinairement il ne peut y avoir de stock au début d'une année si, l'année précédente, la personne dont il s'agit n'a pas accumulé un stock final du même article ; cela ne peut se faire que si elle n'a pas consommé une partie de la quantité achetée ou si elle n'a pas vendu une partie de la production disponible et l'a consacrée à la formation d'une réserve. Il y a donc lieu de tenir compte de la constitution d'un stock final à côté des nombreux autres modes d'emploi de l'article A. Jusqu'ici, pour toute quantité déterminée d'achat ou de vente ($x = v - c - a$), on pouvait consommer et produire beaucoup ou peu; maintenant, au contraire, à l'utilisation et à la production de A s'ajoute la spéculation, puisque l'on conserve un stock final s et, pour une même quantité d'achat ou de vente x qui est maintenant $(v - e - a + s)$, cette réserve peut être grande ou petite suivant qu'on limite plus ou moins la consommation ou qu'on accroît plus ou moins la production. Naturellement, parmi toutes les combinaisons possibles, maintenant encore plus nombreuses, telle qui comporte un stock final s ne peut apparaître comme la plus avantageuse que si la possession de ce stock procure à l'individu considéré plus de satisfaction que s'il voulait employer la quantité s à augmenter sa consommation ou à diminuer sa production. La possession d'un stock soustrait à la consommation, nécessite d'ordinaire de la peine et des soins pour ne pas être endommagée, mais elle ne peut amener une augmentation de la satisfaction que parce qu'elle a pour conséquence un meilleur inventaire en fin d'année. L'individu ne pourra apprécier exactement cette amélioration que s'il peut se faire une idée du montant dont il bénéficiera l'année suivante en vendant son stock, ou qu'il épargnera en achetant d'autant moins. Pour évaluer un stock final s que l'on n'emploie pas pendant l'année courante, de sorte que le prix actuel $tg\theta$ ne peut plus servir de base, il faut donc que l'individu connaisse le prix qu'il croit pouvoir attendre pour l'année suivante. Une supposition de ce genre est nécessaire à toute spéculation et seule une telle hypothèse peut provoquer la résolution de conserver un stock d'un certain montant : on se trouve ainsi déjà en face d'une spéculation et même d'une spéculation sur des prix plus élevés, quand quelqu'un conserve bon an mal an des stocks constants pour se rendre indépendant des irrégularités dans la livraison de ses moyens de consommation ou de production, ou bien pour pouvoir suffire à une demande urgente de ses propres produits. D'ailleurs on peut considérer le nouvel emploi de l'article A à la formation d'un stock final tout comme la production d'un nouvel article « article A pour utilisation *future* » ; l'on comprend donc que le prix de ce nouvel article, c'est-à-dire le prix futur de l'article. A doit être connu, tout au moins dans l'appréciation de l'individu qui a à établir, pour toute quantité d'achat ou de vente de A, la meilleure combinaison de toute sa consommation et de toute sa production, tout comme il connaît les prix de tous les autres articles.

Soit $tg\zeta$ ce prix futur prévu par le spéculateur: l'amélioration de l'état de fortune par la possession du stock final ne sera jamais égale au montant total $s.\,tg\zeta$, car, abstraction faite des simples frais de conservation, des droits de magasinage, de l'assurance, etc., le fait suivant a toujours une certaine importance, à savoir que le montant $s.\,tg\zeta$ ne peut figurer dans la situation de fortune de la fin de l'année courante comme de l'argent comptant, mais seulement comme de « l'argent futur ». Toute somme d'argent future a toujours une valeur inférieure au montant nominal et son estimation dépend de la date de l'échéance et du risque d'une réalisation incomplète.

En ce qui concerne le terme, il faut nous rendre bien compte que nous avons toujours supposé jusqu'ici une diminution ou une augmentation de la situation de fortune, en fin d'année, égale à la dépense pour la quantité achetée, ou au bénéfice brut résultant de la quantité vendue de A. Mais, si les paiements avaient lieu, selon les circonstances, dès le début ou au cours de l'année, il faudrait chaque fois tenir compte des intérêts courus à partir du jour du paiement, jusqu'à la fin de l'année. Pour simplifier, il est donc bon de supposer que, à quelque époque qu'ait lieu la livraison des quantités achetées ou vendues pour l'année considérée, le prix est constamment payable à la fin de l'année, et il est opportun de continuer à s'en tenir à cette supposition. La somme future mentionnée $s.\,tg\zeta$ doit ainsi au plus tôt — si la réalisation de la totalité du stock est à prévoir pendant l'année suivante — échoir à la fin de cette année, de sorte que cette somme, abstraction faite de tout risque, ne peut jamais figurer dans l'inventaire de fin d'année qu'après déduction des intérêts calculés sur une année au minimum. Cette diminution égale au montant des intérêts augmentera déjà plus que proportionnellement à mesure que croîtra le stock de spéculation s, presque toujours au moins à partir d'une certaine limite; ainsi l'appréciation faite en vue de la fortune en fin d'année croîtra moins que proportionnellement, rien que pour ce motif, avec l'augmentation du stock. Il en est de même, sur une plus grande échelle, du risque, lié à toute conservation, qu'avant d'être liquidé le stock en question soit perdu, détruit, abîmé ou endommagé au point de vue de la qualité. Ajoutons-y le risque — dont tout spéculateur doit tenir un compte très sérieux et qui croît rapidement avec l'importance de sa spéculation — qu'il n'arrive pas tout à fait, lors de la réalisation de son stock, au prix qu'il attendait, et cela d'autant moins parce que l'année suivante sa propre demande deviendra d'autant plus faible et son offre d'autant plus forte, et que par là le prix courant s'affaissera d'autant plus que son stock initial est plus considérable par suite de sa spéculation.

. Toutes ces circonstances s'unissent à la peine et aux soins attachés à la conservation du stock final, qui augmentent avec l'importance croissante de ce stock; elles ont ce résultat, que, même si l'individu considéré ne consommait ni ne produisait l'article A et se contentait de le négocier, sa courbe de la jouissance relative à A aurait un tracé concave, comme $g_a g_n$ (fig. 55). Cette courbe commence à gauche du point O, au-dessus de l'abscisse $O\alpha$ qui désigne le stock initial a, et elle y a pour ordonnée αg_a qui représente la jouissance, au cas d'exclusion de A, c'est-à-dire la satisfaction dans l'hypothèse d'un abandon gratuit de tout le stock initial a; au début, la courbe est ascendante, puis elle devient descendante longtemps après avoir, à droite de l'axe des ordonnées, atteint un point culminant. Il y aura donc toujours une

certaine limite, très lointaine il est vrai, au delà de laquelle
l'individu n'accroîtra son stock de spéculation que moyennant l'allocation d'une prime, à cause du dérangement et
de la peine qui résultent de sa conservation. La courbe $g_a g_n$,
abaissée de la satisfaction initiale Ob, devient la courbe aOn
qui représente à gauche le coût de production à mettre en
ligne de compte pour une vente totale ou partielle du stock
initial, et à droite l'utilité d'une augmentation du stock au
moyen d'achats complémentaires. La dérivée $a'On'$ qui,
comme la courbe du coût, cesse juste au-dessous du point g_a,
c'est-à-dire en a', est la courbe de l'offre et de la demande
de la personne qui se contente de négocier des stocks. La
direction du premier rayon vecteur Oa' donne ce prix
maximum OP, pour lequel la conservation d'un stock dans
un but de spéculation reste tout juste encore possible,
de sorte que, si le prix courant actuel $tg\theta$ augmente, l'on
ne conservera plus aucun stock final et l'on vendra la totalité du stock initial. Le prix OP, doit donc être inférieur
au prix futur $tg\zeta$ au moins du montant des intérêts annuels
et des frais effectifs éventuels de conservation, et il est
évident que, si l'individu n'avait sur ce dernier prix aucune
opinion déterminée et, en conséquence, aucune raison de
supposer $tg\zeta$ supérieur ou inférieur à $tg\theta$, il ne pourrait
conserver un stock final.

61. Le commerce au moyen de stocks. — Reprenons le cas
général d'un individu qui consomme et produit l'article A,
et soit la courbe noire $g_a g_n$ (fig. 56a ou b), la courbe de
la jouissance, tenant compte de l'existence d'un stock
initial a, d'ailleurs la même que $g_{a_1} g_{n_1}$ (fig. 54). La forme de
cette courbe se modifiera dès que l'individu présumera un
prix futur déterminé, $tg\zeta$, de A et se présentera par
conséquent comme spéculateur — comme négociateur de
stocks — ; à partir d'un certain point γ elle suit en effet le
parcours plus élevé, reproduit en rouge, γg_{n_1}, et elle n'atteint

alors son maximum que beaucoup plus loin à droite. Le fait que les deux courbes de la jouissance coïncident depuis l'extrémité gauche jusqu'au point γ résulte de ce que, naturellement, pour le prix futur $tg\zeta$, on ne conservera pas de stock final, tant que toute vente réduite ou tout achat accru peut être employé d'une façon plus avantageuse à la limitation de la production et à l'accroissement de la consommation qu'à la formation d'un stock. Le prix maximum pour conserver un stock, OP_s, qui, nous l'avons vu, doit être inférieur à $tg\zeta$, à la direction de la première partie droite de la courbe rouge γg_{n_1} qui, tangente au point γ, se rattache à la courbe $g_a g_n$. Cette ligne droite, comme $\gamma\gamma_1$ de notre figure, aura souvent une longueur considérable, parce que la spéculation exige de la peine et de l'attention, ce à quoi la plupart des gens ne veulent pas être assujettis pour de faibles quantités. Moins le prix $tg\zeta$ attendu pour l'année suivante est élevé, moins OP_s s'écartera de l'horizontale et plus le point γ se trouvera à droite; la figure 56a repose ainsi sur l'espoir d'un prix futur $tg\zeta$ beaucoup plus élevé que celui de la figure 56b.

Si l'on abaisse la courbe de la jouissance $g_a g_{n_1}$ du montant de son ordonnée initiale, elle devient la courbe du coût et de l'utilité $a_1 O n_1$ (fig. 56a) ou $a O n_1$ (fig. 56b) basée sur le prix futur $tg\zeta$, du consommateur considéré, détenant un stock et produisant en même temps. Cette courbe est tracée en rouge, d'un bout à l'autre, dans la figure 56a ; elle se trouve plus basse dans la branche gauche et à gauche de γ et elle est partout plus basse de la différence des ordonnées initiales Ob et Ob_1, mais elle est plus haute à droite que la courbe du coût et de l'utilité aOn valable pour le prix inconnu $tg\zeta$. Par contre, dans la figure 56b, cette dernière courbe reste valable de son extrémité gauche au point situé verticalement au-dessous de γ, et la courbe de l'utilité On_1 valable pour le prix futur moins élevé $tg\zeta$ s'en détache seulement à partir de ce point — tracée en rouge. La dérivée $a'On_1'$ de la courbe

$g_c g_{n_1}$, c'est-à-dire la courbe de l'offre et de la demande du commerçant pourvu de stocks, est également dessinée en rouge en tant qu'elle se distingue de la courbe $a'On'$ du non-spéculateur, c'est-à-dire à droite du point γ' situé au-dessous du point γ. Dans la figure 56a, entre γ' et le point O, cette courbe se trouve même être une corde au-dessous de la dérivée noire, et ce n'est qu'à droite du point O qu'elle est au-dessus de la dite dérivée. Le point d'intersection de la ligne du prix chaque fois valable avec $a'On'_1$ désigne respectivement, par des abscisses positive et négative, la totalité de la quantité achetée et vendue $x = (v - e - a + s)$; la satisfaction est représentée par l'écart vertical de la courbe de la jouissance $g_a g_{n_1}$, le profit d'achat ou de vente dans l'écart vertical de la courbe du coût et de l'utilité $a_1 On_1$ — ou, dans la figure 56b, $a On_1$ — au point d'intersection. Si ce point est à gauche de γ', on ne conserve pas de stock final; s'il se trouve à droite de γ', mais encore à gauche du point O (fig. 56a), on vend seulement une partie du produit disponible et le reste est conservé à titre de stock final; s'il se trouve à droite du point O, mais à gauche de γ' (fig. 56b), les achats se limitent à la couverture du besoin propre; s'il est situé à droite des points γ' et O, l'individu achète non seulement pour satisfaire à son propre besoin, mais aussi afin de constituer un stock. La grandeur du stock final s à réserver dans chaque cas est d'ailleurs aussi peu visible dans nos diagrammes que celle de la consommation v ou de la production e. Notre figure montre, il est vrai, combien pour chaque prix l'on achète de plus ou l'on vend de moins que s'il n'y avait pas détention d'un stock final, mais il ne faut pas que cette quantité coïncide avec le stock final, car l'individu peut trouver plus avantageux de s'écarter aussi de sa production et de sa consommation antérieures.

La courbe de l'utilité On_1 et la courbe du coût Oa_1 ou Oa (fig. 56a ou b) d'un négociateur de stock ou d'un spéculateur en général, qui compte ainsi sur un certain prix futur $tg\zeta$

de l'article *A*, peuvent très bien être combinées en deux courbes totales avec les courbes individuelles analogues des autres personnes, que celles-ci spéculent ou non. Si nous faisons tourner de 180° la partie, située à gauche du point O, de la courbe totale du coût obtenue de cette manière, cette courbe se trouve opposée de la façon habituelle à la courbe totale de l'utilité, et l'intersection des dérivées de ces deux courbes détermine le prix $tg\theta$ et le débit total. L'écart vertical entre ce point d'intersection et la courbe totale de l'utilité, ou du coût, donne le bénéfice obtenu par tous les acheteurs lors de l'achat, ou par tous les vendeurs lors de la vente, et l'écart vertical entre ces deux courbes au dit point d'intersection, représente le bénéfice commun des personnes engagées dans ce négoce résultant de l'achat et de la vente. Mais nous ne devons pas perdre de vue que, si nous n'excluons plus chez les individus pris isolément l'existence de stocks variables, nous abandonnons notre hypothèse du début (§ 1) que les marchés et les stocks restent constamment les mêmes. Dans sa totalité, le débit ne peut donc plus être identifié à la quantité produite et consommée chaque année. De même l'avantage issu de l'achat et de la vente, qui auparavant coïncidait avec la rente de la consommation et de la production, a maintenant une signification plus générale, car il comprend le bénéfice provenant du commerce comprenant un stock ; cela est également vrai du bénéfice commun.

Enfin, les figures 56*a* et *b* nous montrent que, plus le prix futur $tg\zeta$ auquel s'attend un individu déterminé est élevé, plus le tracé de sa courbe de la demande sera élevé, tandis que dans la courbe de l'offre le point γ', jusqu'auquel la dérivée rouge est plus bas que la dérivée noire, se déplace toujours plus vers la gauche ; la courbe de l'offre, si nous la faisons tourner de 180°, sera ainsi plus élevée dans un parcours d'autant plus grand. L'influence exercée par le prix futur plus élevé que l'on attend sur la forme des courbes individuelles joue un rôle analogue pour les courbes totales dans ce sens que la ligne du prix déterminée par leur tracé devient plus escarpée. Le prix courant en vigueur à l'heure présente augmente ainsi, comme il est facile de le comprendre, comme nous l'avons déjà mentionné (§ 14), quand une ou plusieurs personnes spéculent sur un prix futur plus élevé et agissent en conséquence. D'autre part, il est évident que de grands stocks finaux accumulés par des spéculateurs, stocks qui, l'année suivante, se transforment en stocks initiaux, comme nous l'avons déjà vu, contribuent à abaisser le prix courant de cette année suivante. La spéculation a ainsi pour effet d'amoindrir cette même augmentation de prix sur l'attente de laquelle elle se base; elle produit ainsi, dans la mesure où elle est justifiée et où elle est par conséquent avantageuse aux spéculateurs considérés, un bénéfice commun; en effet, tous les changements de prix violents portent préjudice à la communauté. Par contre, quand le spéculateur se trompe et quand, au lieu du renchérissement présumé, on constatera une diminution de prix, non seulement il y perdra, mais il nuira à la totalité, parce que son intervention n'adoucit pas, mais aggrave la modification du prix. L'influence opposée d'un individu qui attend un recul du prix outrepasse le simple commerce des stocks. Un spéculateur partageant cette opinion devrait vendre l'article A pour livraison future, c'est-à-dire faire une affaire à terme, ce qui ne peut exercer qu'une influence indirecte sur le prix courant actuel; il doit d'ailleurs se borner à ne détenir aucun stock final, et c'est ce qui a déjà lieu quand le prix courant actuel $tg0$ est bien plus élevé que $OP_{,}$, mais pourtant encore inférieur à $tg\zeta$.

62. Les marchés à terme. — La spéculation s'ouvre un domaine beaucoup plus étendu dès que les transactions ne se bornent pas à la livraison immédiate des marchandises et que l'on crée un marché régulier, pour des transactions à terme, au moyen de l'existence d'une bourse. Toute sorte d'affaires à terme relatives à un article quelconque A forme elle-même un article particulier; il s'agit d'un nouvel article chaque fois que diffère le terme et les autres conditions de la livraison. Pour rester dans un exemple déterminé, supposons toujours la livraison pendant l'année suivante comme stipulée : il faut alors que nous connaissions, si nous voulons tracer la courbe de la jouissance $g_a g_n$ relative à un article livrable à terme (fig. 57), outre les prix de tous les autres articles, le prix actuel $tg\theta_p$ de A au comptant, tandis que nous désignons maintenant par $tg\theta$ le prix afférent à la livraison à faire l'année suivante, prix qui reste seul indéterminé. Tant qu'il ne s'agit pas du commerce à terme de l'article A — par exemple, tant que l'individu n'a aucune opinion déterminée sur le prix $tg\zeta$ de l'article A pendant l'année prochaine, — il n'y a pour lui qu'une combinaison de consommation et de production qui présente le maximum d'avantages et lui procure la satisfaction initiale Ob. Dans cette combinaison, l'individu ne modifiera pas son attitude s'il s'attend pour l'année suivante à un prix déterminé $tg\zeta$, quand ce prix, étant donné le prix à terme actuel $tg\theta$, ne laisse apparaître comme rémunérateur ni un achat à terme, ni une vente à terme.

Pour nous rendre compte, en premier lieu, de la partie droite de la courbe de la jouissance $g_a g_n$, imaginons que l'on mette à la disposition gratuite de l'individu une quantité x de A successivement croissante et à livrer l'année suivante, sa jouissance s'élèvera aussitôt au-dessus de Ob, mais en aucun cas du montant futur total $x.\ tg\zeta$. Ce montant ne figurera dans son inventaire final que dans une mesure réduite par suite de l'échéance retardée et du risque attaché à la spéculation. Il faut déjà tenir compte de cette réduction dans la quantité minimum d'achat, $O\mu$, tout comme d'un droit de marché, d'un courtage, etc., et en conséquence le prix maximum d'achat OP_μ, relatif à l'article A livrable l'année suivante **et représenté** par la direction initiale de la **partie droite** de la courbe bg_n, sera inférieur au prix futur $tg\zeta$ attendu par l'individu. Mais le risque afférent à la spéculation — risque de ne pas obtenir, lors de la liquidation de l'affaire, le prix intégral présumé $tg\zeta$ pour l'année prochaine — ne cesse d'augmenter avec l'importance croissante de la spéculation; il y a en outre, d'ordinaire, accroissement plus que proportionnel de la déduction d'intérêts, provenant de ce que l'échéance de $x.tg\zeta$ n'a lieu que l'année suivante. Il résulte de ces circonstances que la partie droite de la courbe, bg_n, doit se recourber de plus en plus, dans son tracé ultérieur, par rapport à sa direction initiale ; mais, en outre, on a encore à tenir compte du désagrément résultant de ce qu'on ne peut prendre livraison effective de l'article que l'année suivante, c'est-à-dire au magasinage, à la surveillance, etc. Ce souci et ce désagrément, qui croissent avec rapidité pour les grosses quantités, imposeront enfin une limite à l'augmentation de la jouissance, de sorte que la partie bg_n de la courbe aura un point maximum, puis s'abaissera. Ce n'est que si l'article A, dont il s'agit de prendre possession effective l'année suivante, est une valeur de bourse ou de change et que si les mesures nécessaires sont prises pour que la réception ne cause aucune sorte de désagrément pour des montants si considérables qu'ils soient, de sorte qu'une possession quelque importante qu'elle soit ne puisse jamais être embarrassante, c'est seulement alors que la partie droite bg_n de la courbe aurait, comme dans la figure 42, un tracé ascendant d'un bout à l'autre, et en fin de compte asymptotique par rapport à une horizontale. Examinons, maintenant, le côté gauche bg_a dont les ordonnées représentent la jouissance relative à des quantités croissantes de vente à terme, ou encore la satisfaction en acceptant l'obligation de livrer effectivement et à titre gratuit, l'année suivante, l'article A. La direction initiale de cette partie de la courbe désigne ce cou. s minimum OP_m , pour la livraison de A l'année suivante, auquel l'individu peut encore entreprendre une vente à terme de la quantité minimum Om en considérant toutes les circonstances présentes. Le prix minimum OP_m dépend du prix attendu $tg\zeta$ et du risque que ce prix ait été évalué trop bas ; il dépend aussi des droits qui peuvent être établis sur le marché ; il faut enfin tenir compte de ce fait que l'obligation assumée ne viendra à échéance que l'année suivante. La partie gauche s'éloigne toujours de plus en plus de sa direction initiale et elle est enfin limitée par une asymptote verticale dirigée vers le bas. On peut, en effet, constater, avec une importance croissante de la vente à terme, une augmentation toujours plus rapide du risque de payer l'année suivante, pour remplir l'obligation de livrer qui a été contractée, un prix supérieur au prix présumé $tg\zeta$, et le souci et le désagrément en résultant croîtront à l'infini. Il y aura toujours un certain montant de la vente à terme au-dessus duquel l'individu ne se résoudra à aucun prix à étendre son obligation de faire une livraison effective l'année suivante.

Naturellement, la courbe $g_a g_n$, abaissée de la satisfaction initiale Ob, représente la courbe du coût et de l'utilité aOn de l'individu considéré pour la vente et l'achat à terme, tandis que la dérivée $a'On'$ est la courbe de l'offre et de la demande ; si A était une valeur de bourse, le tracé de cette dernière courbe serait à droite une asymptote par rapport à l'axe des abscisses. Le point d'intersection de la ligne du prix afférente à la marchandise livrable à terme avec la dérivée $a'On'$ donne la quantité à acheter ou à vendre, l'écart vertical entre ce point et $g_a g_n$ mesure la satisfaction et l'écart vertical entre ce point et aOn l'accroissement de satisfaction que procure l'entrée en spéculation. La courbe de l'utilité On et la courbe du coût Oa peuvent être combinées avec les courbes analogues de toutes les autres personnes en une courbe totale de l'utilité ou du coût pour les marchandises livrables à terme, et, si nous opposons cette dernière courbe, tournée de 180°, à la courbe totale de l'utilité, l'intersection des dérivées de ces deux courbes donnera le cours à terme $tg\theta$ et le débit total de la marchandise livrable à terme. L'écart vertical des courbes totales de l'utilité et du coût à ce point d'intersection représente le profit commun qui résulte, pour la communauté, de la possibilité de procurer à l'individu une nouvelle chance de bénéfice ou de diminuer le risque d'oscillations plus fortes du prix au moyen des transactions à terme. Le profit effectif de la spéculation ne peut au contraire apparaître pour chaque individu que l'année suivante quand, lors de la liquidation de l'affaire, on connaît le prix de la marchandise alors valable au comptant.

63. Reports et primes. — Ce que nous avons dit de la courbe $g_a g_n$ (fig. 57) montre que ses deux parties initiales, partant de l'axe des ordonnées l'une vers la droite et l'autre vers la gauche, seront d'autant plus escarpées que le prix $tg\zeta$ est plus élevé, prix que l'individu attend pour la livraison effective de A l'année prochaine. Cet individu influera donc d'autant plus sur les courbes totales dans le sens d'une hausse du cours à terme $tg\theta$ déterminé par leur tracé. Mais, si l'intervention de nombreux acheteurs à terme — de haussiers — fait monter le cours à terme $tg\theta$ beaucoup au-dessus du prix courant au comptant $tg\theta_p$, ce dernier prix devra suivre le mouvement ascendant. Cet effet repose sur l'intervention de personnes qui n'ont pas du tout le désir de spéculer, mais qui sont en situation, dès que le cours à terme $tg\theta$ est relativement plus élevé que le prix courant $tg\theta_p$, d'acheter au comptant et de vendre en même temps la même quantité à terme. Ces personnes opèrent sans courir aucun risque spéculatif — comme dépositaires de marchandise livrable de suite et en même temps comme producteurs de marchandises pour l'année suivante, c'est-à-dire comme reporteurs — pour utiliser le plus possible les magasins disponibles et obtenir de leurs capitaux de meilleurs intérêts. Nous voyons ainsi que toute hausse du cours à terme tg^θ doit avoir pour conséquence une plus forte demande, de la part des reporteurs, de la marchandise effective et, par conséquent, une élévation du prix courant tg^θ_p. Aussi l'écart des deux prix, au comptant et à terme, simultanément possibles, — le report, — se maintient-il entre certaines limites, et il se crée un rapport semblable à celui que nous avons déjà observé à plusieurs reprises entre les prix d'articles analogues. A l'inverse, quand un ou plusieurs spéculateurs qui attendent un prix futur tg^ζ plus bas de A se présentent comme vendeurs à terme — comme baissiers —, non seulement le cours à terme tg^θ subit une diminution, mais il y a aussi un recul du prix au comptant tg^θ_p. Cette diminution résulte de l'intervention de personnes qui détiennent des stocks effectifs de A et qui, étant donné un prix à terme tg^θ relativement bas, sont en situation de vendre au comptant et en même temps de racheter la même quantité à terme ; ces gens épargnent ainsi les frais et les risques causés par la conservation du stock et bénéficient en outre, quand le prix à terme tg^θ est inférieur au prix au comptant tg^θ_p, d'une sorte de loyer — le déport. L'action de ces personnes — les prêteurs de marchandise effective ou déporteurs — transmettra ainsi la baisse du prix à terme sur le prix au comptant et réduira les stocks de A destinés à être effectivement conservés jusqu'à l'année suivante. Il en résulte que non seulement le commerçant possédant des stocks, mais aussi, grâce à l'intervention des reporteurs et des déporteurs, le négociant s'occupant d'affaires à terme influent sur le prix courant actuel de l'article considéré et sur l'importance des stocks reportés à l'année suivante. Mais, comme nous l'avons déjà mentionné, la spéculation, en réglant l'état du stock, a pour effet de diminuer l'écart présumé entre le prix actuel et le prix courant futur. Cette influence des commerçants à terme sur les prix courants présent et futur amoindrit ainsi les variations de prix, dans la mesure où la spéculation, lors de sa terminaison, se montre raisonnable et en même temps avantageuse, tandis que la spéculation manquée nuit à la communauté. Mais si, des deux côtés, l'on ne trouve en rapports que des commerçants à terme — haussiers et baissiers —, de sorte que leurs achats et leurs ventes se compensent, le prix courant reste tg^0_p et l'état des stocks ne se modifie pas. Il se peut d'ailleurs, notamment quand il est possible de recourir à des opérations de couverture, pendant le temps écoulé entre la conclusion de l'affaire et sa solution, que des spéculateurs, des reporteurs et des commerçants de stocks changent d'opinion et échangent leurs rôles malgré leurs premières intentions. Il n'est pas possible de tracer une limite sûre entre la spéculation et les affaires dites réelles, car, en général, on ne peut même pas déterminer si quelqu'un entre en spéculation, quand il pourvoit à un besoin futur au moyen d'une opération à terme ou bien quand il préfère courir le risque d'acheter au comptant, quel que soit le prix du jour.

De même que, chez les reporteurs, la marchandise effective se présente comme une matière première, sans l'achat de laquelle aucune vente à terme ne peut avoir lieu, chez d'autres personnes des affaires à terme du genre de celles dont nous nous sommes occupés jusqu'ici ne s'effectuent qu'en combinaison avec d'autres qui sont de nature à limiter le risque découlant de la spéculation pour la personne envisagée. Il s'agit des affaires de primes : nous ne voulons parler ici que de leur forme la plus simple, car les formes plus compliquées, par exemple les affaires de stellage, peuvent toujours être ramenées à une simple affaire de primes avec achat ou vente simultanée au comptant ou à terme. Dans une affaire simple de primes, le payeur ou acheteur de primes paie une somme déterminée, la prime, pour s'assurer le droit, à un certain terme, par exemple au bout d'une année, ou bien d'acheter telle quantité d'un article *A* à un certain prix, en règle générale au cours à terme actuel, ou bien de s'abstenir du dit achat; dans un but de brièveté, nous ne voulons pas nous occuper du cas opposé où une prime serait payée pour avoir le droit, ou bien de vendre une certaine quantité d'une marchandise, ou bien de s'abstenir de cette vente. L'acheteur de primes ne se présente sur le marché, à l'échéance du terme, que s'il trouve avantageux de faire usage de son droit d'achat, et s'il ne veut pas employer ou emmagasiner lui-même, mais vendre la marchandise dont il doit alors prendre livraison effective. Le tireur ou vendeur de primes, au contraire, quand il tient en entrepôt la quantité en question de *A* et que l'acheteur s'abstient d'exercer son droit, ne voit pas changer son stock : il gagne le montant de la prime; mais, si l'acheteur fait usage de son droit, le tireur a vendu cette quantité à un prix plus élevé du montant de la prime qu'il aurait pu le faire lors de la conclusion du marché, mais d'ailleurs dans des conditions la plupart du temps plus mauvaises que s'il l'avait conservée jusqu'à l'échéance du terme. Aussi le vendeur de primes qui a un entrepôt aura seulement à l'arrivée du terme, et seulement alors, à exécuter une contre-opération sur des marchandises effectives, s'il veut se défaire du stock dont l'acheteur n'a pas pris livraison ou s'il veut remplacer ses réserves quand l'acheteur se les est fait livrer. Il en est autrement quand le vendeur de primes n'a pas de marchandises dans son entrepôt; dès la conclusion de l'affaire, il doit acheter à terme la quantité en question de *A* quand, d'après son opinion sur le mouvement des prix, il s'attend à ce que la contre-partie fasse usage de son droit d'achat. Le vendeur, comme l'acheteur de primes, utilisera d'ailleurs encore plus souvent que l'acheteur ou le vendeur à terme la possibilité de pouvoir faire des opérations intermédiaires pendant la durée de l'affaire.

64. Les effets mobiliers. — Parmi ces articles qui font
l'objet de la spéculation et du commerce à terme, les effets
mobiliers occupent une place particulière en tant qu'ils
ne sont jamais consommés et qu'à leur égard toute personne, qui n'a pas qualité pour les émettre, se trouve dans
la situation du simple commerçant qui opère au moyen de
stocks et dont nous avons parlé plus haut (§ 60).

Si parmi les effets mobiliers nous considérons d'abord
les traites sur des personnes étrangères, nous devons les considérer suivant la personne du tiré et suivant les échéances
comme autant d'articles différents. Toute courbe de la
jouissance $g_a g_n$ (fig. 58), relative à un article A déterminé
de cette façon, commence en général, comme dans la
figure 55, à gauche du point O sur une abscisse $O\alpha$ qui représente le stock initial ; les abscisses se réfèrent ici non
pas au nombre des titres, mais à la somme de leurs montants nominaux. La première ordonnée αg_a désigne la jouissance obtenue sans les lettres de change considérées,
c'est-à-dire la satisfaction au cas d'abandon gratuit du
stock initial total, tandis que l'ordonnée Ob donne la satisfaction initiale que l'on peut atteindre sans achat ni vente
de A. Mais la courbe n'a pas de maximum ; elle ne cesse de
s'élever et finalement elle est asymptote à une horizontale
parce que, nous l'avons déjà vu (§ 62), la possession d'une
quantité, si considérable qu'elle soit, de l'article considéré,
c'est-à-dire d'un montant si élevé soit-il d'argent futur, ne
peut jamais être à charge ; nous faisons en outre abstraction
de la possibilité que des ennuis et des frais s'ensuivent du
paiement en espèces fortes. Correspondant au parcours
asymptotique à une horizontale de la courbe $g_a g_n$, qui se reproduit naturellement dans la courbe du coût et de l'utilité
aOn plus basse de Ob, la dérivée $a'O'n'$ — courbe de l'offre
et de la demande — est asymptotique vers la droite, à l'axe
des abscisses. A gauche cette dérivée, comme la courbe
aOn, cesse juste au-dessous du point g_a ; mais nous pou-

vons considérer l'ordonnée du point a' prolongée vers le bas comme une continuation de la courbe de l'offre Oa'. Quand le prix dépasse la limite OP_i résultant de la direction du rayon vecteur Oa', il y a aliénation de la totalité du stock initial, et la satisfaction, qui se manifeste toujours dans l'écart vertical de la courbe $g_a g_n$ et de sa dérivée au point d'intersection de cette dernière et de la ligne du prix, est alors représentée par l'écart vertical du point g_a et de la ligne du prix.

Pour les titres tirés en monnaie indigène, le prix futur $tg\zeta$ est connu *a priori*, il est invariablement égal à 1, c'est-à-dire que l'on s'attend à ce qu'ils soient remboursés le jour de l'échéance, à leur valeur nominale. Comme, par suite, $tg\zeta$ est figuré par le rayon vecteur incliné à 45°, l'escompte est représenté par la différence d'inclinaison entre cette droite et la ligne du prix actuel. Mais, si la possession d'instruments de change comme d'effets mobiliers en général n'est jamais désagréable, elle n'est jamais agréable en et pour soi ; elle est plutôt désirée à cause de l'amélioration qui en résulte pour la situation de fortune, et cette amélioration dépend essentiellement de l'échéance des titres. Cette échéance a donc une influence prépondérante sur la forme de la courbe de la jouissance $g_a g_n$ et en particulier sur sa direction tangentielle au point g_a qui détermine le prix limite OP_i, tandis que le cours ultérieur de la courbe est surtout influencé par l'appréciation du risque dépendant de la ponctualité et de l'intégralité du paiement escompté. Ce risque croît naturellement avec l'augmentation des valeurs possédées. Mais le jugement porté sur ce risque et avec lui l'appréciation de la possession des titres A pour l'inventaire de fin d'année ne dépendent pas du tout seulement de l'importance de la possession, mais aussi de la totalité de la combinaison, en particulier de la possession simultanée de ces placements dont la sécurité repose sur des bases identiques ou analogues à celles de l'article envisagé. Pour le choix de la

Auspitz et Lieben.   13

combinaison la plus avantageuse étant donné une quantité quelconque d'achat ou de vente x de A, les prix de tous les autres articles exercent une influence prédominante et, parmi eux, d'une façon toute particulière, ces prix auxquels pourraient être acquis des substituts de l'article A, c'est-à-dire d'autres placements. Pour les articles du genre de ceux dont nous nous occupons en ce moment, comme pour les papiers de valeur en général, il paraîtra souvent opportun, pour l'individu qui augmente de plus en plus une forme de placement, de restreindre son recours à une autre. En réalité à cette considération s'ajoute encore, particulièrement importante, la prise en considération de la limitation des moyens disponibles, circonstance que nous ne pouvons approfondir tant que nous nous en tenons à notre hypothèse de l'appréciation invariable de la valeur de l'argent.

Si les titres sont payables en une monnaie étrangère dont le cours peut osciller, $tg\zeta$ n'est pas connu *a priori* et l'individu doit se faire une idée déterminée du cours $tg\zeta$ qu'atteindra la monnaie étrangère à l'époque de l'échéance. S'il ne s'agit pas de billets, mais de valeurs mobilières à intérêt fixe (rentes, obligations, etc.), le champ dans lequel se meut l'évaluation subjective du prix futur $tg\zeta$ est encore plus considérable, et cela est vrai des valeurs mobilières à rendement variable, les actions par exemple, dans une mesure encore plus grande. Remarquons en même temps que l'on doit concevoir le prix $tg\zeta$ comme comprenant le revenu de l'année suivante, tandis qu'il faut déduire du cours présent le rendement de l'année courante que l'acheteur va recevoir au bout d'un certain temps, de telle sorte que le prix du jour $tg0$ doit être compris « ex-coupon ». D'ailleurs ce que nous avons dit des billets s'applique d'une manière analogue aux autres valeurs mobilières ; l'on pourrait faire des considérations semblables au sujet des rentes viagères et des autres formes d'assurance.

Si l'article A est la promesse de paiement à une époque

future déterminée faite par la personne considérée, cet individu doit être regardé aussi peu pour un producteur que le possesseur de promesses de paiement faites par autrui doit être pris pour un consommateur. Le prix futur $tg\zeta$ est de nouveau égal à 1, et la courbe de la jouissance $g_a g_n$ (fig.59) commencera en général à droite de l'axe des ordonnées et se dirigera vers la gauche. L'abscisse Ox représente le montant en circulation, dès le début de l'année considérée, des promesses de paiement et de même nature, c'est-à-dire à même échéance, faite par l'individu en question ; le montant de ces dettes doit être porté vers la droite, car il représente le contraire d'un stock — un stock négatif. L'ordonnée $_a g_n$ mesure la satisfaction que pourrait obtenir l'individu si on le tenait quitte de la totalité de cette dette, et les ordonnées qui lui succèdent vers la gauche donnent toujours la satisfaction à laquelle on parviendrait s'il y avait remise des parties de ladite dette représentées par les abscisses positives correspondantes. L'ordonnée initiale Ob représente la satisfaction, s'il n'y a ni diminution ni augmentation de la dette initiale, et les ordonnées situées encore plus à gauche désignent la satisfaction au cas où le débiteur assumerait à titre gratuit la charge d'obligations toujours plus considérables de la même espèce. Le souci et le désagrément liés à cet accroissement du passif, augmentent avec plus de rapidité que son montant, et il est évident que personne ne contractera des engagements pécuniaires infiniment grands. Ceci s'exprime dans ce fait que la courbe $g_a g_n$ est limitée à gauche par une asymptote verticale dirigée vers le bas. La courbe aOn située plus bas de Ob représente à droite l'utilité du rachat de la dette déjà contractée et à gauche le coût, c'est-à-dire ces sommes qui devraient au moins être versées à l'individu pour l'amener à agrandir ses obligations. L'intersection de la dérivée $a'On'$ avec la ligne du prix désigne le montant nominal à racheter ou à émettre à nouveau de ses propres obligations.

Si le prix s'abaisse jusqu'à la limite OP, donnée par la direction du rayon vecteur On', et au-dessous, il y a rachat de la totalité de la dette initiale. L'ordonnée du point n' est à considérer comme une continuation de la courbe de la demande. D'autre part, la nouvelle émission de promesses de paiement à un prix croissant, c'est-à-dire à un escompte moindre, augmentera de plus en plus et, pour un prix représenté par la ligne inclinée de 45°, prix auquel l'individu reçoit de l'argent à garder contre remboursement sans avoir à payer d'intérêt, la dite émission deviendra en tout cas très considérable ; si le prix hausse encore plus, si par exemple l'on paie des frais de garde, l'émission croît encore dans de fortes proportions, mais non à l'infini.

Le prix et le débit total sont déterminés, ici encore, par l'opposition des courbes totales. A la demande de la part de toutes les autres personnes de promesses de paiement émises par l'individu considéré, s'ajoute encore sa propre demande — le rachat dont il est question ci-dessus — et à son offre se joint encore celle des personnes qui possèdent un stock du même titre. Il y a donc combinaison avec la courbe de l'utilité On (fig. 59) terminée au point n des courbes de l'utilité de toutes les autres personnes, relatives au même article et se prolongeant à l'infini, comme dans la figure 58, et, d'autre part, la courbe du coût Oa (fig. 59) se combine avec les courbes du coût, interrompues du côté gauche (fig. 58), des possesseurs de stocks. L'opposition des courbes totales de l'utilité et du coût ainsi obtenues permet d'évaluer au moyen de leur écart vertical au point d'intersection de leurs dérivées, le profit en commun qui résulte pour la totalité de la possibilité de faire des transactions dans la valeur mobilière considérée. Parce qu'il se limite à une seule valeur et, pour les billets, seulement à ceux concernant la même personne et ayant la même échéance, ce bénéfice commun ne représente jamais qu'une petite partie du profit procuré par le crédit et le commerce des effets.

CHAPITRE II

LES STOCKS INVENDABLES

65. Restes de consommation et de production. — Comme nous l'avons vu, notre façon de considérer les choses peut s'étendre aussi au cas où l'on détient des stocks et des dépôts variables, dès que l'on connaît les prix futurs présumés $tg\zeta$ par l'individu considéré de tous les articles dont on peut avoir des réserves et les prix courants $tg\theta$ des autres articles, y compris ceux livrables à terme. De plus, jusqu'ici, nous avons toujours supposé que, tout comme les quantités achetées et vendues, les stocks provenant d'un achat supplémentaire ou de la propre production de la personne envisagée, ne se composent que d'unités complètes d'usage sur le marché, comme nous l'avons mentionné plus haut (§ 29). Mais, outre ces stocks vendables, il y a fort souvent des stocks incomplets et par conséquent invendables, quand les unités entamées par une consommation partielle sont conservées en vue d'un emploi futur. Il en est ainsi pour tous ces objets de consommation dont les unités en usage sur le marché ne correspondent pas avec la quantité minimum dont tient encore compte l'individu dans sa vie domestique ou dans sa profession — c'est-à-dire avec la part de consommation. Ainsi l'on vend les allumettes et les qualités meilleures de cigares, non pas par unités séparées, mais par boîtes ou petites caisses, les vins fins ne se débitent que par bouteilles et d'autres articles que par centaines, douzaines, etc. En outre, il y a aussi des articles qui,

comme par exemple les cigares ordinaires, se vendent par
unités, mais que, s'ils ne s'altèrent pas avec rapidité, comme
le lait ou la viande fraîche, beaucoup de gens achètent en
quantité plus grande dans un but de commodité. De même
on se procure beaucoup d'articles, comme le charbon, le fer,
le sucre, par wagons, et d'autres par tonneaux, balles, etc.,
dont le poids n'est pas déterminé d'une façon tout à fait
exacte. Dans tous ces cas, il doit y avoir, en fin d'année,
des reliquats qui ne sont plus vendables au prix courant
dès qu'ils sont dans la main du dernier acheteur.

Il faut donc tenir compte, pour toute quantité d'achat ou
de vente x d'un objet de consommation A qui est acquis en
unités de marché plus importantes, non seulement de la
consommation, de la production et de l'accumulation d'un
stock de spéculation susceptible d'être vendu, mais encore
de la conservation d'un reliquat invendable. Mais la prise
en considération de ce nouveau mode d'emploi est particulièrement importante pour nous, parce qu'elle permet
d'étendre nos recherches aux objets d'usage que nous devions jusqu'ici laisser de côté. Chacun des objets d'usage
est, en effet, à la fin de l'année, plus ou moins usé, et
l'objet de la consommation immédiate est seule la détérioration ou l'usure totale qui se produit en cours d'année
plus ou moins vite, suivant la solidité de l'article et selon
son mode d'emploi. Aussi pouvons-nous nous figurer tout
nouvel exemplaire d'un article d'usage comme fractionné
en cent *centièmes de consommation* qui sont consommés l'un
après l'autre tout à fait comme les cent cigares qui, réunis
dans une boîte, sont vendus à la fois. Mais, s'il s'agit d'un
objet d'usage, il ne dépend moins du degré de détérioration
physique d'une unité déjà utilisée que de l'appréciation
subjective du possesseur, à combien de centièmes d'une
nouvelle unité non encore employée cette personne évalue cet objet et à quel moment il le considère comme inu-
tile en vue de ses fins, c'est-à-dire comme consommé. Dans

cette appréciation, il ne faut pas perdre de vue que même un objet d'usage très durable, et également un objet qui n'a pas encore été employé ou qui ne l'a été que peu, ne peut plus être considéré comme le même article dès qu'il se trouve entre les mains du dernier consommateur, et que, par conséquent, il n'est absolument plus vendable au prix courant des nouveaux objets, mais à un prix beaucoup moins élevé. Si maintenant quelqu'un utilise dans le cours de l'année un certain nombre d'unités, soit nouvelles, soit déjà usées, d'un article d'usage A, à la fin de l'année ces unités sont plus ou moins, mais en général différemment détériorées, et si nous considérons les centièmes de consommation encore attachées à chacune de ces unités selon l'avis de l'individu, aucun de ces reliquats ne peut tomber à zéro tant qu'il ne regarde pas encore l'unité considérée comme pleinement consommée; aussi aucun de ces reliquats ne peut-il devenir égal à un quand l'unité en question n'est encore que très peu utilisée, ou même quand elle ne l'est pas du tout et n'est que destinée à la consommation. La somme de tous ces reliquats représente alors le reste de consommation de l'article A subsistant en fin de compte et ne pouvant en aucun cas être vendu au prix courant.

Le reliquat invendable restant après l'emploi d'un article de consommation ou d'usage peut former tantôt moins tantôt plus qu'une unité courante totale. Même en ce qui concerne les cigares ou les allumettes dont les unités prises isolément disparaissent, une fois consommées, sans laisser de reste qui compte, on utilise souvent plusieurs boîtes de la même espèce en même temps, de sorte qu'à la fin de l'année il peut rester plus que le contenu d'une de ces unités courantes. Très souvent on se sert à la fois d'un si grand nombre de bougies, que les bougies partiellement brûlées subsistant en fin d'année peuvent former plus d'une unité courante, c'est-à-dire plus d'un paquet. Cette observation peut être faite d'une façon encore plus générale pour les objets d'usage, parce que la plupart des modes d'emploi, par exemple des chemises, nécessite la possession simultanée de plusieurs d'entre elles, même quand leur emploi est si parcimonieux que la consommation de l'ensemble n'équivaut même pas à la consommation totale de l'une d'elles; de même l'exploitation d'une fabrique peut nécessiter l'existence de cinq chaudières, mais celles-ci peuvent être employées avec assez de ménagements pour qu'elles fonctionnent vingt ans et que la consommation annuelle n'égale pas de loin une chaudière tout entière.

Il en est de même, dans une mesure encore plus grande, pour la production de tout objet soit d'usage, soit de consommation dont la production nécessite plusieurs phases différentes et successives de travail. Il nous est alors permis de supposer que toute quantité à produire ou toute unité courante inachevée de l'article considéré est fractionnée en cent *centièmes de production* fabriqués l'un après l'autre; et il dépendra ici encore de l'appréciation subjective du producteur à combien de centièmes d'une quantité finie il estimera une quantité en cours de fabrication nécessitant un complément de manufacture. Mais en tout cas, notamment dans la grande entreprise, il n'arrivera pas souvent qu'une unité courante ne soit seulement entreprise et achevée que l'une après l'autre; en règle générale, on fabrique plutôt en même temps un nombre plus grand d'unités et par conséquent celles-ci resteront inachevées en fin d'année. La somme des centièmes de fabrication qui, d'après l'évaluation subjective du producteur, s'attachent à la fois à tous ces objets plus ou moins inachevés, forme alors un reste de production qui — du moins au prix courant des articles terminés — est invendable à l'instar des restes de consommation dont nous avons parlé jusqu'à présent. Naturellement l'on ne fabriquera ce reste de production qu'à cause de l'amélioration de l'inventaire final résultant de l'évaluation de ces restes; de même un reste de consommation — excepté le cas d'une satiété complète déjà atteinte — ne sera soustrait que pour ce motif à la consommation de l'année en cours. Un caractère spéculatif s'attache ainsi déjà à un résidu invendable r d'un objet quelconque de consommation ou d'usage A provenant de la consommation ou de la production ou même de ces deux origines. Pour l'évaluation de ce reliquat, seul le prix futur $tg\zeta$ de l'article A attendu par l'individu aura de l'importance, que ce résidu soit seul conservé ou qu'il y ait en outre un vrai stock de spéculation composé de quantités de A tout achevées et vendables par conséquent au prix courant $tg\theta$. L'individu qui a à évaluer pour toute quantité achetée ou vendue x de A la combinaison la plus avantageuse et la jouissance résultant de cette combinaison doit donc connaître le prix $tg\zeta$ comme les prix de tous les autres articles, quand bien même il voudrait tout à fait faire abstraction de la détention d'un stock vendable s.

Naturellement un reste invendable r ne peut figurer dans l'inventaire de fin d'année pour le montant total r. $tg\zeta$ réalisable seulement dans l'avenir il ne peut en faire partie que dans une mesure réduite, parce que la perte d'intérêts et le risque lié à la conservation jouent leur rôle ici tout à fait comme plus haut (§ 60). Il faut aussi, pour un reliquat invendable, tenir compte du risque que le prix courant futur effectif de A peut être inférieur au prix attendu $tg\zeta$, du fait que la diminution des dépenses ou l'augmentation des recettes que l'individu attend, pour l'année suivante, de la conservation du reste de consommation ou de production serait moins considérable. Mais il y a lieu d'ajouter à tout cela, s'il s'agit d'un reste de consommation, cet autre risque découlant de ce que, par suite de diminutions de prix des articles concurrents ou d'augmentations de prix d'articles complémentaires ou de changements d'inclinations ou de plus mauvaises situations de fortune de l'individu, l'utilité, que celui-ci attribuera plus tard à l'article A, peut diminuer ou disparaître en totalité; et encore nous faisons abstraction de la possibilité que cet individu n'atteigne pas la fin de la période de consommation, si l'on peut prévoir que la consommation du reste nécessite une longue durée. S'il s'agit d'un reste de production, il faut également tenir compte du risque d'un renchérissement futur des moyens de production ou d'une diminution de prix des produits secondaires et aussi des changements possibles de l'individualité considérée. Il est également évident que, dans les deux cas, tous les éléments du risque et, tout aussi bien, la perte d'intérêts doivent être d'autant plus pris en considération que la consommation du reste ou sa transformation en unités courantes achevées, nécessitera un temps plus long, c'est-à-dire que le résidu r sera plus grand en comparaison de la consommation annuelle v ou de la production annuelle e. Mais il y a lieu, par contre, de considérer que la conservation de restes de consommation de production relativement peu importants est facilitée, non seulement par l'insignifiance de la perte des intérêts et du risque, mais aussi par ce fait que, pour les articles où il y a des restes de cette nature, chaque personne est déjà tout à fait au courant de leur conservation; il en résulte que celle-ci ne leur occasionne aucun désagrément particulier. La détention d'un stock de spéculation vendable est, au contraire, considérée par beaucoup de gens comme une affaire spéciale aux peines et soucis de laquelle ils ne veulent pas s'exposer pour de faibles quantités, mais seulement quand une différence considérable entre le prix courant actuel tg^0 et le prix futur attendu $tg\zeta$ de l'article en question leur fait paraître avantageux d'entreprendre cette spéculation sur une plus vaste échelle.

68. Mode d'emploi le plus avantageux d'un article d'usage. — Considérons maintenant un article d'usage d'une durée plus ou moins longue, qui se présente en nombreux exemplaires identiques et, faisant abstraction de ce que de tels articles ne sont souvent négociés qu'en unités plus considérables, supposons que l'objet d'usage A puisse être acheté par pièces. Comme il est tout à fait indifférent pour le producteur et aussi pour le vendeur que sa marchandise soit consommée en une fois, ou utilisée en plusieurs fois par les acheteurs, c'est-à-dire usée seulement peu à peu, la distinction des objets de consommation et des objets d'usage ne peut se faire que pour la consommation; nous voulons donc examiner d'abord un individu qui est exclusivement consommateur de l'objet d'usage A. Même s'il possède un stock initial d'exemplaires de A plus ou moins ou même pas du tout usagés, cet individu peut se présenter sur le marché, comme nous l'avons déjà mentionné, non pas comme vendeur, mais comme acheteur de cet article, et nous pouvons donc remarquer dès maintenant que sa courbe de la jouissance relative à l'article A ne s'étendra qu'à droite de l'axe des ordonnées.

Dans la construction de cette courbe, nous aurons à considérer que de nombreuses combinaisons de consommation, de production et de détention de stocks sont offertes à l'individu exactement déterminé dans des qualités personnelles et dans sa possession initiale pour toute quantité d'achat x de A et s'il existe un stock initial de cet article — pour la quantité d'achat zéro. Ces combinaisons comporteront non seulement des quantités diverses d'autres articles, mais aussi des modes d'emploi différents de l'article A lui-même; chacun de ces modes d'emploi exigera la consommation d'une autre somme déterminée v de centièmes de consommation qui, ici encore, bien que la production soit exclue, et abstraction faite d'un stock initial possible, ne doit nullement concorder avec la quantité d'achat x. Cependant la consommation annuelle v de A, quand il n'y a aucun stock initial, est au maximum égale à x, tandis qu'elle peut s'étendre au cas contraire aux quantités en réserve. Il faut, en outre, ne pas oublier que la grandeur numérique du stock initial resté après la consommation de l'année précédente et disponible pour la consommation de l'année courante ne se règle pas d'après le nombre des exemplaires existants, mais d'après les centièmes de consommation encore effective. De plus, les exemplaires existants, dont on ne s'est pas servi, qu'on a tâché de conserver, même avec le plus de soin possible, paraissent en général en fin d'année avoir perdu de leur qualité ou en tout cas être fort dépréciés. La somme des centièmes de consommation qui subsisterait dans le cas le plus avantageux, c'est-à-dire au cas d'emploi le plus soigneux, est disponible pour la consommation de cette année et forme le montant du stock initial qui entre en ligne de compte. Voici, par exemple, une personne qui évalue à 50 centièmes au début de l'année un chapeau déjà porté et qui lui attribuerait encore 30 centièmes à la fin de l'année en le ménageant le plus possible ; si elle l'use complètement dans le cours de l'année, elle aura consommé non pas 50 centièmes, mais seulement ces 30 centièmes que, dans l'autre cas, elle aurait continué à faire figurer dans son inventaire final. Si ce consommateur achète en sus x nouveaux chapeaux, sa consommation de chapeaux pour l'année courante pourra être au maximum égale à $(x + 0.3)$. La consommation annuelle effective v de A ne s'élèvera à la limite maximum ainsi fixée que si il apparaît avantageux à l'individu d'user aussi bien les exemplaires possédés au début que ceux nouvellement achetés d'une façon si intensive qu'ils lui paraissent hors d'usage, l'un comme l'autre, à la fin de l'année. En général, au contraire, il y aura un reste de consommation r de A, invendable comme tel, quand la consommation v est poussée seulement assez loin pour que toute consommation en sus ou bien soit désagréable en soi, et qu'ainsi elle n'offre plus aucune utilité ou bien soit jugée de moindre valeur que la détérioration du bilan provoquée par la diminution du reste r, c'est-à-dire du montant futur $r.\,tg\zeta$. Nous voyons ainsi comment l'individu qui connaît les prix de tous les autres articles et le prix futur $tg\zeta$ de A attendu par lui, peut déterminer pour chaque quantité d'achat x de A la meilleure combinaison et en même temps non seulement les quantités les plus avantageuses des autres articles, mais aussi la quantité de consommation la plus avantageuse v, et ainsi le meilleur mode d'emploi de l'article A, de même qu'il peut déterminer la jouissance la plus élevée que l'on peut se procurer au moyen de la quantité d'achat considérée x de A. De même l'individu saura juger comment répartir la consommation annuelle v de A la plus avantageuse sur les exemplaires pris isolément, soit qu'ils existent au début et que l'on connaisse avec précision leur état de conservation, soit que l'on en fasse l'acquisition en vue de les ajouter aux autres; il saura donc combien de centièmes de consommation il doit attribuer en fin d'année à chacun de ces exemplaires.

Parmi les modes d'emploi que peut trouver un objet d'usage A, il faut encore signaler que des exemplaires employés dans le cours de l'année — ou même ne paraissant pas encore tout à fait détériorés par l'usage — sont consommés du fait que leur possesseur en fait cadeau ou les transforme dans son ménage en d'autres objets de prix connu. Il y a lieu d'y ajouter le cas d'un exemplaire, déjà utilisé, vendu comme article différent de A à un prix fixé suivant son état de conservation et supposé connu pour tout degré d'usure. Il faut naturellement évaluer le plaisir de donner la dépense épargnée ou le bénéfice atteint, mais d'autre part les peines et les frais liés à la transformation de l'objet ou à son aliénation, par exemple au démontage de vieilles machines, quand on apprécie la jouissance offerte par les différentes combinaisons possibles pour la même quantité d'achat x de A et quand on choisit les combinaisons les plus avantageuses. Les hauts prix des exemplaires employés qui se transforment pour ainsi dire en produits accessoires au cours de la consommation de A, comme les hauts prix des objets à la production desquels ces exemplaires peuvent contribuer, augmentent la jouissance liée à l'acquisition de nouveaux exemplaires de A ; les bas prix des exemplaires pris en usage, qui peuvent servir aussi de substituts de l'article A et être achetées à la place d'exemplaires neufs font, par contre, diminuer la jouissance due à l'achat de ces derniers. S'il s'agit d'articles d'usage durable, on peut enfin observer ces combinaisons qui renferment comme succédané de l'achat de A sa prise en location ou à l'inverse sa location comme mode d'emploi particulier des exemplaires achetés. Tout fait de donner ou de prendre en location doit être considéré comme un article spécial et, suivant la durée et les conditions accessoires du bail, chaque fois comme un article différent qui conditionne un prix particulier; tous ces prix de location doivent donc être connus si l'on veut évaluer la jouissance liée à une quantité quelconque d'achat x de A. Remarquons, en outre, que la location d'un objet d'usage — par exemple d'un meuble, d'une voiture, d'une bête, d'une machine, d'une maison, etc. — et sa possession procurent cependant, ordinairement, une jouissance tout à fait différente, même au cas d'identité complète des exemplaires en question et de leur mode d'emploi. Que cette jouissance soit supérieure au cas de possession ou au cas de location, cela dépend non seulement des conditions de cette dernière, mais essentiellement aussi de la nature de l'article et des inclinations de l'individu.

67. La courbe de la jouissance relative à un article d'usage. — Considérons maintenant comme déterminé le maximum de jouissance que le consommateur en question de l'article A peut atteindre au moyen de toute quantité d'achat x

et portons chaque fois cette jouissance au-dessus de
l'abscisse x, comme ordonnée ; nous obtenons ainsi une
série de points, en général irrégulière, et nous tirons,
comme dans la figure 39, la courbe de la jouissance bg concave d'un bout à l'autre (fig. 60). La satisfaction initiale Ob
repose ici sur une combinaison qui n'exclut tout à fait
l'usage de A que s'il n'y a aucun stock initial de cet article
et si la location et l'achat d'objets usagés sont impossibles ;
si, par contre, il y a de cette manière des exemplaires disponibles au début de l'année, cette combinaison comporte
leur mode d'emploi le plus avantageux. Abaissée de la longueur Ob, la courbe bg donne la courbe de l'utilité On, et la
dérivée On' représente la courbe de la demande. Le point
d'intersection de cette dernière courbe avec la ligne du prix,
valable toutes les fois, mesure par son écart vertical de la
courbe On le profit résultant de l'achat de la quantité représentée par les abscisses, et son écart vertical de la
courbe bg donne la satisfaction. La consommation de
l'année et le stock final sont, par contre, ici aussi peu vi-
sibles que dans la courbe (fig. 56) d'un consommateur à la
fois producteur et détenteur de stock, relative à un article
de consommation vendu en quantités minimes. Il faut, en
outre, observer que, là où il ne s'agissait que d'un stock
final vendable s, on ne pouvait commencer à le garder que
si le prix courant $tg0$ descendait au-dessous du prix
limite OP_s, inférieur lui-même au prix futur attendu $tg\zeta$.
Mais ici on conservera un reste invendable r souvent moins
à cause du rapport des prix $tg0$ et $tg\zeta$ qu'à cause de l'agrément, de la commodité et même de la nécessité de posséder
un stock d'exemplaires encore utilisables. Le nombre des
exemplaires employés de maints articles d'usage durable et
importants est, avec la distribution du temps, l'indice le
plus essentiel de tout genre déterminé de vie et d'exploitation ; on s'y attache parfois avec ténacité à cause des nécessités de l'exploitation ou par la force des inclinations et

des habitudes; sa modification nécessite une résolution nette.

Voici, par exemple, un individu qui désire posséder un vêtement d'hiver ; un prix courant élevé $tg\theta$ ne le détournera pas, même s'il ne s'attend pas à un prix futur tg'_t particulièrement haut, de se le procurer. Peut-être le mettra-t-il dans le cours de l'année aussi souvent qu'il lui plaira de le faire, peut-être ne consacrera-t-il à sa bonne conservation que les soins nécessaires pour le maintenir encore en assez bon état pour pouvoir s'en servir jusqu'à la fin de l'année courante. Mais, si ce même individu n'est pas aussi exigeant pour considérer un vêtement d'hiver comme tout à fait usé, dès qu'il s'en sera servi pendant une année, il réservera un reste r dans les centièmes de consommation qu'il attribue encore, en fin d'année, à cet habit. A un prix relativement bas $tg0$ il pourrait en acheter et en employer deux ou plusieurs exemplaires à condition d'estimer le plaisir de pouvoir disposer de vêtements en meilleur état ou même de couleurs différentes, comme supérieur à la diminution de l'inventaire final qui, en dépit du reste plus considérable r, résulte indubitablement de l'augmentation des dépenses. Dans l'exemple choisi, déjà le premier vêtement est utilisé sans ménagements particuliers, comme il plaira, et la possession de plusieurs exemplaires ne modifie ni le nombre des fois dont on s'en sert, ni le mode de conservation en bon état; la consommation annuelle totale v augmentera toutefois, car, comme nous l'avons déjà mentionné, tout exemplaire en possession du consommateur perd de sa valeur, sans le moindre égard à son état effectif, et paraît ainsi détérioré. Si nous prenons comme un autre exemple un habit de fête dont l'usage plus ou moins intensif offre un champ assez vaste aux inclinations de son propriétaire, nous trouverons des individus qui procèdent tout à fait comme dans l'exemple précédent; mais nous rencontrerons de nombreuses personnes qui ne

portent peut-être ce vêtement que le dimanche et qui lui
consacrent les plus grands soins. Ces gens préfèrent évidemment l'amélioration de la situation de fortune due à la
bonne conservation de l'habit à l'augmentation de plaisir
qui proviendrait d'un usage plus fréquent, et même journalier, et d'une conservation moins soigneuse ; à cette appréciation concourt d'ailleurs la considération d'un certain
prix futur $tg\zeta$, mais ce prix n'a pas besoin d'être supérieur
à $tg\theta$.

Dans les cas, par contre, où l'emploi désirable nécessite
la possession d'un certain nombre d'exemplaires, de chemises par exemple, l'individu qui possède un stock suffisant de cet article ne s'en procurera de nouveaux qu'à un
prix très bas, mais il consentira à débourser un prix élevé
pour compléter son stock jusqu'à concurrence de la quantité nécessaire ; au contraire, s'il n'a encore à sa disposition
aucune chemise d'une certaine sorte, il n'en achètera que
si le prix lui permet de se procurer à la fois le nombre qui
lui paraît indispensable ; sinon il préférera recourir à une
autre qualité. L'entrepreneur qui, pour l'exploitation de son
usine, a par exemple besoin de cinq chaudières d'un certain
système doit procéder d'une manière tout à fait analogue. Il
conservera, entre de larges limites de prix, l'installation de
chaudières qui lui paraît la plus avantageuse et il l'utilisera,
sans égard au prix $tg\zeta$, d'une façon aussi intensive, d'une part,
que le prescrit le genre d'exploitation le plus avantageux de
tous les autres moyens de production et de tous les produits,
étant donné les prix en vigueur, et dans la mesure, d'autre
part, où il le faut pour éviter des interruptions dans l'entreprise et des sinistres. Si cet entrepreneur se résout à
remplacer ses chaudières encore en état de servir par un
meilleur système, il ne voudra pas installer les chaudières
du nouveau modèle une par une, mais il ne passera au
système modifié que quand le prix des nouvelles chaudières
lui permettra d'acheter à la fois toutes celles qui lui sont

nécessaires. Par contre il ne reculera pas devant un prix plus élevé, pour compléter son installation jusqu'à concurrence du nombre de chaudières nécessaires, mais un prix particulièrement bas le poussera à acquérir des chaudières supplémentaires destinées à lui servir de réserve. Il se décidera à une dépense dépassant le nécessaire avec d'autant plus de facilité qu'il présume un prix futur $tg\zeta$ plus élevé. Cette acquisition augmentera certes sa consommation annuelle v pendant la première année, mais il aura en fin d'année un reste r plus important pour les années suivantes; il en résultera une augmentation de la période au bout de laquelle il sera nécessaire de renouveler en totalité l'installation des chaudières.

Les exemples précédents nous montrent que le tracé de la courbe de la jouissance bg et notamment sa direction initiale qui donne le prix d'achat maximum OP_μ — si nous faisons abstraction de la possibilité de transactions en exemplaires usés et recours à la location — dépendent, non seulement de la nature de l'article et des inclinations de l'individu, mais encore, essentiellement, du fait que ce dernier possède déjà ou non un stock suffisant de A. Si le stock est encore suffisant, la courbe, au début, sera peu escarpée, et elle le sera d'autant moins que le stock sera plus considérable; mais en outre il n'est pas du tout indifférent que la même somme de centièmes de consommation disponible s'attache à beaucoup ou à peu d'exemplaires, car, en règle générale, l'acquisition d'un nouvel exemplaire paraît beaucoup moins désirable si l'on n'en possède que peu, en bon état de conservation, que si l'on en a beaucoup, déjà très détériorés. Le prix maximum d'achat deviendra, par contre, beaucoup plus élevé s'il s'agit de compléter la quantité dont on juge la possession nécessaire; le nombre des objets indispensables dans ce cas forme alors la quantité minimum $O\mu$ — pour laquelle la courbe de la jouissance, comme dans la figure 60, subit un fort changement de direction et pour laquelle sa dérivée a une longue partie verticale qui montre que l'on se maintient à cette quantité d'achat même si le prix varie dans des proportions considérables. S'il n'y a, au début, aucune possession, la quantité minimum sera plus considérable, mais le prix maximum d'achat peut être plus ou moins élevé suivant que l'article *A* peut être remplacé par des succédanés avec plus ou moins de difficultés. Mais la quantité minimum reste peu importante et se limite même à un, et le prix maximum d'achat est élevé quand on n'attribue de la valeur qu'à la possession d'un exemplaire; tel est le cas de l'acheteur qui ne porte son habit noir que comme toilette du dimanche et qui en considère la possession comme indispensable pour en être vêtu de façon convenable. Beaucoup de gens considèrent de même comme indispensable la possession d'*une* paire de gants, tandis que des personnes plus exigeantes, qui portent des gants plus souvent et les considèrent comme usés après quelques utilisations, ont besoin d'une quantité minimum plus élevée, d'autant plus élevée qu'elles s'entêtent à ne vouloir se servir que d'une qualité unique.

La quantité de pleine satisfaction dépend surtout de la question de savoir si l'article en état de neuf est ou non très apprécié, c'est-à-dire si sa première utilisation nécessite beaucoup ou peu de centièmes de consommation. Nous avons mentionné plus haut (§ 12) que la pleine satisfaction due à un article d'usage nécessite l'emploi d'un exemplaire neuf à chaque nouvel emploi et, en fait, on se servirait chaque fois d'un nouveau linge, d'un nouvel habit, etc., si l'on pouvait se les procurer gratuitement. Il en serait de même de tous les articles d'usage, si l'on pouvait toujours les acheter de la qualité désirée; mais il y a des articles, comme les bottines, beaucoup d'outils, etc., qui n'arrivent à cet état qu'après avoir été utilisés à plusieurs reprises, de sorte qu'il serait tout à fait désagréable d'avoir chaque fois recours à un nouvel exemplaire. Pour les articles de ce genre, la quantité de pleine satisfaction est donc plus petite, bien que toujours un multiple de la quantité minimum. Tel est le cas des chaudières, dont l'exemple nous a servi plus haut. Ici, la quantité de pleine satisfaction n'est pas de beaucoup supérieure à la quantité minimum; cela est dû surtout au prix élevé des articles complémentaires, et en premier lieu du combustible, dont la consommation croît quand on chauffe trop de chaudières en même temps tandis que, lorsque l'on ne chauffe pas les chaudières de réserve, les frais de scellement, d'agrandissement du bâtiment qui les contient, etc., ont encore une certaine importance, quand bien même on se procurerait gratuitement les chaudières.

La quantité de pleine satisfaction est particulièrement faible et coïncide même avec la quantité minimum, quand on ne désire pas plusieurs exemplaires du même article; c'est, en général, le cas pour les divers exemplaires d'un livre, d'une gravure ou d'une photographie, pour les moulages en plâtre ou en bronze du même modèle. Chez ces articles, qu'ils soient produits en beaucoup d'exemplaires identiques, que l'usage les détériore ou non, il se montre un désir du changement. Ce désir peut conduire, par exemple, à vouloir porter chaque fois des gants de couleur différente; si chaque couleur avait un prix spécial, si, par conséquent, chacune constituait un article particulier, la quantité de pleine satisfaction coïnciderait avec la quantité minimum 1 pour un individu aimant le changement incessant. Mais si cette personne possède déjà un exemplaire de l'article désiré et si elle n'en souhaite pas un second, sa courbe de la jouissance bg relative au dit article sera descendante d'un bout à l'autre, comme dans la figure 40.

Enfin nous pouvons encore observer que, notamment quand l'article d'usage A ne s'achète pas en exemplaires isolés, mais, comme les chemises, les limes, etc., ne s'achète que par douzaines, centaines, etc., ou bien quand l'individu attribue de la valeur à un stock plus considérable,

pour des raisons de commodité ou d'exploitation, le reliquat*r*
peut comprendre des exemplaires tout à fait intacts.

**68. La jouissance dans le cas le plus général de la détention
d'un stock.** — Si nous supposons que le consommateur
considéré de l'article d'usage *A* en est lui-même producteur
et qu'il peut aussi en exercer le commerce de stocks, il en résultera en général, à la fin de l'année, trois sortes de stocks de
l'article *A*. A côté du reste de consommation, traité en dernier
lieu, il peut subsister un reste de production formé d'exemplaires non terminés et encore un stock de spéculation
composé d'exemplaires nouvellement achetés ou tout à fait
finis; le stock initial peut donc également comprendre des
exemplaires déjà usés et d'autres en cours de fabrication à
côté de ceux qui sont prêts à être vendus. Les exemplaires
non terminés trouvent leur emploi le plus important, analogue à la consommation, dans l'achèvement de la fabri-
brication, bien qu'il puisse y avoir vente d'exemplaires non
finis à des prix spéciaux dans chaque cas. Mais admettons
que l'on veuille s'abstenir d'achever la fabrication; les
exemplaires non terminés, comme les exemplaires ayant
déjà servi, auront une valeur encore moindre à la fin de
l'année, même si l'on consacre à leur conservation le plus
de soins possibles, et seulement cette quantité de centièmes
de production qui subsisterait à ce moment forme le montant calculable avec lequel peuvent figurer dans l'inventaire
de fin d'année les exemplaires inachevés faisant partie du
stock initial. Voici, par exemple, un fabricant de machines-
outils qui possédait au début de l'année un de ces instruments à moitié achevé et qu'il évalue à cinquante centièmes de production; il ne pourrait, même en le conservant
avec le maximum de soins, lui donner en fin d'année qu'une
moindre valeur, peut-être 45 °/₀. Mais s'il n'est pas inter-
rompu dans son travail, il peut vendre l'exemplaire une
fois terminé au prix courant ou l'ajouter à son stock ven-

dable s; il améliore ainsi sa situation de fortune de 55 %
grâce à ce complément de fabrication; il a donc produit
55 % et non 50 %. Si ce producteur achève en tout pendant
l'année f exemplaires de l'article A, sa production de
l'année est au moins égale à $(f - 0.45)$. Mais la production
annuelle réelle e de A ne se limitera que par exception au
minimum ainsi fixé, car il faut en général y ajouter un
reste de production invendable composé d'exemplaires non
terminés. En effet, une fois le travail en train, l'entrepreneur donnera une valeur moindre aux frais de production
de ce reliquat qu'à l'amélioration de l'inventaire final lié à
cette production, en égard au prix futur attendu $tg\zeta$ de A ;
il augmentera par conséquent sa production e juste assez
pour que le coût de production d'un nouvel accroissement
du reste de production ne soit pas supérieur à l'amélioration simultanée de la situation de fortune. Les frais de
production des exemplaires f à terminer sont réduits par la
mise en œuvre, en même temps, de nouveaux exemplaires
qui sont inachevés à la fin de l'année et améliorent l'état
de fortune, tout à fait comme l'utilité des exemplaires nouvellement pris en usage de A s'accroît du fait que, comme
nous l'avons mentionné plus haut (§ 66), un reste de consommation subsiste grâce à une limitation adéquate de la
consommation v.

Nous voyons ainsi comment l'individu qui, avec les prix
de tous les autres articles, connaît aussi le prix futur, présumé par lui, $tg\zeta$, de A, est en état de déterminer la production e et la consommation v grâce auxquelles il pourra
fabriquer de la façon la plus avantageuse un certain
nombre d'exemplaires f à terminer et grâce auxquelles il
pourra employer en même temps de la façon la plus avantageuse un certain nombre d'exemplaires neufs. On connaît
ainsi les restes de production et de consommation en fin
d'année, et l'individu pourra établir dans quelle mesure il
doit, d'une part, consommer pendant l'année chacun des

divers exemplaires déjà utilisés l'année précédente ou employés pour la première fois pendant l'année courante et combien d'exemplaires il doit, d'autre part, mettre en fabrication et dans quelle mesure il doit finir chacun d'eux.

Nous pouvons encore aller plus loin et poursuivre la détermination du mode d'emploi de chaque quantité achetée et du mode de production de chaque quantité vendue de A. Pour toute quantité déterminée x, l'individu se trouve en présence de nombreuses combinaisons qui se différencient non seulement par des quantités différentes d'autres articles, mais aussi par ce fait que la quantité utilisée g et le stock final vendable s de A peuvent être importants ou non quand seulement le nombre f des exemplaires à terminer est considérable ou non, de manière correspondante, de sorte que — si nous désignons par a la partie vendable du stock initial — il reste toujours

$$x = g + s - f - a.$$

Chacune de ces différentes combinaisons occasionnera, abstraction faite de la dépense ou de la recette due à la quantité achetée ou vendue x, une satisfaction déterminée, et l'une d'entre elles procurera le maximum de satisfaction. Le choix de cette combinaison la plus avantageuse détermine ainsi non seulement les quantités de tous les autres articles, mais aussi les grandeurs g, s et f et en même temps la jouissance afférente à la quantité en question d'achat ou de vente x de A. On peut également construire une courbe de la jouissance relative à A, tenant compte des trois genres différents de stocks que nous avons appris à connaître, et cette courbe s'étend des deux côtés de l'axe des ordonnées, comme dans la figure 56, pour un consommateur producteur ne disposant que d'un stock final vendable s. Comme la courbe $g_a g_n$ de la figure 56, cette courbe comprendra une partie droite d'ordinaire un peu plus longue, dont la direction donne ce prix limite, restant encore au-dessous de $tg\zeta$, à partir duquel la détention d'un stock final vendable s peut commencer, mais seulement si le prix courant $tg\theta$ diminue encore. Il est évident, en effet, que l'on ne détiendra pas ce stock tant que l'on pourra employer une diminution de la quantité de vente ou une augmentation de la quantité d'achat d'une façon encore plus avantageuse, soit en réduisant le nombre f des exemplaires à terminer entièrement, soit en augmentant le nombre g des nouveaux exemplaires à utiliser. Naturellement la forme de la courbe de la jouissance dépend ici encore, comme dans la figure 60, du stock de consommation initial invendable et du stock initial de production, et, en ce qui concerne ce dernier, il n'est pas du tout indifférent qu'il se compose d'un petit nombre d'exemplaires presque achevés ou d'un grand nombre d'exemplaires à peine commencés.

Le cas le plus général de possession d'un stock, que nous avons appris à connaître, se présente tout à fait de la même façon pour tout objet de consommation qui ne peut faire l'objet de transactions que par unités courantes plus importantes ; mais même pour les articles débités en très faibles quantités il y aura à côté d'un stock final vendable un reste invendable de production, dès que l'on pourra distinguer dans la fabrication des stades divers de production.

Nous pouvons enfin étendre toutes ces considérations au cas d'un article d'usage A dont l'emploi ne donne lieu à aucune détérioration. Il y a ici de nombreuses simplifications, car toute consommation v fait défaut — si nous excluons le cas d'un cadeau qu'on fait ou d'une transformation en un autre article de prix connu — il ne peut donc être question d'un stock de consommation invendable soit initial soit final. Au contraire l'individu est parfaitement libre d'utiliser à discrétion la totalité du stock final vendable s provenant de ses achats ou de sa propre fabrication, de sorte qu'un

stock de ce genre ne sera pas ici, nous l'avons dit plus haut
(§ 60), désagréable en soi, mais agréable — au moins jusqu'à la limite de la pleine satiété. Un stock final vendable s
peut donc dans ce cas être conservé, sans que le prix courant $tg\theta$ ait besoin d'être inférieur au prix futur attendu
$tg\zeta$; mais, tant que l'individu est lui-même producteur de
l'article, ces déviations du cas précédent n'apparaissent pas
avec netteté dans la courbe. Si par contre l'individu n'était
pas producteur de l'article, la courbe de la jouissance y relative débuterait en général, non pas sur l'axe des ordonnées,
comme s'il s'agissait d'un article d'usage susceptible de se
détériorer (fig. 60), mais, comme pour les valeurs mobilières
(fig. 58), à gauche sur l'abscisse qui représente le stock
initial a, en supposant que cet individu non producteur peut
toujours vendre juste au prix courant ce qu'il possède de
cet article. Si cette supposition n'est pas exacte il faut considérer ces articles comme des articles d'usage susceptibles
de détérioration, quoique leur emploi n'ait pour résultat
aucune détérioration physique. Il faut d'ailleurs considérer
que, dans la réalité, il n'y a guère d'articles qui ne soient
pas susceptibles d'être détériorés et qui se présentent en
même temps en nombreux exemplaires identiques ; seules
les perles et les pierres précieuses d'un petit format peuvent
rentrer dans cette catégorie alors que, s'il s'agit d'exemplaires plus importants, les différences perceptibles de pièce
à pièce ne peuvent rester inaperçues ; aussi faut-il, dans ce
cas, considérer chaque perle ou chaque pierre comme un
article particulier, d'où il résulte, pour chacune un prix
chaque fois différent.

Toutes les considérations précédentes nous montrent que,
quand la quantité d'achat ou de vente ne coïncide plus avec
la différence existant entre la production et la consommation, c'est-à-dire quand l'individu non seulement consomme
et produit, mais encore spécule et détient des stocks vendables et invendables, les propriétés caractéristiques de la

courbe de la jouissance et de ses dérivées et aussi celles des courbes totales qui déterminent le prix restent pourtant les mêmes. Le fait très important que dans le choix de la combinaison la plus avantageuse pour toute quantité x un individu tient ou non compte de toutes ces circonstances très complexes s'exprime bien dans chaque ordonnée, prise à part, mais non dans la forme de la courbe d'une façon perceptible en soi.

69. Les transactions intermédiaires. — Nous avons étudié ces articles de consommation qui n'apparaissent sur le marché qu'en quantités plus considérables alors que des unités plus petites entrent en ligne de compte pour la consommation et la production de l'individu ; comme nous l'avons vu, ils se comportent tout à fait comme des articles d'usage ; nous allons maintenant envisager un cas spécial, important à cause de sa fréquence. Souvent en effet des articles de qualité identique ont des prix simultanément différents suivant le volume usuel des diverses transactions. Ainsi le sucre a un prix pour la livraison en wagons faite par les fabricants aux commerçants en gros, un autre prix pour la vente par pains de ceux-ci aux épiciers, et un troisième prix, encore plus élevé, auquel ces derniers dispensent le sucre en morceaux au poids à leurs clients. Après avoir déjà (§ 25) fait ressortir que chaque sorte de sucre par exemple doit être considérée comme un article spécial dès que la différence de qualité a pour effet une différence de prix, nous devons aller encore plus loin et tenir pour des articles distincts le « sucre en wagons », le « sucre en pains » et le « sucre en morceaux ». Le premier de ces articles forme pour ainsi dire la matière première avec laquelle le commerçant en gros produit le « sucre en pains » ; de même l'épicier extrait de celui-ci le « sucre en morceaux » ; leurs prix se tiennent, il est vrai, dans d'étroites limites — car tout à fait comme les autres espèces apparentées, ces articles

peuvent se remplacer mutuellement — mais leurs prix ne
se modifient pas toujours de la même façon quand il y a
hausse et baisse. Le commerce du négociant en gros et de
l'épicier, qui succède à l'exploitation du fabricant et souvent cause aussi des frais de transport, n'achève que la production de l'article pour la vente au détail, tout à l'opposé
du marchand qui achète des produits et des déchets agricoles pour les revendre par wagons et qu'il faut considérer
comme producteur d'articles pour la vente en gros. En outre
un individu qui vend au détail ou qui, à l'inverse, constitue
des unités plus grandes, peut aussi être en même temps
consommateur et producteur au sens étroit du mot; il est
en situation d'éviter de détenir des restes de consommation
et de production en les vendant à un prix de détail moins
élevé ou bien en les complétant en unités courantes en
achetant le complément à un prix de détail plus élevé, ou
bien enfin cet achat complémentaire lui permet d'économiser le prix d'achat d'unités totales qu'il ne pourrait plus
consommer. Il y a ainsi des articles qui, en plus de tous les
autres usages, peuvent être employés à la production d'un
article de qualité identique destiné au commerce au détail
ou, à l'inverse, au commerce en gros, et cela peut se rencontrer avec ou même au lieu de la possession de reliquats
invendables. Pour pouvoir établir avec exactitude la courbe
de la jouissance afférente à un tel article A, il faut donc
connaître non seulement les prix de tous les autres articles
et le prix futur $tg\zeta$ de A, attendu par l'individu considéré,
mais encore ces prix auxquels l'on pourrait acheter ou
vendre des unités courantes de la même qualité soit plus
grandes, soit plus petites; nous avons vu de même, auparavant, que pour établir la courbe de la jouissance relative à
un article d'usage il faut connaître les prix des exemplaires
usagés et ceux auxquels on prend et l'on donne en location.
Mais ici, par suite de l'identité complète de l'article, nous
pouvons suivre d'un cas à l'autre la modification subie par

la courbe de la jouissance ; nous allons, dans ce but, recourir à un exemple.

Soit un individu qui consomme et produit des cigares
d'une certaine espèce et qui peut aussi spéculer en cet
article, et soit $g_a g_n$ (fig. 61 *a*) la courbe de la jouissance relative à cet article qui correspond au cas où l'achat et la vente
n'ont lieu que pièce à pièce ; supposons indiquées par des
ordonnées pointillées les abscisses représentant l'achat ou
la vente de 100, 200, 300, etc., exemplaires. Si par contre
les transactions n'avaient lieu que par boîtes de 100 cigares,
nous aurions à reproduire dans la figure 61 *b* les ordonnées
pointillées de la figure 61 *a* au-dessus des abscisses représentant l'achat ou la vente de 1, 2, 3, etc., boîtes ; en effet
la jouissance due à ces quantités exactement égales à un
nombre déterminé de boîtes ne change pas si les transactions portent sur des unités plus importantes. Mais dans ce
dernier cas on ne peut vendre les quantités intermédiaires ;
nous obtenons ainsi, en joignant les points terminaux des
ordonnées en question une nouvelle courbe $g_a g_n$, c'est-à-dire
la courbe de la jouissance relative à l'article « Cigares par
boîtes de 100 », qui tient compte des diverses possessions
de stocks envisagées plus haut (§ 68), mais non de la possibilité d'un achat ou d'une vente au détail. Si maintenant
l'individu est en situation de pouvoir acquérir des cigares
un par un au prix fixe OP_1 et s'il peut les vendre, mais seulement au prix fixe inférieur OP_2, on constate une nouvelle
modification de la courbe de la jouissance $g_a g_n$ (fig. 61 *b*),
car celle-ci prend le tracé $g_{a_1} g_{n_1}$ en partie dessiné en rouge.
Pour nous rendre compte de ce changement, considérons
dans la figure 61 *a* le point d'intersection de la dérivée et de
la ligne du prix OP_1 — point qui dans notre figure se trouve
au-dessus de l'abscisse positive 210 — ; nous trouvons alors
dans l'écart vertical de ce point d'intersection et de la
courbe $g_a g_n$ la satisfaction que peut obtenir l'individu considéré, le prix d'achat au détail OP_1 ne variant pas, sans

achat ni vente de l'article « cigares en boîtes ». Nous devons faire figurer cette satisfaction dans la figure 61 b comme ordonnée initiale Ob_1 de la nouvelle courbe de la jouissance $g_{a1}g_{n1}$. Cette nouvelle ordonnée initiale Ob_1 est plus longue que Ob ; en effet, bien que ces deux ordonnées représentent la satisfaction que l'on peut obtenir sans achat ni vente de boîtes complètes, Ob, comme toute la courbe g_ag_n (fig. 61 b), est valable pour le cas où les transactions ne se font que par boîtes ; la possibilité de pouvoir acheter des cigares un à un, 210 dans notre exemple, augmentera en tout cas la satisfaction. Il est également évident que, si une ou deux boîtes étaient mises gratuitement à la disposition de l'individu, sa jouissance dépasserait la jouissance initiale Ob_1 : cette différence serait égale à la diminution de dépense en résultant pour respectivement 100 ou 200 cigares en détail au prix OP_1 ; le côté de la courbe de la jouissance $g_{a1}g_{n1}$ situé à droite de l'axe des ordonnées doit donc, à partir du point b_1 jusqu'au point γ_2 situé au-dessus de l'abscisse 2, être en ligne droite et parallèle à la ligne du prix OP_1 ; cela veut dire qu'il ne peut naturellement y avoir d'achat de boîtes, tant que leur prix est supérieur à OP_1. Mais, si le prix des boîtes descend si peu que ce soit au-dessous de OP_1, l'individu continuera bien, après comme avant, à acheter en tout 210 cigares, mais il préférera en acquérir deux boîtes à leur prix inférieur et 10, un à un, au prix OP_1. A partir du point γ_2 la nouvelle courbe de la jouissance $g_{a1}g_{n1}$ suit la direction de la tangente menée de ce point à l'ancienne courbe de la jouissance g_ag_n (fig. 61 b), c'est-à-dire, dans notre graphique, jusqu'au point γ_3 situé au-dessus de l'abscisse 3 ; si le prix des boîtes descend au-dessous de la limite donnée par la direction $\gamma_2\gamma_3$, on achètera 3 boîtes, et l'achat de cigares isolés cessera tout à fait. Plus loin — dans notre graphique jusqu'au point γ_5 situé au-dessus de l'abscisse 5 — la courbe $g_{a1}g_{n1}$ coïncide avec la courbe g_ag_n (fig. 61 b), tandis qu'à partir de γ_5 l'influence du prix de vente au détail OP_2 se fait à nouveau sentir. La figure 61 *a* nous montre en effet que le point d'intersection de la ligne du prix OP_3 avec la dérivée se trouve au-dessus de l'abscisse 525 ; l'individu qui, si c'était possible, achèterait à ce prix 525 cigares, en restera donc à cette quantité et vendra au prix OP_2 ce qu'il devra acheter en sus, c'est-à-dire 75 cigares sur 6 boîtes. La recette qui en résulte s'ajoute ainsi à la jouissance que les 525 cigares permettent d'atteindre. Menons maintenant une tangente à la courbe $g_a g_n$ (fig. 61 *a*) qui soit parallèle à la ligne du prix OP_2 et prolongeons-la jusqu'à son intersection avec la première verticale pointillée située à droite, la sixième dans notre graphique. L'ordonnée de ce point d'intersection représente la satisfaction que pourrait se procurer l'individu, s'il lui est possible de vendre au détail au prix OP_2, en se procurant gratuitement 600 cigares, c'est-à-dire 6 boîtes. Il n'en est d'ailleurs ainsi que quand la vente de cigares un à un n'occasionne ni fatigue ni désagrément, sinon cette satisfaction serait moins considérable, mais — si toutefois on a profité de la possibilité de la vente au détail — elle serait encore supérieure à l'ordonnée de la courbe $g_a g_n$ (fig. 61 *b*) sise au-dessus de l'abscisse positive 6 ; nous avons donc à tracer ici une ordonnée plus longue et nous obtenons ainsi le point γ_6 de la courbe de la jouissance $g_{a1} g_{n1}$. De ce point et vers la gauche, menons une nouvelle tangente à la courbe $g_a g_n$ (fig. 61 *b*), et, comme le point de contact est en γ_5, la nouvelle séparation des courbes $g_a g_n$ et $g_{a1} g_{n1}$ a lieu à cet endroit. En effet, dès que le prix des boîtes tombe au-dessous de la limite indiquée par la direction $\gamma_5 \gamma_6$, il y a achat de six boîtes et vente d'une partie de leur contenu au prix de détail OP_2, bien que le prix des boîtes puisse être encore supérieur à OP_2. Par contre, à droite du point γ_6, la courbe $g_{a1} g_{n1}$ est plus élevée que la courbe $g_a g_n$ et elle n'atteint son maximum que beaucoup plus loin à droite, mais la partie droite, à droite du point γ_6, de la première courbe est cependant déjà moins escarpée que OP_2. La direction de cette partie donne en effet cette limite au-dessous de laquelle le prix des boîtes doit descendre pour amener l'individu à s'engager dans cette affaire spéciale des achats de boîtes en vue de la vente au détail. En général on ne s'occupera pas de ce genre d'affaire, pour une ou pour peu de boîtes ; on ne s'y livrera que s'il y a moyen de le faire sur une plus grande échelle, de sorte que du point γ_6 vers la droite on aura une partie droite plus longue, dont la projection horizontale donne un plus grand nombre de boîtes. De même le côté gauche de la courbe $g_{a1}g_{n1}$, débutant au point b_1, a une partie plus longue en ligne droite, plus raide que OP_1, parce que sa direction donne cette limite au-dessus de laquelle le prix des boîtes doit s'élever pour inciter l'individu à limiter ou à abandonner sa production de cigares afin de se consacrer à l'achat de cigares isolés au prix OP_1 et à leur revente en boîtes. Plus loin, naturellement, cette branche de la courbe s'infléchit aussi, car cette affaire comporte des ennuis et des risques croissants. Les différences en question entre les courbes noire et rouge de la jouissance (fig. 61 b) ressortent dans leurs dérivées avec plus de netteté encore.

Naturellement les modifications des courbes $g_a g_n$ (fig. 61 b) seraient autres, bien qu'analogues, si les prix auxquels les cigares pris un à un peuvent être achetés ou vendus étaient assez élevés pour que la ligne du prix OP_1 ou encore la ligne du prix OP_2 atteigne la dérivée (fig. 61 a) à gauche du point O, ou s'il y avait un prix fixe unique auquel les cigares isolés pourraient être aussi bien achetés que vendus. Il peut enfin se faire que le prix des cigares détaillés soit donné comme variable et le prix des boîtes comme constant, ou qu'il y ait un prix constant auquel l'individu pourrait vendre et un autre, plus élevé, auquel il pourrait acheter les boîtes. Dans ce dernier cas un rameau se détacherait à droite et à gauche de la courbe $g_a g_n$ (fig. 61 a) ; le rameau droit serait valable si le bas prix des cigares en détail rendait rémunératrice leur réunion en boîtes et le rameau gauche si le prix élevé des cigares isolés rendait rómunérateur l'achat de boîtes en vue de les écouler en détail.

224   PART. V. — L'INDIVIDU DÉTENTEUR D'UN STOCK

nératrice leur réunion en boîtes et le rameau gauche si le prix élevé des cigares isolés rendait rómunérateur l'achat de boîtes en vue de les écouler en détail.

CHAPITRE III

70. Achat et vente d'un objet particulier. — Même parmi
les articles de consommation, il y en a dont les divers
exemplaires présentent des différences si nettes que chacun
a un prix particulier et doit en conséquence être considéré
comme un article particulier; le cas est encore plus fréquent pour les articles d'usage. Un exemplaire particulier
d'un poisson, d'un fruit, d'une fleur n'a pas de prix courant,
pas plus qu'un cheval de course ou un chien; il en est de
même d'une parure peu ordinaire, de toutes les œuvres
d'art, de toutes les machines fabriquées dans un but spécial;
et aussi de presque toutes les maisons ou tous les biens-
fonds, de toute exploitation ou de tout établissement pris
dans leur ensemble. Pour les articles de cette nature, les
questions qui se posent sont beaucoup plus simples, car il
n'y a pas de courbes totales et le prix n'est jamais arrêté
qu'entre deux personnes, l'acheteur et le vendeur.

Si nous voulons étendre nos investigations à ces articles,
il nous faut relever qu'un certain objet particulier A
doit toujours être considéré dans l'état où il se trouve et que
l'on ne suppose aucunement un état nouveau ou intact.
On voit en outre que la courbe de la jouissance relative
au dit article ne peut naturellement avoir que 1 comme projection horizontale et ne se compose que d'une seule ligne
droite bg (fig. 62a ou b), située à droite ou à gauche de l'axe
des ordonnées suivant que l'objet A doit être acquis

(fig. 62a), ou fait déjà partie de la possession initiale de l'individu en question (fig. 62b). L'ordonnée Ob représente ici encore la satisfaction initiale susceptible d'être obtenue sans achat ou vente de A et que l'on peut ainsi atteindre, d'une part (fig. 62a) sans acquisition de A, et de l'autre (fig. 62b) sans aliénation du dit article. De même l'ordonnée qg représente dans la figure 62a la satisfaction que peut procurer l'acquisition gratuite de l'objet A et dans la figure 62b cette satisfaction qui resterait à l'individu, après aliénation de l'article, abstraction faite du bénéfice brut en résultant. Aussi la longueur des ordonnées qg (fig. 62a) ou Ob (fig. 62b) dépend-elle non seulement de la jouissance ou du revenu que l'individu attend de la possession de l'objet, mais aussi essentiellement du montant pour lequel il peut être incorporé dans l'inventaire de fin d'année. Ce montant serait seulement égal à zéro si l'objet était consommé en totalité pendant le cours de l'année, comme tel est le cas pour la simple prise à bail d'une maison ou d'un terrain, ou quand on fait un don de l'objet ou qu'on le fait transformer en d'autres articles dont le prix est connu. Mais l'état de fortune en résultant dans tous les autres cas ne se règle pas sur le prix courant futur attendu de nouveaux exemplaires, comme pour un article d'usage dont il existe de nombreux exemplaires identiques, ni sur les centièmes de consommation attribués en fin d'année à l'exemplaire usagé. Ici, où l'on ne peut considérer que comme des succédanés les autres objets particuliers semblables, l'individu doit surtout se former une idée du prix futur tg de l'objet, et cela en tenant compte des qualités qu'il aura d'après le mode d'emploi de l'année envisagée. S'il acquiert l'objet et également s'il ne le vend pas, dans le cas de la figure 62b, il se trouvera l'année suivante dans l'alternative de le vendre ou de le conserver, et il se décidera toujours pour la solution la plus avantageuse. Le plus élevé de ces deux prix attendus par l'individu doit donc toujours être considéré comme le prix futur *tg'*, c'est-à-dire ou bien le prix qu'il croit pouvoir tirer de la vente de l'objet ou bien celui pour lequel il désire le conserver suivant son opinion du moment. Si quelqu'un spécule sur une maison ou un terrain, le prix de vente futur a seul de l'influence, car cette personne conservera volontiers l'objet tant qu'il ne pourra atteindre ce prix de vente. Mais, s'il s'agit d'un meuble ou d'une maison bâtie à son goût pour son usage personnel, ou de quelque chose du même genre, il n'y a pas lieu de se préoccuper du prix que l'on croit pouvoir obtenir dans une vente ultérieure, car l'on attribue plus de valeur à la jouissance escomptée de la continuation de son usage ; suivant l'opinion actuelle on l'estimera à un plus haut prix, auquel on conserverait volontiers l'objet l'année suivante et auquel, par conséquent, on serait volontiers disposé à l'acheter. Sauf pour les œuvres d'art, les bijoux et les autres objets ne se détériorant pas à l'usage, le prix futur *tg'*, de quelque manière qu'il soit établi, dépend essentiellement, aussi, du mode d'emploi que trouve l'objet en cours d'année et par conséquent du fait qu'il soit fortement dégradé ou qu'il soit traité avec beaucoup de soins ou même qu'il soit amélioré. Ainsi une pièce de terre peut ou bien être détériorée par une culture épuisante, ou bien conserver sa qualité grâce à une exploitation rationnelle, ou bien être améliorée par l'augmentation des engrais, par le drainage ou par de nouvelles dépenses de capitaux; une maison peut être longtemps maintenue dans le même état, mais, à l'exemple d'un établissement industriel, même si on lui consacre le maximum de soins elle aura de moins en moins de valeur à mesure que le temps s'écoulera; elle peut au contraire gagner en valeur par suite de reconstructions, d'édification de bâtiments annexes, ou de modifications opportunes. De même un animal de rapport, un cheval de course par exemple, dont la valeur décroît vite si l'on s'en sert sans modération et qui peut même perdre toute sa valeur dans l'espace d'un an, peut, s'il n'est pas encore trop vieux, augmenter de valeur grâce à un traitement soigneux ; de même encore un objet qui n'est pas sujet à une détérioration, comme par exemple un bijou, peut augmenter de prix à la suite d'un nouveau sertissage. Toutes ces circonstances, l'agrément ou le désagrément d'un usage plus ou moins intensif ou du rendement qui en découle, les frais d'un entretien à peine suffisant ou d'une adaptation à fond suivant les divers modes d'emploi de l'objet A, les prix très différents du dit article plus ou moins modifié, pendant l'année suivante, jouent un rôle dans le choix du mode d'emploi le plus avantageux et dans la détermination de l'ordonnée qg (fig. 62a) ou Ob (fig. 62b). De même les prix auxquels l'objet A pourrait être donné à bail sous diverses conditions influent sur le choix du mode d'emploi le plus avantageux et également les prix des articles en lesquels l'objet en question pourrait être transformé ; ainsi, par exemple, on peut démolir une maison ou une fabrique pour vendre l'emplacement et les matériaux, ou bien l'on peut transformer une maison en fabrique ou faire l'opération contraire. Mais il n'est indispensable de connaître ce prix que l'on devrait payer pour la simple location de A et les prix des autres objets susceptibles de le remplacer que si l'on veut déterminer les ordonnées Ob (fig. 62a) ou qg (fig. 62b).

La perte d'intérêts et le risque de destruction et d'endommagement jouent un rôle auprès des objets particuliers comme auprès des autres articles ; il y a aussi le danger de désillusion au sujet du prix futur $tg\zeta$ attendu selon le mode d'emploi de l'année courante. Cette désillusion peut aussi se produire à l'égard de l'usage ultérieur de l'objet si les articles complémentaires deviennent plus chers, si les articles concurrents baissent de prix, si les inclinations de l'individu se modifient, si sa situation de fortune empire. Mais, si l'on suppose $tg\zeta$ en vue de la vente, le risque de ne pas

obtenir le prix escompté est encore plus considérable ici
que s'il s'agissait d'articles ayant un prix courant. Ce risque
dépend des qualités personnelles du vendeur, de son habileté, de son sang-froid et de sa ténacité à marchander, et
aussi de sa situation de fortune, car il est toujours plus facile au vendeur plus aisé d'attendre qu'avec le temps l'objet
atteigne le prix $tg\zeta$ qui lui paraît convenable. En outre,
dans la réalité, on observe l'influence d'une circonstance,
laissée de côté dans notre hypothèse : l'appréciation invariable de la valeur de l'argent; avec des moyens limités, un
achat coûteux est exclu *a priori* et la vente sans délai d'un
objet de valeur peut être d'une pressante nécessité. Nous
n'envisageons pas non plus le cas fréquent que voici : pour
pouvoir acheter un objet A, il faut vendre un autre objet ou
liquider un placement de toute autre espèce, tandis que
cette aliénation n'aurait pas lieu si l'objet A pouvait être
acquis à très bon compte ou même à titre gratuit; en effet
— tant que l'appréciation de la valeur de l'argent ne se
modifie pas — il ne doit y avoir aucun changement dans la
combinaison de consommation, de production et de détention de stock la plus avantageuse pour la possession
de A.

Les lignes du prix OP_μ (fig. 62a) ou OP_m (fig. 62b) parallèles à la ligne de raccordement bg représentent l'une le
prix d'achat maximum et l'autre le prix de vente minimum
de l'objet A; l'individu achètera donc cet objet s'il suffit d'y
consacrer au plus la somme qn (fig. 62a) ou bien il le vendra
s'il peut au moins toucher le produit qa (fig. 62b). Si l'objet
peut être acheté à un prix OP plus bas dans la figure 62a ou
plus élevé dans la figure 62b, de sorte que le débours dans
le premier cas et la recette dans le second soient représentés par l'ordonnée qp, la longueur gp représente la satisfaction et la longueur np ou ap l'accroissement de satisfaction dus respectivement à l'achat et à la vente de A. Nous
pouvons donc considérer la droite On (fig. 62a) comme la

courbe de l'utilité et, si nous lui ajoutons l ordonnée de son point terminus, nous pouvons également la regarder comme la courbe de la demande de l'individu pour A ; de même dans la figure 62 b la droite Oa représente la courbe du coût et, si nous lui joignons la verticale descendante de son point terminus, la courbe de l'offre. A la demande de l'individu considéré dans la figure 62 a nous devons nous figurer comme opposée la courbe de l'offre du possesseur de l'objet A ; si, alors, le prix minimum de vente du possesseur est, comme OP_{μ} dans la figure 62 b, supérieur au prix maximum d'achat OP_{μ} (fig. 62 a) de l'individu considéré, celui-ci doit cesser d'acheter. Mais, si ce prix minimum de vente est inférieur à OP_{μ} , ces deux prix forment, à moins que d'autres personnes n'interviennent, les limites entre lesquelles le prix OP est déterminé par le débat entre les deux intéressés. De même dans le cas de la figure 62 b l'individu ne fait face qu'à celui de tous les chalands qui est le plus désireux d'acheter.

71. La production d'un objet particulier. — Jusqu'ici nous avons supposé que l'objet particulier considéré existe ; envisageons maintenant le cas où il s'agit de produire d'abord l'objet A, mais où cet article est déterminé d'avance avec précision, dans toutes ses propriétés.

Si un individu désire faire l'acquisition du dit objet A et s'il ne peut le produire lui-même, il se trouve juste dans la situation de l'individu considéré dans la figure 62 a, mais avec cette différence que A doit toujours être considéré comme différent suivant l'époque de sa fabrication. Si, par contre, la personne dont il s'agit est capable de produire elle-même l'article, il y a lieu de tenir compte, dans la détermination de la satisfaction initiale Ob (fig. 62 a) que l'on peut atteindre sans achat ni vente de A, non seulement de toutes ces combinaisons qui excluent en totalité l'objet A, mais aussi de celles qui en contiennent la production domestique. Comme ces combinaisons ont pour effet la possession en fin d'année de l'objet A terminé ou non, le prix futur attendu $tg\zeta$ se fait valoir en ce qui concerne la détermination de l'ordonnée Ob (fig. 62a) tout à fait comme par la fixation de l'ordonnée qg (fig. 62a). Si l'on constate alors que n'importe quelle combinaison excluant tout à fait la possession de A procure plus de satisfaction que la production par l'individu considéré, on n'a pas recours à celle-ci : l'ordonnée Ob (fig. 62a) conserve alors sa signification antérieure et l'individu n'arrivera à posséder A que si quelqu'un se trouve prêt à produire cet objet à un prix ne dépassant pas OP_μ. Mais, si une combinaison comportant la production par l'individu en question est la plus avantageuse, l'ordonnée Ob (fig. 62a) se base sur cette production, et celle-ci n'aura lieu en réalité que si personne n'est prêt à fabriquer le même objet au prix OP_μ ou même meilleur marché. Si la production par autrui est exclue de sorte qu'aucune prestation étrangère ne soit considérée comme équivalente à la prestation propre, la courbe de la jouissance se réduit à la seule ordonnée Ob, déterminée de la façon que nous venons d'indiquer.

Considérons maintenant un individu qui doit produire un certain objet A pour le compte d'autrui, c'est-à-dire sur commande faite par une autre personne. Acceptant la commande, cet entrepreneur paraît comme vendeur et sa courbe de la jouissance, relative à l'objet A, est représentée par bg (fig. 62b). Ob donne la jouissance que l'on peut obtenir sans production de A, c'est-à-dire à laquelle l'entrepreneur peut arriver s'il fabrique un autre objet semblable avec son outillage et son personnel, soit sur commande d'un tiers, soit dans un but de spéculation dans l'attente d'un prix futur $tg\zeta$ plus élevé ou pour son propre usage. L'ordonnée qg représente par contre la jouissance liée à la production de A, c'est-à-dire cette satisfaction que l'on obtiendrait si A devait être produit gratis. Pour déterminer cette jouissance,

il faut être au courant des prix de tous les autres articles ;
mais on n'a pas besoin de connaître le prix actuel ou futur
de A ; au contraire il ne faut pas ignorer le terme stipulé pour
l'achèvement, car, nous l'avons vu, il fait partie des propriétés fondamentales d'un objet à fabriquer. Si la livraison
est convenue pour un an ou encore moins, l'entrepreneur
saura déterminer le mode de fabrication le plus avantageux,
juste comme celui du quantum annuel quelconque de la
production d'un article de consommation ou d'usage. Mais,
quand pour un ouvrage de plus d'importance l'entrepreneur est tenu de consacrer plus d'une année à la fabrication,
il n'hésitera pas non plus sur le choix du mode de production et sur la mesure dans laquelle il devra accélérer le
travail au cours de la première année s'il a une opinion déterminée sur les prix futurs de tous les autres articles et en
particulier des moyens de production, employés par lui, qui
influent d'une façon tout à fait directe sur ses frais de production. Plus l'ouvrage est avancé à la fin de la première
année, plus on lui aura consacré d'efforts et de dépenses, et
plus faible paraîtra le désagrément attaché à l'obligation
d'achever le travail pendant le reste du temps nécessaire à
la fabrication, désagrément pour l'évaluation duquel le
risque de renchérissement ultérieur des moyens de production jouera un rôle d'une très grande importance. Si
l'entrepreneur avait déjà commencé à produire l'objet
l'année précédente, la satisfaction qu'il tirerait d'une production gratuite dans les limites d'un certain espace de
temps serait d'autant plus grande, l'ordonnée qg s'allonge-
rait par conséquent d'autant plus que le reste initial de production est plus considérable et que, par suite, l'objet est
plus près de sa forme définitive. Plus l'ordonnée qg est
longue et plus l'ordonnée Ob est courte, moins est escarpée
la ligne de liaison bg (fig. 62 b) dont la direction détermine
le prix minimum de production OP_m ; ce n'est que pour un
prix plus élevé OP que l'individu considéré fabriquera

l'objet A au terme convenu. La satisfaction se manifeste alors dans l'écart vertical du point g et le profit de la production de l'objet dans l'écart vertical du point a par rapport à la ligne du prix actuel OP ; en liaison avec la verticale descendant de a, la droite Oa représente la courbe de l'offre de l'individu pour l'objet A. Ici comme toujours le prix OP est supposé payable à la fin de l'année ; il doit donc, comme d'ordinaire au cas d'achèvement ultérieur, échoir plus tard ou en plusieurs versements, qu'il faut ramener au prix existant sur le marché pour les promesses de paiement du commettant au terme correspondant.

Si, comme pour beaucoup de mises au concours, la date de l'achèvement n'est pas connue à l'avance, la courbe de la jouissance et la courbe de l'offre de l'entrepreneur auront une forme différente pour chaque terme possible. Pour l'un d'entre eux, l'ordonnée qg aura le maximum de longueur, la direction bg sera la moins escarpée et le prix minimum OP_m, que doit exiger l'entrepreneur, sera le plus bas ; l'entrepreneur observera exactement ce terme s'il peut agir à sa guise. Il est évident que pour tout travail il y a un terme d'achèvement présentant le maximum d'avantages ; cela se montre surtout pour les grands travaux, comme le percement d'un tunnel, le forage d'un puits, la régularisation d'une rivière, etc , etc., car le travail enchérit aussi bien par suite d'une rapidité forcée que d'une lenteur exagérée, les frais généraux et le risque de l'entrepreneur augmentant d'une façon disproportionnée. Au cas où le terme d'achèvement est indéterminé, et si l'on convient d'une prime ou d'une amende suivant que le travail sera terminé avant ou après le délai fixé, l'entrepreneur peut opposer à chacun de ses prix minima différents suivant les différents termes un prix chaque fois autre OP tenant compte des primes et amendes ; il peut ainsi fixer la durée de travail qui lui est la plus favorable. Il se décide d'une façon tout à fait semblable quand son travail ne doit être rémunéré qu'après avoir .

été achevé ; si l'on tient compte de la perte des intérêts, il reçoit alors d'autant moins qu'il finit plus tard et il doit tenir compte d'un prix différant avec chaque durée différente de son travail.

Pour un objet qu'il s'agit de produire, la fixation du prix se fait tout comme pour un objet déjà existant, entre les limites données par le prix maximum d'achat du client et le prix minimum de production de l'entrepreneur le moins exigeant, par accord entre ces deux personnes. Ces prix limites s'observent avec le plus de netteté s'il y a soumission ou, quand il s'agit d'un objet déjà existant, s'il y a vente aux enchères ; dans ce dernier cas, l'adjudication se fait à un prix légèrement supérieur au prix d'achat maximum du concurrent le plus empressé ; mais, s'il s'agit d'une soumission, l'adjudication se fait au concurrent le moins exigeant à un prix un peu inférieur au prix minimum de production du concurrent le plus empressé. Le prix maximum d'achat de la personne la plus désireuse d'acheter et, avec lui, le prix effectif, restent relativement bas, si l'utilité de l'objet est faible, parce qu'on peut facilement lui substituer des succédanés. Les œuvres des artistes vivants ont ainsi des prix peu élevés par suite de la possibilité d'en acquérir de semblables du même auteur ; au contraire, les œuvres des maîtres décédés se vendent d'autant plus cher qu'elles sont plus originales et plus rares. Le prix d'une manufacture exploitée à la vapeur ou d'une maison d'habitation située dans un petit village ou à la périphérie d'une grande ville ne peut s'élever, à la longue même, dans une conjoncture favorable pour le produit industriel ou les appartements en question, que peu au-dessus des frais de production d'un nouvel objet analogue ; on ne paiera pas le terrain à bâtir nécessaire beaucoup plus cher qu'un fonds voisin destiné à la culture ou au jardinage. Mais une maison ou un terrain situé au centre d'une grande ville, de même qu'une force hydraulique ou une mine dont l'em-

placement est favorable, peut atteindre un prix extrêmement élevé par suite de l'impossibilité de se procurer un
succédané équivalent. Pour la même raison, dans toute
contrée fortement peuplée où il n'y a plus aucune terre
cultivable sans maître, toute augmentation de prix des
produits du sol se répercute sur la valeur des biens-fonds et
l'élève bien au-dessus des frais de défrichement et d'amélioration. Le prix d'un objet particulier, par contre, qu'il
soit facile, difficile ou impossible de s'en procurer un semblable, baisse au-dessous du coût de production dès qu'il
arrive une conjoncture défavorable aux produits qu'il
permet de fabriquer. La chute du prix d'un objet de ce
genre, par exemple d'une usine qui ne peut être exploitée,
trouve seulement sa limite dans la possibilité de l'utiliser
en vue d'autres produits ou dans la recette que l'on peut
tirer des matériaux de démolition et de l'emplacement.

Dans le petit commerce, des articles deviennent des
objets particuliers qui ne le sont aucunement dans le gros
négoce. Il n'y a souvent, en magasin, que peu d'exemplaires présentant des différences de modèle, de couleur,
de forme et qui coûtent le même prix dans le commerce en
gros alors que le goût du dernier client leur attribue de
l'importance. Ici encore le prix n'est souvent déterminé
que par marchandage et le détaillant est en situation, si un
seul exemplaire réunit toutes les qualités désirées par
l'acheteur, de le faire monter jusque près du prix maximum
d'achat du client. Nous touchons ainsi un cas de détermination du prix par le monopole, dont nous allons nous occuper plus spécialement.

SIXIÈME PARTIE

L'influence de l'individu sur le prix.

CHAPITRE PREMIER

LE MONOPOLE

72. Le monopole de vente et le monopole d'achat. — Dans nos dernières considérations, il ne nous a déjà plus été possible de passer sous silence l'influence de l'individu sur le prix; nous voulons maintenant abandonner, au sujet de l'article A, l'hypothèse faite plus haut (§ 1) que, par suite de l'importance du marché, toute individualité économique se comporte comme si son propre achat et sa propre vente n'avaient aucune influence, et nous allons supposer que l'individu en question est conscient de son influence sur le prix de A. Mais, après comme avant, les prix des autres articles sont considérés comme invariables et l'unité courante est considérée comme très petite par rapport à la quantité annuelle; il en résulte que les courbes relatives au dit article ont un tracé continu.

Admettons qu'un individu, grâce à un brevet, un privilège ou la disposition exclusive d'un moyen de production indispensable, possède le monopole absolu de la production et par suite de la vente de A; sa courbe individuelle du coût forme en même temps la courbe totale OA (fig. 63). Ce producteur n'a pas à tenir compte de toutes les raisons qui amèneraient un certain nombre d'entrepreneurs concurrents, ayant aussi OA pour courbe totale du coût, à étendre leur vente jusqu'à la quantité Oa_0, que détermine l'intersection des courbes tracées en rouge, la dérivée OA' et la courbe totale de l'offre ON'; il est à même d'obtenir un bénéfice net beaucoup plus considérable en limitant sa vente à une quantité plus faible. S'il ne vend par exemple que la quantité Oa, il peut, comme les acheteurs sont prêts à dépenser dans ce but la somme ad', élever sa recette à ce chiffre et obtenir ainsi le prix beaucoup plus élevé OP, donné par la direction du rayon vecteur Od'. Le gain du monopoleur s'élève donc de $b_0 c_0$ à bd' et celui de l'acheteur s'abaisse de $c_0 d_0$ à dd'. L'exploitation du monopole entraine pour le consommateur un désavantage nécessairement supérieur à l'avantage du monopoleur; le gain commun régresse en effet de son maximum $b_0 d_0$ à bd. Comme nous le voyons, le gain total du monopoleur est mesuré par l'écart vertical des courbes OA et ON', pour toute quantité apportée sur le marché; l'abscisse Oa_1 pour laquelle ces courbes ont des tangentes parallèles et ont par conséquent le maximum de distance représente donc la quantité la plus avantageuse pour le monopoleur vendeur, et Oa_0 est la quantité maximum qu'il puisse livrer. OP_1 indique le prix le plus avantageux et OP_0 le prix le plus bas; entre ces deux limites la fixation du prix dépend de la volonté du monopoleur, car il a la faculté de se borner juste à la quantité qu'il peut débiter au prix en question; mais il n'a aucun intérêt à élever le prix au-dessus de OP_1 car son gain se trouverait réduit de ce fait.

S'il s'agissait non plus du monopole d'un seul, mais du monopole de tous les producteurs coalisés de l'article A, leur courbe totale du coût serait également OA et nous aurions affaire aux mêmes limites du prix. Le syndicat convient par exemple du prix OP (fig. 63); il en résulte pour le débit de chacun, si l'on veut que la quantité totale à vendre, Oa, ne soit pas dépassée, cette quantité pour laquelle sa courbe individuelle du coût a la même direction tangentielle que la courbe OA au point b. Si, par conséquent, la courbe individuelle du coût OI (fig. 64) de l'entrepreneur I a, au point r, cette même direction tangentielle, il est amené à la production de la quantité Oq, et son profit est représenté par pr. Si l'entrepreneur I avait la possibilité, étant donné le prix OP, d'agir suivant son intérêt personnel, la production de la quantité Oq_1 lui permettrait d'obtenir un bénéfice net r_1r_1' beaucoup plus considérable, comme il résulte de sa courbe de l'offre OI'. Mais, dès qu'il met sur le marché cette quantité plus forte, le prix OP ne peut plus se maintenir; la coalition se romprait et la concurrence de tous les autres producteurs ramènerait le prix à OP_0 au profit des consommateurs. A ce prix, I ne peut livrer que la quantité Oq_0, toutefois supérieure à Oq, mais son bénéfice ne s'élève plus qu'à r_0r_0', par conséquent à un chiffre inférieur à pr, qu'il eût atteint si la coalition ne s'était pas dissoute et si la quantité Oq avait été conservée.

Comme la production et la vente, la consommation et l'achat d'un article A peuvent être monopolisés ; tel est le cas, par exemple, dans tous les pays où existe le monopole du tabac, à l'égard du tabac indigène. Si la courbe de l'utilité de l'acheteur monopoleur est en même temps la courbe totale ON (fig. 63), et si OA' est la courbe totale de l'offre des vendeurs concurrents, le monopoleur peut faire baisser le prix beaucoup au-dessous OP_0 en bornant les achats à une quantité inférieure à Oa_1. S'il se contente par exemple de Oa, il n'a besoin de dépenser qu'une somme ab', c'est-à-dire d'acheter au prix moins élevé représenté par la direction du rayon vecteur Ob' ; son avantage croît alors de c_0d_0 à $b'd$, celui des producteurs baisse de b_0c_0 à bb' et le bénéfice commun recule de b_0d_0 à bd. Ici encore l'exploitation du monopole a pour effet la diminution du bénéfice commun ; aussi l'avantage obtenu par le monopoleur est-il inférieur

au désavantage subi par les vendeurs. Le bénéfice du monopoleur est mesuré par l'écart vertical des courbes ON et OA',
il atteint donc son maximum pour la quantité Oa_2 pour laquelle ces courbes ont des tangentes parallèles. A la quantité
la plus avantageuse Oa_2 correspond le prix le plus bas OP_2 ;
le monopoleur peut à volonté fixer le prix entre OP_2 et OP_0
par la limitation de ses achats. Si le monopole est exercé
par une coalition, chacun des membres doit se borner à
acheter cette quantité qui serait à déterminer de la même
façon que ci-dessus. Si, conformément à son intérêt personnel, il voulait acheter plus, la coalition serait rompue ;
il en résulterait, en fin de compte, un désavantage pour lui
et un avantage pour les vendeurs et, de plus, une augmentation du bénéfice commun.

73. Le bénéfice du monopole. — Le bénéfice en rapport
avec une quantité quelconque Oa (fig. 63) et advenant à
un producteur ou un consommateur monopoleur contient
le gain normal ou de la vente, bb', ou de l'achat, dd', qui
se serait produit si la libre concurrence avait amené l'individu en question à vendre ou acheter cette même
quantité. Dans les deux cas ce gain s'accroît du gain $b'd'$ dû
seulement à la situation privilégiée du monopoleur et que
nous appellerons *bénéfice pu monopole*. Pour toute quantité
vendue ou achetée de A, ce bénéfice est mesuré par l'écart
vertical des courbes OA' et ON' ; il disparaît donc pour la
quantité maximum Oa_0, et il augmente à mesure que diminue la quantité, jusqu'à atteindre son maximum pour ce
montant Oa_2 pour lequel ces deux courbes ont des tangentes
parallèles. Mais il ne s'agit pas pour le vendeur ou l'acheteur
monopoleur d'obtenir juste le gain maximum du monopole,
car toute augmentation de ce gain a pour effet une diminution du bénéfice de vente ou d'achat ; la quantité ne sera
en aucun cas réduite plus loin que Oa_1 ou Oa_2, quantités
pour lesquelles le monopoleur obtient la rente totale maix-

mum. Tandis qu'il dépend de la forme des courbes que Oa_1 ou Oa_2 soit le plus grand, Oa_3 doit dans tous les cas être inférieur à chacune de ces deux quantités et, en conséquence, au cas d'exploitation intégrale d'un monopole de production ou de consommation, le bénéfice commun reste toujours plus considérable que si l'on s'efforçait d'obtenir le maximum du bénéfice du simple monopole. Considérons maintenant un intermédiaire qui ne produit ni consomme l'article A, mais qui possède le monopole d'achat aux producteurs et de vente aux consommateurs et supposons en outre que cette affaire ne cause pas de frais dépendant de la quantité débitée. Exactement le profit du monopole $b'd'$ écherra à ce commerçant qui achète et vend une quantité quelconque Oa, pendant que, selon la courbe de l'offre, le vendeur dépense la somme ab' et que, selon la courbe de la demande, l'acheteur a une recette ad' ; c'est donc la quantité Oa_3 qui lui procure le maximum d'avantage.

Une entreprise de transport, une société exploitant un canal ou une compagnie de chemins de fer aurait une situation tout à fait analogue à celle d'un intermédiaire privilégié, si l'on pouvait faire abstraction du fait que les frais d'exploitation dépendent de la quantité transportée et si nous supposions que tous les vendeurs de l'article A sont à un bout et tous les acheteurs à l'autre extrémité d'une certaine ligne. Une telle entreprise détermine, en fixant un taux quelconque du frêt, $tg\sigma$, la différence entre le prix de vente perçu par les producteurs au lieu d'origine et le prix d'achat déboursé par les consommateurs. Le frêt et, de même, le péage d'un chemin ou d'un pont enchérissent l'article de $tg\sigma$, tout comme le ferait un impôt (§ 17) ; la courbe de l'offre OA' (fig. 63) en vigueur au lieu de production devient au lieu de consommation, par l'addition des ordonnées de la droite OS, la courbe pointillée, plus escarpée, OA'_1 ; aussi ne peut-on débiter que la quantité Oa, obtenue par l'intersection de cette dernière courbe avec ON'. De plus la somme

$b'd'$, que touche le fisc ou l'entreprise de transports, devient égale au profit du monopole qu'eût obtenu un monopoleur qui aurait limité le débit à la même quantité Oa. Si la circulation de A était exempte d'impôt ou si le frêt était gratuit pour le canal, le chemin de fer, la route ou le pont en question, la quantité maximum Oa_0 ferait l'objet de transactions ; mais, si le monopole de transport est exploité sans aucun ménagement ou si le fisc recherche le maximum de rendement, cette quantité se réduit à Oa_1. Il reste en outre tout à fait indifférent que le frêt ou l'impôt soit payé par le producteur ou le consommateur ; dans le dernier cas la courbe ON' aurait le tracé de la courbe pointillée ON'_1 et paraîtrait ainsi d'autant plus abaissée que la courbe de l'offre s'était élevée auparavant en passant de OA' à OA_1'. Il y a toujours un gain du monopole plus ou moins élevé qui bénéficie à l'entreprise de transport ou au fisc. Le bénéfice commun est représenté, quand nous y incorporons le montant du frêt ou de l'impôt, par l'écart vertical des courbes non changées OA et ON pour la quantité réellement achetée et vendue, et elle décroît avec celle-ci ; elle recule ainsi, dans notre figure, de b_0d_0 à bd. Mais en outre il faut considérer que, si le bénéfice commun, indiqué dans la figure et provenant du transport de l'article A comprend également le montant de l'impôt, il ne contient cependant pas ce profit qui peut découler pour la communauté du bon emploi de ce montant ; ce profit doit être supérieur à la diminution du bénéfice commun causé par la perception de l'impôt, si toutefois l'impôt peut être justifié. Il y a de même des ponts, des routes, des canaux et des voies ferrées qui sont utiles à la communauté, sans être, cependant, à la disposition gratuite du public. Mais en tout cas nous voyons que toute réduction d'impôt, comme toute diminution de frêt, accroît le trafic et augmente le bénéfice net des producteurs et des consommateurs tout à la fois.

Quand nous représentons le bénéfice commun, c'est-à-dire

l'écart vertical des courbes ON et OA, par une courbe spéciale OG (fig. 66), sa dérivée OG' nous donne la représentation directe du bénéfice du monopole, c'est-à-dire l'écart vertical des courbes ON' et OA'. Le maximum de la courbe OG est situé au-dessus de l'abscisse Oa_0 et celui de OG' au-dessus de Oa_3. Reprenons le taux du frêt ou de l'impôt, $tg\sigma$, et menons la droite OS qui fait avec la ligne des abscisses l'angle σ ; le point d'intersection de cette droite avec la courbe OG' donne, par son abscisse, le débit Oa et, par son ordonnée, le bénéfice du monopole. Si le taux du frêt ou de l'impôt est tellement élevé que la droite OS ne touche pas la courbe OG', le trafic de A cesse tout à fait et le bénéfice commun qui en dérive disparaît en totalité. Comme le point d'intersection de OG' est au-dessus de l'abscisse Oa_3 pour laquelle les courbes ON' et OA' sont parallèles, et comme cette dernière courbe ne cesse de monter, le maximum de OG' doit être à gauche de celui de ON'. De même la courbe ON' doit encore monter, à l'abscisse Oa_1, là où elle est parallèle à OA. Un article A, pour lequel on se procure le bénéfice maximum du monopole ou pour lequel seulement on exploite sans ménagement le monopole de vente, ne peut plus appartenir à notre troisième groupe, bien qu'il s'y fût rangé au cas de libre concurrence. Pour un article de luxe dont la courbe de la demande est composée par la courbe de l'offre dans sa partie encore nettement ascendante, le profit du monopole ne peut être que peu important ; c'est pourquoi les impôts sur les articles de luxe ne sont pas d'un bon rendement et que seuls les impôts sur les articles courants ont de l'importance au point de vue fiscal.

74. Limitations du monopole. — Un vendeur monopoleur ne consentira pas souvent au prix minimum OP_0 (fig. 63), à moins d'être assujetti dans sa fixation du prix au consentement des autorités. Mais, même dans ce cas, l'existence du monopole n'est pas sans inconvénient pour la communauté : l'assurance de n'avoir aucun concurrent enlève en effet à l'entrepreneur le souci de chercher pour chaque quantité produite le minimum des frais de production. Il n'introduira pas avec autant de facilité des modifications opportunes de l'exploitation, si elles nécessitent des installations plus considérables, et ces omissions pourraient se présenter plus souvent sous la domination du monopole privé ou d'Etat et être plus nuisibles, à la longue, à la communauté que le défaut contraire au cas de libre concurrence, à savoir l'existence d'accroissements exagérés d'entreprises en exercice ou l'établissement de nouvelles entreprises inutiles.

De même l'exploitation complète d'un monopole ne se produira que rarement. Si l'entrepreneur voulait procéder de la sorte, il ne suffit pas, comme dans la libre concurrence, que l'entrepreneur connaisse d'une façon exacte sa propre courbe du coût, pour adapter avec précision sa quantité de vente au prix courant donné; il doit en outre connaître dans toute son étendue la courbe totale de la demande ON' correspondante. Il ne sera jamais possible d'arriver à cette connaissance exacte, c'est pourquoi déjà en considération de l'opinion publique le monopoleur restera en arrière de la limite du prix OP, qu'il ne connaît qu'à peu près pour être sûr de ne pas la dépasser à son propre détriment, mais aussi au plus grand désavantage de la collectivité. En effet, si le prix de l'article monopolisé est trop élevé, un client peut, notamment quand il se trouve en face non pas d'un changement transitoire du prix, mais d'un prix durable, surmonter sa répugnance à changer quelque chose à ses habitudes ou à entreprendre des installations durables pour employer une moindre quantité ou se passer tout à fait de A et pour avoir recours à un succédané; il peut enfin être amené à abandonner tout à fait sa production par suite du renchérissement d'une matière première. Si un fabricant en vient à modifier son installation de chauffage, et peut ainsi faire des économies de houille ou la remplacer par la lignite, si un acheteur d'huile d'éclairage s'est procuré des lampes à pétrole, la courbe individuelle de la demande pour l'article en question change de façon durable. Cette courbe devient ou bien moins escarpée d'un bout à l'autre, de sorte que le prix maximum d'achat baisse également, ou bien, comme nous l'avons vu au § 58, elle ne devient telle qu'à partir de cette quantité réduite avec la consommation de laquelle cadre la nouvelle installation. Un tel changement de forme d'une courbe individuelle de la demande reste indifférent au monopoleur qui a fixé son prix plus bas que OP_1, quand il ne se répercute sur la courbe totale de la demande que pour les quantités supérieures à Oa_1, car ce monopoleur peut toujours rester indemne à condition d'augmenter à nouveau le prix. Mais, si le changement de forme de la courbe individuelle se produit déjà pour les quantités inférieures à Oa_1, dans la courbe totale ON' — et ce sera presque toujours le cas si la limite du prix OP_1 est dépassée, — cette limite supérieure OP_1 est elle-même rabaissée en même temps, et le monopoleur ne peut ensuite, dans aucune circonstance, obtenir un avantage aussi considérable qu'avant. Il ne faut pas non plus perdre de vue que toute augmentation notable du prix d'un article monopolisé suscite l'apparition de substituts et exerce une certaine influence sur les prix de tous les autres articles et sur l'appréciation individuelle de la valeur de l'argent du côté des acheteurs. Nous avons exclu par nos hypothèses cette réaction sur la courbe totale de la demande, mais en réalité il y a là une difficulté particulière de se rendre un compte exact du tracé de cette courbe, de sorte qu'une exploitation totale du monopole est impossible *a priori*.

Toutes ces considérations valent en fait aussi pour les monopoles d'Etat. C'est au sujet du sel qu'il faut le moins songer à la pleine exploitation du monopole, car en face de l'avantage fiscal il y a un désavantage considérable pour la population, soit que les uns se voient forcés de diminuer leur consommation de sel, soit que l'appréciation de la valeur de l'argent, accrue par l'augmentation de la dépense, oblige les autres à restreindre leur train de vie d'un autre côté. Cette raison nous a permis (§ 12) de ranger le sel sans réserve dans notre troisième groupe même pour les pays à monopole, bien que cela serait impossible, comme nous venons de voir, au cas d'exploitation intégrale du monopole. Mais, s'il s'agit des articles de luxe, les cigares fins par exemple, auxquels ne s'appliquent pas des raisons de ce genre, le rendement du monopole n'est jamais important; l'augmentation du prix trouve, en outre, une limite dans la facilité de la contrebande. De même, pour d'autres monopoles d'Etat et en vertu d'autres considérations économiques, le prix reste souvent, dans une assez forte mesure, au-dessous de la limite supérieure possible. Ainsi, quand on introduisit en Autriche la taxation des télégrammes d'après le nombre des mots, ce qui constituait une augmentation du prix de la plupart des dépêches, il en résulta une diminution du nombre de ces télégrammes et une réduction encore plus importante des mots télégraphiés; les recettes brutes s'accrurent pourtant, et cela démontre qu'auparavant, tout au moins, les télégrammes faisaient partie de notre troisième groupe. La circulation des personnes sur les voies ferrées paraît, au contraire, se rapprocher partout des articles de luxe, c'est-à-dire de notre premier groupe, car tout abaissement de leur tarif d'ordinaire fait croître le produit brut.

De même et pour les mêmes motifs, un acheteur monopoleur, par exemple la régie du tabac quand elle fait l'acquisition de feuilles indigènes, ne pourra pas non plus acheter au prix minimum OP_2 la quantité la plus avantageuse Oa_1. De même encore un intermédiaire ou un entrepreneur de transport monopoleur ou l'Etat qui s'empare du monopole sous forme d'impôt de la rente, ne pourront aller jusque l'extrême limite qui leur serait le plus profitable. Si l'on essayait d'obtenir la rente maximum du monopole ou d'arriver à l'exploitation intégrale d'un monopole de production pour un article dont la courbe totale de la demande ON' n'est atteinte par la courbe OA' que dans sa partie nettement descendante, l'opinion publique, hostile à l'enchérissement monopolistique d'un tel article de consommation commune, se manifesterait avec énergie; le monopoleur se montre prêt à céder dès qu'il trouve que le dommage subi par la communauté par suite d'une nouvelle augmentation du prix serait supérieur à son propre bénéfice. Reproduisons dans la figure 67 les courbes de la figure 66 et, partant de l'abscisse Oa_0, suivons-les vers la gauche : nous observons que tout d'abord OG' est plus escarpé que OG et ON' que ON; dans le voisinage du maximum de OG' ou de ON' ces courbes sont au contraire plus rapprochées de l'horizontale que les parties, situées au-dessus, des courbes OG et ON. Le bénéfice du monopole (les ordonnées de la courbe OG') et également le profit d'un monopole de production (la différence des ordonnées des courbes ON' et OA) croissent ainsi, tant que le prix reste peu élevé, avec plus de rapidité que ne décroît le bénéfice commun; ce dernier est représenté d'un côté par les ordonnées de la courbe OG et de l'autre par l'écart vertical des courbes CN et OA; cette relation se renverse par contre pour les prix élevés. Il doit donc toujours y avoir une quantité débitée qui ne peut être amoindrie, si la réduction apportée au bénéfice commun ne doit pas surpasser l'augmentation du bénéfice du monopoleur. Pour cette quantité les tangentes pointillées des courbes OG et OG' d'une part, et des courbes ON et ON' de l'autre (fig. 67), sont également inclinées par rapport à l'horizontale.

75. Monopoles locaux. — Outre les monopoles absolus, dont nous avons parlé jusqu'ici, il se trouve très souvent des monopoles basés sur des circonstances extérieures. Notamment dans le commerce de détail, un débitant isolé est à l'égard de ses clients aisément en situation de pouvoir fixer de façon monopolistique le prix de l'article vendu, quoique, dans d'étroites limites, les derniers consommateurs paient pour une seule et même marchandise un prix plus élevé non seulement quand elle leur est livrée à domicile, mais encore quand ils la trouvent chez le négociant ou l'épicier voisin ; seul un prix sensiblement plus bas peut les amener à rechercher une source plus éloignée. Cette marchandise se présente donc dans chacun de ces cas comme un article particulier qui tout en étant de la même qualité que celle offerte par d'autres commerçants n'est pas tout à fait identique. Chaque article distinct à ce point de vue a d'ailleurs dans l'offre de la même marchandise par d'autres négociants des succédanés très proches, qui peuvent facilement le suppléer, notamment quand il y a, comme dans les grandes villes, de nombreux commerces analogues dans le même quartier. Par contre l'unique épicier d'un village peut, dans le renchérissement monopolistique de ses marchandises, aller d'autant plus loin que ses clients devraient consacrer plus de temps et d'efforts pour faire leurs emplettes ailleurs. Pour les vivres qui, comme la viande, le lait, le pain blanc, la bière, etc., doivent être achetés frais tous les jours et même plusieurs fois par jour, la détermination monopolistique du prix, de la part des vendeurs, trouve même, dans les villes, un champ libre étendu, car la dépense de temps nécessaire pour aller trouver un concurrent meilleur marché, mais plus éloigné, est prise en considération même par les personnes les moins aisées. Cela peut avoir cette conséquence que les prix de détail de ces articles ne sont que peu influencés par les variations du prix de gros. Le phénomène frappant et souvent observé que les prix de détail d'habitude ne suivent que la hausse et beaucoup moins la baisse des prix des matières premières pourrait trouver son application dans ce fait que les détaillants, à l'instar des vrais monopoleurs, ne connaissent pas d'une

façon exacte le tracé de la courbe de la demande qui leur
est opposée et par conséquent ne se risquent pas volontiers,
à élever leur prix de vente ; mais, quand ils trouvent dans
l'augmentation des prix de gros une occasion et qu'ils font
l'expérience que le prix de détail accru ne diminue pas trop
le débit, ils ont également peu de raison, si le prix courant
de gros subit une baisse, de diminuer leurs prix. La situation des détaillants à l'égard de leurs clients voisins est
analogue pour les entrepreneurs de bains, d'établissements
d'instruction, de théâtres, etc., qui peuvent fixer leurs tarifs
indépendamment suivant les lois du monopole, car leurs concurrents ne peuvent jamais offrir quelque chose de tout à
fait identique, mais seulement quelque chose d'analogue,
c'est-à-dire tout au plus des succédanés plus ou moins par-
faits. Enfin il faut encore remarquer que des monopoles en
apparence absolus peuvent selon les circonstances se
heurter à une concurrence ; par exemple, si les tarifs de chemins de fer pour les transports locaux sont trop élevés, on
a recours au roulage ; le commerce de transit s'adresse à
une combinaison de lignes ferrées ou navigables cependant plus longues que les lignes ordinaires, et l'on no peut
fixer un péage de route ou de pont à un taux tel que le public soit amené à préférer un détour.

Les monopoles d'achat se retrouvent aussi dans le petit
négoce et le commerce local. On peut en trouver des
exemples chez le seul homme d'affaires d'un village à l'égard
des divers produits agricoles secondaires, chez le fabricant
de sucre par rapport à la betterave cultivée dans son voisinage et surtout chez les manufacturiers en gros qui transforment des matières premières de peu de valeur et diffi-
ciles à transporter.

Nous touchons ici de près les relations importantes de
l'employeur avec les employés. Tant que les ouvriers se
trouvent isolés, en face du patron, ce dernier peut abaisser
le prix du travail, surtout du travail aux pièces, de façon

monopolistique — autant qu'il lui paraît possible sans nuire directement à la qualité du travail. Le travailleur isolé n'abandonnera pas facilement ni la tâche à laquelle il est accoutumé, ni même son lieu habituel de travail, surtout quand son manque de ressources ne lui permet pas de rester seulement peu de temps sans ouvrage, pour s'orienter sur des conditions de travail plus avantageuses. Mais, dès que les ouvriers se coalisent, deux monopoleurs se trouvent en face et la fixation du prix paraît voué à l'arbitraire dans de larges limites, tout comme dans le cas (§ 71) où l'acheteur d'un article individuel traite avec un vendeur unique, sauf qu'ici la quantité, le montant du travail peuvent être en discussion. Toutefois, quand ni l'une ni l'autre des deux parties n'est forcée d'admettre une exploitation monopolistique, il se produira un accord juste au prix OP_0 et à la quantité Oa_0 qui comportent le bénéfice commun maximum. Cela correspond non seulement à l'équité, puisque dans ce cas le coût et l'utilité de la dernière portion produite sont égaux, mais aussi à l'intérêt bien compris des deux parties. Le salaire, c'est-à-dire le bénéfice brut des travailleurs pour chaque pièce, est alors équivalent à leur effort, à leur coût, relatif à la dernière pièce, et cette même égalité existe aussi du côté de l'employeur entre l'utilité et la dépense.

CHAPITRE II

OFFRE LIBRE ET DEMANDE LIBRE

76. Courbe du bénéfice commun. — Nous venons d'étudier
le cas où un acheteur ou un vendeur isolé peut fixer le prix
d'un article de façon monopolistique entre certaines limites
fixées par la concurrence; cela arrive, vu de près, beaucoup
plus souvent que dans les cas cités plus haut de monopoles
locaux; nous pouvons donc mieux comprendre la façon
dont l'individu, au cas de libre concurrence, peut influencer
le prix d'un article.

Supposons tracées, pour chacun des individus traitant sur
le marché, les courbes individuelles du coût et de l'utilité,
relatives à l'article A s'étendant des deux côtés de l'axe des
ordonnées : nous obtenons, comme nous l'avons mentionné
plus haut (§ 52), par la combinaison d'une part des parties
droites et d'autre part des parties gauches de toutes ces
courbes, les courbes totales ON et OA (fig. 68). Nous pouvons encore aller plus loin et unir les deux courbes ON et
OA suivant la règle des combinaisons et arriver ainsi à
la nouvelle courbe ABN; on aurait justement obtenu cette
même courbe si l'on avait combiné, non pas les branches
isolées des courbes individuelles mentionnées, mais si on
les avait combinées dans leur totalité. La nouvelle courbe
coïncide avec OA à gauche du point δ et avec ON à droite
du point ϵ; elle a au point δ la même direction tangentielle que la partie initiale de la courbe ON et au point ϵ la
même direction tangentielle que la partie initiale de la

courbe OA. Ce n'est donc qu'entre les points δ et ϵ que la courbe ABN s'écarte de la courbe AON, et cet écart est à son maximum sur l'axe des ordonnées. Le point B de la courbe ABN doit, d'après les règles de la combinaison, correspondre à ces deux points des courbes OA et ON qui ont la même direction tangentielle à la même distance à droite et à gauche de la ligne des ordonnées; l'ordonnée OB doit être égale à la différence de longueur des ordonnées positives et négatives en question. Représentons maintenant la partie OA, tournée de 180°, par une courbe pointillée, ayant la position à laquelle nous étions habitués au début : nous constatons que les points cherchés dans les courbes OA et ON sont les mêmes points b et d correspondant à la quantité Oa vendue et achetée sur le marché au cas de libre concurrence et que le prix POP qui en résulte apparaît aussi dans la courbe ABN comme sa direction tangentielle sur l'axe des ordonnées. Enfin, l'ordonnée OB représente la différence des ordonnées des points d et b et, par conséquent, le bénéfice commun au cas de libre concurrence. Le bénéfice commun des acheteurs et des vendeurs réunis sur un marché se manifeste donc, dans la figure 68, comme tout à fait analogue à la jouissance qu'obtient un producteur s'il n'achète et ne vend aucune quantité de l'article A.

Imaginons maintenant, en poursuivant cette analogie, qu'une quantité annuelle x de A est amenée de l'extérieur sur le marché considéré et livrée gratuitement à la totalité des producteurs et des consommateurs en vue de la répartition la plus utile. Il en résultera une baisse du prix de A, un accroissement de la consommation et une diminution de la production. L'équilibre ne se rétablira que si la quantité retirée du marché par les acheteurs est supérieure de x à celle amenée par les vendeurs et si, en même temps, la condition caractéristique de la libre concurrence est remplie, c'est-à-dire s'il y a à nouveau équivalence entre l'utilité de la dernière portion achetée et le coût de la dernière portion vendue. Si l'achat s'élève de Oa à Oa_v et si la vente s'abaisse de Oa à Oa_e, il faut que le surplus d'achat aa_v et la diminution de vente aa_e soient ensemble égaux à x; les tangentes des courbes ON et OA doivent en outre être parallèles aux points d_v et b_e qui correspondent aux abscisses Oa_v et Oa_e. Ces tangentes parallèles déterminent en même temps le nouveau prix P_iOP_i et, suivant la règle de la combinaison, la courbe ABN doit avoir cette même direction tangentielle en son point i situé au-dessus de l'abscisse x. Le graphique nous montre en outre que l'accroissement d'achat comporte une augmentation de l'utilité que mesure l'écart vertical des points d et d_v et que la diminution de vente entraîne une économie de frais égale à l'écart vertical des points b et b_e. La somme de ces deux quantités constitue l'augmentation du bénéfice commun et se manifeste dans la courbe ABN au moyen de l'écart vertical des points B et i, de sorte que l'ordonnée de ce dernier point représente le bénéfice commun de la quantité x de A au cas de livraison gratuite. De même, dans chacune des courbes individuelles mentionnées plus haut, le point de même direction tangentielle, désigne par son abscisse positive ou négative, la quantité d'achat ou de vente de A désormais la plus avantageuse pour l'individu considéré; maintenant chaque individu achètera plus ou vendra moins et la somme de toutes ces différences est égale à x. En conséquence, de même que la partie droite de la courbe ABN représente le bénéfice commun au cas de livraison gratuite de quantités croissantes de A, de même toute ordonnée située à gauche du point O désigne le bénéfice commun de la totalité des individus constituant le marché, si ceux-ci étaient obligés de livrer gratuitement au dehors du marché la quantité de A représentée par l'abscisse négative en question. Nous appelons donc la courbe ABN *courbe du bénéfice commun*.

Imaginons que la courbe ABN est abaissée de OB; nous obtenons ainsi la courbe du coût et de l'utilité EOJ du marché tout entier. En effet cette courbe représente, à droite du point O, l'accroissement du bénéfice commun par les quantités de A fournies gratuitement et venant du dehors, c'est-à-dire l'utilité de ces quantités, et à gauche du même point la diminution du bénéfice commun par suite de la cession gratuite d'une quantité quelconque, c'est-à-dire le coût de cette quantité. La dérivée $E'OJ'$ qui résulterait également de la combinaison des courbes de l'offre et de la demande de tous les individus pris à part est, entre les points δ' et ε' plus basse que la courbe $A'ON'$ et coïncide avec elle à gauche de δ' et à droite de ε'. Sa partie gauche représente l'*offre encore libre* des vendeurs de l'article A, c'est-à-dire l'offre non requise par la demande des acheteurs qui se présentent sur le marché; la partie droite indique la *demande encore libre* des acheteurs du même objet, c'est-à-dire la demande non satisfaite sur le marché.

77. Détermination monopolistique du prix sous un régime de libre concurrence. — Représentons dans la figure 69a les courbes totales du coût et de l'utilité OA et ON d'un article A sur un marché déterminé et les dérivées OA' et ON' de la façon adoptée au début de cet ouvrage, puis dans la figure 69 b la courbe du bénéfice commun, ainsi que la courbe EOJ et sa dérivée qui résultent des mêmes courbes OA et ON de la façon indiquée ci-dessus; supposons en outre qu'un individu I est nouvellement survenu ou qu'il était resté hors de considération lors de la formation des courbes en question; nous pourrons alors établir à part sa courbe du coût et de l'utilité aOn. Si nous portons cette courbe dans la figure 69b en la tournant de 180°, les dérivées $a'On'$ et $E'OJ'$ se coupent à droite ou à gauche ou se touchent seulement au point O. Dans ce dernier cas, I ne participera en rien aux transactions du marché afférentes à l'article A; dans le premier cas, il s'y présente comme vendeur et dans le second comme acheteur du dit article.

Nous voyons dans la figure 69 b qu'à présent l'offre du vendeur I reste opposée à la libre demande. Il peut étendre sa vente au maximum jusqu'à la quantité Oq_0 donnée par le point d'intersection c_0 des courbes Oa' et OJ' ; son intervention abaisse de POP à P_0OP_0, non seulement pour sa production, mais encore pour le débit total, le prix du marché que l'on aurait constaté si les courbes totales avaient été construites en tenant compte de lui. L'augmentation du bénéfice commun que son entrée en scène ajoute au montant originaire OB est mesurée par l'écart vertical des courbes OJ et Oa et elle atteint son maximum pour la quantité Oq_0. Le producteur I jouit alors de profit b_0c_0 et tous les autres individus qui négociaient sur le marché, pris dans leur ensemble, voient augmenter leur bénéfice commun de c_0d_0 par suite de son apparition. Mais nous voyons aussitôt que le producteur I, comme un monopoleur, peut obtenir un profit plus élevé en restreignant sa vente, car malgré la libre concurrence sur un marché ouvert il est en situation de maintenir un prix élevé entre les limites données par la demande libre. Son bénéfice atteint le maximum quand il produit la quantité Oq_1 pour laquelle les courbes Oa et OJ' ont la même direction tangentielle ; ce profit s'élève à b_1d_1 et le prix s'élève à P_1OP_1. Son intervention n'accroît que de d_1d_1' le bénéfice des autres individus ; il y a donc toujours augmentation du bénéfice commun.

Pour se rendre compte de la réaction de ces changements de prix sur les acheteurs et les vendeurs, portons les trois lignes du prix POP, P_0OP_0 et P_1OP_1 dans la figure 69 a et considérons leur intersection avec les dérivées OA' et ON'. Avant l'apparition sur le marché du vendeur I, alors que le prix s'élevait à POP, la vente et l'achat étaient de Oa. Si maintenant I vend la quantité Oq_0, le prix s'abaisse à P_0OP_0 et la quantité enlevée du marché par les acheteurs s'élève à Ov_0 et doit donc dépasser exactement de Oq_0 le débit réduit Oc_0 des autres vendeurs. Il y a alors réduction du profit de ceux-ci, tandis que le profit des acheteurs augmente et cela, nécessairement, dans une mesure plus forte, car le bénéfice commun des deux groupes pris dans leur ensemble s'accroît de $r_0 d_0$, comme le montre la figure 69 b. L'influence du nouveau vendeur I se fait moins sentir quand il maintient le prix élevé, par exemple à $P_1 O P_1$, en n'amenant sur le marché que la quantité moindre $O q_1$; le débit total ne s'élève alors que de $O v_1$ et celui des autres vendeurs ne se réduit que de $O e_1$. S'il maintient le prix à un taux élevé en restreignant sa vente, l'entrepreneur considéré est ainsi obligé d'augmenter en même temps que son propre profit celui de ses concurrents, et même celui-ci dans une plus forte proportion. En effet tout compétiteur, si nous supposons à courbe individuelle du coût tout à fait identique à la courbe Oa (fig. 69 b), produira au prix $P_1 O P_1$ la quantité plus considérable donnée par l'intersection de cette ligne avec la courbe Oa'. Il obtiendra donc un bénéfice supérieur à celui de I qui doit se limiter à la quantité moindre $O q_1$, alors qu'au prix $P_0 O P_0$ chacun des deux aurait vendu la même quantité $O q_0$ et obtenu ainsi le même profit. Un entrepreneur qui a de nombreux concurrents de la même importance ne se résoudra jamais à limiter sa vente pour leur procurer un avantage supérieur au sien. Nous avons donc pu supposer avec raison (§ 4) que chaque individu vendra toujours la plus grande quantité possible $O q_0$ pour laquelle le bénéfice et le coût de la dernière petite portion sont exactement égaux. Au cas d'une concurrence absolument libre, le prix sera donc fixé par l'intersection des courbes de l'offre et de la demande. Mais nous constatons qu'il faut s'attendre à des écarts non seulement pour les vrais monopoles, mais aussi quand un individu l'emporte de beaucoup sur ses concurrents. Plus il en est ainsi et d'autant moins, par conséquent, est la force des compétiteurs, plus la courbe OA' est escarpée et plus OJ' se rapproche de ON' comme cela résulte nécessairement du mode de formation de la courbe ABN et de sa dérivée $E'OJ'$ (fig. 68). Mais si le rapprochement de OJ' vers ON' a pour effet une différence importante entre les deux limites du prix OP_0 et OP_1 (fig. 69b) l'entrepreneur I se trouve en situation de pouvoir augmenter son profit, sans trop limiter sa production et sa vente, dans des proportions si considérables qu'il peut négliger l'avantage qui échoit en même temps à ses concurrents plus faibles. Avec encore plus d'effet qu'un individu, une coalition de producteurs ou de vendeurs peut dominer le marché de façon monopolistique au détriment des acheteurs, bien que certains entrepreneurs restent en dehors du syndicat et jouissent ainsi d'un avantage proportionnellement encore plus élevé.

Toutes ces considérations s'appliquent également, de façon tout à fait analogue, à une coalition d'acheteurs ou même à un consommateur isolé. Dans la figure 70 nous opposons, comme dans la figure 69b, les courbes EOJ et aOn; si le point d'intersection c_0 des dérivées tombe à gauche du point O, l'individu I se présente comme acheteur de l'article A et fait ainsi hausser le prix. C'est alors l'acheteur qui, en restreignant ses achats, est en état de fixer de façon monopolistique le prix entre les limites OP_0 et OP_2. Mais le bénéfice commun augmente toujours de l'écart vertical des courbes OE et On à l'endroit correspondant à la quantité effective d'achat. De ce montant qui atteindrait son maximum pour la quantité Oq_0, la partie située entre les courbes On et OE', qui serait à son maximum pour la quantité Oq_1, revient à l'acheteur; et le reste, inclus entre OE' et OE, s'ajoute au bénéfice commun OB de tous les autres individus. Nous voyons donc que toute augmentation du nombre de personnes en état de pourvoir à leurs besoins est avantageuse pour la totalité, qu'elles se présentent en qualité de vendeurs ou d'acheteurs.

78. Les effets de la concurrence.— Un entrepreneur I qui introduit le premier un procédé basé sur une nouvelle invention peut obtenir un avantage lui permettant une exploitation monopolistique du moins tant que ce procédé, s'il n'est pas protégé, reste secret. La courbe du coût Oa (fig. 89b) de ce producteur devient moins escarpée quand le procédé a fait ses preuves, les limites du prix OP et OP_1 s'abaissent et s'écartent plus, il peut ainsi réaliser un profit plus considérable en étendant sa production. Le recul du prix qui en résulte profite aux acheteurs et nuit aux concurrents. Si cette diminution est plus importante, si elle s'étend aussi aux espèces voisines à la production desquelles les concurrents pouvaient passer avec facilité et que ceux-ci se convainquent de la stabilité du nouvel état des prix, quelques-uns d'entre eux vaincront leur hésitation à se livrer à la production d'articles tout à fait différents, ou à renoncer complètement à leur entreprise. Les courbes individuelles du coût, relatives à A, de ces producteurs qui ont réellement exécuté leur résolution de procéder à un tel changement, seront, nous l'avons déjà vu (§ 58), brusquement plus escarpées dans leur partie initiale; la courbe totale OA et sa dérivée deviendront donc également plus escarpées, de sorte que la courbe OJ' se rapproche de la courbe ON'. Cette modification des courbes accroît la marge de fixation monopolistique du prix par l'entrepreneur I et lui offre donc encore un avantage considérable. Mais, si la nouvelle invention tombe tout de suite dans le domaine commun, et si elle ne nécessite pas de trop grosses installations, elle peut être appliquée en même temps par beaucoup ou même par tous les producteurs antérieurs de l'article A. Il peut alors arriver que, la courbe totale de la demande ne variant pas, de telles masses soient apportées sur le marché que le prix baisse profondément et qu'il en résulte pour les producteurs une perte au lieu de l'avantage espéré. Ce n'est que si certains producteurs sont amenés à cesser leur exploitation ou à la restreindre dans des proportions considérables que la situation défavorable de la surproduction peut faire place à une situation normale.

L'introduction d'un nouveau procédé peut donc rendre moins escarpée la courbe du coût Oa de l'entrepreneur I; il en sera de même s'il se résout à faire emploi de capitaux en vue d'une production moins coûteuse ou plus abondante de l'article A. Enfin, si un individu qui auparavant n'avait pris aucune part aux transactions sur A ou se bornait à consommer cet article se résout à se livrer à sa production, nous pouvons également considérer que ceci aura pour effet un aplatissement de sa courbe du coût Oa. La courbe du coût et de l'utilité aOn de cet individu était auparavant si escarpée, quand elle passait par le point O, que sa dérivée $a'On'$ ne touchait $E'OJ'$ qu'au point O ou ne l'atteignait qu'à gauche du dit point; l'installation nécessaire pour la nouvelle entreprise a pour résultat le changement de forme, mentionné plus haut (§ 58), de la courbe aOn, de sorte que sa dérivée coupe maintenant la dérivée $E'OJ'$ à droite du point O. L'arrivée d'un nouveau producteur sur le marché ou l'extension d'une entreprise existante abaisse toujours le prix du produit, circonstance que nous ne pouvions considérer plus haut, mais qui ne contribue pas peu à augmenter l'hésitation que l'on éprouve à engager de nouveaux capitaux. L'entrepreneur doit, en effet, prendre en considération que les nouveaux capitaux qu'il consacre à son industrie font concurrence non seulement à ses compétiteurs, mais aussi à ses propres placements antérieurs. Cette considération s'applique surtout, nous l'avons vu, aux vrais monopoles, dans lesquels toute concurrence étrangère disparaît et voilà pourquoi les monopoleurs préfèrent établir des prix élevés pour une production restreinte plutôt que d'accroître leur exploitation au profit des consommateurs. Naturellement, on pourrait discuter de la même façon les causes qui rendent plus escarpée la courbe Oa et élèvent le prix de l'article A au profit des producteurs concurrents et au détriment des consommateurs. La courbe aOn située des deux côtés de l'axe des ordonnées (fig. 69b) devient aussi plus escarpée lorsqu'elle passe au point O si l'individu 1 consacre des capitaux à une transformation ultérieure de l'article dans ses usines. Si ces capitaux sont assez élevés, il peut se faire que les dérivées $a'On'$ et $E'OJ'$ se touchent seulement au point O ou, comme dans la figure 70, ne s'atteignent qu'à gauche du dit point; 1 consomme alors lui-même toute sa production de A ou se présente enfin comme acheteur de cet article devenu pour lui moyen de production. Il en résulte le changement de forme contraire pour la courbe aOn, relative à un moyen de production, d'un entrepreneur qui emploie des capitaux à fabriquer lui-même cet article.

Supposons maintenant que la courbe aOn (fig. 69b ou 70) de l'individu I reste inchangée, mais que l'un des autres individus augmente ses capitaux affectés à la fabrication de A ou diminue ses capitaux consacrés à l'emploi du dit article comme moyen de production ultérieure. La courbe individuelle du coût et de l'utilité de cet individu deviendra moins escarpée à sa rencontre du point O; il en sera de même des courbes totales OA ou bien ON dans une partie de leur parcours, de sorte que, les deux fois, la courbe ABN est influencée dans le même sens. Sa dérivée $E'OJ'$ sera donc moins escarpée en passant par le point O; le prix POP donné par la direction de cette dérivée en O est abaissé par l'augmentation de la production ou la diminution de la consommation de A. Si l'individu I se présente comme vendeur (fig. 69b), il trouve que sa limite supérieure du prix, OP_1, s'est également abaissée à son désavantage; mais, s'il se présente comme acheteur (fig. 70), il bénéficie de l'avantage attaché à l'abaissement de la limite inférieure du prix, OP_2. Le changement de forme de la courbe $E'OJ'$, dont nous venons de parler, sera encore beaucoup plus important si, par suite d'une conjoncture favorable à la production de A, il se crée de nombreuses et grandes entreprises en vue de sa fabrication, ou si une conjoncture défavorable à la mise en œuvre du même article, provoque l'abandon de nombreuses exploitations qui l'employaient comme matière première. Sans ces modifications, l'individu I aurait ressenti pleinement, comme vendeur, l'avantage et, comme acheteur, le désavantage de la conjoncture en question, mais, si cette conjoncture lui est favorable, elle lui attire une plus forte concurrence et par conséquent diminue son profit, tout comme dans le cas contraire elle restreint à son profit le nombre des acheteurs concurrents. Nous voyons ainsi qu'aucune conjoncture ne peut durer longtemps sans entraîner ces changements qui sont propres à la faire disparaître. Nous serions également arrivés au même résultat si nous avions considéré les conjonctures opposées qui provoquent la suspension d'entreprises consacrées à la production de A ou à la création d'établissements destinés à sa mise en œuvre. La courbe $E'OJ'$ est alors, en tout cas, plus escarpée dans sa traversée du point O, d'où résulte pour I un avantage comme vendeur (fig. 69b) et un dommage comme acheteur (fig. 70).

L'entrepreneur I a d'autant moins à craindre une brusque diminution d'une conjoncture favorable que l'avance es' plus considérable que lui procurent l'importance des capitaux nécessaires, son aptitude personnelle particulière ou l'emplacement favorable de son établissement par rapport aux nouveaux compétiteurs. Cet entrepreneur se rapproche de la situation d'un véritable monopoleur, étant protégé de ce fait que la demande de son produit ou l'offre sur laquelle il compte se resserrerait par suite de l'intervention de la concurrence. Mais tous ces entrepreneurs qui ne se trouvent pas dans une situation privilégiée ne peuvent, à cause de la libre concurrence, jouir que d'une façon transitoire des avantages d'une conjoncture favorable. Le point d'intersection de la courbe *a'On'* d'un producteur de cette catégorie tombe toujours sur la partie initiale presque droite de la courbe opposée *E'OJ'*, parce qu'autrement des entreprises concurrentes seraient créées qui modifieraient la courbe *E'OJ'* de telle sorte que son point d'intersection avec *a'On'* se rapprocherait du point *O*; aussi un tel entrepreneur ne peut-il exercer aucune influence importante sur la détermination du prix. On ne peut parler d'une telle influence pour ces acheteurs qui ne désirent l'article en question que pour leur consommation personnelle, car le besoin de l'individu ne compte pas par rapport au débit total. Par contre, ces consommateurs ont le moins à craindre un préjudice par suite de l'intervention de nouveaux concurrents, car la baisse du prix d'un article, bien qu'elle soit favorable à l'accroissement de la population, ne se réalise que tard et graduellement, et de plus cette augmentation ne se borne aucunement au nombre des acheteurs. Aussi arrive-t-il que l'avantage dû à toute nouvelle invention, à toute amélioration, à toute installation de capitaux, bénéficie en fin de compte aux consommateurs.

79. La détermination du prix par rapport aux derniers éléments de la forme des courbes. — Les limites de la marge laissée libre à la détermination monopolistique du prix exigent d'être examinées de près. Il nous faut tenir compte du fait que toute courbe individuelle et par suite toute courbe totale, et aussi la courbe *ABN* (fig. 68, 69 et 70), ne sont composées en dernière analyse que d'éléments droits, ce dont nous avons fait abstraction jusqu'ici dans ce chapitre.

Représentons, dans les figures 71 *a* et *b*, la courbe *EOJ*, courbe du coût et de l'utilité du marché tout entier, par une ligne polygonale et, par conséquent, la dérivée *E'OJ'* par une ligne dentelée : nous voulons rappeler que ces courbes proviennent de la combinaison de courbes individuelles dans la formation desquelles (§ 27) nous avons sup-

posé que toute individualité économique, envisagée isolément, avait à compter avec des prix constants de A, indépendants de sa propre influence. Nous avons abandonné cette
hypothèse dans ce chapitre au sujet de l'individu isolé I,
opposé à tous les autres ; nous devons donc, si nous voulons procéder de façon tout à fait exacte, prendre en considération aussi des quantités dont la vente ou l'achat n'aurait pas été avantageux pour l'individu au cas du prix
constant. Nous opposons donc, dans les figures 71 a et b,
aux courbes EOJ et $E'OJ'$ non plus la courbe du coût et de
l'utilité de l'individu I, mais cette série de points, en général irrégulière, qui, comme dans la figure 51 sert de base
à sa courbe de la jouissance située des deux côtés de l'axe
des ordonnées, et nous imaginons cette suite de points
tournée de 180°, par rapport à notre représentation antérieure. En même temps nous excluons de cette série tous
ces points au-dessus desquels l'on ne trouve dans les
courbes EOJ et $E'OJ'$ aucun point effectif (nous considérons
comme effectifs les points d'angle de la courbe EOJ qui
correspondent aux parties verticales de la courbe $E'OJ'$ et
aussi ces points de EOJ qui, bien que situés sur des parties
droites représentent cependant — comme nous l'avons déjà
indiqué (§ 30) — des quantités susceptibles d'être négociées
sur le marché). Toutes les quantités désignées par des
abscisses au-dessus et au-dessous desquelles il n'y a pas
de points effectifs des courbes EOJ et $E'OJ'$ ne peuvent
être ni vendues ni achetées par l'individu I. L'écart vertical
maximum de la suite de points $g_a g_n$ ainsi corrigée et du
point final supérieur d'une partie verticale quelconque ou
d'un autre point effectif quelconque de la courbe $E'OJ'$ indique alors au moyen de son abscisse positive ou négative
la quantité de vente Oq_1 (fig. 71 a) ou d'achat Oq_1 (fig. 71 b)
la plus avantageuse pour I. Le prix le plus favorable au
même individu OP_1 dans le premier cas et OP_2 dans le second est représenté par la direction du rayon vecteur du

point effectif correspondant de la courbe $E'OJ'$. Si nous voulions également déterminer la quantité de vente Oq_0 la plus considérable possible (fig. 71a), il nous faut ne pas perdre de vue que l'individu I peut vendre au maximum cette quantité pour laquelle le coût de la production de la dernière petite portion est justement couvert par la recette correspondante. Mais les frais de production de la dernière portion sont donnés, pour toute quantité de vente, par la ligne de liaison la plus escarpée du point considéré de la série $g_a g_n$ avec un point quelconque situé plus à gauche — éventuellement aussi à gauche — du point O. La vente ne peut donc être accrue au delà de cette quantité pour laquelle cette ligne de liaison la plus escarpée l'est cependant encore moins que le rayon vecteur du point effectif correspondant de la courbe OJ'; la direction de ce rayon vecteur désigne, en effet, le prix OP_0 auquel l'individu I peut encore tout juste débiter sa quantité de vente la plus forte possible Oq_0. Tout à fait de même, si l'individu I se présente comme acheteur (fig. 71b), la plus grande quantité possible d'achat Oq_0 est déterminée par ce fait que la ligne de liaison la moins escarpée du point de la série $g_a g_n$ situé au-dessous de q_0 avec un point quelconque de cette série situé plus à droite doit être encore plus escarpée que le rayon vecteur du point effectif correspondant de la courbe OE', et la direction de ce rayon vecteur indique le prix OP_0 auquel l'individu I peut encore acquérir sa quantité maximum d'achat. La quantité maximum possible sera la plupart du temps, comme dans les figures 71 a et b, également celle pour laquelle l'écart vertical de la série $g_a g_n$ et d'un point effectif quelconque de la courbe EOJ sera le plus considérable, c'est-à-dire celle qui procure le maximum de bénéfice commun. Toutefois il peut arriver, par exception, qu'étant donné un tracé très irrégulier de la série $g_a g_n$ la plus grande quantité possible Oq_0, telle qu'elle est déterminée ici, soit moindre que la quantité du maximum du bénéfice et même inférieure à Oq_1 ou à Oq_2 ; dans ces deux cas, la plus grande quantité de vente ou d'achat serait en même temps la seule possible. La détermination faite ici de la plus grande quantité ne se distingue, d'ailleurs, de la détermination employée jusqu'à présent que parce que, dans l'élimination des quantités impropres de la série $g_a g_n$, il faut tenir compte de la forme de la courbe opposée EOJ, puisque l'individu ne peut compter sur des prix constants de A.

La marge dans laquelle l'influence de l'individu peut agir sur le prix est nécessairement très étroite quand il s'agit d'un article objet d'une concurrence vraiment libre et dont le débit total annuel embrasse un très grand nombre d'unités courantes. L'influence de l'individu se manifeste par contre avec plus de force s'il jouit d'une situation privilégiée ou même d'un véritable monopole, ou si le débit total de l'article se limite à un petit nombre de pièces, on revient au monopole si l'on a affaire à un objet particulier. La courbe $E'OJ'$ de l'offre et de la demande libres qui, dans ce dernier cas, se composerait d'une simple partie de rayon vecteur, offre, quand il s'agit d'un petit nombre d'exemplaires, des dentelures très prononcées, mais peu nombreuses ; mais notre manière d'envisager la question s'applique également tout à fait aux courbes de ce genre. Les résultats obtenus dans ce chapitre valent donc pour tous les articles, que leur unité marchande soit peu importante ou considérable par rapport à leur débit total. Nous avons trouvé plus haut (§ 30) des difficultés pour la fixation du prix et du débit dans ce fait que la circulation de tout article doit s'accomplir en unités courantes complètes, et ces difficultés se manifestaient dans la rencontre des deux courbes totales dentelées de l'offre et de la demande. Dans tous les cas de cette nature, l'influence d'un seul acheteur ou d'un seul vendeur doit se faire sentir dans la détermination du prix. Nous pouvons maintenant nous rendre compte comment cela se produit et dans quelles limites le prix et le débit dépendent de l'appréciation de l'individu en opposant, comme dans les figures 71 *a* ou *b*, la série de points $g_a g_n$ de l'individu en question à la demande libre ou à l'offre libre de toutes les autres personnes.

CHAPITRE III

80. Importation et exportation. — Les courbes ABN, EOJ et $E'OJ'$ (fig. 72) prennent une nouvelle signification, si nous nous les imaginons composées des courbes individuelles de tous les habitants d'un pays fréquentant un marché unique. L'ordonnée OB représente alors le bénéfice commun, la direction tangentielle POP de la courbe ABN au point B le prix qui résulte pour la contrée tout entière de l'exclusion de transactions sur A, avec l'étranger, tout à fait comme, dans la figure 51, l'ordonnée initiale Ob de la courbe de la jouissance $g_a g_n$ nous a donné la satisfaction d'un individu au cas d'économie en nature. Toute autre ordonnée de ABN désigne le bénéfice commun qui résulterait pour l'ensemble du pays de la réception gratuite, de l'étranger, ou de la cession gratuite, à l'étranger, de la quantité d'importation ou d'exportation x, indiquée par les abscisses respectivement positives ou négatives. La courbe EOJ, que nous avons appelée plus haut courbe du coût et de l'utilité du marché tout entier, nous représente ainsi, à droite de l'axe des ordonnées, l'utilité d'une quantité quelconque d'importation et, à gauche de cet axe, le coût d'une quantité quelconque d'exportation de l'article A ; aussi la nommons-nous *courbe du coût d'exportation et de l'utilité d'importation*. La courbe $E'OJ'$ représente à gauche l'offre libre ou *offre d'exportation* et à droite la demande libre ou *demande d'importation* du pays considéré.

Si ce pays entre en relations commerciales avec l'étranger et s'il s'établit ainsi un prix plus bas P_iOP_i ou plus élevé P_eOP_e, l'abscisse positive ou négative du point d'intersection de la ligne du prix avec la dérivée $E'OJ'$ représente la quantité d'importation ou d'exportation x, de l'article A, la plus avantageuse pour le pays en question. L'ordonnée du point d'intersection mesure la somme à payer à l'étranger pour l'importation ou la somme venant de l'étranger par suite de l'exportation, et l'écart vertical de ce point d'intersection et de la courbe EOJ donne le profit qui résulte pour le pays tout entier de cette importation ou de cette exportation. Ce profit s'ajoute au bénéfice commun originaire OB, et l'on obtient ainsi le bénéfice commun total retiré par le pays des transactions touchant l'article A ; ce bénéfice commun est directement représenté par l'écart vertical du point d'intersection mentionné et de la courbe ABN. Cet écart est à son minimum sur l'axe des coordonnées, et il ne cesse de croître vers la droite et vers la gauche. Le bénéfice commun d'un pays est donc, comme la satisfaction d'un individu, à son minimum, si l'on n'achète ou si l'on ne vend rien aux étrangers, soit que cette situation se produise volontairement, soit qu'elle résulte de la prohibition du commerce extérieur ; mais le profit commun s'accroît, quelle que soit la direction dans laquelle ont lieu les transactions avec l'étranger, dans la même mesure qu'elles grandissent. De même que la satisfaction initiale d'un individu repose sur la combinaison la plus avantageuse ne comportant ni achat ni vente de A, de même une nation ne peut obtenir le bénéfice commun initial OB que si A ne fait l'objet d'aucun commerce extérieur, mais à condition que tous les individus conservent le libre choix de la combinaison la plus opportune de l'ensemble de leur consommation, de leur production et de leur approvisionnement. La possibilité du commerce extérieur élargit pour tout indigène du pays considéré la liberté de son choix en

lui permettant de nouvelles combinaisons·et, quand celles-
ci sont avantageuses et qu'ainsi l'on recourt au commerce
extérieur, le bénéfice commun doit augmenter. Nous avons
déjà parlé du reserrement qui affecte le choix libre de la
combinaison la plus avantageuse et par conséquent de la
diminution du profit commun qui en résulte toujours, quand
il existe une limitation quelconque du commerce intérieur,
due à des monopoles, des impôts, des frêts élevés, etc.

Si nous voulons maintenant nous rendre compte de la
réaction du commerce extérieur sur les acheteurs et les
vendeurs indigènes, nous pouvons le faire de la façon la
plus générale ; mais, comme la réaction sur les consommateurs et les producteurs présente un intérêt particulier,
comme elle est altérée par l'intervention du commerce
appuyé sur·la détention de stocks, nous voulons supposer
que tous les indigènes dont les courbes individuelles participent à la formation des courbes OA et ON s'abstiennent
de toute spéculation sur l'article A. L'abscisse du point
d'intersection de la ligne du prix avec la dérivée OA'
désigne alors la production intérieure, son écart vertical de
la courbe OA détermine le profit des producteurs indigènes,
et le point d'intersection de cette ligne avec la courbe ON'
donne, de la même manière, la consommation intérieure
simultanée et le profit des consommateurs. Nous voyons
que, plus le prix s'abaisse au-dessous de POP, plus l'importation et la consommation croissent, mais plus la production intérieure diminue ; et l'augmentation du profit
des consommateurs est plus rapide que la décroissance de
celui des producteurs. Mais, si le prix s'élève au-dessus de
POP, l'exportation et la production ne cessent d'augmenter
et la consommation de diminuer ; quant au profit des producteurs, il s'accroît plus vite que ne baisse celui des consommateurs. L'excédent de cette augmentation sur cette
diminution constitue l'accroissement du bénéfice commun,
accroissement représenté par l'écart vertical des courbes

EOJ et $E'OJ'$. Si le prix hausse au-dessus de la limite représentée par la direction $Oε'$, la consommation indigène cesse en totalité et toute la production est exportée ; mais, si le prix baisse au-dessous de la limite $Oε'$, tout ce dont le pays a besoin est importé et la production intérieure est suspendue.

Opposons enfin (fig. 73) aux courbes de l'utilité et de la demande de l'importation OJ et OJ' d'un pays, les courbes du coût et de l'offre de l'exportation OE et OE' d'une autre nation, en tournant ces dernières de 180° par rapport à leur figuration antérieure, et supposons en outre que seules ces deux contrées sont intéressantes au point de vue du commerce international. Tenons compte en outre des frais inévitables de transport.— frêt, emballage, assurances, pertes d'intérêts, commissions, différences de change, etc. — dans l'établissement des courbes de ce pays que nous considérons comme étranger, en raccourcissant de façon adéquate les ordonnées de OJ et OJ' et en allongeant dans les mêmes conditions celles de OE et OE' : toutes les courbes sont alors valables pour le marché intérieur. La quantité échangée entre les deux pays exempts de droits de douane sera représentée par l'abscisse Oa_o du point d'intersection c_o des courbes OE' et OJ'. Pour les deux nations envisagées dans leur ensemble, il en résulte le *bénéfice commun international* $b_o d_o$ auquel participent le pays d'exportation pour le montant $b_o c_o$ et le pays d'importation pour $c_o d_o$. Cette part du profit dû au commerce international et représenté, dans notre figure 72, pour le marché intérieur s'ajoute dans chacune des deux nations au bénéfice commun que chacune d'elle eût obtenue des transactions sur A libres à l'intérieur, mais prohibées avec l'extérieur. Le prix OP_o, déterminé par l'intersection des courbes OE' et OJ', vaut sur le marché intérieur, tandis que le prix sur le marché extérieur doit être abaissé des frais de transport quand ce pays exporte, ou augmenté s'il importe. Plus ces frais sont faibles, plus les courbes OE et OJ, ainsi que leurs dérivées, s'écartent,

et plus s'accroissent, par conséquent, le débit international Oa_0, le bénéfice commun $b_0 d_0$ et la part de profit pour
chacun des deux pays. Les frais de transport ont également
de l'influence sur le montant dont doivent différer les prix
de tous les autres articles dans les deux nations. Ce n'est
que quand un nivellement s'est effectué à cet égard que
peut exister dans les deux pays cette stabilité des prix que
nous devons présumer, tout comme l'invariabilité des qualités possédées par toutes les individualités économiques,
quand il s'agit de construire nos courbes.

81. Influence des douanes. — Si l'on prélève dans l'un des deux
pays un droit d'entrée ou dans l'autre un droit de sortie équivalent, il en résulte entre les deux nations une différence
de prix exactement égale au taux du droit, tout comme s'il
y avait augmentation des frais de transport. Le débit international qui serait Oa_0, s'il n'y avait pas de douane (fig. 73),
doit se limiter à cette quantité Oa pour laquelle l'écart des
courbes OE' et OJ', c'est-à-dire le profit du monopole disponible pour cette quantité, est juste égal au montant du
droit correspondant; le dit montant joue exactement le
même rôle que le gain d'un intermédiaire monopoleur, que
le frêt ou l'impôt. De même, le bénéfice commun international se réduit de $b_0 d_0$ à bd, dont bb' revient aux habitants
du pays exportateur et dd' à ceux du pays importateur, de
sorte que ces deux parties y perdent; mais, comme il faut
ajouter le rendement total du droit, $b'd'$, comme le profit
du monopole, au gain de ce pays qui le perçoit, cette
nation peut ainsi bénéficier d'un avantage plus considérable que si l'on avait affaire à un régime de libre-échange.
Pour le pays importateur, quand il s'agit de porter au plus
haut point possible la somme du produit des douanes et du
profit des citoyens, le droit d'entrée le plus favorable est
celui qui amène le débit Oa_2 pour lequel l'écart vertical des
courbes OJ et OB' est à son maximum. De même, pour le

pays exportateur, le droit de sortie le plus avantageux est celui qui a pour résultat la quantité internationale de débit Oa_1 pour laquelle les courbes OE et OJ' sont le plus écartées. Mais la plus forte recette douanière proviendrait pour l'une et l'autre de ces nations de ce tarif douanier plus élevé qui limite à Oa_3 la quantité pour laquelle les courbes OJ' et OE' présentent l'écart vertical maximum.

Si les courbes OE' et OJ' se rencontrent, comme dans la figure 73, dans la partie nettement descendante de cette dernière, nous pouvons juger par là que non seulement l'article A, dans le pays importateur, appartient à notre troisième groupe, mais encore que l'importation correspond à un besoin des masses. Si, dans un cas de cette nature, le pays importateur établit sur A un droit d'entrée ou le pays exportateur un droit de sortie, la figure montre que dans tous les cas l'augmentation de prix dans le pays importateur, c'est-à-dire la divergence des lignes OP_0 et Od', est à peu près égale au droit total, et que la diminution du prix dans le pays exportateur, c'est-à-dire la divergence des lignes OP_0 et Ob', ne sera pas considérable. Mais, si, comme dans la figure 74, la courbe OJ' est coupée par la courbe OE' dans sa partie initiale nettement ascendante, il n'en résulte pas que A doive constituer un article de luxe dans le pays importateur ; ce peut même être un article d'usage commun, si sa production indigène est assez abondante pour que le désir de produits étrangers revête le caractère d'une demande de luxe. Il peut en être ainsi, même des céréales, quand leur production indigène coïncide à peu près avec les besoins du pays. Dans les cas de ce genre, le droit de douane réduira proportionnellement plus fort les transactions internationales, et l'augmentation du prix dans le pays importateur sera la plupart du temps moins considérable que la baisse du prix dans la nation exportatrice. L'intention de faire supporter par le pays étranger les recettes douanières d'une nation ne peut donc être réalisée par les droits d'entrée que dans une faible mesure; en effet, pour les articles tels que ceux considérés dans la figure 73, ce sera toujours, en raison de la nature des choses, le marché intérieur qui sera le plus fortement atteint, tandis que les articles dont les courbes correspondent à la figure 74 permettent mieux de diriger l'incidence sur le pays étranger, mais ne donnent que des recettes de peu d'importance. Il serait plus facile d'atteindre ce but au moyen des droits de sortie, surtout pour les articles qui, comme le thé chinois et le coton américain, sont consommés à l'étranger en grandes quantités, mais n'y sont pas produits ou ne le sont que de façon insuffisante. On constate néanmoins la disparition presque générale des droits de sortie et le développement incessant des droits d'entrée. La cause de ce phénomène est moins dans ce qui subsiste encore des dogmes mercantilistes que dans ce fait que tout droit de sortie porte plus ou moins préjudice aux producteurs indigènes de la marchandise imposée, alors qu'un droit d'entrée leur est avantageux. Cet avantage ou ce désavantage qui se répartit entre des personnes relativement peu nombreuses est, précisément pour ce motif, beaucoup plus sensible et plus important que l'effet simultané et opposé sur les consommateurs. Les producteurs font donc une campagne énergique contre les droits de sortie et pour les droits d'entrée, tandis que les consommateurs, en général beaucoup plus nombreux, ne sont pas amenés à défendre avec la même vigueur leur intérêt contraire, chacun n'étant atteint que pour une faible part de son budget des dépenses. Il en résulte que les matières premières de l'industrie ne sont presque jamais assujettis à des droits d'entrée, mais au contraire sont frappées, par endroits, de droits de sortie; tels est le cas des chiffons en Autriche.

82. Impôts et droits de douane. — La courbe ABN (fig. 72), que nous reproduisons dans la figure 75 avec les courbes

Auspitz et Lieben.   18

OA et ON subit une modification quand l'article A est assujetti, dans la nation considérée, à un impôt $tg\sigma$ sur la production ou la consommation que nous représentons par la droite SOS. En effet l'existence de l'impôt $tg\sigma$ sur la production fait augmenter toutes les ordonnées de la courbe OA de l'ordonnée correspondante de la droite SOS, de sorte qu'elle devient la courbe plus escarpée OA_1, tracée en rouge. L'existence de l'impôt de consommation $tg\sigma$ raccourcit par contre, dans des proportions tout à fait analogues, toutes les ordonnées de la courbe ON, et il en résulte la courbe ON_2, située plus bas, et également dessinée en rouge. Cette simple modification des courbes que nous avons déjà appris à connaître dans les figures 20, 21 et 65, ne peut d'ailleurs se produire que si, comme plus haut (§ 80), nous supposons exclue la détention de stocks à l'intérieur du pays; sans cette réserve, il faudrait en effet distinguer, dans tout achat ou vente, si la marchandise est encore assujettie à l'impôt ou si elle en a déjà été frappée l'année précédente. Nous devrions aussi exclure ces individus qui à la fois consomment et produisent l'article A, à moins de pouvoir supposer, comme plus haut (§ 51), qu'ils n'ont à payer l'impôt que sur les quantités qu'ils vendent ou qu'ils achètent. Par suite des changements indiqués de la courbe OA ou ON, la courbe antérieure du bénéfice commun ABN se modifiera également et sera remplacée par la courbe $A_1B_\sigma N$ ou $AB_\sigma N_2$, partiellement tracée en rouge dans notre graphique. Ces deux nouvelles courbes — dont la première s'applique au cas d'un impôt de production et la deuxième au cas d'un impôt de consommation — se rapportent aux quantités d'importation et d'exportation x, comme la courbe ABN, et représentent le bénéfice commun du pays tout entier, y compris comme ci-dessus (§ 73), le rendement de l'impôt; ce bénéfice est d'ailleurs modifié par l'existence du dit impôt. Ces courbes ont un point commun, B, situé sur l'axe des ordonnées, car le bénéfice commun

OB que l'on peut obtenir étant donné la prohibition absolue de tout commerce extérieur et la liberté complète du commerce intérieur de l'article *A*, est réduite par le prélèvement d'un impôt de production $tg\sigma$ juste du même montant que par la perception d'un impôt de consommation du même taux. Par contre, la courbe $A_1 B_\sigma N$ au point B_σ est plus escarpée et la courbe $AB_\sigma N_2$ moins escarpée que la courbe ABN au point *B*, car le prix courant est augmenté par un impôt de production et abaissé par un impôt de consommation. L'écart vertical des deux nouvelles courbes est exactement égal sur chaque abscisse x à l'ordonnée $x . tg\sigma$ de la droite *SOS*. Nous pouvons enfin observer que le prélèvement de l'impôt rapproche au point *O* le point de réunion de la courbe du bénéfice commun avec la courbe totale du coût comme avec la courbe totale de l'utilité ; au cas d'un impôt de production le point δ_1 remplace le point δ et au cas d'un impôt de consommation δ fait place au point δ_2, situé verticalement au-dessus de lui, et à ε se substituent d'une part ε_1 et de l'autre ε_2, situés verticalement au-dessous de lui.

Supposons maintenant que la nation considérée, qui produit l'article *A* et le frappe d'un impôt de production $tg\sigma$, est également importatrice du dit article. Si nous supposons que la courbe $A_1 B_\sigma N$ (fig. 75) est abaissée de son ordonnée initiale OB_σ et si nous reproduisons la partie droite *OJ* de cette courbe dans la figure 76, sa dérivée *OJ'* représente la courbe de la demande de l'importation. L'abscisse Oa_0 du point d'intersection de cette dernière avec la courbe de l'offre de l'exportation *OE'* du pays étranger vers le marché intérieur réduite comme plus haut (fig. 73) représente la quantité d'importation au cas de libre échange. Mais, pour déterminer le taux le plus favorable du droit d'entrée, on ne peut pas encore se servir directement de la courbe *OJ*. Nous ne devons en effet pas perdre de vue que toute quantité d'importation x de l'article *A* doit occasionner une diminution de la production indigène et, en même temps, restreindre le rendement de l'impôt de production contenu dans le bénéfice commun total de la nation. Pour se rendre compte de la diminution de la production due à cette importation, nous devons avoir recours à une construction auxiliaire en traçant la dérivée OA'_1 de la courbe OA_1 (fig. 75); la quantité de production O_1 — au cas d'exclusion de toute exportation — résulte alors de l'intersection de cette courbe avec la ligne du prix pointillée (fig. 76) qui est parallèle à la tangente de la courbe A_1B_oN (fig. 75) au point B_o. Pour tout prix moins élevé, l'intersection de la ligne du prix avec la courbe OJ' nous donne la quantité d'importation et son intersection avec OA'_1 la production indigène de la même période; l'écart horizontal entre ce dernier point d'intersection et le point e mesure ainsi la réduction de la production indigène; la perte d'impôt se manifeste donc dans la différence des ordonnées correspondantes de la ligne OS. Si nous raccourcissons toutes les ordonnées de la courbe OJ de la diminution d'impôt déterminée de cette façon, nous obtenons la nouvelle courbe OJ_1, figurée en rouge dans notre graphique, et cette courbe représente l'utilité de toute quantité d'importation x de A en tenant déjà compte de la diminution du rendement de l'impôt; il n'est pas nécessaire que cette courbe, qui n'est donc pas une vraie courbe de l'utilité, soit concave d'un bout à l'autre. Nous avons ainsi à rechercher maintenant l'écart vertical maximum des courbes OJ_1 et OE', et l'abscisse correspondante désigne l'importation Oa_2 la plus avantageuse pour la nation considérée. Comme la demande indigène n'est pas influencée par cette diminution du produit de l'impôt, seul l'écart vertical des courbes OJ' et OE' sert de norme pour le rendement des douanes afférent à toute quantité d'importation et par conséquent à la quantité la plus favorable qui vient d'être déterminée. Il en résulte alors le taux le plus favorable du droit d'entrée $tg\delta_1$ que nous pouvons fixer pour toute hauteur du taux $tg\sigma$ de l'impôt de production ; il nous est ensuite loisible de comparer ces deux valeurs. Si $tg\sigma$ était égal à l'infini, c'est-à-dire si la production de A était interdite à l'intérieur, la courbe OJ_1 (fig. 76) serait identique à la courbe ON (fig. 75), et il en résulterait le taux du droit d'entrée le plus favorable, $tg\delta_i$, qui serait inférieure à $tg\sigma$ dans tous les cas ; au contraire, si l'impôt intérieur de production est abrogé, c'est-à-dire si $tg\sigma$ est nul, la courbe OJ_1 (fig. 76) serait identique à la partie droite de la courbe ABN (fig. 75), abaissée de OB, et il en résulterait le taux le plus favorable du droit d'entrée, $tg\delta_i$, qui serait donc supérieur à $tg\sigma$. On pourra donc trouver un taux de l'impôt $tg\sigma_i$ pour lequel le droit d'entrée le plus avantageux pour le pays importateur serait juste égal à l'impôt intérieur de production ; si l'impôt était moins élevé, le droit d'entrée devrait donc avoir un taux supérieur à celui de l'impôt et, dans le cas contraire, il devrait lui être inférieur, pour procurer, en tous les cas, le maximum de bénéfice commun à la nation tout entière.

Des considérations analogues montrent que, dans un pays exportateur qui frappe un article A d'un impôt de consommation, il y a toujours un droit de sortie présentant le maximum d'avantages et que ce droit doit être exactement égal à l'impôt quand celui-ci s'élève justement au taux $tg\sigma_i$. Si l'impôt de consommation est inférieur à $tg\sigma_i$, le droit de sortie doit être fixé à un taux supérieur à celui de l'impôt ; dans le cas contraire, il faut établir un taux du droit inférieur à celui de l'impôt. Si, dans le pays exportateur, on prélève un impôt de production au lieu de l'impôt de consommation, celui-là a le même effet que celui-ci, plus un droit de sortie de même quotité. Le bénéfice commun maximum sera donc atteint, pour la nation considérée, si l'impôt de production est exactement fixé à $tg\sigma_i$, à condition qu'aucun nouveau droit de sortie ne soit prélevé, tandis que, pour un impôt de production d'un taux moindre, il conviendrait de recourir à un droit de sortie. Mais, si l'impôt de production était supérieur à $tg\sigma_e$, il serait nécessaire, pour obtenir le maximum de bénéfice commun, de rembourser à la sortie une partie de l'impôt ; le remboursement du montant total de l'impôt ou d'une somme encore supérieure, c'est-à-dire. l'allocation d'une prime d'exportation, nuirait par contre au bénéfice commun.

Nous voyons donc qu'une prime d'exportation, qui provoque en négligeant les intérêts fiscaux une augmentation artificielle de la production indigène et une extension de l'exportation au delà de la quantité Oa_o (fig. 73 ou 74), ne peut être utile à la communau'é. De même l'influence d'un droit d'entrée est nuisible, dès qu'il dépasse la limite du droit le plus favorable, bien que le produit fiscal croisse encore jusqu'à ce que l'importation soit réduite à la quantité Oa_t (fig. 73 ou 74). Le droit de douane est encore plus nuisible quand, laissant de côté l'intérêt fiscal, on l'augmente encore en vue de restreindre de plus en plus l'importation, et de favoriser la production indigène. Que néanmoins l'on puisse imposer un sacrifice à la collectivité au moyen de droits de douane protecteurs, de primes à l'exportation ou de subventions directement accordées par l'Etat, afin d'obtenir un avantage futur par la création, l'extension ou la conservation de certaines branches de production, cela dépend de ce que cet avantage présumé est supérieur à la diminution du bénéfice commun actuel qui en résulte inévitablement. Il est évident qu'un sacrifice de ce genre ne peut être supporté d'une manière continue ; il ne peut paraître justifié que si l'on dispose d'un certain délai permettant aux entreprises en question de se rendre capables d'entrer en concurrence avec l'étranger par des installations appropriées ou encore de se dissoudre peu à peu et sans crise. Nous devons en outre ne pas perdre de vue que les hypothèses qui servent de bases à nos courbes comprennent non seulement cette supposition que les qualités personnelles de toutes les individualités économiques des deux pays restent invariables, mais encore qu'elles sont exactement connues et déterminées au point de vue de leur propriété initiale. Ainsi les courbes subissent les modifications décrites plus haut (§ 58) quand, par suite de mesures de politique douanière, l'on fait de nouvelles installations ou que l'on dissout celles existantes, ou que certains entrepreneurs transportent leur industrie d'un pays à l'autre ou même émigrent avec tout leur personnel.

Tandis qu'un véritable droit protecteur cherche à limiter l'importation encore plus que ce ne serait le cas pour le droit fiscal le plus productif, le taux du droit de douane le plus favorable, comme nous avons appris ici à le connaître, doit en tout cas être inférieur à celui qui donnerait le rendement le plus considérable et que l'expérience permettrait le mieux de découvrir. Si un pays veut appliquer en fait à tel article le droit de douane le plus favorable, et s'il a ainsi l'intention d'attirer à lui la plus grande part possible du bénéfice commun international, on rencontrera les mêmes difficultés que s'il s'agissait de l'exploitation intégrale d'un monopole. La difficulté est encore plus grande ici, car il faudrait connaître de la façon la plus précise la situation de la production et de la consommation non seulement de la nation considérée, mais aussi du pays étranger. En outre l'étranger ne s'oppose pas à cette nation comme un marché unique, mais il embrasse en fait l'ensemble total de tous les autres marchés. Il n'est donc pas possible de réduire la courbe de l'offre libre et la courbe de la demande libre de chacune des places étrangères en tenant compte des frais de transport correspondants exigés pour les amener sur le marché intérieur et ensuite de les combiner, car la totalité des marchandises n'est pas adressée à ce marché. Il se fait en vue des conditions de transport et des droits de douane des compensations entre les marchés extérieurs, et ce n'est qu'en tenant compte de ces compensations que l'on peut envisager l'étranger comme une unité. Même si l'on était arrivé, grâce à la recherche la plus soigneuse de toutes ces circonstances, à fixer le taux du droit le plus favorable, son imposition altérerait immédiatement la base de ses investigations, puisque les variations des prix des articles les plus différents devraient s'effectuer à l'intérieur et à l'étranger. En effet, ou bien les prix sont influencés d'une façon tout à fait directe par les représailles douanières des autres États, exercées contre d'autres articles, ou bien l'interdiction de l'entrée des marchandises provoquera un afflux de monnaie si l'exportation demeure d'abord la même. Il en résulte à l'intérieur une dépréciation de l'argent, et, par conséquent, la hausse des prix, tandis qu'à l'étranger on peut observer l'effet contraire. Mais toute variation d'un prix quelconque modifie la forme de nos courbes de sorte que le taux déterminé n'est plus le plus favorable. Ce n'est qu'au cas de stabilité complète des prix de tous les autres articles et de l'estimation de la valeur de l'argent de la part de tous les individus considérés, que nous pouvons établir des courbes pour un article quelconque ; il ne peut donc être question de courbes afférentes en même temps à plusieurs ou même à tous les articles ; il est donc tout à fait impossible d'établir un système entier de taux de droits de douane les plus favorables selon la méthode que nous avons appliquée pour un seul article. Sans même rechercher le droit le plus avantageux, en s'efforçant seulement d'obtenir une modeste approximation du dit droit, les représailles possibles de l'étranger, comme les fluctuations de prix occasionnées par les modifications du change, mettent en question l'avantage que l'on a tâché de se procurer. Si en outre plusieurs pays s'efforcent en même temps d'attirer à eux la plus grande part possible du bénéfice commun international, une seule chose est certaine, c'est que dans cette compétition, les transactions se restreignent et le bénéfice commun qu'ils peuvent obtenir dans leur ensemble est diminué.

APPENDICE PREMIER

LES ÉQUATIONS DES COURBES

Le lecteur compétent en analyse mathématique s'est rendu compte par lui-même que nos courbes représentaient toutes sans exception des fonctions de la quantité d'un article quelconque A. Si nous désignons par X les quantités totales du dit article et, par conséquent, les abscisses des figures 1 à 5, par $F_a(X)$ les ordonnées et par conséquent l'équation de la courbe totale du coût OA, et par $F_n(X)$, celle de la courbe totale de l'utilité ON, la caractéristique de ces courbes, consistant en ce que la première et la seconde sont respectivement convexe et concave d'un bout à l'autre, s'exprime de la façon suivante :

$$F_a''(X) \text{ est toujours positif}$$

$$F_n''(X) \text{ est toujours négatif.}$$

Nous savons en outre que

$$F_a(o) = F_n(o) = 0$$

et qu'il y a une certaine valeur finale de X pour laquelle

$$F_a(X) = F_a'(X) = \infty,$$

et également une autre valeur finale de X pour laquelle

$$F_n(X) = F_n'(X) = -\infty.$$

Le premier quotient différentiel $F_n'(X)$ est positif jusqu'au maximum de la courbe ON, puis il est négatif, tandis que la dérivée première $F_a'(X)$ est ou bien constamment positive ou bien, quand la courbe OA descend au-dessous de l'axe des abscisses, négative jusqu'au point minimum et ensuite seulement positive. Les équations des dérivées OA' et ON' résultent de leur mode de naissance ; leurs ordonnées sont, respectivement,

$$X \cdot F_a'(X) \qquad \text{et} \qquad X \cdot F_n'(X).$$

Le profit de production ou de consommation représenté par l'écart vertical de la courbe originaire et de la courbe dérivée est donc, respectivement

$$\left[X \cdot F_a'(X) - F_a(X) \right], \qquad \text{et} \qquad \left[F_n(X) - X \cdot F_n'(X) \right].$$

Ces deux expressions ne cessent de croître à mesure que X augmente, car

$$\frac{d}{dX} \left[X \cdot F_a'(X) - F_a(X) \right] = X \cdot F_a''(X),$$

de même que

$$\frac{d}{dX} \left[F_n(X) - X \cdot F_n'(X) \right] = - X \cdot F_n''(X)$$

est constamment positif.

Au point d'intersection des dérivées, l'on a

$$X \cdot F_a'(X) = X \cdot F_n'(X) = X \cdot tg\theta$$

et par conséquent

$$tg\theta = F_a'(X) = F_n'(X),$$

ce qui signifie : *Le prix est à la fois le quotient différentiel de la courbe totale du coût et le quotient différentiel de la courbe totale de l'utilité.* En outre, au point d'intersection des dérivées, l'écart vertical des deux courbes totales de l'utilité et du coût, c'est-à-dire le bénéfice commun

$$\left[F_n(X) - F_a(X) \right]$$

atteint son maximum, car l'on a, à ce point,

$$\frac{d}{dX}\left[F_n(X) - F_a(X)\right] = F_n'(X) - F_a'(X) = 0.$$

Si l'article A est frappé d'un impôt de production $tg\sigma$, les ordonnées de la courbe totale du coût OA s'allongent du montant de l'impôt, $X \cdot tg\sigma$, et nous avons alors, pour les ordonnées de la dérivée OA',

$$X \cdot \frac{d}{dX}\left[F_a(X) + X \cdot tg\sigma\right] = X \cdot F_a'(X) + X \cdot tg\sigma,$$

de sorte qu'elles aussi paraissent allongées de $X \cdot tg\sigma$. De même un impôt de consommation $tg\sigma$ raccourcit de $X \cdot tg\sigma$ les ordonnées de la courbe totale de l'utilité ON et de sa dérivée ON', de sorte que, dans ces deux cas, l'écart vertical de la courbe originaire et de la courbe dérivée reste le même.

Il en est tout à fait de même pour le tracé des courbes individuelles du coût (Oa) et de l'utilité (On) (fig. 6 et 7) et pour leur rapport avec leur dérivée respective.

Afin de nous rendre compte de la combinaison des courbes individuelles en courbes totales (fig. 8 et 9), nous désignons par $x_1 , x_2 , \ldots . x_n$, les abscisses des courbes individuelles du coût ou de l'utilité à combiner et nous appelons leurs ordonnées $f_1(x_1), f_2(x_2), \ldots . f_n(x_n)$; nommons enfin X et $F(X)$ les abscisses et les ordonnées des courbes totales du coût ou de l'utilité provenant de la combinaison. On a alors

$$X = \left[x_1 + x_2 + \ldots . + x_n\right] \quad \text{et}$$
$$F(X) = \left[f_1(x_1) + f_2(x_2) + \ldots . + f_n(x_n)\right]$$

et, par conséquent,

$$F'(X) = f_1'(x_1) \cdot \frac{dx_1}{dX} + f_2'(x_2) \cdot \frac{dx_2}{dX} + \ldots \ldots + f_n'(x_n) \cdot \frac{dx_n}{dX}.$$

Nous avons maintenant dans les points de prix égal des courbes individuelles

$$f_1'(x_1) = f_2'(x_2) = \ldots . = f_n'(x_n),$$

donc

$$F'(X) = f_1'(x_1) \cdot \frac{dx_1 + dx_2 + \ldots + dx_n}{dX} = f_1'(x_1),$$

et aussi

$$F'(X) = f_1'(x_1) = f_2'(x_2) = \ldots = f_n'(x_n).$$

De plus, on peut poser

$$F''(X) = f_1''(x_1)\frac{dx_1}{dX} = f_2''(x_2)\frac{dx_2}{dX} = \ldots = f_n''(x_n)\frac{dx_n}{dX},$$

d'où il résulte que la seconde dérivée de la courbe totale
et sa courbure en chaque point est beaucoup plus faible
qu'au point de prix égal de chaque courbe individuelle ;
en effet

$$\frac{dx_1}{dX}, \ \frac{dx_2}{dX} \ldots \ \frac{dx_n}{dX},$$

sont toujours de véritables fractions.

Si nous désignons maintenant par x les abscisses de la
courbe de la jouissance $g_a g_n$ d'un individu déterminé, relative à l'article A, x peut aussi être négatif, car il y a des
quantités du dit article que l'individu achète ou vend pour
l'année considérée. Appelons

$$f(x)$$

les ordonnées de cette courbe et supposons que dans l'établissement de celle-ci, comme pour les courbes dont nous
avons parlé jusqu'ici, toutes ces quantités soient éliminées,
dont l'achat ou la vente n'était avantageux pour aucun
prix donné de A. La seconde dérivée

$$f''(x)$$

est alors constamment négative. De plus nous pouvons
désigner par

$$\left[f(x) - f(o)\right]$$

les ordonnées de la courbe du coût et de l'utilité aOn, et par

$$x \cdot f'(x)$$

les ordonnées de sa dérivée, c'est-à-dire de la courbe de l'offre et de la demande $a'On'$. Nous savons aussi que pour une valeur négative déterminée de x,

$$f(x) = -\infty \quad \text{et} \quad f'(x) = +\infty$$

et que pour une valeur positive déterminée de x

$$f(x) = f'(x) = -\infty,$$

et qu'entre ces deux limites, il y a une certaine valeur de x, soit positive, soit négative, pour laquelle

$$f'(x) = 0,$$

L'écart vertical entre la dérivée et la courbe de la jouissance, c'est-à-dire la satisfaction

$$[f(x) - x \cdot f'(x)],$$

est à son minimum sur l'axe des ordonnées et ne cesse d'augmenter à droite et à gauche de cette ligne ; en effet le quotient différentiel

$$\frac{d}{dx}\left[f(x) - xf'(x)\right] = -x \cdot f''(x)$$

est positif quand $x > 0$ et négatif quand $x < 0$.

Représentons maintenant par x les abscisses et par $F(x)$ les ordonnées des courbes ABN (fig. 68) du bénéfice commun d'une totalité d'acheteurs et de vendeurs de A : on peut alors répéter de la fonction $F(x)$ tout ce que nous venons de dire de la fonction $f(x)$. Si un nouvel individu I dont on n'avait pas tenu compte dans la courbe ABN entre en ligne, nous avons à déterminer en général la quantité x d'achat ou de vente de A qui lui est le plus avantageux suivant les lois du monopole, comme nous l'avons fait observer plus haut (§ 79). Toutefois, si la courbe *EOJ* et la série de points $g_a g_n$ (fig. 71) étaient absolument continues et si, en outre — ce qu'il n'est en général pas permis de supposer — cette série était entièrement convexe et la courbe *E'OJ'* entièrement concave, on pourrait déterminer l'abscisse de l'écart maximum de la dérivée *E'OJ'* et de la courbe de la jouissance ou encore de la courbe du coût et de l'utilité de I au moyen de l'intersection des deux courbes. En effet nous pourrions alors dans la figure 77 dériver de la courbe tracée en rouge *E'OJ'* une nouvelle courbe *E"OJ"*, — c'est-à-dire la *seconde dérivée* de *EOJ* — tout comme nous avions extrait *E'OJ'* de *EOJ*, et le point d'intersection de *E"OJ"* et de la dérivée *a'On'*, également tracée en rouge, de la courbe du coût et de l'utilité *aOn* de I désigne par son abscisse la quantité cherchée. Le profit que l'individu I tire de la vente — ou, si le point d'intersection est à gauche de l'axe des ordonnées, de l'achat — de cette quantité se compose du profit de vente — ou d'achat — habituel, représenté par l'écart vertical des courbes *aOn* et *a'On'* et du bénéfice de monopole mesuré par l'écart vertical de *E'OJ'* et du dit point d'intersection. Comme nous le voyons, quelles que soient la courbe du coût et de l'utilité de I et la quantité d'achat et de vente qui lui procure le maximum d'avantage le profit de monopole qu'il peut obtenir au moyen de cette quantité est représenté *a priori* par l'écart vertical correspondant de la dérivée première et de la dérivée seconde de la courbe *EOJ*. Les ordonnées de la dérivée première *E'OJ'* sont désignées par l'expression,

$$x \cdot F'(x),$$

celles de la dérivée seconde *E"OJ"* par l'expression

$$x \cdot \frac{d}{dx}\left[x \cdot F'(x)\right] = x \cdot F'(x) + x^2 \cdot F''(x)$$

et, par conséquent, l'écart vertical des deux dérivées est représenté par la formule

$$x \,.\, F'(x) - \left[x \,.\, F'(x) + x^2 \,.\, F''(x) \right] = - x^2 \,.\, F''(x).$$

Cette formule, constamment positive, représente donc le bénéfice de monopole. Toutes ces considérations peuvent également être appliquées au cas où l'individu I possède un monopole effectif et exclusif de la vente ou de l'achat de l'article A ; dans ce cas, il y a disparition de la partie gauche ou bien de la partie droite de la courbe EOJ.

Imaginons maintenant que dans la figure 77, EOJ représente la courbe, relative à A, du coût de l'exportation et de l'utilité de l'importation d'un pays tout entier, que nous considérons comme le marché intérieur, et que aOn représente non pas la courbe du coût et de l'utilité d'un individu isolé, mais la courbe du coût de l'exportation et de l'utilité de l'importation de A pour toutes les contrées étrangères, réduite en tenant compte de tous les frais de transport sur le marché intérieur. Si nous désignons par

$$V(x)$$

les ordonnées de cette dernière courbe, la seconde dérivée $V''(x)$ est alors constamment positive et, bien que la dérivée

$$x \,.\, V'(x)$$

de cette courbe, c'est-à-dire la courbe de l'offre d'exportation et de la demande d'importation $a'On'$ soit toujours convexe dans notre graphique, nous pouvons obtenir une seconde dérivée

$$x \,.\, \frac{d}{dx}\left[x \,.\, V'(x) \right] = x \,.\, V' x + (x^2) \,.\, V''(x).$$

Le point d'intersection de cette courbe $a''On''$, figurée en pointillé dans la figure 77, avec la courbe $E'OJ'$ désigne, quand A n'est assujetti à aucun impôt intérieur, par son abscisse positive de notre diagramme, la quantité x de A la plus avantageuse à importer pour le pays considéré dans son ensemble ; si l'abscisse était négative, on obtiendrait la quantité d'exportation la plus favorable. L'écart vertical du point d'intersection et de la première dérivée $a'On'$ mesure le produit du droit de douane résultant de l'imposition du tarif qui a pour conséquence la quantité la plus avantageuse d'importation ou d'exportation. Ce produit est donc

$$\left[x \cdot V'(x) + x^2 \cdot V''(x)\right] - x \cdot V'(x) = x^2 \cdot V''(x),$$

de sorte que le taux le plus favorable est lui-même exprimé par

$$x \cdot V''(x).$$

Il est donc positif (droit d'entrée) ou négatif (droit de sortie), suivant que x est positif ou négatif, c'est-à-dire suivant que la nation considérée importe ou exporte. Si nous considérons enfin le point d'intersection des deux secondes dérivées, il désigne naturellement le plus grand écart vertical des deux premières dérivées et, par conséquent, le rendement maximum du droit.

Il en va autrement quand l'article A est frappé d'un impôt intérieur de production ou de consommation $tg\sigma$. Désignons, pour étudier ce cas, les abscisses et les ordonnées de la courbe OA (fig. 75) par X_a et $F_a(X_a)$, celles de la courbe ON par X_n et $F_n(X_n)$, et la quantité d'importation ou d'exportation à nouveau par x ; nous avons

$$x = X_n - X_a.$$

En même temps x indique les abscisses des courbes $A_1 B_\sigma N$ ou $A B_\sigma N_2$ (fig. 75) et, si nous appelons respectivement $F_1(x)$ ou $F_2(x)$ les ordonnées de ces courbes, nous obtenons

$$F_1(x) = F_n(X_n) - \left[F_a(X_a) + X_a \cdot tg\sigma\right],$$
$$F_2(x) = \left[F_n(X_n) - X_n \cdot tg\sigma\right] - F_a(X_a).$$

Comme d'après la règle de la combinaison l'on doit avoir

$$F_a'(X_a) + tg\sigma = F_n'(X_n)$$

au cas d'un impôt de production, et

$$F_a'(X_a) = F_n'(X_n) - tg\sigma$$

au cas d'un impôt de consommation, la condition

$$X_n - X_a = x$$

nous permet de faire dépendre X_a et X_n de x et nous pouvons poser

$$X_a = \omega_a(x) \qquad \text{et} \qquad X_n = \omega_1(x).$$

On a donc, maintenant

$$F_1(x) = F_n\left[\omega_n(x)\right] - F_a\left[\omega_a(x)\right] - tg\sigma \cdot \omega_a(x),$$
$$F_2(x) = F_n\left[\omega_n(x)\right] - F_a\left[\omega_a(x)\right] - tg\sigma \cdot \omega_n(x).$$

Mais nous avons encore à nous rendre compte que, dans le cas d'un impôt de production, toute importation de A a pour résultat une diminution et toute exportation une augmentation de l'impôt, et, au cas d'exclusion de tout commerce extérieur afférent à l'article A, c'est-à-dire pour $x = 0$, l'impôt s'élève à

$$tg\sigma \cdot \omega_a(0),$$

tandis que son montant s'abaisse ou s'élève à

$$tg\sigma \cdot \omega_a(x)$$

au cas de libre importation ou exportation. De même, au cas d'un impôt de consommation, l'importation a pour résultat une augmentation et l'exportation une diminution du montant de l'impôt. Il en résulte pour le bénéfice commun de la nation tout entière, d'une part

$$F_1(x) - tg\sigma\left[\omega_a(0) - \omega_a(x)\right] = F_n\left[\omega_n(x)\right] - F_a\left[\omega_a(x)\right] - tg\sigma \cdot \omega_a(0),$$

Auspitz et Lieben.   19 et d'autre part

$$F_2(x) + tg\sigma\big[\omega_n(x) - \omega_n(o)\big] = F_n\big[\omega_n(x)\big] - F_a\big[\omega_a(x)\big] - tg\sigma \cdot \omega_n(o);$$

donc, comme naturellement

$$\omega_a(o) = \omega_n(o),$$

nous trouvons chaque fois exactement la même chose. La courbe dont cette expression représente les ordonnées est identique, dans sa partie droite, à la courbe OJ_1 tracée en rouge dans la figure 76, si nous l'abaissons de son ordonnée initiale OB_σ (fig. 75). La quantité d'importation ou d'exportation x de A la plus avantageuse pour la nation considérée eu égard à l'impôt de production ou de consommation $tg\sigma$ y existant est ainsi représentée par l'écart vertical maximum de cette courbe et de la courbe de l'offre de l'exportation et de la demande de l'importation $\big[x \cdot V'(x)\big]$ de l'étranger ou par le point d'intersection de la dérivée de ces deux courbes ou, analytiquement, par l'équation

$$F_n'\big[\omega_n(x)\big]\,\omega_n'(x) - F_a'\big[\omega_a(x)\big]\,\omega_a'(x) = V'(x) + xV''(x).$$

En même temps le rendement du taux de droit de douane qui a pour conséquence la quantité d'importation ou d'exportation la plus favorable se manifeste dans l'écart vertical correspondant de la courbe extérieure de l'offre d'exportation et de la demande d'importation $\big[x \cdot V'(x)\big]$ et de la dérivée $\big[x \cdot F_1'(x)\big]$ de la courbe $A_1B_\sigma N$, s'il s'agit d'un impôt de production, ou de la dérivée $\big[x \cdot F_2'(x)\big]$ de la courbe $AB_\sigma N_2$, s'il s'agit d'un impôt de consommation. Mais cet écart vertical est, dans le premier cas,

$$x \cdot \Big\{ F_n'\big[\omega_n(x)\big] \cdot \omega_n'(x) - F_a'\big[\omega_a(x)\big] \cdot \omega_a'(x) - tg\sigma \cdot \omega_a'(x) - V'(x) \Big\},$$

et, dans le second cas,

$$x \cdot \Big\{ F_n'\big[\omega_n(x)\big] \cdot \omega_n'(x) - F_a'\big[\omega_a(x)\big] \cdot \omega_a'(x) - tg\sigma \cdot \omega_n'(x) - V'(x) \Big\},$$

de sorte que le taux le plus favorable est donné dans tous
les cas par l'expression correspondante incluse entre les
accolades. Eu égard à la dernière équation, cette expression
se transforme d'une part en

$$x \cdot V'(x) - tg\sigma \cdot \omega_a{}'(x),$$

et d'autre part en

$$x \cdot V'(x) - tg\sigma \cdot \omega_n{}'(x),$$

où naturellement il faut chaque fois introduire la valeur de
x déterminée par l'équation établie. Pour ce taux d'impôt
de production $tg\sigma_i$, pour lequel le droit d'entrée le plus
avantageux est juste égal à l'impôt intérieur, nous avons

$$tg\sigma_i = \frac{x \cdot V''(x)}{1 + \omega_a{}'(x)},$$

et, pour ce taux d'impôt de consommation $tg\sigma_e$, pour lequel
le droit de sortie le plus favorable est juste égal à l'impôt,

$$tg\sigma_e = \frac{x \cdot V''(x)}{1 + \omega_n{}'(x)}.$$

La première de ces expressions est positive, car x et le
nominateur de la fraction sont positifs ; $\omega_a{}'(x)$, il est vrai,
est négatif, mais cette valeur est toujours, numériquement,
inférieure à 1 ; la dérivée $\omega_a{}'(x)$ mesure en effet la baisse
de production provoquée par l'augmentation de l'importation et la première quantité doit être plus petite que la
seconde, car une partie du surplus des entrées sera employée à l'augmentation de la consommation. Mais l'expression pour $tg\sigma_e$ est négative, car sauf x, qui, ici, est négatif,
il s'agit de quantités purement positives. Enfin l'on peut
également, pour toute quotité d'impôt de production ou de
consommation $tg\sigma$, déterminer le taux du droit de douane
qui a pour résultat cette quantité d'importation ou d'exportation x pour laquelle le rendement fiscal en impôt et en

droit de douane atteint son maximum, c'est-à-dire, pour l'impôt de production,

$$lg\sigma \cdot \omega_a(x) + x \cdot \left[F_1{}'(x) - V'(x)\right],$$

ou, pour l'impôt de consommation,

$$lg\sigma \cdot \omega_n(x) + x \cdot \left[F_2{}'(x) - V'(x)\right].$$

Il peut encore être intéressant, pour les personnes versées dans l'analyse mathématique, de se rendre compte de la façon dont s'exprime l'hypothèse qui sert de base à nos dernières considérations, hypothèse d'après laquelle la première dérivée $\left[x \cdot f'(x)\right]$ a tout à fait le même caractère de courbure que la courbe originaire correspondante $f(x)$. En effet, la seconde dérivée

$$\frac{d^2}{dx^2}\left[x \cdot f'(x)\right] = \frac{d}{dx}\left[f'(x) + x \cdot f''(x)\right] = 2f'(x) + x \cdot f'''(x)$$

doit avoir constamment le même signe que la seconde dérivée $f''(x)$, de sorte qu'elle doit être négative si la courbe originaire a un tracé concave vers le bas. Cette condition serait remplie de la façon la plus certaine si $f'''(x)$ était toujours égale à zéro, c'est-à-dire si $f''(x)$ était constante ; mais nous nous trouverions alors en présence d'une parabole dont l'axe descendrait verticalement, c'est-à-dire d'une courbe qui ne serait pas limitée par des asymptotes verticales. Si donc $f'''(x)$ ne peut aucunement être toujours égale à zéro, ceci doit tout au moins être le cas pour un point de la courbe $f(x)$. Pour le démontrer, menons successivement à chaque point de la courbe $f(x)$ une parabole possédant un axe vertical dirigé vers le bas et qui a avec la courbe $f(x)$ une tangence du second ordre, de sorte que ses dérivées première et seconde sont respectivement égales à $f'(x)$ et $f''(x)$. Il est donc évident qu'à l'extrémité droite de la courbe $f(x)$ cette courbe et la parabole osculatrice doivent se couper de telle sorte que la courbe $f(x)$ se trouve plus bas à droite et plus haut à gauche, tandis qu'à l'extrémité gauche de cette courbe le rapport opposé doit exister. A l'extrémité droite de la courbe $f(x)$, sa troisième dérivée doit donc être algébriquement plus petite et à l'extrémité gauche plus grande que celle de la parabole osculatrice, et, comme cette dernière troisième dérivée est toujours égale à zéro, $f''(x)$ doit être négative dans le premier cas et positive dans le second. Il s'ensuit qu'il y aura dans la courbe $f(x)$ au moins un point où $f'''(x)$ sera nulle, et où, par conséquent, la parabole osculatrice aura une tangence de troisième ordre. Toutefois il peut y avoir en général aussi plusieurs points de ce genre, mais ceux-ci doivent être en nombre impair. De l'extrémité gauche de la courbe $f(x)$ à son premier point de ce genre, $f'''(x)$ est positive, puis elle devient négative à droite du dit point, de sorte qu'en ce point $f''(x)$ est négative et que, par conséquent, la parabole osculatrice se trouve des deux côtés au-dessus de la courbe $f(x)$. Il en est de même du troisième, du cinquième, etc., des points mentionnés, et le contraire se produit pour les deuxième, quatrième, etc. Au-dessous des parties de la courbe $f(x)$ où $f''(x)$ est positive, c'est-à-dire, si nous allons de gauche à droite, au-dessous des parties qui précèdent les premier, troisième, etc., des points mentionnés, il peut y avoir, — mais seulement tant qu'elles se trouvent à droite de l'axe des ordonnées, — des parties convexes dans la première dérivée parce qu'ici seulement le produit $xf'''(x)$ est positif. De même, à gauche de l'axe des ordonnées, il ne peut y avoir de contre-courbures dans la dérivée que sous ces parties de la courbe $f(x)$ qui font suite aux points nommés en dernier lieu.

APPENDICE II

1. LA FONCTION DE SATISFACTION ET LE MAXIMUM DE SATISFACTION

Nous voulons essayer maintenant d'étudier la satisfaction comme fonction de toutes les influences qui s'exercent, sans nous en tenir à nos hypothèses antérieures. Toutes ces hypothèses se montreront nécessaires, précisément parce que nous avons voulu donner jusqu'ici une représentation plane, tandis qu'une représentation dans l'espace est encore possible, bien qu'une des hypothèses soit abandonnée ; c'est ce que nous voulons faire ici à l'égard de l'estimation invariable de la valeur de l'argent ; on verra en même temps comment s'expriment analytiquement nos diverses hypothèses.

Nous désignons donc par

z . . . . la satisfaction qu'une individualité économique donnée obtient au moyen d'une combinaison déterminée de la totalité de sa consommation, de sa production et de son stock, étant donné les prix actuels, payables à la fin de l'année,

$tg\theta_a$, $tg\theta_b$ . . . $tg\theta_n$ et étant donné les prix futurs, attendus par l'individu,

$tg\zeta_a$, $tg\zeta_b$ . . . $tg\zeta_n$ de tous les articles $A, B, \ldots N$. Dans cette combinaison, soient

v_a, v_b . . . . . . v_n les quantités de consommation, et

e_a, e_b . . . . . . e_n les quantités de production de tous les articles,

g_a, g_b . . . . g_n le nombre des unités complètes de tout article, nouvellement employées et pour ce motif invendables au prix courant, et

f_a, f_b . . . . f_n le nombre des unités courantes achevées par les producteurs. En outre soient

s_a, s_b . . . . s_n les stocks vendables, détenus en fin d'année, de tous les articles, et soit

η . . . . la possession d'argent comptant en fin d'année, y compris les créances éventuelles à toucher à toute époque, à condition d'en déduire les dettes éventuelles de même nature contractées par le même individu. Nous désignons en outre par

a_a, a_b . . . . a_n les stocks vendables détenus au début de l'année, par

k_a, k_b . . . . k_n les stocks incomplets subsistant de la consommation de l'année précédente, stocks, par conséquent, invendables sur le marché, et par

p_a, p_b . . . . p_n les stocks d'articles non terminés, existant au début de l'année, invendables et provenant de la production de l'année précédente. Soit enfin

η_0 . . . . la valeur qu'obtiendrait η si, étant donné la combinaison, la dépense nécessaire pour tous les articles à acheter était égale à la recette correspondant à tous les articles à vendre. Toutes ces sommes sur la rentrée desquelles l'individu peut compter dans l'année courante sont déjà comprises dans η, mais à l'égard de recouvrements inespérés, comme les héritages, les bénéfices provenant de loteries, etc., nous faisons abstraction du fait que l'individu les connaîtrait avant la fin de l'année;

nous pouvons donc supposer qu'elles ne seront valables qu'au point de vue de l'évaluation de η_0 pour l'année suivante. Par contre il faut tenir compte de toutes les libéralités et tous les actes de bienfaisance et d'esprit public, dans la mesure où ils ne reposent pas sur des obligations contractées auparavant, tout comme les autres articles de consommation qui, étant donné la combinaison supposée, doivent être acquis et influencent la satisfaction.

Pour que nos désignations soient mieux comprises, remarquons dès maintenant que, si l'article A n'est ni consommé ni produit dans la combinaison supposée, $v_a = g_a = e_a = f_a = 0$. Si, de plus, $k_a = p_a = 0$, a_a et s_a peuvent cependant différer de 0, et l'article A fera ainsi partie de combinaison, si l'individu ne se présente à l'égard de cet article que comme un simple entreposeur, comme c'est toujours le cas pour un article faisant seulement l'objet de transactions à terme ou pour des valeurs. Il en est de même d'un article d'usage qui n'est pas susceptible d'usure, dans la combinaison supposée dont il n'est rien produit et dont rien n'est donné ni travaillé en vue d'en faire d'autres objets. Pour un article A de cette nature, on a aussi $g_a = 0$, bien que les exemplaires existants puissent être utilisés ; cela vient de ce que ces exemplaires peuvent être vendus au prix courant.

Si l'article A est acheté en quantités très faibles, $k_a = 0$ et $v_a = g_a$; l'on aurait de même $p_a = 0$ et $e_a = f_a$, si, dans la production de A, l'on ne pouvait distinguer diverses périodes de travail et si la vente en très petites quantités avait lieu ; dans les quatre premières parties, nous n'avons envisagé que des articles de cette nature.

Si A est un objet particulier déjà existant possédé dans

la combinaison supposée, $k_a = p_a = e_a = f_a = 0$, tandis que $a_a = 0$ ou 1, suivant que l'objet est à acquérir ou fait déjà partie du stock initial de l'individu. En outre $v_a = g_a = 0$ et $s_a = 1$, si l'objet A est de même qualité, dans l'inventaire de fin d'année et dans son mode d'emploi faisant partie de la combinaison supposée. Si tel n'est point le cas, $v_a = g_a = 1$ et $s_a = 0$, car dans l'inventaire de fin d'année nous ne nous trouvons plus en présence de l'objet originaire A, mais d'un autre article en lequel A se transforme par le mode d'emploi qui le détériore ou l'améliore. Il nous est alors permis de considérer cet autre article (ou, pour mieux dire, l'ancien objet désormais tout à fait transformé) comme un nouvel article dont la production appartient à la combinaison supposée et, à l'égard de ce nouvel objet, nous avons $a = k = p = v = g = 0$ et $e = f = s = 1$. Si nous appellons A un objet que l'individu doit d'abord produire, nous avons, il est vrai, $a_a = k_a = v_a = g_a = 0$, mais, si le travail a commencé dès l'année précédente, p_a est supérieur à 0 et par suite e_a est inférieur à 1. Cette dernière inégalité se présente également pour $p_a = 0$, si l'objet A n'est pas encore terminé à la fin de l'année et si, par conséquent, $f_a = s_a = 0$; d'ailleurs dans ce cas s_a est également nul si la fabrication de A est terminée dans le cours de l'année, c'est-à-dire si $f_a = 1$, mais à condition que l'on produise non pour son propre compte, mais sur commande. Si A est un article qui n'existe pas encore et qu'un autre individu doit fabriquer pour la personne considérée, l'on a $a_a = k_a = p_a = e_a = f_a = 0$, $v_a = g_a = 0$, et $s_a = 1$, si le délai d'achèvement est d'un an ou de plus longue durée; si ce délai est moindre et permet déjà d'utiliser A dans le cours de l'année, l'on obtient, comme pour un objet déjà existant, $v_a = g_a = 0$ et $s_a = 1$, ou bien $v_a = g_a = 1$ et $s_a = 0$, suivant que cet emploi laisse ou non tout à fait intacte la qualité de l'article. Si A est un objet particulier déjà existant et s'il n'est pas susceptible d'être utilisé sans détérioration, il n'existe absolument pas de $tg\zeta_a$. Au lieu de $tg\zeta_a$ l'on doit connaître les prix $tg\zeta$ auxquels l'individu croit pouvoir vendre, l'année suivante, les divers objets en lesquels on peut transformer A selon son mode d'emploi, ou ces prix plus élevés auxquels il les acquerrait volontiers — d'après son opinion actuelle —. Mais il existe un prix $tg\zeta_a$ si A est un article à produire, à moins que l'individu n'entreprenne cette fabrication que sur commande d'autrui.

En outre aucune des quantités v, e, g, f, k ou p ne peut être inférieure à 0 ; s ne peut être négatif que pour un article à terme ; de même a ne peut être < 0 que si l'individu a entrepris une vente à terme de cet article, dont l'échéance tombe actuellement. Si A est la promesse de paiement de l'individu en question, ni a_a ni s_a ne peuvent jamais être positifs.

S'il s'agit d'un article à terme, $tg\zeta$ représente le prix attendu, lors du terme prévu, pour l'article à recevoir ou à livrer. Si A est une valeur donnant un revenu, $tg\zeta_a$ désigne le cours escompté pour l'avenir, y compris le revenu, et le prix présent $tg0_a$ doit toujours être considéré comme " ex-coupon ", c'est-à-dire déduction faite du revenu de l'année.

La satisfaction z dépend de l'agrément ou du désagrément lié à la combinaison supposée et de l'inventaire de fin d'année.

L'agrément ou le désagrément dépend à son tour de tous ces détails que nous avons appris à connaître, dans les paragraphes 32 et 47, comme indispensables pour caractériser une combinaison déterminée, embrassant toute une année ; il dépend en outre de la fixation exacte de différents stocks dont nous nous sommes occupés dans la cinquième partie. Si tous ces détails étaient donnés, en réalité, d'une façon assez précise pour exclure complètement la libre appréciation de l'individu, l'agrément ou le désagrément attaché à la combinaison serait déterminé avec exactitude. Mais, si l'on ne connaît que les quantités v, e, g, f et

s de chaque article, un domaine spacieux reste ouvert à l'arbitraire de l'individu. Celui-ci peut répartir la consommation donnée v de tout article de la façon la plus diverse entre les parts de consommation les plus différentes et fixer selon son bon plaisir la distribution de son temps, comme celle de ses subordonnés, et en particulier la répartition de la production suivant le temps des quantités fixées, e, de tous les articles. L'individu peut aussi répartir le reste de consommation de fin d'année, c'est-à-dire $(g + k — v)$, d'un article quelconque, avec uniformité ou de toute autre manière, sur toutes les unités usitées au marché qu'il a à sa disposition et, par conséquent, sur les g unités à employer à l'état de neuf et sur les vieilles unités constituant le stock de consommation initial k. Il lui est également permis de se mettre à produire beaucoup ou peu d'unités d'un article quelconque qui restent inachevées, sans préjudice des f unités à terminer ; aussi le reste de production égal de fin d'année $(e + p — f)$ peut-il se composer d'unités, plus ou moins nombreuses, également ou très inégalement achevées. Mais, quelles que soient les éventualités innombrables de ce genre, bien que nous connaissions les quantités v, e, g, f et s de tous les articles, il n'y en a jamais qu'une pour être la plus agréable ou la moins désagréable. Si nous introduisons l'hypothèse *que toujours l'individu s'efforce à obtenir et sait choisir ce qui lui est le plus agréable*, on détermine avec précision l'agrément ou le désagrément lié à une combinaison donnée des quantités v, e, g, f et s de tous les articles.

L'inventaire de fin d'année dépend des restes de consommation existant à cette époque $(g + k — v)$, des restes de production $(e + p — f)$ et des stocks s vendables à ce moment, ainsi que des prix futurs présumés par l'individu, $tg\zeta$, de tous les articles, et de l'argent comptant η dont il dispose en fin d'année. Les prix valables pour le présent, $tg\theta$, ont par contre de l'influence parce qu'ils exercent un effet décisif sur le montant de la dépense et de la recette et, en conséquence, sur la quantité d'argent comptant η disponible à la fin de l'année ; on a ainsi

$$\eta = \eta_0 - \big[(g_a - f_a - a_a + s_a).tg\,\theta_a + (g_b - f_b - a_b + s_b).tg\,\theta_b + \ldots + (g_n - f_n - a_n + s_n).tg\,\theta_n$$

Rassemblons ces variables qui déterminent la satisfaction, à condition de nous en tenir à nos hypothèses antérieures : nous pouvons alors poser

$$(1) \qquad z = \Phi(v_a, e_a, g_a, f_a, s_a, tg\zeta_a ; v_b, e_b, g_b, f_b, s_b, tg_b ; \ldots v_n, e_n, g_n, f_n, s_n, tg\zeta_n ; \eta)$$

$\Phi(\ )$ est ici une simple fonction individuelle dont la forme n'est déterminée que par les caractères personnels de l'individu — ses inclinations, ses capacités, ses habitudes, ses conditions de famille, etc. — et par l'espèce et la quantité de sa propriété initiale. La possession initiale n'est pas encore établie de façon assez précise par les constantes

$$a_a, a_b, \ldots a_n ; k_a, k_b, \ldots k_n ; p_a, p_b, \ldots p_n,$$

car chacune des quantité k et p ne représente respectivement que la somme des pourcentages de consommation et de production (§§ 66 et 68), existant au début de l'année et entrant en ligne de compte pour l'inventaire. Mais, comme nous l'avons dit, il n'est pas indifférent que la même somme k de centièmes de consommation disponibles soit contenue dans beaucoup d'unités très détériorées ou dans peu d'unités en bon état de conservation, et que p se compose de peu ou de beaucoup d'unités plus ou moins finies. Pour caractériser une individualité économique déterminée, il faut donc avoir à sa disposition de la façon la plus complète, toutes ces indications détaillées, qui exercent une influence déterminante sur la forme de la fonction $\Phi(\ )$. En outre η_0 appartient d'ailleurs à la possession initiale de l'individu et, par conséquent, seule la différence $(\eta - \eta_0)$ devrait apparaître comme variable dans la fonction. Pour l'étude subséquente il est pourtant préférable de conserver en évidence, sans la dissocier, toute la possession d'argent comptant de fin d'année ; par conséquent, comme l'influence d'une variation quelconque de la constante η_0 se fait déjà sentir dans la variable η, la forme de la fonction $\Phi(\ )$, nous l'avons déjà établi, est indépendante de η_0.

Allons encore plus loin ; comme nous le voyons, bien que les quantités g, f et s, exprimées pour tous les articles en unités courantes totales, restent les mêmes, les quantités v et e, mesurées par fractions plus petites, individuellement différentes, peuvent varier dans de larges limites. Si nous supposons, recourant à nouveau à notre première hypothèse, que l'individu choisit de la façon la plus avantageuse les quantités v et e de tous les articles, il faudra faire en sorte qu'à l'égard de chacun des articles A, B ... N, les conditions suivantes, mises en équations, soient remplies :

$$(2) \qquad \frac{dz}{dv} = \frac{d\Phi(\ )}{dv} = 0$$

et

$$(3) \qquad \frac{dz}{de} = \frac{d\Phi(\ )}{de} = 0.$$

La première de ces équations signifie que l'on ne peut étendre la consommation v de tout article que jusqu'à ce qu'une consommation plus forte soit désagréable en soi ou bien soit désavantageuse par suite de la diminution simultanée ou bien du reste de consommation $(g + k - v)$ subsistant de la quantité employée g ou bien de sa valeur future $(g + k - v) \cdot tg\zeta$. De même l'équation (3) veut dire que l'on ne peut étendre la production e que jusqu'au point où le désagrément attaché à un surplus de production devient égal à l'augmentation simultanée de la valeur $(e + p - f)tg\zeta$ du reste de production. L'équation (2) n'existe naturellement pas pour ces articles à l'égard desquels, selon leur nature, on a $v = 0$ ou $v = g$, de telle sorte que v ne constitue pas une variable indépendante ; de même l'équation (3) ne vaut pas à l'égard de ces articles pour lesquels $e = 0$ ou $e = f$. D'ailleurs ces équations de condition peuvent être abandonnées pour d'autres articles : si, par exemple, g_a est très petit, il peut se faire que pour la consommation maximum possible

$$v_a = (g_a + k_a)$$

$\dfrac{d\Phi(\ )}{dv_a}$ soit encore supérieur à 0, c'est-à-dire qu'une nouvelle augmentation de la consommation accroîtrait encore la satisfaction ; mais alors la consommation sera portée à son maximum. Il y a également, pour toute quantité d'un article d'usage donnée g_a, un minimum de consommation v_a ; en effet, nous l'avons vu, malgré l'absence de toute utilisation on peut constater une dépréciation, c'est-à-dire une consommation, dès que la quantité dont il s'agit passe dans les mains du dernier consommateur. La consommation v_a restera limitée à ce minimum, si g_a est tellement grand que le quotient différentiel $\dfrac{d\Phi(\ )}{dv_a}$ reste inférieur à 0, même quand v_a aura le minimum possible de valeur ; ici donc, une nouvelle limitation de la consommation augmenterait la satisfaction en accroissant l'inventaire de fin d'année. Il peut aussi se faire que le quotient différentiel $\dfrac{d\Phi}{de_a}$ reste inférieur à 0, même si l'on se trouve en présence du minimum possible de production

$$e_a = f_a - p_a ,$$

parce que, f_a étant trop considérable, on désirerait pouvoir limiter la production e_a ; la production reste restreinte, en tout cas, à son minimum. Ceci nous permet toujours d'établir les quantités v et e comme fonctions de toutes les autres variables qui apparaissent dans la fonction $\Phi(\ )$ et de poser

(4) $z = \chi(g_a, f_a, s_a, tg\zeta_a;\ g_b, f_b, s_b, tg\zeta_b;\ \dots\ g_n, f_r, s_n, tg\zeta_n;\ \eta).$

Ici $\chi(\ )$ est encore une fonction purement individuelle, mais elle repose non seulement sur l'hypothèse qui sert de base à la fonction $\Phi(\ )$, mais encore sur cette autre supposition que l'individu choisit les quantités v et e de tous les articles de la façon la plus avantageuse, étant donné les quantités g, f et s et les prix futurs attendus $tg\zeta$ de tous ces articles. Nous pouvons encore observer que

$$\frac{d\chi(\ )}{d\eta} = \frac{d\Phi(\ )}{d\eta} + \frac{d\Phi(\ )}{dv_a} \cdot \frac{dv_a}{d\eta} + \frac{d\Phi(\ )}{dv_b} \cdot \frac{dv_b}{d\eta} + \ldots + \frac{d\Phi(\ )}{dv_n} \cdot \frac{dv_n}{d\eta}$$

$$+ \frac{d\Phi(\ )}{de_a} \cdot \frac{de_a}{d\eta} + \frac{d\Phi(\ )}{de_b} \cdot \frac{de_b}{d\eta} + \ldots + \frac{d\Phi(\ )}{de_n} \cdot \frac{de_n}{d\eta}.$$

ou, en vertu des équations (2) et (3), que

$$\frac{d\chi(\ )}{d\eta} = \frac{d\Phi(\ )}{d\eta}.$$

Par contre le quotient différentiel de $\chi(\ )$, pour une autre variable quelconque apparaissant dans cette fonction, n'est aucunement égal au quotient différentiel en question de la fonction $\Phi(\ )$.

Nous pouvons aller encore plus loin et supposer que l'individu veuille s'en tenir à la combinaison première seulement à l'égard des quantités d'achat ou de vente de tous les articles, mais qu'il veuille choisir toutes ses quantités g, f et s de la façon la plus avantageuse. Désignons dans ce but, ces quantités d'achat et de vente par

$$x_a, x_b, \ldots x_n,$$

et nous aurons naturellement

$$x_a = g_a - f_a - a_a + s_a, x_b = g_b - f_b - a_b + s_b, \ldots x_n = g_n - f_n - a_n + s_n,$$

et par conséquent

$$\eta = \eta_0 - (x_a \cdot tg\theta_a + x_b \cdot tg\theta_b + \ldots + x_n \cdot tg\theta_n).$$

Pour introduire les quantités x dans la fonction $\chi(\ )$, supposons chacune des quantités f remplacée par l'expression correspondante

$$f = g - a + s - x.$$

Pour le maximum de satisfaction que l'on peut atteindre pour les quantités données x, nous obtenons ainsi les conditions

$$\frac{dz}{dg} = \frac{d\chi(\ )}{dg} + \frac{d\chi(\ )}{df} \cdot \frac{df}{dg} = 0 \quad \text{et} \quad \frac{dz}{ds} = \frac{d\chi(\ )}{ds} + \frac{d\chi(\ )}{df} \cdot \frac{df}{ds} = 0$$

ou, encore,

$$(\delta) \qquad \frac{d\chi(\ )}{dg} = \frac{d\chi(\ )}{ds} = - \frac{d\chi(\ )}{df}.$$

Ces équations signifient que, pour tout article, il doit y avoir égalité entre l'utilité $\frac{d\chi(\ )}{dg}$ de la dernière unité courante employée et l'utilité $\frac{d\chi(\ )}{ds}$ de la dernière unité courante affectée à la formation d'un stock final susceptible d'être vendu ; elles doivent aussi être égales à l'utilité négative, c'est-à-dire au coût $\left(- \frac{d\chi(\ )}{df}\right)$ de la dernière unité courante fabriquée. L'utilité $\frac{d\chi(\ )}{ds}$ n'est naturellement pas autre chose que l'évaluation individuelle de la dernière unité courante affectée à la constitution du stock ; elle dépend donc, de façon tout à fait directe, du prix futur attendu $tg\zeta$ de l'article en question. Il n'est d'ailleurs pas toujours possible d'établir ces équations. Elles se réduisent à celle-ci

$$\frac{d\chi(\ )}{dg} = - \frac{d\chi(\ )}{df} \text{ ou bien } \frac{d\chi(\ )}{dg} = \frac{d\chi(\ )}{ds} \text{ ou bien } \frac{d\chi(\ )}{ds} = - \frac{d\chi(\ )}{df},$$

si, étant donné la quantité x d'achat ou de vente de l'article, il apparaît avantageux d'exclure en totalité la formation d'un stock final susceptible d'être vendu ou la fabrication complète de nouvelles unités courantes ou leur utilisation. Mais alors la quantité donnée sera

$$(x + a) = (g - f) \text{ ou bien} = (g + s) \text{ ou bien} = (s - f),$$

de sorte que l'on n'a plus besoin que d'une seule équation de condition pour déterminer les inconnues

$$g \text{ et } f, \quad \text{ou bien } g \text{ et } s, \quad \text{ou bien } f \text{ et } s.$$

De même nous n'avons plus affaire qu'à une de ces équa-tions, en fait $\frac{d\chi(\ )}{ds} = - \frac{d\chi(\ )}{df}$, si l'article en question, que l'individu peut produire lui-même, ne peut à l'usage subir de détérioration, et si cette personne n'en donne gratuitement aucune quantité ou ne la convertit pas en d'autres objets. Les deux équations (5) ne peuvent se vérifier, si, en raison de la quantité donnée x de l'article dont il s'agit, il apparaît avantageux d'affecter toute la quantité positive disponible $(x + a)$ de façon exclusive soit à la consommation soit à la constitution d'un stock final susceptible d'être vendu, de telle sorte que $f = s = 0$ et $g = (x + a)$ ou bien $f = g = 0$ et $s = (x + a)$. Il en est de même quand on ne fabrique exactement que la quantité nécessaire $f = (- x - a)$; on a alors $g = s = 0$, cas possible seulement quand x est négatif et numériquement supérieur à a. Les deux équations (5) ne doivent pas non plus être prises en considération si, comme pour les articles faisant l'objet de transactions à terme ou pour les valeurs, la nature de l'article permet toujours d'établir les équations $f = g = 0$ et par suite $s = x + a$. En tout cas, il nous est donc toujours permis d'évaluer les quantités g, f et s de tous les articles comme fonctions des quantités x d'achat ou de vente, ainsi que des autres va-riables qui se trouvent dans la fonction $\chi(\ )$, et ainsi poser

$$(6) \qquad z = \psi(x_a, tg\zeta_a; x_b, tg\zeta_b; \ldots x_n, tg\zeta_n; \eta).$$

La fonction $\psi(\ )$ est, elle aussi, une fonction purement

Auspitz et Lieben.   20

individuelle ; elle repose non seulement sur les hypothèses servant déjà de base à la fonction $\chi(\ )$, mais encore
sur cette supposition nouvelle que l'individu choisit les
quantités g, f et s de tout article de la façon la plus avantageuse, étant donné les quantités x d'achat et de vente et
les prix futurs attendus $tg\zeta$ de tous les articles. Nous pouvons également observer que l'on a, en vertu des équations (5)

$$\frac{d\psi(\ )}{d\eta} = \frac{d\chi(\ )}{d\eta} = \frac{d\Phi(\ )}{d\eta}.$$

Admettons enfin que l'individu veuille atteindre le maximum susceptible d'être obtenu en raison des prix présents
et futurs donnés de tous les articles. Il lui faudra choisir
toutes les quantités x d'achat ou de vente, de telle sorte
que, pour chaque article, l'on puise poser l'équation de
condition

$$\frac{dz}{dx} = \frac{d\psi(\ )}{dx} + \frac{d\psi(\ )}{d\eta} \cdot \frac{d\eta}{dx} = 0$$

ou

(7) $$\frac{d\psi(\ )}{dx} = \frac{d\psi(\ )}{d\eta} \cdot tg\theta$$

ou encore

$$\frac{d\psi(\ )}{d(x \cdot tg\theta)} = \frac{d\psi(\ )}{d\eta}.$$

La dernière forme de cette équation signifie que, pour
tout article, l'utilité $\dfrac{d\psi(\ )}{d(x \cdot tg\theta)}$ de la dernière petite dose de
monnaie consacrée à son achat doit être la même, et qu'elle
doit aussi être égale à l'utilité ou à l'évaluation $\dfrac{d\psi(\ )}{d\eta}$ de la
dernière petite dose d'argent comptant possédé. Il faut en
outre remarquer, à l'égard des articles vendus, que la vente
est un achat négatif et la recette une dépense négative ;
aussi l'utilité de la dernière petite dose d'argent provenant
de la vente d'un article quelconque doit-elle être la même ;

cette utilité, prise dans le sens négatif, constitue précisément le coût de la petite portion de l'article en question achetée moyennant la dernière petite dose d'argent.

Par suite de la grandeur déterminée des unités courantes des différents articles, la différentiation suivant les quantités g, f, s ou x n'est pas toujours possible ; ce fait ne change rien à l'essence, il modifie seulement le mode d'expression du résultat acquis ; en effet au lieu de « l'utilité est égale », il faudrait dire : « l'utilité d'une nouvelle unité courante à acheter d'un article quelconque serait inférieure à l'utilité ou à l'évaluation de la dépense nécessaire, et le coût d'une nouvelle unité courante à vendre serait supérieur à l'utilité ou à l'évaluation de la recette susceptible d'être obtenue », ou bien, s'il s'agit des équations (5), « l'utilité d'une nouvelle unité courante à consacrer à la consommation serait inférieure à celle de la dernière unité courante affectée à la formation d'un stock final vendable ou au coût de fabrication complète d'une nouvelle unité », etc.

Nous reviendrons plus tard sur les diverses dérivées $\dfrac{d\psi(\ )}{dx}$; observons seulement que $\dfrac{d\psi(\ )}{d\eta}$ est toujours > 0, si l'on peut faire abstraction des inconvénients associés à la possession d'importantes sommes d'argent en grosse monnaie. Ainsi l'on a $\dfrac{d\psi(\ )}{d\eta} = 0$, si $\eta = \infty$, car l'estimation de la valeur d'un nouvel accroissement doit être infiniment petite si l'on possède une somme d'argent comptant infiniment grande. D'autre part, si η ne cesse de diminuer et devient enfin négatif, l'estimation $\dfrac{d\psi(\ )}{d\eta}$ doit croître avec rapidité et finalement devenir $= +\infty$, si η atteint la valeur négative représentant la dette que l'individu pourrait avoir contractée dans un cas extrême, sans garantie spéciale, par exemple par sa propre acceptation. Ce que nous venons de dire permet d'établir que la seconde dérivée $\dfrac{d^2\psi(\ )}{d\eta^2}$ est en général négative ; mais il n'est pas possible d'affirmer en termes absolus que tel doive toujours être le cas ; l'accroissement de η peut en effet susciter un nouveau mode d'emploi ou de fabrication des quantités x d'achat et de vente, restant égales, de tous les articles ; il en résulte une moindre diminution de la valeur attribuée à une nouvelle petite dose d'argent comptant ; il peut même s'ensuivre une augmentation. Seront également positives les dérivées $\dfrac{d\psi(\ )}{d\,tg\,\zeta}$ qui expriment l'accroissement de satisfaction dû à l'attente d'un prix supérieur $tg\,\zeta$, à condition qu'il s'agisse d'un article dont on conserve des stocks. Mais, s'il s'agit d'articles que l'individu vend à terme ou qu'il devra acheter en vue de satisfaire à ses engagements, la satisfaction décroît à mesure qu'augmente $tg\,\zeta$ et les dérivées en question $\dfrac{d\psi(\ )}{d\,tg\,\zeta}$ sont négatives. Ce que nous avons dit de $\dfrac{d^2\psi(\ )}{d\eta^2}$ s'applique dans les deux cas aux dérivées $\dfrac{d^2\psi(\ )}{d\,tg^2\,\zeta}$. Il faut enfin observer que, si η augmente pour une raison quelconque, non seulement $\dfrac{d\psi(\ )}{d\eta}$, mais encore chacune des dérivées $\dfrac{d\psi(\ )}{d\,tg\,\zeta}$ diminue au point de vue numérique, car l'estimation moindre de la valeur attribuée à la dernière dose de numéraire doit se manifester à l'égard de l'accroissement de valeur relatif à tout stock d'un article quelconque et d'une quantité qu'il s'agit seulement de se procurer.

2. LA SATISFACTION AU CAS D'ESTIMATION INVARIABLE DE LA VALEUR DE L'ARGENT

Reprenons l'hypothèse maintenue plus haut de façon constante, dans un but de simplification, à savoir que l'estimation de la valeur de l'argent, de la part de l'individu considéré, reste toujours la même tout au moins pour l'année courante, quel que soit le caractère de la combinaison adoptée et quelle que soit l'importance du numéraire possédé en fin d'année.

Nous posons donc l'équation

$$\frac{d\psi(\ )}{d\eta} = q,$$

où q est une constante dépendant des qualités personnelles et de la propriété initiale de l'individu, et aussi de la valeur objective de l'argent, une constante se modifiant juste dans la même proportion que l'unité monétaire. Nous observons à cette occasion que chacune des fonctions déjà étudiées $\Phi(\ )$, $\chi(\ )$ et $\psi(\ )$ aurait naturellement une autre forme, si la quantité x d'un article quelconque était mesurée suivant une autre unité, par exemple en kilogrammes et non en quintaux, en litres et non en hectolitres, etc., ou bien si l'unité monétaire changeait. Si celle-ci diminue, si par exemple le *centime* remplace le *franc*, le montant η et tous les prix apparaîtront cent fois plus élevés, et la fonction $\psi(\ )$ devra être modifiée de façon à conserver néanmoins la même valeur ; certes ses dérivées $\frac{d\psi(\ )}{dx}$ ne changeront pas, mais les dérivées $\frac{d\psi(\ )}{dtg\zeta}$ et $\frac{d\psi(\ )}{d\eta}$ deviendront cent fois plus petites. Lorsque, d'autre part, la valeur objective de l'argent ne varie pas et que, seule par exemple, la valeur subjective diminue parce que l'individu s'est enrichi, il doit en résulter une décroissance non seulement des dérivées $\frac{d\psi(\ )}{d\eta}$, mais aussi des dérivées $\frac{d\psi(\ )}{dtg\zeta}$, mais cette diminution n'est pas tout à fait égale pour toutes, au point de vue numérique. Ainsi l'individu dont la richesse s'est accrue attribuera une valeur moindre non seulement à l'argent, mais encore à la possession en général, mais cette appréciation moindre des différentes sortes de possession variera. Pour en donner l'expression analytique, nous posons

$$\psi(x_a, tg\zeta_a;\ x_b, tg\zeta_b;\ \dots x_n, tg\zeta_n;\ \eta) = \varphi(x_a, q \cdot tg\zeta_a;\ x_b, q \cdot tg\zeta_b;\ \dots x_n, q \cdot tg\zeta_n) + q \cdot \eta.$$

Ici $\varphi(\ )$ est à nouveau une fonction purement individuelle dépendant en totalité, comme la fonction $\psi(\ )$, des unités quantitatives des différents articles, mais non plus de la grandeur de l'unité monétaire; en effet, quand par exemple cette dernière devient cent fois plus petite, tous les prix $tg\zeta$ deviennent cent fois plus grands et q cent fois moindre; les produits $q \cdot tg\zeta$ ne varient donc pas. Mais les changements de forme — que subit la fonction $\psi(\ )$ quand l'individu s'enrichit, c'est-à-dire quand augmente sa propriété de stocks de différents articles — se reproduisent dans la fonction $\varphi(\ )$, mais seulement dans la mesure où l'on n'en tient pas compte auparavant dans la diminution de q. La décroissance de la constante q signifie déjà que l'augmentation du bien-être déprime l'évaluation de l'argent et de la possession. Par contre les changements de forme de la fonction $\varphi(\ )$ doivent exprimer et la mesure inégale de cette diminution, par rapport aux différentes sortes de possession, et la dépendance de la satisfaction modifiée par l'accroissement des stocks initiaux par rapport aux quantités x des articles en question ainsi que des articles complémentaires ou concurrents. Les équations (7) prennent alors la forme

$$\frac{d\varphi(x_a, q \cdot tg\zeta_a;\ x_b, q \cdot tg\zeta_b;\ \dots x_n, q \cdot tg\zeta_n)}{dx_a} = q \cdot tg\theta_a$$

$$\frac{d\varphi(x_a, q \cdot tg\zeta_a;\ x_b, q \cdot tg\zeta_b;\ \dots x_n, q \cdot tg\zeta_n)}{dx_b} = q \cdot tg\theta_b$$

$$\text{---} \qquad \text{---} \qquad \text{---}$$

$$\frac{d\varphi(x_a, q \cdot tg\zeta_a;\ x_b, q \cdot tg\zeta_b;\ \dots x_n, q \cdot tg\zeta_n)}{dx_n} = q \cdot tg\theta_n.$$

Nous voyons comme il est facile à comprendre, et conforme à ce que nous avons dit plus haut (§ 16), que la combinaison la plus avantageuse pour l'individu considéré ne subit aucune modification si, comme lors d'un changement de la valeur nominale, par exemple lors du remplacement *de l'unité-florin par l'unité-couronne*, l'unité monétaire devient plus petite et la valeur de l'argent décroît au point de vue objectif, parce que, dans ce cas, les chiffres de tous les prix $tg\theta$ et $tg\zeta$ varient, comme q, dans des proportions exactement réciproques. Nous voyons aussi que, si la valeur de l'argent ne varie qu'au point de vue subjectif, c'est-à-dire si q augmente ou diminue de 10 %, par exemple, par suite du changement des qualités personnelles ou de l'état de fortune de l'individu, cette circonstance — abstraction faite des déformations concomitantes de la fonction $\varphi(\ )$ — doit exercer sur la combinaison la plus avantageuse exactement la même influence que si tous les prix $tg\theta$ et $tg\zeta$ s'étaient accrus ou avaient décru de 10 %, l'appréciation de la valeur de l'argent restant la même. Nous avons déjà mis ce fait en lumière (§ 43), mais nous y avons également dit que, pour l'individu enrichi, non seulement les prix, mais aussi tout son actif et tout son passif au comptant paraissent réduits dans la même proportion que son estimation de la valeur de l'argent. Ici, comme plus haut (§ 16), nous avons laissé de côté les promesses de paiement; en effet, dans la mesure où elles sont payables en monnaie du pays, par rapport à tous les autres articles elles constituent une exception, car leur montant nominal doit suivre exactement les changements de l'unité monétaire; il en résulte que leur prix ne subit aucune variation. Si A était un article de ce genre — et, pour simplifier le seul de ce genre — nous pourrions donc poser

$$\gamma(x_a, tg\zeta_a; x_b, tg\zeta_b; \ldots x_n, tg\zeta_n; \eta) = \varphi(q \cdot x_a, tg\zeta_a; x_b, q \cdot tg\zeta_b; \ldots x_n, q \cdot tg\zeta_n) + q \cdot \eta$$

et les équations (7) revêtiraient les formes :

$$\frac{d\varphi(q \cdot x_a,\, tg\zeta_a \,;\, x_b,\, q \cdot tg\zeta_b \,;\, \ldots x_n,\, q \cdot tg\zeta_n)}{d(q \cdot x_a)} = tg\theta_a$$

$$\frac{d\varphi(q \cdot x_a,\, tg\zeta_a \,;\, x_b,\, q \cdot tg\zeta_b \,;\, \ldots x_n,\, q \cdot tg\zeta_n)}{dx_b} = q \cdot tg\theta_b$$

$$\text{— — — — — — — — — — — — — —}$$

$$\frac{d\varphi(q \cdot x_a,\, tg\zeta_a \,;\, x_b,\, q \cdot tg\zeta_b \,;\, \ldots x_n,\, q \cdot tg\zeta_n)}{dx_n} = q \cdot tg\theta_n.$$

Nous voyons à nouveau qu'une augmentation ou une diminution de q, due au changement de l'unité monétaire, n'aurait aucune influence sur la combinaison la plus avantageuse, mais que, si q diminue de 10 % parce que l'individu s'est enrichi, — si l'on fait encore abstraction des déformations simultanées de la fonction $\varphi(\ )$, — ce fait aura sur la combinaison la plus avantageuse juste la même influence que s'il y avait eu baisse des prix $tg\theta$ et $tg\zeta$ des articles $B \ldots N$, et aussi du montant x_a de l'obligation de paiement étrangère ou non.

Si maintenant nous avons affaire à un individu dont la position économique est déterminée avec précision même au point de vue de ses biens initiaux, et si nous faisons abstraction des variations que peut subir la valeur objective du numéraire, nous pouvons poser la constante $q = 1$ à défaut d'une mesure absolue ; la satisfaction devient alors

$$z = \varphi x_a,\, (tg\zeta_a \,;\, x_b,\, tg\zeta_b \,;\, \ldots x_n,\, tg\zeta_n) + \eta,$$

et les équations (7) se ramènent à

$$\frac{d\varphi(\ )}{dx} = tg\theta.$$

Prenons un article quelconque A, dont le prix actuel $tg\theta_a$ est seul inconnu, et posons

$$\eta + x_a \cdot tg\theta_a = r_{io} - (x_b \cdot tg\theta_b + \ldots + x_n \cdot tg\theta_n) = r_{ia},$$

nous avons

$$(8) \quad z = \varphi(x_a, \, tg\zeta_a \, ; \, x_b, \, tg\zeta_b \, ; \, \ldots \, x_n \, . \, tg\zeta_n) + \eta_a - x_a \, . \, tg\theta_a.$$

Les $(n - 1)$ équations.

$$(9) \quad \frac{d\varphi(\ )}{dx_b} = tg\theta_b, \ldots\ldots\ldots, \frac{d\varphi(\ )}{dx_n} = tg\theta_n$$

nous permettent alors d'évaluer les quantités x les plus avantageuses des article $B \ldots N$, dépendant des prix $tg\theta$ et $tg\zeta$ de ces objets, et dépendant de $tg\zeta_a$, mais tout à fait indépendantes de $tg\theta_a$, comme des fonctions de la quantité x_a.

De l'hypothèse d'une appréciation invariable de la valeur de l'argent, hypothèse acceptée dans les parties précédentes, résulte, comme nous l'avons d'ailleurs toujours affirmé, qu'à chaque quantité d'un article A correspond une combinaison tout à fait déterminée de tous les autres articles qui demeure toujours la plus avantageuse, quel que puisse être le prix courant $tg\theta_a$. Nous n'ignorons pas que la réalité ne vérifie en aucune façon l'hypothèse du prix invariable de tous les autres articles, quand il y a des fortes oscillations du prix de A ; nous savons également que, si même tel était le cas, la combinaison la plus avantageuse des autres articles, étant donné une quantité quelconque x_a, ne pourrait rester la même pour tous les prix de A. Mais, dès que l'augmentation ou la diminution de la recette ou de la dépense pour cette quantité x_a et la modification qui en résulte dans la possession d'argent comptant en fin d'année devient sensible, on constate un changement dans l'appréciation de la valeur de la dernière dose d'argent comptant et par suite dans la combinaison, conformément à l'équation (7). Nous avons déjà (§§ 64 et 70) fait allusion à cette question ; elle se manifeste aussi dans de nombreux autres cas ; surtout si l'on n'est pas très aisé, l'enchérissement d'un objet correspondant à un besoin vital essentiel, dont la consommation ne peut être restreinte, doit provoquer la réduction des autres dépenses. Mais il est indubitable que la combinaison ne variera pas avec toutes les modifications légères de $tg\theta_a$, et qu'elle restera la même entre certaines limites de prix.

Introduisons dans $\varphi(\ )$ et dans l'expression afférente à η_a les fonctions mentionnées plus haut, relatives à des rapports de quantités : nous pouvons poser

$$\varphi(x_a, tg\zeta_a ; x_b, tg\zeta_b ; \ldots x_n, tg\zeta_n) + \eta_a = f(x_a).$$

Cette expression $f(x_a)$ n'est autre que la jouissance liée à toute quantité achetée ou vendue x_a de A. La fonction $f(x_a)$ n'est donc plus une simple fonction individuelle ; sa forme, au contraire de celle de $\varphi(\ )$, est déterminée par q et dépend en outre des prix donnés, $tg\theta$ et $tg\zeta$, des articles $B \ldots N$ et du prix futur attendu, $tg\zeta_a$, de A ; s'il y a changement dans l'appréciation individuelle de la valeur de l'argent, cette fonction subira donc les modifications dont nous nous sommes occupés (§§ 43 et 56) à propos de la courbe de la jouissance.

On a maintenant

$$z = f(x_a) - x_a \cdot tg\zeta_a,$$

et nous satisfaisons donc à la seule condition qui nous reste pour le maximum de satisfaction, à savoir

$$f'(x_a) = tg\theta_a,$$

en traçant la *courbe de la jouissance* avec x_a comme abscisse et $f(x_a)$ comme ordonnée et en cherchant sa distance verticale maximum de la ligne du prix correspondante, $tg\theta_a$.

Au lieu du procédé dont il vient d'être question, nous pouvons arriver à la courbe de la jouissance par une construction. Dans ce but, nous faisons abstraction des équations de condition (θ) et nous supposons données comme invariables les quantités x des articles $B \ldots N$ et par conséquent, η_a, tandis que x_a serait variable, mais $tg\theta_a$ nul et, par suite, τ, égal à η_a; portons ensuite sur chaque abscisse x_a comme ordonnées les valeurs correspondantes de

$$(x_a, lg\zeta_a ; x_b, lg\zeta_b, \ldots x_n, lg\zeta_n ; \eta) = \varphi(x_a, lg\zeta_a ; x_b, lg\zeta_b ; \ldots x_n, lg\zeta_n) + \eta_{ia}$$

nous obtenons ainsi une courbe que nous appelons la *courbe élémentaire* relative à x_a. Si la production de A est rendue impossible, soit du fait de la nature de cet article, soit à cause de la quantité donnée x des autres articles, — par exemple par suite du manque d'une matière première indispensable, — cette courbe débutera sur l'abscisse $(-a_a)$; et, si A n'est pas une valeur ou une obligation à terme de nature analogue, son tracé ne sera ascendant vers la droite que jusqu'à un certain point, à partir duquel il se dirigera de façon continue vers le bas et en fin de compte, il sera asymptotique par rapport à une verticale descendante. Mais, si les quantités x des autres articles excluaient, non plus la production, mais la consommation et, aussi, la formation d'un stock final de A, susceptible d'être vendu, la courbe, à partir du même point de départ, irait non pas vers la droite, mais vers la gauche et, finalement, elle serait, elle aussi, asymptotique à une verticale descendante. En général la courbe élémentaire n'a pas de point de départ; d'ordinaire elle est limitée des deux côtés par des asymptotes verticales descendantes. Ces asymptotes seront toutes deux à gauche du point final de l'abscisse $(- a_a)$, quand les quantités données $x_b \ldots x_n$ conditionnent une production tellement élevée qu'il faut toujours vendre une quantité supérieure à a_a, si l'on suppose la consommation et l'accumulation de stocks poussées à leur plus haut degré possible. Les deux asymptotes avancent vers la droite, — elles se placent même de l'autre côté du point 0, si les quantités données des autres articles rendent nécessaires un achat supplémentaire de A, même étant donné une extension très considérable de la production. Aussi la courbe élémentaire a-t-elle, dans tous les cas, un tracé en général concave ; il en est de même si elle se réfère à une valeur ou à une obligation à terme de nature analogue. Si, par exemple, A est un article à terme de ce genre, la courbe ne cesse de s'élever, et elle est limitée vers le haut par une asymptote horizontale et vers la gauche par une asymptote verticale descendante ; par contre, si A est une valeur étrangère, la courbe ne cesse de monter vers la droite, à partir d'un point initial situé sur l'abscisse $(-a_a)$, puis elle devient asymptotique par rapport à une horizontale ; ou bien, si A est la promesse de paiement de l'individu considéré, elle ne cessera d'être ascendante, vers la gauche, à partir du même point, puis, en fin de compte, elle sera asymptotique à une verticale. Toutefois nous ne pouvons affirmer que la courbe élémentaire est concave d'un bout à l'autre, c'est-à-dire que la seconde dérivée

$$\frac{d^2\varphi(\ )}{dx_a^2} = \frac{d^2\psi(\ )}{dx_a^2}$$

doit être constamment négative. Il existe bien une loi physiologique, valable de façon générale, aux termes de laquelle toute nouvelle petite excitation augmente la jouissance d'autant moins, ou bien, si la limite de pleine satisfaction est franchie, affaiblit la jouissance d'autant plus, qu'il y a déjà eu plus d'excitations du même ordre ; la même loi constate aussi que toute nouvelle petite prestation semble d'autant moins agréable — et, si l'on a dépassé la limite jusqu'à laquelle la prestation est agréable en général, d'autant plus désagréable — qu'il y a déjà eu plus de prestations de la même nature. Mais nous savons que la fonction $\psi(\ )$ et, avec elle, la fonction $\varphi(\ )$ reposent sur des hypothèses fort compliquées qui expriment toutes le fait que chaque unité courante à acheter en plus ou à vendre en moins d'un article quelconque A peut trouver des modes d'emploi très variés et en outre réagir de façons très diverses sur les modes d'emploi et de fabrication les plus avantageux des quantités d'achat ou de vente dor.ées, x, de tous les autres articles. Dans de telles conditions, la loi physiologique simple que nous venons de mentionner ne peut pas s'exprimer avec clarté et netteté dans la courbe élémentaire, bien qu'en dernière analyse elle exerce une influence prépondérante sur la forme de toutes nos courbes.

Supposons tracée pour toute combinaison possible des quantités $x_b \ldots x_n$ la courbe élémentaire correspondante relative à x_a; sur chaque abscisse x_a l'une quelconque de ces courbes sera située le plus haut, à savoir celle qui repose sur la combinaison des quantités $x_b \ldots x_n$ la plus avantageuse, étant donné la quantité en question x_a, et indiquée, en conséquence, par les équations de condition (9). L'*enveloppe* de tout ce système de courbes élémentaires n'est autre que la courbe de la jouissance établie plus haut. En tous ses points, elle a la même direction tangentielle que la courbe élémentaire qui y apparaît. On a en effet

$$f'(x_a) = \frac{d\varphi(\ )}{dx_a} + \left[\frac{d\varphi(\ )}{dx_b} + \frac{d\eta_a}{dx_b}\right]\frac{dx_b}{dx_a} + \ldots + \left[\frac{d\varphi(\ )}{dx_n} + \frac{d\eta_a}{dx_n}\right]\frac{dx_n}{dx_a}$$

ou bien

$$f'(x_a) = \frac{d\varphi(\ )}{dx_a} + \left[\frac{d\varphi(\ )}{dx_b} - tg\theta_b\right]\frac{dx_b}{dx_a} + \ldots + \left[\frac{d\varphi(\ )}{dx_n} - tg\theta_n\right]\frac{dx_n}{dx_a},$$

et, par conséquent, en vertu des équations de condition (9)

$$f'(x_a) = \frac{d\varphi(\ )}{dx_a}.$$

En ce qui concerne l'incurvation de la courbe de la jouissance, sa seconde dérivée est

$$f''(x_a) = \left[\frac{d^2\varphi(\ )}{dx_a^2} + \frac{d^2\varphi(\ )}{dx_a.dx_b}\cdot\frac{dx_b}{dx_a} + \ldots + \frac{d^2\varphi(\ )}{dx_a.dx_n}\cdot\frac{dx_n}{dx_a}\right].$$

Le premier membre de cette expression $\frac{d^2\varphi(\ )}{dx_a^2}$ est tout simplement la seconde dérivée de la courbe élémentaire qui se montre dans la courbe de la jouissance et qui est négative en règle générale, comme nous l'avons vu. Sa valeur numérique mesure la diminution de l'utilité $\left[\dfrac{d\varphi(\ )}{dx_a}\right]$ de la dernière unité courante, achetée ou non vendue, de l'article A qui résulterait d'une augmentation algébrique de x_a — c'est-à-dire l'achat supplémentaire ou la vente en moins d'une nouvelle quantité de A — si l'individu était obligé de s'en tenir invariablement, malgré cet accroissement, aux quantités $x_b \ldots x_n$ auparavant les plus avantageuses. Mais la diminution d'utilité d'une unité de A à acheter en plus ou à vendre en moins doit naturellement devenir moindre si, à l'obligation présumée, se substitue la pleine liberté d'adapter avec le maximum d'opportunité les quantités $x_b \ldots x_n$ à la quantité changeante x_a. Mais la courbe enveloppante de la jouissance repose sur cette dernière hypothèse ; sa seconde dérivée doit donc être

$$f''(x_a) > \frac{d^2\varphi(\ )}{dx_a^2}$$

et l'expression [ ] > 0. Aussi, la plupart des membres inclus dans [ ] seront-ils en réalité positifs. Examinons par exemple le premier d'entre eux : la dérivée mixte $\dfrac{d^2 f(\ )}{dx_a \cdot dx_b}$ donne des éclaircissements sur la question de savoir si un accroissement algébrique de x_b — acquisition plus importante ou aliénation moins considérable de l'article B — exerce une influence sur l'utilité de la dernière unité achetée ou non vendue de A, et quelle est cette influence. Si nous considérons le cas le plus simple, le cas dans lequel les deux articles A et B sont seulement consommés, on aura donc

$$\frac{d^2\varphi(\ )}{dx_a \cdot dx_b} \gtreqless 0,$$

suivant que B complète la jouissance due à A, lui est tout à fait indifférent ou lui fait concurrence. Abstraction faite des exceptions mentionnées plus haut (§ 36), l'augmentation de x_a sera accompagnée de l'accroissement de la quantité x_b de l'article complémentaire B ou de la diminution de la quantité x_b de l'article concurrent B, de sorte que $\dfrac{dx_b}{dx_a}$ sera dans un cas positif et dans l'autre négatif et que, dans les deux cas, l'on aura

$$\frac{d^2\varphi\,(\ )}{dx_a\,.\,dx_b}\cdot\frac{dx_b}{dx_a}>0.$$

On peut se livrer à des considérations analogues à l'égard des autres membres contenus dans [ ] et spécialement s'il n'y a que production de A et de l'autre article corrélatif, ou bien si ces deux objets sont consommés ou produits en même temps ; beaucoup de ces membres sont nuls, mais la plupart des autres sont positifs ; ainsi leur somme est-elle toujours positive. Si nous ne pouvions exclure de façon absolue dans les courbes élémentaires la possibilité de courbures en sens contraire, ces parties convexes doivent apparaître d'autant plus tôt dans la courbe de la jouissance, enveloppante, en tout cas moins concave. Mais l'écart maximum entre cette courbe et la ligne du prix ne peut jamais se trouver dans une partie convexe, on ne le rencontre jamais que dans une partie concave. Aussi, comme l'achat ou la vente des quantités x_a représentées par les abscisses des parties convexes ne peut être avantageux pour aucun prix donné $tg\theta_a$ de A, il nous faut éliminer les parties convexes que nous pouvons rencontrer dans la courbe de la jouissance et, avec elles, les quantités correspondantes qui ne conviennent point, — et c'est ce que nous avons fait dans les parties antérieures, en substituant des lignes droites aux lacunes des courbes concaves.

3. LA SURFACE DE SATISFACTION

Revenons maintenant au cas plus général d'une appréciation variable de la valeur de l'argent, c'est-à-dire à l'équation (6)

$$z = \psi(x_a, tg\varsigma_a ; x_b, tg\varsigma_b ; \ldots x_n, tg\varsigma_n ; \eta),$$

et prenons un article quelconque A dont seul le prix $tg\theta_a$ est inconnu. Nous n'avons donc à poser les équations de condition (7) qu'à l'égard des articles $B \ldots N$, c'est-à-dire

$$(10) \quad \frac{d\psi(\ )}{dx_b} = \frac{d\psi(\ )}{d\eta} \cdot tg\theta_b, \ldots, \frac{d\psi(\ )}{dx_n} = \frac{d\psi(\ )}{d\eta} \cdot tg\theta_n.$$

Ces équations permettent de déterminer les quantités $x_b \ldots x_n$, et aussi $\eta = (\eta_a - x_a \cdot tg\theta_a)$ comme fonctions de la quantité x_a et du prix $tg\theta_a$ dépendant des prix $tg\theta$ et $tg\varsigma$ des articles $B \ldots N$, et aussi de $tg\varsigma_a$; on peut donc poser :

$$z = \psi(\ ) = F(x_a, tg\theta_a).$$

La fonction $F(\ )$ n'est donc pas une fonction purement individuelle et, contrairement à la fonction $\psi(\ )$, elle dépend aussi de η_0. Pour le maximum de satisfaction, nous n'avons donc plus que la condition

$$(11) \quad \frac{dF(x_a, tg\theta_a)}{dx_a} = 0.$$

Il ne peut être question d'établir une courbe de la jouissance, car le prix $tg\theta_a$ apparaît dans la fonction $F(\ )$, et nous devons recourir à une construction dans l'espace. Dans ce but prenons un système de coordonnées à trois axes ; portons sur l'axe OX, à droite et à gauche du point O, les quantités positives et négatives x_a et, en même temps, comme ordonnées horizontales parallèles à l'axe OY, en avant les montants positifs $x_a \cdot tg\theta_a$, qui représentent les dépenses de consommation ou les frais d'enlèvement des produits et, en arrière, les quantités négatives $x_a \cdot tg\theta_a$, qui représentent les recettes dues à la production ou les primes allouées à la consommation. Chaque rayon vecteur horizontal désigne ainsi, au moyen de la tangente trigonométrique de l'angle qu'il forme avec l'axe OX, un prix positif ou négatif $tg\theta_a$ et représente donc une ligne du prix. Nous élevons ensuite, en chaque point de l'horizon une ordonnée verticale représentant par sa longueur la valeur dont il s'agit, $z = F(x_a, tg\theta_a)$. Nous obtenons ainsi une surface que nous appelons *surface de satisfaction*. Cette superficie indique la satisfaction dans sa dépendance à l'égard de la quantité d'achat ou de vente x_a de A, variant d'une manière quelconque, et de tous les prix imaginables $tg\theta_a$ de A, et en tenant compte de l'appréciation variable de la valeur de l'argent; mais, par contre, il faut considérer les prix $tg\theta$ et $tg\zeta$ de tous les articles $B \ldots N$ comme invariables, aussi bien que $tg\zeta_a$; il faut également supposer que les quantités $x_b \ldots x_n$ sont toujours choisies de la façon la plus avantageuse.

Avant de montrer comment la courbe de l'offre et de la demande, valable au cas d'appréciation variable de la valeur de l'argent, peut être établie avec l'aide de la surface dont nous venons de parler, nous devons apprendre à mieux connaître cette surface et étudier à cet effet son intersection avec divers plans. Nous établissons tout d'abord à travers de la surface de satisfaction, un système de plans verticaux, parallèles à l'axe OY, que nous nommons *plans de la quantité*, parce qu'ils correspondent à une certaine quantité x_a d'achat ou de vente, et nous appelons leurs courbes d'intersection *courbes de la quantité*; dans la figure 78 nous faisons apparaître en noir quelques-unes de ces courbes, telles qu'elles se projettent sur le plan YZ, si l'observateur se trouve du côté des abscisses positives; nous avons représenté au moyen de courbes striées les intersections qui se trouvent derrière le plan YZ. Nous comprendrons encore mieux la signification de ces courbes, si nous nous rendons compte de leurs rapports avec des courbes encore plus simples. Si, par exemple, nous faisons abstraction des équations de condition (10) dans notre examen d'un plan quelconque de quantité et si nous imaginons qu'en plus de la quantité dont il s'agit x_a, aussi $x_b \ldots x_n$ et également η_a sont donnés comme invariables, seul le prix $tg\theta_a$ reste variable dans la fonction,

$$\psi\,[x_a,\ tg\zeta_a\,;\ x_b,\ tg\zeta_b\,;\ \ldots x_n,\ tg\zeta_n\,;\ (\eta_a - x_a \cdot tg\theta_a)].$$

Portons alors dans le plan de la quantité considérée et les montants positifs $x_a \cdot tg\theta_a$ en avant et ceux négatifs en arrière dans le sens horizontal, et les valeurs correspondantes de $\psi(\ )$ comme ordonnées verticales; nous obtenons ainsi une courbe que nous désignons comme courbe élémentaire relative à $x_a \cdot tg\theta_a = (\eta_a - \eta)$. Cette courbe ne cesse de baisser vers l'avant, car sa première dérivée

$$\frac{d\psi(\ )}{d(x_a \cdot tg\theta_a)} = -\,\frac{d\psi(\ )}{d\eta}$$

est constamment négative. Nous savons en outre que, si

$$\eta = \eta_a - x_a \cdot tg\theta_a = \infty,$$

et si, par conséquent, $x_a > 0$, $tg\theta_a = -\infty$ ou si $x_a < 0$, $tg\theta_a = +\infty$, on a

$$\frac{d\psi(\ )}{d\eta} = 0\,;$$

on a aussi

$$\frac{d\psi(\ )}{d\eta} = \infty,$$

si η arrive à avoir une certaine valeur négative et si, en conséquence, le prix $tg\theta_a$ atteint la hauteur correspondante. Il en résulte que la courbe élémentaire dont nous nous occupons est limitée vers le haut par une horizontale allant en arrière et vers l'avant par une verticale descendante; elle sera donc concave d'un bout à l'autre. Supposons que, la quantité x_a restant toujours constante, la courbe en question soit valable pour toute combinaison imaginable des quantités $x_b \ldots x_n$; l'enveloppe de tout ce système n'est autre que la courbe de la quantité, qui nous a servi de point de départ. Cette courbe ne repose donc en aucune façon sur une combinaison déterminée des quantités $x_b \ldots x_n$; par contre elle tient compte de la circonstance en vertu de laquelle la combinaison est adaptée de la façon la plus opportune au prix changeant $tg\theta_a$ et à l'appréciation de la valeur de l'argent qui varie en conséquence. La figuration dans l'espace nous permet ainsi de nous rapprocher de la réalité, en écartant non seulement l'hypothèse, indispensable à la représentation dans un plan, de la valeur constante de l'argent, mais encore sa conséquence, mentionnée à plusieurs reprises, à savoir que pour une quantité x_a et pour tous les prix $tg\theta_a$ une seule et même combinaison de tous les autres articles reste la plus avantageuse. Naturellement, la courbe de la quantité enveloppante, si son tracé est moins concave que n'importe laquelle des courbes élémentaires enveloppées, aura la même forme générale que celles-ci. Sa dérivée première est

$$\frac{dF(x_a, tg\theta_a)}{d(x_a, tg\theta_a)},$$

ou bien, comme x_a est constant,

$$\frac{d \cdot F(x_a, tg\theta_a)}{x_a \cdot d\, tg\theta_a} = \frac{1}{x_a}\left[\frac{d\psi(\ )}{dx_b} - \frac{d\psi(\ )}{d\eta} \cdot tg\theta_b\right] \cdot \frac{dx_b}{d\, tg\theta_a} + \cdots +$$
$$+ \frac{1}{x_a}\left[\frac{d\psi(\ )}{dx_n} - \frac{d\psi(\ )}{d\eta} \cdot tg\theta_n\right]\frac{dx_n}{d\, tg\theta_a} + \frac{1}{x_a} \cdot \frac{d\psi(\ )}{d\eta} \cdot \frac{d\eta}{d\, tg\theta_a},$$

ou bien, en vertu des équations de condition (10)

$$(12) \qquad \frac{dF(x_a, tg\theta_a)}{x_a \cdot d\, tg\theta_a} = - \frac{d\psi(\ )}{d\eta};$$

cette dérivée est donc exactement égale en tous points à la dérivée des courbes élémentaires correspondantes, et elle représente l'utilité d'une moindre dépense ou d'une recette plus élevée.

Examinons encore le plan *YZ* et, en conséquence, le plan de la quantité $x_a = 0$. Nous observons *au point O que conformément à notre conception antérieure, la satisfaction devient indé‑pendante du prix $tg\theta_a$ et que, par suite, la fonction $F(\ )$ prendra à ce point la valeur z_0 en qualité de fonction indépendante du prix. Mais pour tout le plan YZ la formule (12) nous donne une valeur indéterminée, $F(0, \pm \infty)$, que nous pouvons étudier de plus près, d'après des règles connues, de la manière suivante. Nous pouvons construire dans ce plan une courbe de la quantité en imaginant que la possession initiale d'argent comptant de l'individu — celui-ci ne se modifiant à aucun autre point de vue — est maintenant de $(r_{i0} - \varepsilon)$ au lieu de r_{i0}, où ε représente une petite quantité positive ou négative.* Dans l'expression qui représente la satisfaction

$$\psi\,[0,\ tg\zeta_a\,;\ x_b,\ tg\zeta_b\,;\ \ldots\ x_n,\ tg\zeta_n\,;\ r_i],$$

on a donc

$$\eta = r_{i0} - \varepsilon - (x_b \cdot tg\theta_b + \ldots + x_n \cdot tg\theta_n) = r_{ia} - \varepsilon,$$

et, si nous supposons à nouveau une combinaison quelconque des articles $B \ldots N$, seul le montant ε reste variable dans $\psi(\ )$. Portons alors sur l'axe OY les quantités positives ε en avant et les montants négatifs ε en arrière ; représentons aussi par des ordonnées les valeurs correspondantes de $\psi(\ )$; nous obtenons ainsi une courbe élémentaire concernant $\varepsilon = (r_{ia} - r_i)$. On peut avoir une courbe analogue pour chacune des autres combinaisons des articles $B \ldots N$ et l'enveloppe de tout ce système, comme chacune des courbes enveloppées, a la même forme générale que toutes les autres courbes de la quantité.

Toutes les autres courbes de la quantité montrent que la satis‑faction dépend des changements de la fortune en argent comptant dus aux débours et bénéfices auxquels donne lieu l'article A. Elles ont d'ailleurs une certaine analogie, du point de vue de la forme, avec la fonction logarithmique établie par Bernouilli *et*

LAPLACE *pour représenter la dépendance de la « fortune morale » à l'égard de la « fortune physique » ; mais elles se différencient de la courbe logarithmique par ce fait qu'elles ont une asymptote horizontale.*

Si nous rassemblons toutes les courbes de la quantité, dont chacune est seulement valable pour une quantité déterminée x_a, et qui, en conséquence, n'ont pas du tout le même tracé, les asymptotes verticales de ces différentes courbes formeront une nappe qui enveloppe, sur le devant, la surface de satisfaction. Mais nous pouvons supposer que les asymptotes horizontales se trouvent toutes à la même hauteur. Si $x_a \cdot tg\theta_a = -\infty$, les moyens pécuniaires illimités disponibles mettront donc l'individu en situation de pouvoir choisir la combinaison des autres articles sans égard à leurs prix qui, sans cette condition, seraient peut-être trop élevés; non seulement tous les articles complémentaires et concurrents et aussi tous les moyens de production sont à son entière disposition, mais il a également la possibilité de compléter ses petits achats de A par sa propre production, ou de transformer de trop grandes quantités de cet article ou de l'employer en présents ou de l'affecter à la constitution d'un stock. La satisfaction que l'on peut obtenir si $x_a \cdot tg\theta_a = -\infty$ devient donc tout à fait indépendante de la quantité x_a, achetée ou vendue, d'un article A, et nous pouvons nous imaginer que la surface de satisfaction est limitée vers le haut par un plan horizontal. Ce plan se projette, tout comme l'arête antérieure de la nappe asymptotique mentionnée plus haut, sur le plan YZ dans les lignes rouges striées (fig. 78).

Considérons maintenant les intersections de la surface de satisfaction avec les plans verticaux parallèles à l'axe OX que nous appellerons *plans de la dépense*. Chaque courbe d'intersection d'un plan de la dépense ou *courbe de la dépense* représente la dépendance de la satisfaction par rapport à la quantité x_a, étant donné un montant déterminé constant

$x_a \cdot tg0_a$, dans lequel le prix $tg0_a$ et le montant x_a varient en raison inverse. Nous avons représenté en noir quelques-unes de ces courbes dans leur projection sur le plan XZ (fig. 79, i pointillé les courbes situées derrière ce plan Chaque courbe de la dépense, elle aussi, enveloppe tout un système de courbes élémentaires relatives à x_a, comme nous avons appris à les connaître dans l'hypothèse spéciale de la valeur constante de l'argent et pour $x_a \cdot tg0_a = 0$ (Appendice II, 2). Comme le montant $x_a \cdot tg0_a$ est maintenant constant dans

$$\psi[x_a \cdot tg\zeta_a \,;\, x_b \cdot tg\zeta_b \,;\, \ldots x_n \,,\, tg\zeta_n \,;\, (r_{iu} - x_a \cdot tg0_a)],$$

la courbe enveloppante de la dépense a pour dérivée

$$\frac{d\psi(\ )}{dx_a} + \left[\frac{d\psi(\ )}{dx_b} - \frac{d\psi(\ )}{dr_i} \cdot tg0_b\right] \cdot \frac{dx_b}{dx_a} + \ldots$$
$$+ \left[\frac{d\psi(\ )}{dx_n} - \frac{d\psi(\ )}{dr_i} \cdot tg0_n\right] \cdot \frac{dx_n}{dx_a},$$

ou, en vertu des équations de condition (10)

$$\frac{d\psi(\ )}{dx_a};$$

mais cette expression est en même temps la dérivée de la courbe élémentaire qui apparaît dans la courbe enveloppante. Nous savons que la courbe qui enveloppe les courbes élémentaires de cette nature possède la forme générale de la courbe de la jouissance. Si nous faisons abstraction de ce que A peut être une valeur ou une obligation à terme du même genre, toute courbe de la dépense est donc limitée à droite et à gauche par des asymptotes verticales; elle aura ainsi un point maximum et en général elle sera concave. En outre, comme tout plan de la dépense est en même temps le lieu géométrique des points d'intersection du plan de la dépense dont il s'agit avec toutes les courbes de la quantité, ces dernières étant ascendantes vers l'arrière, chaque courbe de dépense située plus loin en arrière doit avoir, à abscisses égales, des ordonnées plus élevées. Il en résulte que, plus une courbe de la dépense se trouve en arrière, plus son maximum sera haut, et que ses points d'intersection avec tout plan horizontal, comme ses asymptotes, s'écartent d'autant plus les uns des autres. La partie culminante est en même temps toujours plus aplatie et plus étendue ; l'individu sera donc de plus en plus libre, à mesure qu'augmentera la valeur numérique du produit négatif $x_a \cdot tg\theta_a$, dans le choix de la combinaison des autres articles et de moins en moins sensible aux déviations de la quantité x_a la plus agréable, représentée par l'abscisse du point maximum. Nous pouvons enfin supposer, comme nous l'avons déjà fait, que pour $x_a \cdot tg\theta_a = -\infty$ la satisfaction est tout à fait indépendante de x_a, de sorte que la courbe de la dépense $(-\infty)$ ou, ce qui revient au même, la projection des asymptotes horizontales de toutes les courbes de la quantité sur le plan XZ forme une ligne horizontale limitée des deux côtés par des verticales descendantes, comme l'indiquent à nouveau les lignes rouges striées de la figure 79. La distance existant entre ces dernières forme en même temps le maximum de l'écartement — qui va toujours en croissant à mesure qu'on les prend plus en arrière — entre les asymptotes des courbes successives de la dépense. Mais nous devons enfin avoir en avant un plan de la dépense qui ne coupe plus la surface de satisfaction et qui ne renferme que l'asymptote verticale de la courbe de la quantité située le plus en avant. Cette asymptote forme en même temps l'arête antérieure de la nappe asymptotique dont nous nous sommes déjà occupés et dont font également partie, naturellement, les asymptotes de toutes les courbes de la dépense. Cette nappe elle-même se rapproche de plus en plus, vers l'arrière, des deux plans d'asymptotes verticaux, parallèles à l'axe OY, que l'on peut déterminer au moyen des lignes qui délimitent la courbe de la dépense $(-\infty)$.

Si nous nous occupons maintenant des intersections horizontales, ces intersections de la surface de satisfaction donnent des *courbes de satisfaction constante*; nous en avons représenté quelques-unes en noir dans leur projection sur le plan XY (fig. 80) et nous avons figuré en pointillé celles qui descendent au-dessous du plan horizontal. Les ordonnées de toutes les courbes de ce genre nous permettent de reconnaître comment doivent changer le montant $x_a . tg\theta_a$ et le prix $tg\theta_a$ si, étant donné une quantité variable x_a, la satisfaction z doit rester la même. Ainsi, par exemple, dans la courbe d'intersection située à la hauteur Ob (fig. 78 et 79), la satisfaction resterait exactement égale à la satisfaction initiale z_0 pour toute quantité d'achat ou de vente x_a. Chacune de ces courbes est aussi l'enveloppe de tout un système de courbes élémentaires qui mettent en lumière cette relation entre $x_a. tg\theta_a$ et x_a, étant donné une combinaison invariable des quantités $x_b \ldots x_n$. Chaque courbe horizontale est le lieu géométrique des points d'intersection de toutes les courbes de la dépense avec le plan horizontal dont il s'agit, et il s'ensuit qu'elle aura un maximum en avant et qu'en arrière elle doit se rapprocher de deux asymptotes parallèles à l'axe OY, qui se trouvent dans les plans asymptotiques verticaux mentionnés plus haut. Les intersections de ces deux plans asymptotiques avec l'horizon sont représentées dans la figure 80 au moyen de lignes rouges striées. Il s'ensuit en outre que la courbe horizontale, avec son point maximum, arrive d'autant plus en avant qu'elle est plus basse; le maximum situé le plus en avant appartient donc à la courbe horizontale $(-\infty)$ ou — ce qui revient au même — à la projection de la nappe asymptotique sur le plan horizontal, comme le montre la courbe rouge striée (fig. 80).

Il nous reste encore à examiner les plans à établir au moyen de l'axe OZ dans la direction de toutes les lignes du prix — les *plans du prix* — et leurs courbes d'intersection — les *courbes du prix* ; — nous en représentons quelques-unes en noir (fig. 81) dans leur projection sur le plan XZ, tout en pointillant les parties situées derrière ce plan ; elles se coupent toutes au point b. Ces courbes figurent la dépendance de la satisfaction par rapport à la quantité x_a, étant donné un prix $tg\theta_a$ toujours constant, et chacune d'entre elles est à son tour l'enveloppe d'un système complet de courbes élémentaires, qui font apparaître la même relation pour toute combinaison déterminée des quantités $x_b \ldots x_n$. D'après ce que nous avons dit, toute courbe du prix doit aussi être limitée par deux asymptotes verticales déterminées par l'intersection du plan du prix en question avec la nappe verticale des asymptotes. Il faut donc que toute courbe du prix ait un maximum et, en général, un tracé concave. Sa dérivée première est

$$\frac{dF(x_a,\, tg\theta_a)}{dx_a} = \frac{d\psi(\ )}{dx_a} - \frac{d\psi(\ )}{d\eta} \cdot tg\theta_a + \left[\frac{d\psi(\ )}{dx_b} - \frac{d\psi(\ )}{d\eta} \cdot tg\theta_b\right] \cdot \frac{dx_b}{dx_a}$$
$$+ \ldots + \left[\frac{d\psi(\ )}{dx_n} - \frac{d\psi(\ )}{d\tau_i} \cdot tg\theta_n\right] \cdot \frac{dx_n}{dx_a}$$

ou bien, si l'on tient compte des équations de condition (10)

$$\frac{dF(x_a,\, tg\theta_a)}{dx_u} = \frac{d\psi(\ )}{dx_a} - \frac{d\psi(\ )}{d\eta} \cdot tg\theta_a .$$

De ceci et du tracé concave de toute courbe du prix, il résulte que les points de même direction tangentielle des différentes courbes successives du prix et, de même, leur maximum sont situés d'autant plus à droite que le prix positif ou négatif dont il s'agit, $tg\theta_a$, se trouve respectivement plus bas ou plus haut [1]. En même temps le maximum de la courbe du prix se déplace vers le haut, s'il est à droite du point O, ou vers le bas, s'il est à gauche, à mesure

---

[1] *Cette affirmation nécessite une rectification, car elle ne se vérifie que si* $\frac{d\psi(\ )}{d\eta}$, *soit l'appréciation de la valeur de l'argent, ne varie pas, hypothèse qu'ici nous avons abandonnée. Voir la note suivante.*

que le prix décroît algébriquement, par suite du parcours, dont nous avons parlé, des courbes de la quantité. Le déplacement du maximum de la courbe du prix — déplacement croissant à mesure que diminue le prix — se manifestera avec une force toute particulière, si, pour un article de consommation ou pour un article d'usage, sujet à détérioration, le prix $tg\theta_a$ baisse tellement au-dessous du prix futur attendu $tg\zeta_a$ que la constitution d'un stock final vendable s_a (§ 60) s'ajoute à tous les autres modes d'emploi de l'article A.

L'abscisse du point maximum d'une courbe du prix mesure la quantité x_a de A qui correspond à l'équation de condition (11) et dont l'achat ou la vente a pour résultat la satisfaction la plus grande que l'on puisse obtenir, étant donné le prix $tg\theta_a$; quant à l'ordonnée horizontale, elle représente le montant corrélatif $x_a \cdot tg\theta_a$. Si nous réunissons les points maxima de toutes les courbes du prix, nous obtenons une courbe dans l'espace, la *courbe du maximum de satisfaction* qui, d'après ce que nous venons de dire, part de l'axe OZ à la hauteur z_o, c'est-à-dire du point b, et ne cesse de s'élever et vers la droite et vers la gauche. Dans la figure 82 nous avons essayé de donner la représentation en perspective de la surface de satisfaction ; la courbe dans l'espace est représentée au moyen d'une ligne rouge pleine, la nappe des asymptotes est figurée en rouge, mais striée, et les courbes noires donnent les diverses intersections.

La projection de la courbe du maximum de satisfaction sur le plan horizontal, représentée en rouge dans la figure 80, donne, au moyen de chacune de ses abscisses, la quantité x_a dont l'achat ou la vente provoque le maximum de satisfaction, étant donné le prix $tg\theta_a$ indiqué par le rayon vecteur de la courbe; toute ordonnée de cette courbe désigne ainsi la dépense ou la recette correspondante (¹).

(¹) *Comme nous l'avons exposé avec plus de détails dans l'écrit déjà cité* « Die mehrfachen Schnittpunkte, etc., etc. », $tg\theta_a$ *diminue en*

La courbe projetée est donc la courbe de l'offre et de la demande, telle qu'elle résulte de la considération de ce fait que l'appréciation de la valeur de l'argent peut varier si le prix de A se modifie ; elle prendrait la position indiquée auparavant si nous avions porté les quantités positives de dépense en arrière et non plus en avant. Cette courbe possède également la propriété caractéristique de toute courbe de l'offre et de la demande ; en effet elle n'est pas coupée plus d'une fois par un rayon vecteur quelconque, car, nous

effet algébriquement de façon progressive, continue, dans la direction indiquée, mais $\frac{d\psi()}{d\eta}$, l'appréciation de la valeur de l'argent, augmente avec l'accroissement de la dépense et diminue avec l'accroissement des recettes. Si la figure A, à l'instar de la figure 80, représente la projection de la courbe du maximum de satisfaction sur le plan horizontal, $\frac{d\psi()}{d\eta}$ augmentera toujours suivant la direction dont il s'agit, du quart

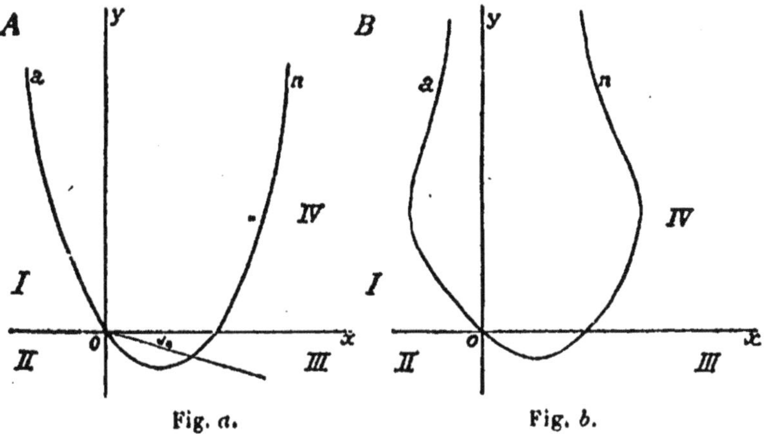

Fig. a.   Fig. b.

de cercle I jusqu'au maximum de la courbe dans le quart II ou III, et agira en sens contraire de l'influence exercée par la diminution du prix. Mais, dans la partie de la courbe située à droite, l'appréciation de la valeur de l'argent ne cesse d'être de moins en moins grande et change dans le même sens que le prix. On peut bien admettre que les changements dans l'appréciation de la valeur de l'argent ne varieront que peu à peu et seront moins qu'inversement proportionnels aux modifications le savons, le point maximum de toute courbe du prix et, en même temps, tout point de la courbe du maximum de satisfaction est situé d'autant plus à droite que le prix en question $tg\theta_a$ est moins élevé. *De plus la courbe de l'offre et de la demande se dirige vers l'arrière asymptotiquement soit par rapport à l'axe des Y soit aux intersections, présentées dans la figure 80 au moyen de lignes rouges striées, des deux plans asymptotiques verticaux avec l'horizon ; en tout cas, la courbe a* dans *l'intervalle* un maximum qui, nous l'avons déjà mentionné (§ 52), peut se trouver à droite ou à gauche du point O. Nous pouvons enfin observer, que, si la mesure de la satisfaction se modifie et si, en conséquence, toutes les ordonnées verticales s'allongent ou se raccourcissent dans

de $tg\theta_a$, près du maximum et dans les limites d'un taux modéré du prix et, par suite, des recettes. Tant que tel est le cas, la figure A correspond à la réalité. Ceci peut également être vrai de tout le tracé de la courbe, parce que les points de même direction tangentielle et, en conséquence, le maximum se déplacent toujours plus vers la droite dans les courbes du prix consécutives. Mais, si par suite de prix élevés, tels que nous les avons représentés dans les parties supérieures des quarts I et IV, les recettes de l'individu dépassent une certaine mesure individuellement très différente, l'appréciation de la valeur de l'argent décroîtra peut-être très brusquement, mais en tout cas plus vite qu'auparavant. Si l'on suit les prix décroissants et si $\dfrac{d\psi(\ )}{d\eta}$ se modifie de façon plus qu'inversement proportionnelle à $tg\theta_a$, dans le quart de cercle I $\dfrac{d\psi(\ )}{d\eta} \cdot tg\theta_a$ croîtra et $\dfrac{df(\ )}{dx_a}$ diminuera. De même, dans le quart IV, où $tg\theta_a$ est négatif et augmente, si $\dfrac{d\psi(\ )}{d\eta}$ décroît de façon plus qu'inversement proportionnelle, le produit $\dfrac{d\psi(\ )}{d\eta} \cdot tg\theta_a$ diminuera et, avec lui, $\dfrac{df(\ )}{dx_a}$. Dans ces deux cas les maxima des courbes successives du prix se porteront donc vers la gauche, et les courbes, et du maximum de satisfaction, et de l'offre et de la demande, s'infléchiront vers l'axe des Y et leur seront asymptotiques, comme le montre la figure B. De même que la figure 80, les figures 79 et 81 du texte, auxquelles l'hypothèse développée dans la figure a sert de base, doivent se modifier conformément à la figure B. Dans ce cas, on observe à un endroit de chacune des deux branches des

la même proportion, cette surface et, par suite, la courbe
dans l'espace deviennent autres ; mais la courbe de l'offre
et de la demande ne se modifie pas. Ce fait nous enlève
toute possibilité d'obtenir de l'expérience une indication
quelconque sur la mesure exacte des ordonnées verticales
de la surface de satisfaction.

La projection de la courbe du maximum de satisfaction
sur le plan XZ, dessinée en rouge dans la figure 79, a au-
dessus du point O l'ordonnée z_3 ; à partir du point b elle est
donc ascendante des deux côtés ; enfin, à droite et à gauche,
elle se termine aux points finaux de la projection, sur le
plan XZ, des asymptotes horizontales de toutes les courbes
de la quantité. *Mais la forme de cette courbe dans la figure 79*

*courbes un point d'inflexion auquel x_4 atteint un maximum. Il est na-
turel que ces points d'inflexion ne puissent se trouver que dans les parties supérieures des quarts I et IV, c'est-à-dire quand de gros bénéfices
ou de fortes recettes provenant de primes à la consommation peuvent
amener la production à se raréfier ou la consommation à se restreindre.
On en trouvera facilement des exemples dans les prestations des
spécialistes éminents, que l'on peut considérer comme des articles
uniques monopolisés, et aussi dans les services des ouvriers qualifiés,
dont le remplacement serait difficile ou demanderait trop de temps. Il
peut souvent aussi se faire qu'une courbe de cette sorte ne s'infléchisse
pas, mais cesse quand les recettes ont atteint un certain chiffre. Remarquons en passant que, s'il ne s'agit pas de prestations individuelles,
mais que le prix soit déterminé par une courbe totale, cette dernière ne
s'infléchit vers l'axe des Y que si toutes les courbes individuelles le font,
ce qui est le cas dans une coalition monopolistique, par exemple dans
une grève. Si l'on combine en effet une courbe, si forte que soit son
inflexion, avec d'autres courbes dont une seule est analogue à celle de
la figure A, la courbe totale s'infléchit bien, mais elle est asymptotique
non pas à l'axe des Y, mais à la courbe individuelle non infléchie.*

*Il faut enfin observer que, bien que les courbes du prix aient un tracé
tel que la courbe du maximum de satisfaction prend la forme de la
figure B, les autres courbes d'intersection subissent des changements si
faibles que leur forme générale n'en est pas altérée et que, par suite, la
nappe asymptotique qui enveloppe toutes les courbes d'intersection reste
valable.*

se modifie et se rapproche, dans son aspect changé par la projection, de la forme de la figure B, quand la courbe s'infléchit vers l'axe des Y, tandis que la nappe asymptotique, après comme avant, enveloppe les mêmes courbes d'intersection. La projection de la même courbe sur le plan YZ, représentée en rouge dans la figure 78, a son minimum à la hauteur z_o au-dessus du point O et se compose de deux parties constamment ascendantes. L'une d'elles se dirige d'abord en avant jusqu'à un point dont l'ordonnée horizontale est égale à l'ordonnée du point maximum de la courbe de l'offre et de la demande, puis elle s'infléchit et se dirige en arrière ; l'autre se trouve d'un bout à l'autre, derrière l'axe OZ ; les deux parties, qui peuvent aussi s'entrecouper dans certaines circonstances, sont finalement asymptotes par rapport à une ligne horizontale située dans le plan horizontal qui limite, par le haut, la surface de satisfaction.

Par chaque point de la courbe du maximum de satisfaction, menons encore une droite parallèle au plan YZ et inclinée de 45° par rapport à l'horizontale ; les points d'intersection de toutes ces lignes avec le plan horizontal nous donnent une courbe qui équivaut à une courbe de la jouissance dans la mesure où elle représente la satisfaction par sa distance, mesurée dans la direction de l'axe OY, par rapport à la courbe de l'offre et de la demande. Mais cette dernière courbe n'est pas en rapport de dérivation avec celle-là qui a pour ordonnées

$$x_a \cdot tg\theta_a + F(x_a \cdot tg\theta_o),$$

et dont la dérivée est

$$tg\theta_a + \frac{dF(x_a, tg\theta_o)}{dx_a} + \left[x_a + \frac{dF(x_a, tg\theta_a)}{d\,tg\theta_a} \right] \cdot \frac{d\,tg\theta_a}{dx_a},$$

en considérant qu'ici le prix $tg\theta_a$ est non pas une constante, mais une fonction de x_a déterminée par la forme de la courbe de l'offre et de la demande. En vertu des équations (11) et (12), l'expression précédente se change en

$$tg\theta_a + x_a \cdot \left[1 - \frac{d\psi()}{d\eta}\right] \cdot \frac{d\,tg\theta_a}{dx_a},$$

tandis que, si la courbe de l'offre et de la demande avait un rapport de dérivation avec la courbe dont il est question en ce moment, la dérivée de celle-ci devrait être égale à $tg\theta_a$. Comme nous le voyons, tel ne serait le cas que si $\frac{d\psi()}{d\eta} = 1$, c'est-à-dire si la valeur de l'argent était appréciée de façon constante. Si nous avions adopté cette hypothèse, la surface de la satisfaction serait tout autre, et chaque courbe de la quantité serait une ligne absolument droite inclinée de 45° par rapport à l'horizontale. Nous aurions alors une surface cylindrique ayant la même inclinaison, limitée à droite et à gauche par les plans asymptotiques verticaux dont nous avons déjà parlé, tandis que disparaissent les limites de la satisfaction vers le haut et en avant; les intersections de tous les plans de la dépense et de tous les plans horizontaux auraient toujours pour résultat la même courbe identique d'intersection. Nous obtiendrions aussi la même courbe si nous cherchions dans la nouvelle surface la courbe du maximum de satisfaction et si nous la projetions avec un angle de 45° sur l'horizon ou bien encore sur le plan XZ. Cette courbe, par rapport à laquelle, comme nous l'avons dit, la courbe de l'offre et de la demande serait en rapport de dérivation, n'est autre que la courbe de la jouissance dont nous avons parlé (Appendice II, 2). Nous voyons donc que, pour construire cette courbe qui nous permet de représenter sur le plan la dépendance de la satisfaction à l'égard de la quantité x_a, l'hypothèse de l'appréciation invariable de la valeur de l'argent est indispensable, mais aussi suffisante.

Si nous voulons ne pas perdre de vue que l'unité courante

de l'article A ne pourrait être considérée comme infiniment petite, la surface de satisfaction se fractionne en une série de courbes de la quantité différant chacune d'une unité courante; chacune des autres courbes d'intersection se transforme ainsi en une série de points qui, mesurés dans la direction de l'axe OX, se suivent à la même distance. Parmi les séries de points situées dans les plans du prix, nous en trouverons beaucoup qui, après comme avant, comportent un point maximum unique, mais nous en rencontrons aussi qui ont deux points également élevés et plus hauts que tous les autres; chaque fois que cette dernière situation se présente, il y a deux quantités différentes d'achat ou de vente qui, au prix $tg\theta_a$, procurent la même satisfaction, et cette satisfaction est supérieure à celle qui résulterait de n'importe quelle autre quantité. Tout prix de ce genre constitue donc un prix de transition d'une quantité x_a à une autre, différant de x_a d'une ou plusieurs unités courantes. La courbe du maximum de satisfaction est décomposée en une série de fragments de courbe situés chacun dans une courbe de la quantité et, par suite, s'élevant vers l'arrière, qui sont séparés les uns des autres et liés les uns avec les autres au moyen de lignes intermédiaires, droites et horizontales; la direction de chacune de ces droites représente un prix de transition. Ce n'est que dans l'axe OZ, à la hauteur z_0 au-dessus de l'horizon, que deux droites se touchent immédiatement; celle qui se dirige vers la droite donne le prix maximum d'achat et celle qui va à gauche représente le prix minimum de vente. La projection sur l'horizon de la courbe du maximum de satisfaction — la courbe de l'offre et de la demande — se compose donc seulement de fragments de rayons vecteurs et de droites intermédiaires, parallèles à l'axe OY. La projection à 45° — dont nous avons déjà parlé — de la courbe du maximum de satisfaction, semblable à une courbe de la jouissance, se compose également seulement de lignes droites, les unes parallèles aux fragments de rayons vecteurs faisant partie de la courbe de l'offre et de la demande et de même longueur, les autres parallèles à l'axe OY; celles-ci unissent les parties obliques qui, en général, ne sont pas en contact direct, et elles peuvent même les dépasser en arrière ou en avant ou encore des deux côtés.

Si A est un article à demande illimitée, par exemple une valeur à terme, les courbes de la dépense n'auront naturellement pas de maximum; elles ne cesseront de s'élever vers la droite et, en fin de compte, elles seront asymptotiques à des lignes horizontales, parallèles à l'axe OX. Ces horizontales forment une nappe d'asymptotes qui monte vers l'arrière et qui est elle-même asymptotique au plan qui contient les asymptotes horizontales de toutes les courbes de la quantité; en avant la nappe s'abaisse et finalement devient asymptotique à un plan vertical parallèle à l'axe OX. Ce plan vertical forme en même temps la limite asymptotique de la nappe constituée par les asymptotes verticales de toutes les courbes de la quantité; cette nappe ne contiendra donc que plus à gauche un plan asymptotique parallèle à l'axe OY. Aussi toute courbe horizontale se rapproche-t-elle asymptotiquement vers la droite d'une droite qui n'est pas parallèle à l'axe OY, mais qui est contenue dans la nappe horizontale d'asymptotes dont nous avons parlé. En outre, les courbes du prix ne se trouvent entre deux asymptotes verticales qu'aussi longtemps que le plan du prix coupe la nappe d'asymptotes non seulement à gauche, mais aussi à droite, aussi longtemps, par conséquent, que $tg\theta_a > 0$; mais si $tg\theta_a < 0$, la courbe du prix ne cesse de s'élever en allant vers la droite. Déjà la courbe du prix 0, qui est en même temps une courbe de la dépense, est constamment ascendante à droite, et finit par être asymptotique par rapport à une horizontale. Il en résulte que la courbe dans l'espace a un tracé tel que la courbe de l'offre et de la demande est limitée seulement à gauche par une

Auspitz et Lieben.   22

asymptote parallèle à l'axe OY et qu'elle est asymptotique à droite à l'axe OX, après avoir atteint son point situé le plus en avant. Tout ce qui précède est également vrai si A est une obligation contractée par une autre personne et même une valeur quelconque; la surface de satisfaction s'interrompt alors à gauche avec un plan de quantité dont la distance du point O mesure le stock initial a_a. La surface de satisfaction se termine également à droite avec un plan de la quantité, si A est la propre obligation contractée par l'individu considéré, et ce plan représente la somme ($-a_a$) des obligations de même nature déjà en circulation au début de l'année. Enfin, si A était un objet particulier, la surface de satisfaction ne comporte, avec l'ordonnée initiale z_0, qu'une seule courbe de la quantité; cette courbe est à la distance 1 à droite du point O, si l'objet A déjà existant ou qu'une autre personne doit fabriquer reste à acquérir; elle est, par contre, à la même distance à gauche, si A fait déjà partie de la propriété initiale de l'individu ou s'il doit être produit par lui pour le compte d'autrui.

Nous voulons encore traiter le cas suivant : un individu n'a pas d'opinion déterminée sur le prix futur $tg\zeta_a$ de l'article unique A, de sorte que, si A est un article de consommation ou un article d'usage sujet à la détérioration, le maintien d'un stock final vendable s_a est donc exclu. Nous avons alors à poser en général :

$$tg\zeta_a = tg0_a + c;$$

quand A est un titre portant intérêts, c désigne le revenu annuel; sinon c est nul. Mais de

$$z = \psi(x_a, tg\zeta_a; x_b, tg\zeta_b; \ldots; x_n, tg\zeta_n; \eta)$$

les équations de condition (10) nous permettent d'éliminer ici encore les quantités $x_b \ldots x_n$ et, par suite, de poser

$$z = F_u(x_a, tg0_a);$$

de cette façon la condition du maximum de satisfaction est l'équation

$$\frac{dF_u(x_a,\, tg\theta_a)}{dx_a} = 0.$$

Ici $F_u(\ )$ est une fonction qui, à l'opposé de $F(\ )$, est indépendante de $tg\zeta_a$, mais dépendante de c, dans la mesure où c n'est pas nul. Comme pour la fonction $F(\ )$, la dérivée

$$\frac{dF_u(x_a,\, tg\theta_a)}{dx_a} = \frac{d\psi(\ )}{dx_a} - \frac{d\psi(\ )}{d\eta} \cdot tg\theta_a,$$

tandis que

$$\frac{dF_u(x_a,\, tg\theta_a)}{d\, tg\theta_a} = \frac{d\psi(\ )}{d\, tg\zeta_a} - x_a \cdot \frac{d\psi(\ )}{d\eta}.$$

De plus, la satisfaction initiale $F_u(0,\, tg\theta_a)$, comme auparavant $F(0,\, tg\theta_a)$, n'est indépendante de $tg\theta_a$ que si l'individu ne possède aucun stock initial de A; sinon il augmenterait et diminuerait avec $tg\theta_a$. Pour obtenir d'une manière générale, qui comprend aussi le dernier cas envisagé, une représentation de la fonction $F_u(x_a,\, tg\theta_a)$, nous supposons que $tg\zeta_a$ prend successivement toutes les valeurs entre $-\infty$ et $+\infty$, et nous construisons, dans chaque cas, la surface de la satisfaction $F(x_a,\, tg\theta_a)$, différente pour chaque valeur de $tg\zeta_a$. Puis, dans chacune de ces surfaces, nous cherchons la courbe du prix dans laquelle

$$tg\theta_a = tg\zeta_a - c$$

et nous réunissons toutes les courbes du prix ainsi obtenues; les points les plus hauts de ces courbes donnent à nouveau la courbe du maximum de satisfaction, et leur projection sur le plan horizontal représente la courbe de l'offre et de la demande valable dans le cas étudié.

On peut employer la même méthode d'examen si l'individu, tout en n'ayant pas une opinion déterminée sur le prix futur $tg\zeta_a$, s'attend à ce que $tg\zeta_a$ soit supérieure ou inférieure d'un certain montant au prix courant $tg\theta_a$, qui rencontre sa courbe de l'offre et de la demande. Il peut en être ainsi quand on s'attend à une élévation ou une diminution imminente des droits de douane ou d'un autre événement suivi d'effets analogues. Si nous désignons encore par c le montant du changement de prix attendu, il faut tenir compte de ce fait que maintenant, dans les expressions données plus haut, c peut être négatif.

Si l'individu est en présence non pas d'un prix courant fixe, indépendant de sa propre influence, mais de l'offre et de la demande libres de tous les autres vendeurs et acheteurs de l'article A, il obtiendra le maximum de satisfaction en procédant comme monopoleur. Nous devons donc connaître l'offre et la demande libres et, par suite, le montant

$$W(x_a),$$

que l'individu doit dépenser au minimum ou peut toucher au maximum pour toute quantité d'achat ou de vente x_a de A. Si l'individu a une opinion déterminée sur le prix futur $tg\zeta_a$, on a donc

$$z = \psi \left\{ x_a, tg\zeta_a; x_b, tg\zeta_b; \ldots x_n, tg\zeta_n; [\eta_a - W(x_a)] \right\}.$$

Mais, s'il croit seulement que l'année prochaine il pourra obtenir un prix $tg\zeta_a$ qui diffère du prix de l'année courante $tg\theta_a$ d'un montant c, on a

$$tg\zeta_a = tg\theta_a + c = \frac{W(x_a)}{x_a} + c,$$

et la satisfaction est

$$z = \psi \left\{ x_a, \left[\frac{W(x_a)}{x_a} + c \right]; x_b, tg\zeta_b \ldots x_n, tg\zeta_n; [\eta_a - W(x_a)] \right\}.$$

Les équations de condition (10) nous permettent d'obtenir dans les deux cas la satisfaction z comme une simple fonction de la quantité x_a, seule variable, mais la forme de cette fonction dépend aussi de celle de la fonction $W(x_a)$. La valeur de x_a pour laquelle la dérivée de cette nouvelle fonction est nulle donne le maximum de satisfaction, et cette quantité d'achat ou de vente x_a est ainsi la plus avantageuse au point de vue du monopole. Pour l'obtenir au moyen d'une figure, nous devons tout d'abord avoir une représentation graphique de la fonction $W(x_a)$. Nous l'avons d'ailleurs eue dans la dérivée $E'OI'$ de la courbe ABN (fig. 68) du profit commun ; si cette dérivée était dentelée, seule la série de ses points effectifs (§ 79) représentait la fonction $W(x_a)$. Cette constatation reposait toutefois sur l'hypothèse à laquelle, auparavant, nous n'avions pas cessé de nous en tenir, que l'appréciation individuelle de la valeur de l'argent est invariable non seulement pour. l'individu considéré, mais encore pour tous les autres — bien que différente d'une personne à l'autre. Au contraire nous devons maintenant supposer établies pour chacun des autres individus une surface de la satisfaction relative à A et, par suite, une courbe du maximum de satisfaction, et combiner les projections horizontales de toutes ces courbes avec une courbe unique de l'offre et de la demande libres. Nous avons alors fait tourner cette dernière courbe de 180°, ce qui inscrit l'offre vers la droite et en avant, dans le plan horizontal de la surface de satisfaction de l'individu considéré ; elle donne la représentation de la fonction $W(x_a)$ ou bien immédiatement ou bien, si elle est dentelée, par la série des points terminaux postérieurs de ses fragments parallèles à l'axe OY. Le point de cette courbe ou de cette série le plus éloigné, dans le sens vertical, de la surface de satisfaction, désigne par son abscisse la quantité d'achat ou de vente la plus avantageuse pour notre individu au cas du monopole, et par son rayon vecteur le prix le plus favorable. Naturellement ce point n'est en aucune façon situé sur la courbe de l'offre et de la demande de l'individu dont il s'agit; cette courbe n'est valable que si cette personne a affaire à un prix courant $tg^0{}_a$ indépendant de sa propre influence, hypothèse qui se vérifie toujours quand l'achat ou la vente de l'individu ne forme qu'une faible fraction du débit total.

La représentation dans l'espace nous a permis de prendre en considération la dépendance de la satisfaction à l'égard de la quantité et du prix d'un article quelconque, tout en laissant de côté notre hypothèse antérieure d'une appréciation invariable de la valeur de l'argent. Mais nous avons dû continuer à admettre que l'individu sait toujours choisir la combinaison qui lui procure le maximum de satisfaction et que les prix de tous les autres articles ne subissent pas le contre-coup des variations de prix d'un article unique. Nous obtenons ainsi une courbe de l'offre et de la demande différente de celle que nous avons étudiée plus haut, mais en possédant toutes les propriétés caractéristiques. Nous n'avons plus ni courbe du coût et de l'utilité, ni courbe de la jouissance, mais la courbe du maximum de satisfaction et la surface de satisfaction nous offrent des perspectives sur toute une série de rapports différents.

APPENDICE III

LA COURBE DE LA JOUISSANCE RELATIVE A DES QUANTITÉS D'USURE

Dans l'appendice II, nous avons traité tout aussi bien le cas dans lequel un individu attend un prix déterminé $tg\zeta$ de A que le cas où $tg\zeta_a$ est inconnu ; en outre, dans la cinquième partie, nous avons construit une courbe de la jouissance, valable pour un prix donné $tg\zeta_a$, dans l'hypothèse d'une appréciation constante de la valeur de l'argent. Nous voulons maintenant rechercher si et dans quelle mesure il est possible de tracer une courbe de la jouissance, si cette appréciation ne varie pas et si l'individu considéré n'a sur le prix futur $tg\zeta_a$ de A ou bien aucune opinion déterminée ou bien, comme plus haut (Appendice II, 3) seulement cette opinion que $tg\zeta_a$ différera de $tg\theta_a$ d'un certain montant. Nous pouvons alors poser, en général,

$$tg\zeta_a = tg\theta_a + c ;$$

c représente le changement de prix présumé ; par suite, si l'on n'attend pas de variation, et si A n'est pas une valeur mobilière portant intérêt, c est nul. Nous devons donc distinguer suivant que l'individu a affaire à un prix courant $tg\theta_a$ indépendant de son influence ou bien à l'offre et à la demande libres $W(x_a)$ (Appendice II, 3) de toutes les autres personnes, relatives à cet article. Dans le second cas, que nous allons traiter le premier, parce qu'il ne présente pas de difficultés particulières, l'équation (8) prend la forme

$$z = \varphi \left\{ x_a, \left[\frac{W(x_a)}{x_a} + c \right]; x_b, tg\zeta_b; \ldots x_n, tg\zeta_n \right\} + \eta_a - W(x_a)$$

et les équations de condition (9) nous permettent d'éliminer les quantités $x_b \ldots x_n$ et ainsi de déterminer

$$z + W(x_a) = \varphi \left\{ \; \right\} + \eta_a$$

comme simple fonction de x_a. Cette fonction de jouissance et sa représentation graphique — la courbe de la jouissance maintenant en vigueur — se distingue de l'ancienne fonction de jouissance $f(x_a)$ par ce seul fait qu'elle est déterminée non plus par $tg\zeta_a$, mais d'une part par c et d'autre part par la forme de la fonction $W(x_a)$, et ainsi par la courbe correspondante de l'offre et de la demande libres.

Mais si l'individu avait affaire à un prix courant constant $tg\theta_a$, l'équation (8) revêtirait la forme

$$z = \varphi [x_a, (tg\theta_a + c); x_b, tg\zeta_b; \ldots x_n, tg\zeta_n] + \eta_a - x_a \cdot tg\theta_a;$$

il devient donc en principe impossible de construire une fonction de jouissance indépendante de $tg\theta_a$. Cela ne sera possible que dans certaines nouvelles hypothèses et à condition de tracer la courbe, en prenant pour abscisses non plus des quantités d'achat ou de vente, mais des quantités d'usure; ces quantités que nous allons préciser plus tard sont celles que l'on doit considérer comme consommées au point de vue économique, sans que pour cela elles se confondent en aucune façon avec les quantités consommées au point de vue physique. Afin maintenant de pouvoir apprendre à connaître les nouvelles hypothèses, imaginons que les équations de condition (2), (3) et (8) aient été établies à l'égard des articles $B \ldots N$, et non pas de l'article A, de façon à obtenir de l'équation (1) non plus l'égalité (8), mais cette nouvelle expression

$$z = \varphi_u (v_a, e_a, g_a, f_a, s_a, tg\zeta_a; x_b, tg\zeta_b \ldots x_n, tg\zeta_n) + \eta_a - x_a \cdot tg\theta_a.$$

Notre nouvelle supposition consiste à rendre la fonction $\varphi_u(\ )$ telle que nous puissions poser

$$(13)\quad \varphi_u(\ ) = \Omega(v_a,\ e_a,\ g_a,\ f_a,\ s_a;\ x_b,\ tg\zeta_b \ldots x_n,\ tg\zeta_n)$$
$$+\ tg\zeta_a \cdot \omega(v_a,\ e_a,\ g_a,\ f_a,\ s_a;\ tg\zeta_b \ldots tg\zeta_n),$$

dans laquelle $\Omega(\ )$ et $\omega(\ )$, à l'instar de $\varphi_u(\ )$, sont des fonctions purement individuelles. Nous avons donc supposé que la fonction $\varphi_u(\ )$, qui représente la satisfaction sans tenir compte de la possession d'argent comptant en fin d'année $\eta = (\eta_a - x_a \cdot tg0_a)$, peut être divisée en deux parties séparées. Le *premier membre* $\Omega(\ )$, indépendant de $tg\zeta_a$, représente la satisfaction sans tenir compte de η ni du stock total final de l'article A

$$r_a = (k_a + g_a - v_a) + (p_a + e_a - f_a) + s_a.$$

Le *deuxième membre* représente la dépendance de la satisfaction à l'égard du prix futur attendu, $tg\zeta_a$, et, comme ce prix ne peut influencer la satisfaction que parce qu'il a une influence prépondérante dans l'appréciation de la valeur du stock r_a,

$$tg\zeta_a \cdot \omega(v_a,\ e_a,\ g_a,\ f_a,\ s_a;\ tg\zeta_b \ldots tg\zeta_n)$$

nous donne aussi l'appréciation de la valeur de ce stock. Nous avons déjà fait observer (§ 60) que cette valeur ne peut jamais égaler le produit total $r_a \cdot tg\zeta_a$, à cause de la perte d'intérêts et des risques liés à la conservation du stock; ainsi, quand le produit $tg\zeta_a \cdot \omega(\ )$ mesure cette valeur avec précision, nous pouvons considérer $\omega(\ )$ comme le *montant*, au prix plein $tg\zeta_a$, du stock r_a *entrant en ligne de compte* pour l'inventaire de fin d'année. Grâce à l'hypothèse de l'équation (13), nous avons donc supposé que la valeur du stock r_a est **toujours exactement proportionnelle** au prix $tg\zeta_a$. Du fait que dans $\omega(\ )$ les quantités $x_b \ldots x_n$ n'apparaissent pas, nous avons aussi supposé que le montant $\omega(\ )$ du reste r_a qui doit entrer en ligne de compte dans l'inventaire de fin d'année ne dépend, en plus des prix $tg\zeta_b \ldots tg\zeta_n$, que des variables v_a, e_a, g_a, f_a et s_a qui ont une influence prédominante sur la quantité et la qualité de ce reliquat; $\omega(\ )$ ne dépend donc, **en aucune façon, des quantités analogues des autres articles.**

La première de ces hypothèses n'est qu'une nouvelle extension de la supposition de l'appréciation fixe de la valeur de l'argent, supposition d'après laquelle la valeur d'une somme d'argent doit toujours être en proportion exacte de cette somme; mais la seconde est d'une sorte tout à fait nouvelle et ne se rencontre pas très souvent dans la réalité. Prenons par exemple l'estimation d'un stock de blé, effectuée en vue de l'inventaire de fin d'année et en tenant compte de la perte d'intérêts, des risques, des frais d'entrepôt, etc.; cette évaluation est très fortement influencée par la possession simultanée de seigle — peut-être même dans des proportions aussi considérables que par un accroissement aussi égal du stock de blé; des rapports réciproques analogues existent aussi en particulier entre les diverses sortes de valeurs mobilières, etc. Si cependant nous acceptons ces deux hypothèses et si, en même temps, nous introduisons la relation $tg\zeta_a = (tg\theta_a + c)$, nous obtenons pour la satisfaction

$$z = \Omega(v_a, e_a, g_a, f_a, s_a; x_b, tg\zeta_b; \ldots x_n, tg\zeta_n)$$
$$+ (tg\theta_a + c) \cdot \omega(v_a, e_a, g_a, f_a, s_a; tg\zeta_b \ldots tg\zeta_n) + \eta_a - x_a \cdot tg\theta_a,$$

expression dans laquelle le prix $tg\theta_a$ n'apparaît plus comme ci-dessus dans la même fonction avec d'autres variables. Dans un but d'abréviation, posons encore

$$\Omega(v_a, e_a, g_a, f_a, s_a; x_b, tg\zeta_b; \ldots x_n, tg\zeta_n) + \eta_a$$
$$+ c \cdot \omega(v_a, e_a, g_a, f_a, s_a; tg\zeta_b \ldots tg\zeta_n).$$
$$= U(v_a, e_a, g_a, f_a, s_a; x_b \ldots x_n)$$

et

$$\omega(v_a, e_a, g_a, f_a, s_a; tg\zeta_b \ldots tg\zeta_n) = u(v_a, e_a, g_a, f_a, s_a);$$

$U(\ )$ et $u(\ )$ ne sont plus de simples fonctions individuelles; la forme de $u(\ )$, qui a la même signification que $\omega(\ )$, dépend en effet des prix donnés $tg\zeta_b \ldots tg\zeta_n$; $U(\ )$ dépend en outre de c et des prix $tg\theta_b \ldots tg\theta_n$. La satisfaction est maintenant représentée par

$$z = U(v_a, e_a, g_a, f_a, s_a; x_b \ldots x_n) - tg\theta_a . [x_a - u(v_a, e_a, g_a, f_a, s_a)].$$

Nous voyons ainsi que $U(\ )$ désigne la satisfaction sans égard au prix $tg\theta_a$, et cette satisfaction ne serait pas autre chose que la jouissance, si les valeurs de toutes les variables qui apparaissent dans $U(\ )$ étaient choisies de la façon la plus avantageuse. Pour montrer comment l'on peut trouver cette combinaison la plus avantageuse, nous introduisons une nouvelle variable en posant

$$\xi_a = x_a - u(v_a, e_a, g_a, f_a, s_a) + u_0 ,$$

où u_0 est une constante. Cette constante désigne la valeur que prend $u(\ )$, lorsque $v_a = e_a = g_a = f_a = 0$ et $s_a = a_a$; dans ce cas l'on a aussi $x_a = g_a + s_a - f_a - a_a = 0$ et, en même temps, $\zeta_a = 0$. Comme nous le voyons, u_0 représente le montant du stock initial total $(a_a + k_a + p_a)$ de l'article A, qui entre en ligne de compte pour l'inventaire de fin d'année, si l'on prend en considération les risques et la perte d'intérêts; il ne faut pas perdre de vue que la réduction pour risques et perte d'intérêts, opérée au point de vue comptable, ne peut s'appliquer qu'à la partie invendable $(k_a + p_a)$ du stock.

Nous appelons ξ_a la *quantité d'usure* de l'article A. Si de A la quantité

x_a est achetée ou vendue,

g_a utilisée,

v_a consommée,

e_a produite,

f_a terminée, et

s_a conservée en qualité de stock final vendable, l'inventaire final est en effet diminué exactement de de $\xi_a . tg\theta_a$, ou bien, si $\xi_a < 0$, augmente du même montant. La quantité d'usure ξ_a est donc la quantité qui paraît consommée au point de vue économique au prix courant, mais qui ne coïncide ni avec la quantité d'achat ou de vente, ni avec la quantité physiquement consommée. Mais ξ_a est accru de façon tout à fait directe soit par l'augmentation de v_a soit par la diminution de e_a; il croît aussi, quand g_a ou s_a augmente ou quand f_a diminue. Dans chacun de ces trois derniers cas, x_a et, en même temps, le montant de la dépense $x_a \cdot tg^0_a$ doit en effet s'accroître au point de vue algébrique, sans que l'augmentation de l'inventaire, grâce à l'accroissement du reste de consommation $(k_a + g_a - v_a)$ ou du stock final vendable s_a ou du reste de production $(p_a + e_a - f_a)$, offre une compensation intégrale de la possession moindre d'argent comptant. Remarquons enfin que sans les hypothèses exprimées par l'équation (13) l'on ne pourrait imaginer dans son intégralité la conception de la quantité d'usure.

La satisfaction est maintenant représentée par

$$z = U(v_a, e_a, g_a, f_a, s_a; x_b \ldots x_n) - tg^0_a(\xi_a - u_0),$$

et le maximum de satisfaction par les conditions

$$\frac{dU(\ )}{dx_b} = 0 \ldots \ldots \ldots \frac{dU(\ )}{dx_n} = 0,$$

ou encore

$$(14) \qquad \frac{d\Omega(\ )}{dx_b} = tg^0_b, \ldots \ldots \ldots \frac{d\Omega(\ )}{dx_n} = tg^0_n$$

et en outre

$$\frac{dU(\ )}{dv_a} = \frac{d\xi_a}{dv_a} \cdot tg^0_a, \frac{dU(\ )}{de_a} = \frac{d\xi_a}{de_a} \cdot tg^0_a, \frac{dU(\ )}{dg_a} = \frac{d\xi_a}{dg_a} \cdot tg^0_a, \frac{dU(\ )}{df_a} = \frac{d\xi_a}{df_a} \cdot tg^0_a, \frac{dU(\ )}{ds_a} = \frac{d\xi_a}{ds_a} \cdot t$$

ou, élimination faite de tg^0_a,

$$(15) \qquad \frac{dU(\ )}{dv_a} \cdot \frac{dv_a}{d\xi_a} = \frac{dU(\ )}{de_a} \cdot \frac{de_a}{d\xi_a} = \frac{dU(\ )}{dg_a} \cdot \frac{dg_a}{d\xi_a} = \frac{dU(\ )}{df_a} \cdot \frac{df_a}{d\xi_a} = \frac{dU(\ )}{ds_a} \cdot \frac{ds_a}{d\xi_a}$$

Les équations de condition (14) sont tout à fait analogues aux équations de condition (9) et les égalités (15) prennent la place des relations (2), (3) et (5) à l'égard de l'article A. Ces dernières équations signifient que l'individu désireux d'obtenir le maximum de satisfaction possible, étant donné une quantité d'usure, ξ_a, de A et des quantités $x_b \ldots x_n$, doit choisir les quantités v_a, e_a, g_a, f_a et s_a de telle façon que l'utilité d'un faible accroissement de la quantité d'usure ξ_a reste la même, qu'il soit affecté à une augmentation de v_a, g_a ou s_a ou à une diminution de e_a ou f_a. La relation

$$\xi_a = g_a + s_a - f_a - a_a - u(v_a, e_a, g_a, f_a, s_a) + u_0,$$

et des équations de condition (14) et (15) nous permettent de déterminer les quantités v_a, e_a, g_a, f_a et s_a et aussi bien $x_b \ldots x_n$ que des fonctions de ξ_a dépendantes des prix $tg\theta$ et $tg\zeta$ des articles $B \ldots N$, et par suite tout à fait indépendantes de $tg\theta_a$; nous pouvons alors poser

$$U(\ ) = f_u(\xi_a).$$

Nous avons ainsi pour la satisfaction

$$z = f_u(\xi_a) - tg\theta_a(\xi_a - u_0)$$

et pour le maximum de satisfaction la condition

$$f'_u(\xi_a) = tg\theta_a.$$

Nous en tenons compte en construisant une courbe de la jouissance avec $(\xi_a - u_0)$ comme abscisses et $f_u(\xi_a)$ comme ordonnées, et en cherchant son écart vertical maximum par rapport à la ligne du prix correspondant, $tg\theta_a$. Comme nous l'avons mentionné dès le début, cette courbe de la jouissance se réfère, à la différence de toutes celles que nous avons examinées, non pas à des quantités d'achat ou de vente, mais à des quantités d'usure dont les abscisses de la courbe ne diffèrent que de la constante u_0. Comme plus haut (appendice II, 2) nous avons ici encore à intercaler entre les parties convexes éventuelles des lignes droites qui les unissent et nous pouvons ainsi établir la dérivée de la courbe de la jouissance. Le point d'intersection de la dérivée avec la ligne du prix représente par son abscisse $(\xi_a - u_0)$ l'excédent de la quantité d'usure la plus appropriée ξ_a sur la quantité, entrant en ligne de compte, u_0, du stock initial et, par son écart vertical de la courbe de la jouissance, la satisfaction. Mais la dérivée n'est en aucune façon la courbe de l'offre et de la demande; si nous voulons avoir celle-ci, il nous faut au contraire pour toute quantité d'usure la plus appropriée, étant donné un prix quelconque, rechercher la quantité correspondante d'achat ou de vente

$$x_a = \xi_a - u_0 + u(v_a, e_a, g_a, f_a, s_a).$$

Nous n'avons ainsi qu'à faire avancer tous les points de la dérivée vers la droite, sur le rayon vecteur correspondant, de $x_a - (\xi_a - u_0) = u(v_a, e_a, g_a, f_a, s_a)$, c'est-à-dire du montant du stock final total r_a entrant en ligne de compte.

De même que les équations de condition (2), (3) et (5), les relations (15) disparaissent souvent en totalité ou en partie, et l'on peut ainsi se dispenser d'y recourir. Si A est un article à terme ou une valeur mobilière et si, par suite, $k_a = p_a = va = e_a = g_a = f_a = 0$ et $x_a = (s_a - a_a)$, l'on a

$$r_a = s_a, \, u_0 = a_a \qquad \text{et} \qquad \xi_a = s_a - u(0, 0, 0, 0, s_a).$$

Les égalités (15) disparaissent ainsi tout à fait et, en effet, la relation que nous venons d'établir suffit pour déterminer la quantité unique s_a en fonction de ξ_a. D'ailleurs il faut encore observer que l'on ne désire jamais posséder une valeur mobilière que pour améliorer sa situation de fortune, mais que cette possession est absolument indifférente en ce qui concerne l'agrément ou l'inconvénient attaché à la combinaison; la quantité s_a n'apparaîtra pas non plus, dans la fonction $\Omega(\ )$ de sorte que, pour toute quantité de A, la combinaison la plus avantageuse de tous les autres articles, donnée par les équations de condition (14) — par exemple la masse de toutes les autres valeurs mobilières — doit rester la même. Ce fait est une conséquence, concordant d'ailleurs très peu avec la réalité, de la deuxième des hypothèses exprimées par l'égalité (13). Les relations (15) disparaissent (voir §§ 70 et 71) aussi tout à fait, si A est un objet individuel ou s'il est un objet d'usage que son emploi ne détériore pas, qui n'est pas produit par l'individu, dont celui-ci ne fait pas cadeau et qu'il n'affecte pas à la fabrication d'autres objets. Si A est un article d'usage que l'on ne peut utiliser sans le détériorer ou un article de consommation, s_a devient nul, à condition que l'individu n'attende aucune augmentation de prix de A, et que, par suite, $c \gtreqless 0$ ou encore que c soit positif, mais trop petit pour que la détention d'un stock final vendable paraisse profitable, étant donné la perte d'intérêts et les risques. Mais, dès que $s_a = 0$, le dernier membre de l'expression (15) disparaît.

Traitons encore un cas spécial dans lequel il est possible de donner une représentation graphique du montant $u(\ )$ du reste r_a qui peut entrer en ligne de compte. Dans ce but, considérons un article de consommation A qui, à l'exemple des cigares que l'on vend par boîtes de 100, ne peut apparaître sur le marché que par centaine au moins, mais dont l'individu n'utilise jamais à la fois deux centaines et ne consomme jamais deux de ces exemplaires en même temps. Admettons que la production domestique soit complètement exclue ou qu'elle soit telle que l'on n'y puisse distinguer différents stades de fabrication et que l'on produise toujours seulement un exemplaire après l'autre et par suite une unité plus considérable après l'autre. Supposons enfin qu'il n'y ait pas de différence qualitative entre une unité courante non achevée et une unité courante consommée seulement en partie : si $c = 0$ et par conséquent $s_a = 0$, le stock final

r_a restera toujours inférieur à une unité courante totale. L'on a maintenant

$$x_a = g_a - f_a - a_a, \quad \text{et} \quad r_a = (k_a + g_a - v_a) + (p_a + e_a - f_a),$$

et par suite

$$r_a = x_a - [(v_a - e_a) - (a_a + k_a + p_a)],$$

ou bien, si, pour une raison de brièveté, nous posons

$$(a_a + k_a + p_a) = a,$$
$$r_a = x_a - [(v_a - e_a) - a];$$

le stock final r_a ne forme ainsi jamais que le complément de $[(v_a - e_a) - a]$ pour arriver au nombre x_a, algébriquement supérieur, mais le plus rapproché, d'unités courantes totales. Si nous connaissons v_a et e_a, x_a est donc déterminé. En outre, si $x_a > 0$, $f_a = 0$, car l'achèvement d'unités courantes plus élevées cesse, si nous avons une production purement domestique ; on a alors $g_a = (x_a + a_a)$; de même, si $x_a < 0$, $g_a = 0$ et $f_a = (- x_a - a_a)$. Des cinq quantités v_a, e_a, g_a, f_a et s_a, seules les deux premières restent donc des variables indépendantes ; aussi pouvons nous poser

$$u(v_a, e_a, g_a, f_a, s_a) = u_1(v_a, e_a),$$

et la quantité d'usure devient

$$\xi_a = x_a - u(v_a, e_a, g_a, f_a, s_a) + u_0 = (v_a - e_a) + [r_a - u_1(v_a, e_a)] - [a - u_0].$$

Les expressions situées entre [ ] représentent la réduction, due aux pertes d'intérêts et aux risques, du stock final r_a, d'une part, du stock initial a, de l'autre. Les équations de condition (15) se réduisent enfin à cette relation unique

$$\frac{dU(\ )}{dv_a} \cdot \frac{dv_a}{d\xi_a} = \frac{dU(\ )}{de_a} \cdot \frac{de_a}{d\xi_a}.$$

La fonction de la jouissance $f_u(\xi_a)$, qui en résulte et que nous représentons dans la figure 83 par la courbe noire $g_a g_n$, a donc les abscisses

$$\xi_a - u_0 = (v_a - e_a) + [r_a - u_1(v_a, e_a)] - a.$$

Nous avons par conséquent tracé en rouge, dans la figure 83, une seconde courbe de la jouissance qui deviendrait valable si A pouvait être acheté et vendu en très faibles quantités, par exemple, s'il s'agit de cigares, en exemplaires isolés. Si, comme nous l'avons supposé, c était nul, jamais on ne conserverait un reste quelconque de A, de telle sorte que les quantités d'achat ou de vente seraient $[(v_a - e_a) - a]$; ces quantités sont données par les abscisses de la courbe rouge dont nous venons de parler et qui repose donc sur les mêmes hypothèses que g_{a_1} g_{n_1} (fig. 84). Le fait qu'il né puisse y avoir ici de reste a pour conséquence que le prix $tg\zeta_a$ devient tout à fait indifférent pour la satisfaction et disparaît, par suite, de l'équation (8); ceci permet, dans le cas particulier qui précède, d'établir une courbe de la jouissance relative à des quantités d'achat ou de vente, même sans connaître $tg\zeta_a$. L'on arrive d'ailleurs au même résultat si l'on observe que, si tout le stock final était toujours nul, sa réduction $[r_a - u_1 (v_a, e_a)]$ devrait aussi être nulle, et l'on aurait par suite,

$$\xi_a - u_0 = [(v_a - e_a) - a];$$

la quantité d'usure ne se distinguerait donc de la quantité d'achat ou de vente que par la constante u_0. Nous pouvons maintenant poursuivre la distinction de la courbe noire et de la courbe rouge, qui coïncideraient dans le cas que nous venons de citer. On s'aperçoit donc sans difficulté que la jouissance liée avec une quantité quelconque de consommation v_a et de production e_a ou la satisfaction pour $tg\theta_a = 0$ doit rester tout à fait indépendante du fait que les achats et ventes de A peuvent avoir lieu par exemplaires isolés ou seulement en unités courantes plus considérables. Nous retrouverons ainsi chaque ordonnée de la courbe rouge $g_a g_n$ dans la courbe noire, mais plus à droite de la différence des abscisses correspondantes, c'est-à-dire de

$$\xi_a - u_0 - [(v_a - e_a) - a] = [r_a - u_1 (v_a, e_a)],$$

et par suite de la réduction du stock final r_a, due aux pertes d'intérêts et aux risques. Comme cette réduction doit devenir nulle chaque fois que $r_a = 0$, les deux courbes $g_a g_n$ coïncideront au-dessus du point 0 et de toutes les abscisses positives ou négatives qui représentent un nombre complet d'unités courantes à acheter ou à vendre ; dans notre figure nous avons marqué ces abscisses par des verticales. Mais, dans toute fraction limitée par ces verticales, la courbe noire $g_a g_n$ se montre en corde d'arc au-dessous de la rouge, de sorte que chaque fois la première commence à gauche de façon moins raide et finit à droite de façon plus escarpée ; toutefois la différence des deux courbes doit devenir de moins en moins grande et finalement imperceptible, à mesure que l'on s'écarte, à droite et à gauche, de l'axe des ordonnées. Les risques liés à la conservation du reste r_a et la perte d'intérêts ont en effet d'autant moins d'importance que ce reste est plus petit par rapport à la quantité d'achat ou de vente.

Considérons maintenant l'une quelconque des fractions des courbes, rouge et noire, $g_a g_n$ séparées par deux verticales ; prenons par exemple la première à droite de l'axe des ordonnées et représentons-la (fig. 81) à une échelle agrandie ; supposons enfin, pour simplifier les choses, que l'unité courante de l'article A ne se compose que de cinq exemplaires isolés. A l'intérieur de tout fragment de ce genre, le reste r_a ne cessera de diminuer de gauche à droite et il en est de même, à plus forte raison, de la réduction $[r_a - u_1 (v_a, e_a)]$ de ce reste et par suite de la longueur dont paraissent déplacées vers la droite, dans la courbe noire, les ordonnées de la courbe rouge. Dans toute fraction la première partie, en allant vers la droite, de la courbe noire $g_a g_n$ sera moins raide que la partie correspondante de la courbe rouge, mais la deuxième sera déjà plus escarpée, et cette différence d'inclinaison diminuera en s'approchant de la fin de chaque fragment. Il en résulte que les dérivées, également noires et rouges dans la figure 84, des deux courbes $g_a g_n$ doivent se couper dans chaque fraction ; la dérivée noire commence chaque fois par une partie plus longue et moins raide dans laquelle la dérivée rouge la traverse ; mais dans tout fragment elle se termine un peu plus haut, pour débuter beaucoup plus bas dans le premier fragment situé à droite. Ceci veut dire que l'obligation d'acheter ou de vendre seulement des unités courantes complètes a ce résultat tout à fait compréhensible qu'à l'intérieur de limites de prix importantes on s'en tient à la quantité d'achat ou de vente ainsi fixée. La résolution d'acheter en plus ou de vendre en moins une unité courante totale ne peut en effet être prise que si le prix diminue dans une forte proportion, et non pas si la consommation augmente peu ou si la production décroît peu. Mais, si cette résolution est mise à exécution, la possession d'une unité courante achetée en plus ou vendue en moins amènera l'individu à consommer plus ou à produire moins, si le prix s'est accru, que si les transactions pouvaient porter sur des exemplaires isolés. Naturellement la dérivée rouge représente aussi la courbe de l'offre et de la demande, au cas de transactions par pièces isolées, mais la dérivée noire ne représente pas du tout de façon immédiate la courbe de l'offre et de la demande valable au cas de transactions portant sur des unités courantes complètes. Nous n'aurons au contraire cette dernière courbe qu'en déplaçant, comme nous l'avons fait plus haut, tout point de la dérivée noire de $u_1()$ vers la droite le long du rayon vecteur correspondant. Comme l'on ne peut opérer que sur des unités courantes complètes et comme ici le reste r_a et, à plus forte raison, son montant $u_1()$ qui entre en ligne de compte sont toujours inférieurs à l'unité, tout point de la dérivée noire tombera sur la verticale correspondant à une unité courante complète située la première à droite. Nous pouvons donc obtenir la courbe de l'offre et de la demande en allon-

geant toute portion de rayon vecteur partant vers la droite
d'une verticale jusqu'à la verticale de même catégorie située
la première à droite. Nous voyons en même temps que le
point d'intersection de la dérivée noire avec la ligne du
prix actuellement valable désigne, par sa distance d'une
telle verticale située la première à droite, le montant $u_i()$
du reste r_a qui entre en ligne de compte. La réduction du
reste r_a apparaît d'autre part dans l'écart existant entre
l'ordonnée de la courbe noire $g_a g_n$ correspondant au point
d'intersection et l'ordonnée de même longueur de la courbe
rouge $g_a g_n$, de sorte que la distance de cette dernière ordonnée par rapport à une de ces verticales mentionnées située
la première à droite donne le reste total r_a. Ici, il est donc
possible de représenter la quantité d'usure, isolée de la
quantité d'achat ou de vente, sans la confondre avec la
quantité physiquement consommée ; cette représentation
serait impossible, par contre, si A était un article d'usage
dont on peut aussi utiliser simultanément les exemplaires
isolés ou que l'individu fabrique aussi lui-même. Mais l'idée
de quantité d'usure s'est imposée à nous au sujet des
articles d'usage, parce qu'ici encore l'évaluation des centièmes de consommation (§ 65), qui restent attachés à un
exemplaire quelconque, repose sur une estimation subjective et n'est par suite guère facile à séparer de la détermination de la valeur économique des restes subsistants.

APPENDICE IV

LES ÉQUATIONS SERVANT A DÉTERMINER TOUTES LES QUANTITÉS ET TOUS LES PRIX

Nous voulons encore montrer que notre hypothèse qui revient sans cesse :

toute individualité autonome au point de vue économique s'efforce d'obtenir le maximum de satisfaction et sait choisir la combinaison la mieux appropriée à ce but,

suffit à elle seule pour pouvoir construire un nombre d'équations suffisant à déterminer toutes les inconnues — les quantités et les prix de tous les articles. Dans ce but, désignons par

$$
\begin{aligned}
& x_{\mathrm{I}a} \,,\, x_{\mathrm{I}b} \,\ldots\ldots\, x_{\mathrm{I}n} \\
& x_{\mathrm{II}a} \,,\, x_{\mathrm{II}b} \,\ldots\ldots\, x_{\mathrm{II}n} \\
& \overline{\qquad\qquad\qquad\qquad} \\
& \overline{\qquad\qquad\qquad\qquad} \\
& x_{\mathrm{V}a} \,,\, x_{\mathrm{V}b} \,\ldots\ldots\, x_{\mathrm{V}n}
\end{aligned}
$$

les quantités de tous les articles $A, B \ldots N$ achetées ou vendues par toutes les individualités autonomes au point de vue économique qui se présentent sur le marché. Nous remarquons à cette occasion que nos hypothèses ont pour base la condition suivante : non seulement tous les paiements auront lieu à la fin du terme considéré, mais encore toutes les commandes seront faites à une époque déterminée — une date unique fixe sur le marché ou en bourse — au début du terme ; ce terme que nous avons regardé en général comme d'une année peut naturellement être aussi court que l'on veut. Nous représentons en outre par

$$\eta_{\mathrm{I}}', \eta_{\mathrm{II}} \ldots \eta_{\nu}$$

l'argent comptant possédé en fin de terme, par chacun des individus qui se présentent sur le marché et par

$$tg\zeta_{\mathrm{I}a}, tg\zeta_{\mathrm{I}b} \ldots\ldots tg\zeta_{\mathrm{I}n}$$
$$tg\zeta_{\mathrm{II}a}, tg\zeta_{\mathrm{II}b} \ldots\ldots tg\zeta_{\mathrm{II}n}$$
$$\text{— — — — — —}$$
$$\text{— — — — — —}$$
$$tg\zeta_{\nu a}, tg\zeta_{\nu b} \ldots\ldots tg\zeta_{\nu n}.$$

les prix futurs des divers articles, attendus par les mêmes individus. Nous avons alors pour la satisfaction

$$z_{\mathrm{I}}, z_{\mathrm{II}} \ldots\ldots z_{\nu}$$

des différents individus les expressions

$$(16) \begin{cases} z_{\mathrm{I}} = \psi_{\mathrm{I}} \left(x_{\mathrm{I}a}, tg\zeta_{\mathrm{I}a} ; x_{\mathrm{I}b}, tg\zeta_{\mathrm{I}b} \ldots x_{\mathrm{I}n}, tg\zeta_{\mathrm{I}n} ; \eta_{\mathrm{I}} \right) \\ z_{\mathrm{II}} = \psi_{\mathrm{II}} \left(x_{\mathrm{II}a}, tg\zeta_{\mathrm{II}a} ; x_{\mathrm{II}b}, tg\zeta_{\mathrm{II}b} \ldots x_{\mathrm{II}n}, tg\zeta_{\mathrm{II}n} ; \eta_{\mathrm{I}} \right) \\ \text{— — — — — — — — — —} \\ \text{— — — — — — — — — —} \\ z_{\nu} = \psi_{\nu} \left(x_{\nu a}, tg\zeta_{\nu a} ; x_{\nu b}, tg\zeta_{\nu b} \ldots x_{\nu n}, tg\zeta_{\nu n} ; \eta_{\nu} \right) \end{cases}$$

Nous devons d'ailleurs supposer que chacun de nos individus a, à l'égard de chaque article, une opinion déterminée soit sur son prix futur $tg\zeta$ lui-même soit sur le changement de prix c auquel il y a lieu de s'attendre. Restent alors comme inconnues dans les fonctions $\psi(\ )$ les $n\nu$ quantités x et les prix courants présents $tg\theta_a, tg\theta_b \ldots tg\theta_n$, réglant les montants η_{I}. On a en effet

$$(17) \begin{cases} \eta_{\mathrm{I}} = \eta_{\mathrm{I}0} - (x_{\mathrm{I}a} \cdot tg\theta_a + x_{\mathrm{I}b} \cdot tg\theta_b + \ldots + x_{\mathrm{I}n} \cdot tg\theta_n) \\ \eta_{\mathrm{II}} = \eta_{\mathrm{II}0} - (x_{\mathrm{II}a} \cdot tg\theta_a + x_{\mathrm{II}b} \cdot tg\theta_b + \ldots + x_{\mathrm{II}n} \cdot tg\theta_n) \\ \text{— — — — — — — — — —} \\ \text{— — — — — — — — — —} \\ \eta_{\nu} = \eta_{\nu 0} - (x_{\nu a} \cdot tg\theta_a + x_{\nu b} \cdot tg\theta_b + \ldots + x_{\nu n} \cdot tg\theta_n) \end{cases}$$

où η_{10}, η_{110} ... $\eta_{\nu 0}$ représentent les valeurs, déterminées par la possession initiale, que prendraient les quantités η_1, η_{11}, ... η_ν si les expressions entre ( ) devenaient nulles. Si nous supposons un marché fermé, sans aucun rapport avec l'étranger, aux $n\,(\nu + 1)$ inconnues, correspondent les n équations

$$(18) \qquad \begin{cases} x_{1a} + x_{11a} + \ldots + x_{\nu a} = 0 \\ x_{1b} + x_{11b} + \ldots + x_{\nu b} = 0 \\ \text{---} \quad \text{---} \quad \text{---} \quad \text{---} \quad \text{---} \\ \text{---} \quad \text{---} \quad \text{---} \quad \text{---} \quad \text{---} \\ x_{1n} + x_{11n} + \ldots + x_{\nu n} = 0 \end{cases}$$

qui signifient tout simplement que, sur un marché fermé, il va de soi que les achats de tout article soient égaux aux ventes qui le concernent.

Il nous faut maintenant distinguer suivant qu'un individu quelconque peut ou non se comporter en monopoleur à l'égard d'un ou de plusieurs articles quelconques. Dans le second cas, c'est-à-dire si l'on pouvait supposer que, pour tout article, les achats ou les ventes de toute personne fussent insignifiants par rapport au volume total des transactions, nous avons, [pour le maximum de satisfaction, à poser la condition

$$\frac{dz}{dx} = 0,]$$

pour chaque individu et chaque article. Il en résulte les relations :

$$(19) \quad \begin{cases} \dfrac{d\psi_1(\;)}{dx_{1a}} = \dfrac{d\psi_1(\;)}{d\eta_1} \cdot tg\theta_a, \ldots, \quad \dfrac{d\psi_1(\;)}{dx_{1n}} = \dfrac{d\psi_1(\;)}{d\eta_1} \cdot tg\theta_n \\[2ex] \dfrac{d\psi_{11}(\;)}{dx_{11a}} = \dfrac{d\psi_{11}(\;)}{d\eta_{11}} \cdot tg\theta_a, \ldots, \quad \dfrac{d\psi_{11}(\;)}{dx_{11n}} = \dfrac{d\psi_{11}(\;)}{d\eta_{11}} \cdot tg\theta_n \\[2ex] \text{---} \quad \text{---} \quad \text{---} \quad \text{---} \quad \text{---} \quad \text{---} \\[1ex] \dfrac{d\psi_\nu(\;)}{dx_{\nu a}} = \dfrac{d\psi_\nu(\;)}{d\eta_\nu} \cdot tg\theta_a, \ldots, \quad \dfrac{d\psi_\nu(\;)}{dx_{\nu n}} = \dfrac{d\psi_\nu(\;)}{d\eta_\nu} \cdot tg\theta_n \end{cases}$$

Leur nombre est de $n\nu$; il est donc avec le nombre n des équations (18) suffisant à déterminer toutes les inconnues. Nous remarquons aussi que, si ces équations sont vérifiées, non seulement toutes les dérivées $\frac{pz}{dx}$, mais encore les dérivées $\dfrac{d\left(z_{\scriptscriptstyle\mathrm{I}}+z_{\scriptscriptstyle\mathrm{II}}+\ldots+z_{\scriptscriptstyle\nu}\right)}{dx}$ sont nulles, car, dans le cas imaginé ici d'une quantité individuelle qui disparaît en comparaison du volume total des transactions, la satisfaction de la personne reste indépendante des quantités achetées ou vendues par un autre individu. Nous voyons ainsi que la réalisation des équations (19) porte à leur maximum, outre la satisfaction z de chaque personne, la somme

$$\left(z_{\scriptscriptstyle\mathrm{I}}+z_{\scriptscriptstyle\mathrm{II}}+\ldots+z_{\scriptscriptstyle\nu}\right)$$

et, par suite, le bénéfice commun.

Mais, si un individu quelconque, I par exemple, pouvait agir en monopoleur à l'égard d'un ou de plusieurs ou même de tous les articles — pour traiter le cas le plus général —, nous aurions à poser

$$tg\theta_a = \frac{W_a\left(x_{\scriptscriptstyle\mathrm{I}a}\right)}{x_{\scriptscriptstyle\mathrm{I}a}},\ tg\theta_b = \frac{W_b\left(x_{\scriptscriptstyle\mathrm{I}b}\right)}{x_{\scriptscriptstyle\mathrm{I}b}},\ \ldots tg\theta_n = \frac{W_n\left(x_{\scriptscriptstyle\mathrm{I}n}\right)}{x_{\scriptscriptstyle\mathrm{I}n}}.$$

Les fonctions $W_a\left(x_{\scriptscriptstyle\mathrm{I}a}\right)$, $W_b\left(x_{\scriptscriptstyle\mathrm{I}b}\right) \ldots W_n\left(x_{\scriptscriptstyle\mathrm{I}n}\right)$ ont le même sens que la fonction antérieure $W(x_a)$, mais, tandis que, plus haut, nous supposions connue la fonction $W(\ )$, il faut maintenant déterminer d'abord ces fonctions d'après leur forme. Ces nouvelles inconnues prennent donc la place des inconnues $tg\theta_a$, $tg\theta_b$, $\ldots$, $tg\theta_n$, de sorte que le nombre total des inconnues ne varie pas. Il en est de même du nombre des équations, à la seule condition de remplacer par

$$\frac{d\psi_{\scriptscriptstyle\mathrm{I}}(\ )}{dx_{\scriptscriptstyle\mathrm{I}a}} = \frac{d\psi_{\scriptscriptstyle\mathrm{I}}(\ )}{d\eta_{\scriptscriptstyle\mathrm{I}}} \cdot W'_c\left(x_{\scriptscriptstyle\mathrm{I}a}\right),\ \ldots,\ \frac{d\psi_{\scriptscriptstyle\mathrm{I}}(\ )}{dx_{\scriptscriptstyle\mathrm{I}n}} = \frac{d\psi_{\scriptscriptstyle\mathrm{I}}(\ )}{d\eta_{\scriptscriptstyle\mathrm{I}}} \cdot W'_n\left(x_{\scriptscriptstyle\mathrm{I}n}\right)$$

les égalités qui se trouvent dans la première ligne des relations (19).

Mais si plusieurs individus voulaient se comporter en
même temps en monopoleurs à l'égard d'un seul article A,
cette attitude ne leur serait possible que par la voie de la
coalition. Pour prendre le cas le plus simple d'une entente
formée entre deux seules personnes I et II, représentons par x la quantité commune d'achat ou de vente
$\left(x_{Ia} + x_{IIa}\right)$ de A ; nous pourrons poser

$$tg\,0_a = \frac{W(x)}{x}.$$

La fonction $W(x)$ a pour la coalition le même sens que plus
haut la fonction $W_a\left(x_{Ia}\right)$ pour l'individu isolé I et elle doit,
elle aussi, être déterminée quant à sa forme. Le nombre des
inconnues ne varie donc pas, ici encore ; il en est de même
du nombre des équations. En effet on doit seulement remplacer la première équation de première ligne (19) par

$$\frac{d\psi_I(\;)}{dx_{Ia}} = \frac{d\psi_I(\;)}{d\eta_I} \cdot \frac{d}{dx_{Ia}}\left[x_{Ia} \cdot \frac{W(x)}{x}\right] = \frac{d\psi_I(\;)}{d\eta_I} \cdot \frac{x_{IIa} \cdot W(x) + x_{Ia} \cdot x \cdot W'(x)}{x^2}$$

et également la première équation de la seconde ligne par

$$\frac{d\psi_{II}(\;)}{dx_{IIa}} = \frac{d\psi_{II}(\;)}{d\eta_{II}} \cdot \frac{d}{dx_{IIa}}\left[x_{IIa} \cdot \frac{W(x)}{x}\right] = \frac{d\psi_{II}(\;)}{d\eta_{II}} \cdot \frac{x_{Ia} \cdot W(x) + x_{IIa} \cdot x \cdot W''(x)}{x^2}.$$

Nous obtiendrions des expressions tout à fait analogues.
mais relativement plus compliquées, si nous voulions étudier la coalition d'un plus grand nombre de personnes. Nous
voyons d'autre part que, si l'un ou l'autre des deux associés
était monopoleur exclusif et si, par suite, l'on avait $x = x_{Ia}$
ou $= x_{IIa}$, celle correspondante des deux dernières équations
se transformerait en celle que nous avons trouvée plus
haut pour le cas d'un monopoleur unique.

Indépendamment du fait de savoir si les quantités et les
prix sont déterminés par les équations (19) non modifiées
ou par ces mêmes égalités transformées comme nous venons
de le dire, nous pouvons faire ressortir que, dans un pays

isolé — telle est notre hypothèse — la possession finale d'argent comptant H de tous les individus I et II . . . . ν, prise dans son ensemble, doit être égale à la possession initiale H_0. L'on a en effet

$$H = \eta_{\text{i}} + \eta_{\text{ii}} + \ldots + \eta_{\text{iv}} = \eta_{\text{io}} + \eta_{\text{iio}} + \ldots + \eta_{\text{vo}} - tg\theta_a(x_{\text{ia}} + x_{\text{iia}} + \ldots + x_{\text{va}})$$
$$- \ldots - tg\theta_n(x_{\text{in}} + x_{\text{iin}} + \ldots + x_{\text{vn}})$$

ou, en vertu des équations (18),

$$H = \eta_{\text{io}} + \eta_{\text{iio}} + \ldots + \eta_{\text{vo}} = H_0 .$$

Il n'y a pas lieu d'être surpris de ce résultat, si nous nous rappelons que la fabrication de la monnaie est un droit régalien appartenant à l'Etat et qu'elle ne peut appartenir à l'un ou à l'autre des individus I, II . . . ν. Ceci est vrai, sans exception, si la circulation ne repose que sur le papier-monnaie d'Etat et s'il n'y a ni monnaie métallique ni billets de banque. Dans un pays de ce genre, la circulation monétaire ne peut également subir de diminution, si nous faisons abstraction du fait que les personnes privées peuvent détruire du papier-monnaie avec ou sans intention.

Il n'en est pas de même quand nous avons affaire à une monnaie métallique, à la monnaie d'or par exemple, et quand il existe un établissement — de monnayage — qui achète les lingots, en n'importe quelle quantité, à un prix déterminé, inférieur des frais de frappe Δ au prix de parité $tg\theta_{\text{i}}$ de l'or, tel qu'il résulte de la législation monétaire. Si nous laissons de côté les frais peu importants de fonte, on peut toujours se procurer les lingots à volonté à ce prix. Si nous considérons comme article A les lingots d'or, la première des équations (18) reste alors valable tant que de l'ensemble des relations (18) et (19) résulte un prix $tg\theta_a$ des lingots d'or tel que l'on a

$$(tg\theta_{\text{i}} - \Delta) < tg\theta_a < tg\theta_{\text{i}} .$$

On ne frappera donc pas de nouvelle monnaie, on ne fondra

pas non plus en lingots la monnaie déjà existante ; de la sorte, H reste égal à H_0. Mais, si, de la totalité des équations (18) et (19), résultait un prix tel que

$$tg\theta_a < (tg\theta_1 - \Delta) \quad \text{ou} \quad tg\theta_a > tg\theta_1 ,$$

cette solution des relations (18) et (19) n'aurait plus de valeur. Nous devrions au contraire remplacer la première des égalités (18) par la nouvelle équation

$$\left(x_{1a} + x_{11a} + \ldots + x_{\prime a}\right) + x_a = 0 ,$$

où x_a est une nouvelle inconnue qui, suivant qu'elle est positive ou négative, désigne la quantité d'or en lingots à transformer en monnaie ou à obtenir de la fonte du numéraire. Nous aurions en même temps à remplacer, dans les égalités (17) et (19), le prix inconnu $tg\theta_a$ d'un côté par $(tg\theta_1 - \Delta)$ et de l'autre par $tg\theta_1$, c'est-à-dire, dans les deux cas, par un prix donné *a priori*. Mais la quantité x_a s'y ajoute en qualité de nouvelle variable, de sorte que le nombre des équations ainsi que le nombre des inconnues reste le même. Pour la possession finale totale d'argent comptant, nous avons d'une part

$$H = H_0 + x_a \cdot (tg\theta_1 - \Delta) ,$$

et de l'autre

$$H = H_0 + x_a \cdot tg\theta_1 ,$$

et, comme, dans le premier cas, x_a est positif, et dans le second, négatif, le montant de la monnaie en circulation augmente de $x_a \cdot (tg\theta_1 - \Delta)$ et décroît de la valeur numérique de $x_a \cdot tg\theta_1$, respectivement.

Supposons maintenant qu'il existe, dans le pays considéré, une banque pourvue du droit d'émission et qu'elle achète à volonté, à un prix fixe, des obligations d'une certaine catégorie, qu'elle escompte par exemple les lettres de change de certaines personnes à un taux constant ε; pour simplifier le problème, supposons encore que cette affaire débute seulement au cours de l'année considérée et qu'aucune de ces traites ne vienne à échéance avant la fin de l'année. Si nous appelons A cette sorte de valeurs, nous ne pouvons admettre la solution des équations (18) et (19), même en faisant abstraction de la frappe et de la fonte de la monnaie, que si en outre nous avons

$$tg\theta_a > \frac{100 - \epsilon}{100};$$

dans ce cas, aucun effet A ne sera présenté à la banque. Sinon nous aurions à remplacer dans les relations (17) et (19) le prix inconnu $tg\theta_a$ par la constante $\frac{100 - \epsilon}{100}$ et la première des égalités (18) par

$$(x_{1a} + x_{11a} + \ldots + x_{va}) + x_a = 0,$$

expression dans laquelle x_a représente le montant des traites A escomptées par la banque d'émission. Le nombre des inconnues et des équations reste donc encore le même, et le montant total de l'argent en circulation à la fin de l'année est à présent

$$H = H_o + x_a \cdot \frac{100 - \epsilon}{100}.$$

Les deux exemples donnés avaient besoin d'être traités à part, car nous avons supposé que les lingots d'or et la catégorie déterminée de lettres de change pouvaient être négociées à volonté à tel prix, de sorte que la demande d'effets de commerce par la banque ou de lingots d'or par la Monnaie devrait être représentée par une droite au lieu d'une courbe. On devrait de même traiter tous les cas si nombreux où les prix sont fixés à des taux constants ; on peut citer les transports, les assurances et même beaucoup d'articles du petit commerce — rappelons seulement l'exemple des cigares, étudié plus haut (§ 69) ; mais, quand nous avons parlé des cigares, nous avons vu que les courbes de l'offre et de la demande doivent finalement s'incurver, bien que leur tracé fût en ligne droite sur un assez long parcours. On verrait de même dans tous les autres cas que les prix régis par un tarif ne peuvent subsister pour des quantités illimitées, et il en est de même des lettres de change et des lingots d'or. Aucune banque, aucune Monnaie ne serait en situation d'accepter des quantités infinies à des conditions invariables ; il faudrait élever le taux de l'escompte et les frais de monnayage, il serait du moins nécessaire de majorer la frappe de la perte d'intérêts due aux termes de livraison accrus dans des proportions considérables, si l'on avait trop recours à leurs services. Si l'on tient compte de ce cas, il n'est plus indispensable de traiter comme des exceptions les cas dont nous venons de parler ; nous arrivons au contraire à incorporer, dans le groupe des individus, les banques et les sociétés par actions, les corporations et les communes, et l'Etat lui-même. Mais il en résulte de nouvelles complications en grand nombre. L'individu économiquement autonome s'efforce seulement d'avoir le maximum de satisfaction personnelle ; il ne dépend que de ses propres réflexions et de sa propre activité et il n'est responsable qu'envers lui-même sauf les limites imposées par la loi. Dans les collectivités, petites et grandes, au contraire, il s'agit de rechercher le maximum de satisfaction, non seulement des personnes directement chargées de l'administration, mais de tous les intéressés — actionnaires, membres de la corporation ou de la commune, citoyens —, et tandis que les premiers, en vertu de la constitution des statuts, sont plus ou moins en situation de coopérer en vue de ce maximum directement ou par l'intermédiaire d'hommes de confiance, la réflexion, l'activité et la responsabilité se répartissent sur diverses personnes suivant les règles hiérarchiques et les combinaisons les plus variées. En tout cas on s'efforce d'obtenir le maximum de satisfaction pour tous les associés, même ceux qui paraissent n'avoir pas d'influence effective ; nous ne trouvons donc ici, mais à une échelle agrandie, que ce que nous avons déjà rencontré quand nous avons parlé non seulement des individus, mais aussi des individualités autonomes au point de vue économique qui, en qualité de chefs de famille ou de maison ou d'entrepreneurs, ne pouvaient atteindre le maximum de satisfaction sans s'efforcer de contenter leurs proches, leurs domestiques ou leurs collaborateurs.

Nous voulons maintenant rechercher l'influence qu'exercerait l'augmentation de la somme d'argent en circulation dans le pays considéré, isolé de l'étranger, due à une cause quelconque, l'émission de papier-monnaie par exemple. Pour simplifier les choses, nous faisons abstraction de l'existence d'une banque d'émission et même d'un établissement de frappe de la monnaie, de sorte que H reste égal à H_o, mais est plus grand qu'auparavant. Toutes ou quelques-unes des possessions initiales individuelles d'argent comptant $r_{i_{10}}$, $r_{i_{110}}$ ... $r_{i_{vo}}$ doivent aussi être plus grandes qu'auparavant. Si les intéressés s'en tenaient à leurs quantités antérieures x de tous les articles et si, en outre, tous les prix $tg\theta$ restaient les mêmes, pour chacun d'eux la possession finale d'argent comptant η serait augmentée dans les mêmes proportions que la possession initiale. Mais les quantités et les prix ne manqueront pas de se modifier, car, pour les personnes dont la possession finale d'argent comptant est supérieure à la possession initiale, les dérivées $\frac{d\psi(\ )}{d\eta}$ seront moindres. Les relations correspondantes (19) ne peuvent donc être remplies que si les dérivées $\frac{d\psi(\ )}{dx}$ diminuent ou si les prix $tg\theta$ augmentent. Mais il n'y a pas de raison pour que, par suite de l'accroissement de la possession finale d'argent comptant, les dérivées $\frac{d\psi(\ )}{dx}$ diminuent tant que les quantités x restent les mêmes ; seules

les dérivées $\frac{d\psi(\ )}{dx}$ relatives aux obligations payables en monnaie indigène décroîtront avec $\frac{d\psi(\ )}{dr_1}$, car la baisse survenue dans l'appréciation de la valeur de l'argent comptant doit entraîner celle de l'argent à terme. Les dérivées $\frac{d\psi(\ )}{dx}$ relatives à d'autres articles pourraient bien alors devenir plus petites, si les quantités correspondantes x augmentaient algébriquement; mais, s'il devait en être ainsi en réalité à l'égard de quelques personnes, il en résulterait, en vertu des équations (18) une diminution algébrique des quantités x pour les autres individus et, par suite, un accroissement des dérivées $\frac{d\psi(\ )}{dx}$ et, en même temps, de nouvelles modifications des équations (19). Les relations (18) et (19) ne peuvent donc être valables que si les prix $tg\theta$ de tous les articles s'élèvent, bien que pas toujours dans la même proportion, tandis que seuls les prix des promesses fixes de paiement augmenteront peu ou pas du tout. En fait, d'ailleurs, l'accroissement des moyens de circulation qui peut résulter du commerce international, de l'attitude des banques d'émission et d'autres causes exclues de nos considérations actuelles amène d'ordinaire la baisse du taux de l'intérêt et la hausse du cours des valeurs mobilières, y compris les promesses de paiement. Les prix des marchandises et des immeubles ne suivent ce mouvement que plus tard, quand on s'est convaincu de façon générale que l'on a affaire à une augmentation des moyens de circulation non pas transitoire, mais durable; d'ordinaire, le premier effet disparaît alors et le taux de l'intérêt revient à son niveau antérieur. Nos formules — qui supposent que tous les paiements ont lieu à la fin et toutes les commandes au début d'un terme — ne peuvent tenir compte de ces influences passagères exercées sur le taux de l'intérêt que si nous considérons des termes inférieurs à un an. Nous observons encore que notre démonstration antérieure (§ 16) aux termes de laquelle une émission de papier-monnaie provoquant un agio de 10 % a pour conséquence finale une hausse des prix générale et proportionnelle de 10 % n'était admissible que dans l'hypothèse d'une appréciation de la valeur de l'argent se modifiant dans la même proportion chez tous les individus.

Le simple espoir de l'accroissement des moyens de circulation exerce la même influence que leur augmentation réelle. Il y aura hausse des prix futurs $tg\zeta$, attendus par les individus pour tous les articles ou beaucoup d'entre eux, et leur accumulation en stocks deviendra plus profitable ; ce fait s'exprime au moyen d'une augmentation des dérivées correspondantes $\dfrac{d\psi(\ )}{dx}$, de sorte que, pour rétablir les équations (18) et (19), il doit se produire un accroissement des prix présents, $tg\theta$, de toutes ces marchandises. Naturellement la diminution, réelle ou prévue, des moyens de circulation a juste l'effet opposé. Il faut toutefois observer que l'influence exercée par une quantité accrue de moyens de circulation peut être annihilée par l'augmentation simultanée des besoins monétaires du pays.

Pour en donner un exemple simple, imaginons que le besoin d'argent d'un individu I ait augmenté de la quantité δ ; nous entendons par là un changement tel, soit dans les qualités personnelles de cet individu, soit dans son stock initial de différents articles, que, pour toute combinaison déterminée, il n'éprouve la même satisfaction qu'auparavant que si sa possession finale d'argent comptant augmente de δ. La satisfaction de l'individu I, modifiée de la sorte, sera donc mesurée par

$$\psi_{\scriptscriptstyle \rm I}\left[x_{1a},\ tg\zeta_{1a}\ ;\ x_{1b},\ tg\zeta_{1b}\ ;\ \ldots\ ;\ x_{1n},\ tg\zeta_{1n}\ ;\ (\eta_{\scriptscriptstyle \rm I}-\delta)\right]$$

et non plus par

$$\psi_{\scriptscriptstyle \rm I}\left(x_{1a},\ tg\zeta_{1a}\ ;\ x_{1b},\ tg\zeta_{1b}\ ;\ \ldots\ ;\ x_{1n},\ tg\zeta_{1n}\ ;\ \eta_{\scriptscriptstyle \rm I}\right),$$

et ce changement dans la forme de la fonction de la satisfaction est donc l'expression analytique du fait que le besoin

d'argent de I s'est accru du montant δ, quelles qu'en fussent
les raisons. Supposons en outre que la quantité d'argent en
circulation dans le pays isolé considéré s'est accrue en
même temps de la dite somme δ et a augmenté parce que
la possession initiale d'argent comptant η_{10} de I est devenue
d'autant plus importante; d'après ce que nous avons dit
(appendice II, 1), ce changement n'a aucune espèce d'influence sur la forme de la fonction de la satisfaction $\psi_1(\ )$.
Les équations (18) et (19) auront donc exactement la même
solution qu'auparavant, toutes les quantités x et tous les
prix $tg0$ resteront les mêmes, parce que, si la possession
finale d'argent comptant η_1 de I s'est en fait accrue de δ, sa
satisfaction n'a pas varié. L'influence qu'aurait exercée à
elle seule dans le sens d'une hausse générale des prix l'augmentation δ des moyens de circulation est donc contreba-
lancée par ce fait qu'en même temps il y a eu le même
accroissement δ du besoin d'argent de I et, par suite, de
tout le pays. S'il y avait eu seulement augmentation du
besoin d'argent, ceci eût pesé sur les prix comme si, le
besoin d'argent ne variant pas, la possession initiale η_{10}
d'argent comptant de I et, en conséquence, du pays tout
entier, avait diminué de δ. A l'exemple de l'augmentation
du besoin d'argent des particuliers, le besoin d'argent de
tout un pays augmentera si le nombre de ses habitants
s'accroît et si le besoin d'argent des individus ne diminue
pas en même temps.

Nous voulons encore traiter la question suivante : le
marché complètement isolé et fermé que nous avons étudié
jusqu'à présent entre en relations d'affaires avec un autre
marché ou pays que nous appellerons l'étranger ; pour simplifier le sujet, supposons toutefois que ces transactions
internationales se limitent de façon exclusive à un article A.
Nous avons alors à remplacer la première des équations (18)
par l'égalité

$$x_{1a} + x_{11a} + \ldots + x_{va} + x_a,$$

dans laquelle x_a est une nouvelle inconnue qui, suivant qu'elle est positive ou négative, représente la quantité de A à importer dans le pays envisagé, ou à en exporter pendant l'année considérée. Les équations (18) et (19), valables pour l'intérieur, ne suffisent plus pour déterminer toutes les inconnues, mais elles nous permettent de calculer toutes les quantités indigènes x et tous les prix $tg\theta$ en fonction de la nouvelle variable x_a. Nous posons alors

$$tg\theta_a = \pi_i(x_a).$$

Parmi les articles auxquels nous avions affaire à l'intérieur $A, B \ldots N$, en apparaissent deux nouveaux qui n'étaient pas auparavant dans le commerce : il s'agit de la monnaie étrangère et du transport de A depuis ou vers le marché étranger ; pour abréger, nous supposerons que ce prêt est à la charge totale et exclusive des nationaux du pays considéré et qu'il est acquitté en monnaie indigène. Les quantités individuelles x et les prix $tg\theta_w$ et $tg\theta_t$ de ces deux nouveaux articles sont déterminés par les équations (18) et (19) en fonction de x_a, et nous posons

$$tg\theta_w = \pi_w(x_a) \quad \text{et} \quad tg\theta_t = \pi_t(x_a).$$

Nous avons alors, pour le prix de A exprimé en monnaie étrangère sur le marché extérieur

$$\frac{\pi_i(x_a) - \pi_t(x_a)}{\pi_w(x_a)} \quad \text{ou} \quad \frac{\pi_i(x_a) + \pi_t(x_a)}{\pi_w(x_a)},$$

suivant que x_a est positif ou négatif. Mais, d'autre part, nous poserons aussi pour l'extérieur des équations analogues aux égalités (18) et (19), équations qui nous permettront de déterminer en fonction de x_a toutes les quantités individuelles x et tous les prix $tg\theta$ qui y existent. Désignons par

$$\pi_a(x_a)$$

le prix ainsi déterminé de A ; nous aurons enfin

$$\pi_2(x_a) = \frac{\pi_1(x_a) - \pi_i(x_a)}{\pi_w(x_a)} \qquad \text{ou} \qquad = \frac{\pi_1(x_a) + \pi_i(x_a)}{\pi_w(x_a)} ;$$

grâce à cette relation nous pouvons calculer la seule inconnue qui reste, x_a. On pourrait également venir à bout du problème si le commerce international s'étendait non plus à un seul article et à deux marchés, mais à n'importe quel nombre d'articles et de marchés et s'il existait dans ces pays des Monnaies et des banques d'émission, dont nous avons à nouveau négligé ici l'intervention, et qui ont pour résultat les complications variées que présentent en telle abondance les véritables transactions commerciales. Nous pouvons d'autant mieux laisser de côté la discussion de ces cas compliqués qu'il ne pourrait être question ici que de donner quelques exemples simples, pour montrer comment notre méthode pourrait s'étendre de même à la théorie de la monnaie.

TABLE DES MATIÈRES

PREMIÈRE PARTIE

Les courbes du coût de production et de l'utilité, de l'offre et de la demande.

TROISIÈME PARTIE

L'individu considéré du point de vue de la consommation.

QUATRIÈME PARTIE

L'individu considéré comme producteur.

CINQUIÈME PARTIE

L'individu détenteur d'un stock.

SIXIÈME PARTIE

L'influence de l'individu sur le prix.

SAINT-AMAND, CHER. — IMPRIMERIE BUSSIÈRE